Temas Atuais de Direito Constitucional

VALDINEI PEREIRA GARCIA
Organizador

TEMAS ATUAIS DE DIREITO CONSTITUCIONAL

Artigos elaborados durante o Programa de
Cursos Intensivos para o doutorado da
Facultad de Derecho de la Universidad de Buenos Aires (UBA)

EDITORA LTDA.
© Todos os direitos reservados

Rua Jaguaribe, 571
CEP 01224-001
São Paulo, SP – Brasil
Fone (11) 2167-1101
www.ltr.com.br
Novembro, 2015

Produção Gráfica e Editoração Eletrônica: LINOTEC
Projeto de Capa: FABIO GIGLIO
Impressão: PIMENTA GRÁFICA

Versão impressa: LTr 5403.3 — ISBN: 978-85-361-8665-8
Versão digital: LTr 8848.0 — ISBN: 978-85.-361-8689-4

Dados Internacionais de Catalogação na Publicação (CIP)
(Câmara Brasileira do Livro, SP, Brasil)

Temas atuais de direito constitucional / Valdinei Pereira Garcia, organizador. -- São Paulo : LTr, 2015.

Vários autores.
"Artigos elaborados durante o Programa de Cursos Intensivos para o doutorado da Facultad de Derecho de la Universidad de Buenos Aires (UBA)"
Bibliografia.

1. Constituição 2. Constitucionalismo 3. Direito constitucional I. Garcia, Valdinei Pereira.

15-10207 CDU-342

Índice para catálogo sistemático:
1. Direito constitucional 342

Dr. Antonio Cesar Cavalcanti Junior

Parecia uma noite como qualquer outra, no início de setembro de 2014, em Brasília. Porém, ali começaria uma época de muita dor, sacrifícios, exames, tratamentos e orações intermináveis para Francisco Cavalcante Júnior, ou simplesmente Júnior, para os amigos, inclusive os que colaboram com este livro.

Nos conhecemos na Argentina, em janeiro de 2014, nos corredores e salas da Universidade de Buenos Aires, nossa querida UBA, onde todos cursamos o doutorado. Sua alegria, simpatia e entusiasmo contagiando a todos. Foram diversos encontros, tanto de estudo e aprendizagem, quanto de lazer e descontração.

Até aquela noite de setembro. O que parecia normal, se transformou em aflição e dor. A queda, a convulsão, a parada respiratória por vinte minutos. Os trabalhos de ressuscitação por outros sete minutos. A vida. O coma. As semanas na unidade de terapia intensiva e no hospital em Brasília. O traslado para Natal, local onde estão seus familiares. A esperança.

Nosso amigo Júnior, antes cheio de energia, agora após lutar pela vida, enfrenta diariamente o desafio de voltar à lucidez. São conquistas diárias, embora mínimas e constantes. Uma lágrima que corre pela face, um piscar de olhos, o esboço de um sorriso.

Não sabemos se, em termos físicos e intelectuais, Júnior voltará a ser o mesmo. Mas isto pouco importa. Para nós ele sempre será o companheiro atencioso, preocupado com os outros e trabalhador. Como gostaríamos que ele estivesse publicando um trabalho conosco neste livro...

Esperamos poder tê-lo em breve plenamente conosco. Acreditamos em sua recuperação, mesmo que parcial. De certa forma, ele está conosco nesta singela homenagem e na constante lembrança.

Os militares norte-americanos usam a expressão "no man left behind" (nenhum homem será deixado para trás). Estarás conosco, amigo, desde o primeiro dia de aula, até a conclusão do doutorado.

Nós não te deixaremos para trás, Júnior. Teus amigos da UBA.

José Augusto Peres Filho

SUMÁRIO

Prefácio
Ricardo Rabinovich-Berkman 9

Apresentação
Valdinei Pereira Garcia 11

Reforma Constitucional – Aspectos Materiais e Procedimentais
Alexandre Camanho de Assis 15

Liberdade de Expressão e suas Restrições na Democracia
Anita Caruso Puchta 31

Aspectos Sociológicos da Atividade Judicial
Arnoldo Camanho de Assis 39

O Direito Social à Saúde na Constituinte Brasileira de 1988: Avanço Político
Célia Teresinha Manzan 45

Os Efeitos da Aplicação do Princípio da Moralidade Administrativa à Gestão Pública
Gustavo da Silva Lopes 58

Reflexões sobre Matrimônio Igualitário: Os Casos de Brasil e Argentina
Henrique Rabello de Carvalho 65

Análise das Ações Declaratórias de Constitucionalidade depois de mais de uma Década de sua Introdução no Ordenamento Jurídico Brasileiro
José Augusto Peres Filho 73

Lacunas no Ordenamento Jurídico. Breves Aspectos sobre a Súmula Vinculante, os Princípios Constitucionais como Fonte de Direito e os Meios de Integração do Sistema
Kathya Simone de Lima 86

A Pluralidade Midiática como Forma de Fortalecimento da Democracia
Malu Maria de Lourdes Mendes Pereira 98

Federalismo Histórico e Democracia
Marcelo Morales Matias 110

A Lei de Anistia Brasileira e o Caso da Guerrilha do Araguaia Diante das Decisões do Supremo Tribunal Federal e da Corte Internacional de Direitos Humanos
Marcia Rabelo 123

Limitações Pré-Constituinte: Causa de Ilegitimidade?
Mariana Gasbarra Daniel 136

Controle de Constitucionalidade Jurisdicional na América Latina
Rafaela Azevedo Dourado 143

A Natureza Jurídica dos Tribunais de Contas no Brasil
Renato Luís Bordin de Azeredo 156

A Integração da América Latina e a Defesa dos Direitos Humanos Via Bloco de Constitucionalidade e Controle de Convencionalidade
Rinaldo Jorge da Silva 171

Controle de Constitucionalidade Preventivo
Silmar de Oliveira Lopes 177

O Processo de Descentralização na Administração Pública
Silvio de Jesus Pereira 184

Comentários Contextuais das Regras de Concessão de Aposentadoria à Luz da Constituição
Tatiana Conceição Fiore de Almeida 194

Aspectos Cognitivos Preliminares do Magistrado no Mandado de Segurança
Thales Veríssimo Lima 206

Compras Públicas Verdes na Visão do Direito Constitucional
Valdinei Pereira Garcia 216

PREFÁCIO

Prof. Dr. Ricardo Rabinovich-Berkman
Buenos Aires, agosto de 2015.
Bacharel e Doutor pela Universidade de Buenos Aires.
Diretor do Programa de Doutoramento da Faculdade de Direito
da Universidade de Buenos Aires.

Resulta que, por gentileza do meu querido amigo Valdinei Pereira Garcia, que nobremente coordena este livro, e dos outros também tão prezados amigos (e todos eles, aliás, meus distintos ex-alunos do Programa de Doutoramento da Faculdade de Direito da Universidade de Buenos Aires) que lavraram com excelência os trabalhos que integram a obra, recebo a imerecida honra de colocar um humilde prefácio diante destes vinte estudos de notável qualidade.

Agradeço, portanto, em primeiro lugar, por essa deferência, em razão, é bem claro, não dos meus méritos, mas da amizade e do carinho dos autores. Não sou eu o que possa chamar-se de "constitucionalista" e, em tal sentido, quem merece os elogios é, sem dúvida, o ilustre professor Dr. Raúl Gustavo Ferreyra, em cujas sábias mãos descansa a Coordenação da Área de Direito Constitucional do Programa antes referido, berço de todos estes trabalhos. Com efeito, é o iluminado incentivo do mestre Ferreyra que desperta nos estudantes do Doutorado o anseio ferrenho de construir ótimas pesquisas acadêmicas.

Todos os juristas cá participantes são de meu conhecimento pessoal. Poderia, portanto, falar das suas qualidades científicas mesmo antes de olhar os trabalhos. Contudo, depois de tê-los percorrido, minha admiração só aumenta, e não posso menos que recomendar a leitura detida e tranquila, profunda, do conteúdo inteiro deste sucoso volume.

Há temas aqui de variada safra.

Alexandre Camanho de Assis se dedica, por exemplo, às questões inerentes à reforma constitucional (assunto que, justamente, é a especialidade do Dr. Ferreyra). Também se vincula com a estrutura dos textos e das formas estatais o trabalho de Marcelo Morales Matias (federalismo histórico e democracia). E com a democracia trabalha igualmente Malu Maria de Lourdes Mendes Pereira, do ponto de vista da problemática da mídia (com particular atenção ao caso argentino).

Relaciona-se com essa linha temática o estudo de Mariana Gasbarra Daniel, sobre as limitações do pré-constituinte. E também o trabalho de Rafaela Azevedo Dourado, que se ocupa do controle de constitucionalidade na América Latina.

Esse espaço latino-americano é, por sua vez, visto no artigo de Rinaldo Jorge da Silva, desde dois ângulos fundamentais: o da integração e o da defesa dos direitos humanos. E dessas faculdades existenciais também se ocupa Anita Caruso Puchta (*Liberdade de expressão e suas restrições na Democracia*), assim como Célia Teresinha Manzan, que trata do direito social à saúde na Constituição brasileira com seus avanços políticos e Henrique Rabello de Carvalho, que reflete sobre o "matrimônio igualitário".

Há aspectos nos quais os direitos humanos aparecem inseparáveis das questões técnicas. Como aquele que trata Marcia Rabelo (a Lei de Anistia Brasileira), ou os que trabalha Gustavo da Silva Lopes (Os efeitos do principio da moralidade aplicados à gestão pública). Afinal, sempre se apresenta a fase sociológica do cenário jurídico e da atividade judicial, como bem o indica o estudo de Arnoldo Camanho de Assis.

E, já entrando no campo dessa atividade judicial e dos tribunais, José Augusto de Souza Peres Filho analisa as Ações Declaratórias de Constitucionalidade depois de mais de uma década de sua introdução no ordenamento jurídico brasileiro. Em tanto Kathya Simone de Lima se ocupa das lacunas no ordenamento jurídico e da súmula vinculante (os princípios constitucionais como fonte de direito e os meios de integração do sistema). Silmar de Oliveira Lopes agrega seu estudo do controle preventivo de constitucionalidade, e Thales Veríssimo Lima contribui escrevendo sobre os aspectos cognitivos preliminares do magistrado no Mandado de Segurança.

Excelentes capítulos dedicam-se, por fim, a temáticas administrativas. Assim, Silvio de Jesus Pereira trata do processo de descentralização na administração pública, Renato Luís Bordin de Azeredo se pergunta sobre a natureza jurídica dos Tribunais de Contas, Valdinei Pereira Garcia aporta sua pesquisa sobre as compras públicas, e Tatiana Conceição Fiore de Almeida formula *Comentários contextuais das fórmulas de concessão da aposentadoria à luz da Constituição*.

Estamos, portanto, diante duma obra coletiva que, sem sair do amplo território do direito constitucional, praticamente, o percorre inteiro, despida do medo a ultrapassar as fronteiras que, afinal, são sempre arbitrárias e merecem ser desrespeitadas amiúde, no benefício da ciência (e a verdadeira ciência, lembremos, é sempre subversiva).

Livro atual, sem dúvida, com temas de presença enorme e contundente na realidade cotidiana, e que, embora focado no Brasil e, em segundo termo, na América Latina, faz parte da necessária visão planetária que hoje se impõe por cima de qualquer posição nacionalista. Correm os tempos felizes da interdisciplinaridade e da internacionalidade. Creio que ambos os critérios abrem perspectivas promissórias.

Parabenizo, então, os autores desta obra imperdível, e convido aos juristas, assim como aos estudantes e aos pesquisadores políticos e sociais, a ingressar nestas floridas páginas. Delas tirarão, creia-se, somente boas safras.

E não posso encerrar estes breves parágrafos sem felicitar a iniciativa de dedicar o livro ao querido Antonio Cavalcanti Junior, aluno também do Programa de Cursos Intensivos para o Doutorado da Faculdade de Direito da Universidade de Buenos Aires, e colega, portanto, dos autores, que luta ferrenhamente, desde seu leito de Natal, Brasil, para restabelecer-se depois dum acidente grave.

Seja pois, esta excelente obra, uma prece aberta e livre, sem religião determinada nem modelos de oração, mesmo sem necessidade de acreditar em Deus, para que o Junior e sua família recebam a força e o otimismo que levem ao amigo para uma recuperação total. E que possa, em futuros livros conjuntos, ser ele um dos autores. Amém.

Já se vê, senhores, como não é verdade o que alguns andam falando, em universidades e botecos, em palestras e cordéis: contra tudo o que se diz, OS JURISTAS TAMBÉM TÊM CORAÇÃO.

Apresentação

As evidências nos demonstram que o fenômeno constitucional se eleva à mais alta relevância no meio jurídico e na sociedade brasileira. Foram inúmeros congressos, seminários, dissertações, teses e ampla produção científica que nos direcionaram para investigação das "constitucionalizações" do Direito Administrativo, do Direito Civil, do Direito Penal, do Processo Civil etc. Se um estrangeiro não versado no estado da arte, não familiarizado com a crise do Direito no Brasil, comparecesse, por estes dias, aos congressos e aos simpósios, ou até mesmo fizesse parte de bancas na pós-graduação, ou ainda passasse os olhos na produção bibliográfica, acharia, com toda a certeza, que o Brasil estaria passando por uma verdadeira *Allgegenwart der Verfassung*, isto é, a onipresença da Constituição em todo o sistema jurídico. Na prática, entretanto, a solidão constitucional continua. Há ainda neste contexto, alguns aspectos que separam o discurso sobre a Constituição, com o da efetiva operacionalização, ou seja, da concretização do Direito Constitucional. Quando aprofundamos o debate sobre a força normativa da Constituição e seu papel dirigente e compromissário, de imediato saltam pesadas acusações de ativismo judicial, de judicialização da política e de invasão de subsistemas, para dizer o mínimo.

O constitucionalismo consiste, entre outros aspectos, na análise da divisão do poder, objetivando caminhos a evitar o arbítrio e a prepotência, representando o governo das leis e não dos homens, enfim, da racionalidade do direito. Para Canotilho[1], "constitucionalismo é a teoria (ou ideologia) que ergue o princípio do governo limitado indispensável à garantia dos direitos em dimensão estruturante da organização político-social de uma comunidade. Neste sentido, o constitucionalismo moderno representará uma técnica específica de limitação do poder com fins garantísticos. É, no fundo, uma teoria normativa da política, tal como a teoria da democracia ou a teoria do liberalismo. Numa outra acepção – histórico-descritiva – fala-se em constitucionalismo moderno (que pretende opor-se ao constitucionalismo antigo) para designar o movimento político, social e cultural que, sobretudo a partir do século XVIII, questiona nos planos político, filosófico e jurídico os esquemas tradicionais de domínio político, sugerindo, ao mesmo tempo, a invenção de uma nova forma de ordenação e fundamentação do poder político". Embora Canotilho reconheça a existência de vários constitucionalismos nacionais (o constitucionalismo inglês, o constitucionalismo americano, o constitucionalismo francês), prefere falar em movimentos constitucionais "porque isso permite recortar desde já uma noção básica de constitucionalismo".

No objetivo de dotar os direitos fundamentais de múltiplas garantias, reconhecendo-se a proeminência do Princípio da Dignidade da Pessoa Humana como fundamento norteador do Estado democrático de Direito, o estudo do constitucionalismo assume uma posição privilegiada no conjunto de regras que orientam os que se aventuram na compreensão do fenômeno constitucional. A leitura anterior de que a Constituição

---

(1) CANOTILHO, J. J. Gomes. *Direito constitucional e teoria constitucional*. 6. ed. Coimbra: Almedina, 1998. p. 48.

nada mais é do que uma "carta de intenções", calcada nas estruturas políticas do Estado, deve ceder espaço à pré-compreensão de que o Texto Constitucional possui força normativa e conteúdo irradiador das normas de decisão projetadas em cada caso concreto, no centro da vida social.

Para André Ramos Tavares[2], "pode haver quatro sentidos para o constitucionalismo: primeiramente, o movimento político-social com origens históricas bastante remotas que pretende, em especial, limitar o poder arbitrário; segundo, a imposição de que haja cartas constitucionais escritas; terceiro, tratar-se-ia os propósitos mais latentes e atuais da função e posição das constituições nas diversas sociedades; e, por fim, o constitucionalismo estaria reduzido à evolução histórico-constitucional de um determinado Estado".

Desde a elaboração da teoria kelseniana, consubstanciada na norma hipotética fundamental, que coloca a constituição como fundamento de validade do próprio sistema jurídico, e também da contribuição de Konrad Hesse, acerca da vontade constitucional e sua potencialidade jurídico-normativa, os doutrinadores do Direito Público (e muito recentemente do Direito Privado), redescobrem os horizontes esquecidos da teoria do Estado, da carga de positividade que encerram os princípios de uma Constituição e do feixe de possibilidades que as normas constitucionais podem representar no cotidiano dos direitos. Se antes falava em "Era dos Códigos", hoje se presenciamos a "Era da Constituição" (é a reflexão de Paulo Bonavides) e, consequentemente, dos Direitos Fundamentais (análoga à "Era dos Direitos" propalada por Norberto Bobbio). Afinal, as normas do Estatuto Político Fundamental do Estado comportam preceitos de conteúdo absoluto e que, em virtude de sua natureza principiológica e dialética relação com a moral, devem constituir o ponto de partida para a realização do primado democrático que norteia os Estados ocidentais.

A evolução do constitucionalismo acompanha a evolução das gerações de direitos consagradas em um Estado. Do albores da modernidade, com a decretação de um Estado absolutista, cuja resposta histórica foi o liberalismo político e econômico vindicado pela burguesia (constitucionalismo clássico), passando pelo erigir do Estado de bem estar social (*welfare state*), e a instituição de prerrogativas jurídicas endereçadas à coletividade, vislumbrou-se na segunda metade do século XX, a possibilidade de se retomar o projeto de paz perpétua aludida por Kant, com a construção do discurso de fraternalismo absoluto, a partir da pauta de garantias consignada nos textos constitucionais do Segundo Pós-Guerra. Direitos fundamentais foram alardeados como direitos inerentes a toda a humanidade, não mais associados à indivíduos ou a grupos de indivíduos. Assim, se cogita a existência de três planos ou dimensões de direitos fundamentais: a primeira, ligada aos direitos de liberdade (ou de defesa), dos indivíduos face ao Estado; a segunda, que invoca direitos de igualdade (ou sociais), que envolvem aspectos econômicos, culturais e de afirmação social; e a terceira, que caracteriza direitos de fraternidade (ou humanos propriamente ditos), calcados na solidariedade e na busca pela realização plena dos direitos de toda a humanidade.

Neste século, o grande desafio é dar vida aos preceitos inscritos na Constituição, assegurando uma expansiva concretude aos direitos fundamentais e humanos salvaguardados pelo texto maior. Não há espaço para sonhos dogmáticos. Também não é mais possível se conceber a passividade daqueles que interpretam algumas normas constitucionais e lhes atestam a inoperância em virtude da suposta baixa densidade de seus conteúdos (identificadas como normas constitucionais de eficácia limitada, tais como as normas programáticas). Ao praticante do Direito, não se pode mais (só) negar uma visão hermeneuticamente engajada, construtiva e possibilista.

O estudo da Teoria da Constituição e os fenômenos que a cercam, nunca estiveram em tamanha evidência no Brasil. O constitucionalismo, com sua riqueza histórica e sofisticada evolução ao longo dos últimos dois séculos, jamais foi sondado com a profundidade que hoje dedicam estudiosos do mundo todo (Maurizio Fioravanti, Peter Häberle, Horst Dippel) e, em especial, no Brasil (Paulo Bonavides, José Afonso da Silva, Menelick de Carvalho Netto, entre outros). A contextual transição de paradigmas do Estado pós-moderno, em que avulta o signo do multiculturalismo, desencadeado pela integração de países e o surgimento de mercados comuns, fenômenos assinalados de forma reducionista pela expressão "globalização", exige rupturas interpretativas do modelo de Estado moderno, posto que a soberania não mais se reveste de força absoluta no cenário internacional, nem se pode entender o Poder Constituinte como a ocorrência da força política, social

---

(2) DROMI, José Roberto. *apud* TAVARES, André Ramos. *Curso de direito constitucional*. 2. ed. São Paulo: Saraiva, 2004. p. 14.

ou econômica de uma nação, dissociado do próprio contexto global. Daí a necessidade do estudo do Direito Constitucional sob a ótica do Direito Internacional e a necessária formulação de análises comparativas.

Ao lado de todas essas novas perspectivas, que auxiliam na própria ressignificação dos direitos postos a salvo pelo paradigma do constitucionalismo, exsurge a necessidade de se interpretar a Constituição como uma tarefa cotidiana do jurista, em especial no caso brasileiro, em que se reconhece a existência de uma Constituição expansiva e de alta densidade analítica. No paradigma do pós-positivismo e do que vem sendo denominado *neoconstitucionalismo*, a hermenêutica constitucional se torna uma ferramenta básica para o método de interpretação do Direito, pois como afirma Friedrich Müller, "é a própria dinâmica do trabalho jurídico que enseja a necessária compreensão estruturante do Direito vigente a partir da Constituição mesma, sem descurar da análise dos fatos da vida que vivificam o sentido do Texto Fundamental". Estudaremos os princípios e métodos da Interpretação Constitucional, ao lado do estudo do conteúdo das normas constitucionais.

Em uma análise avançada do Direito Constitucional, não se pode prescindir, amiúde, da teoria e, da realidade dos direitos fundamentais, com a discussão de seus principais aspectos dogmáticos e ainda, do controle de constitucionalidade em conjunto com as ações constitucionais.

Nessa busca por uma melhor sintonia entre a teoria e a práxis jurídica, verdadeira e necessariamente compatibilizada com novos marcos teóricos identificados, nos vemos no curso intensivo de doutorado na Universidade de Buenos Aires Faculdade de Direito, em Direito Constitucional, no qual, discutimos ao longo dos nossos encontros nos últimos dois anos, a verdadeira essência do constitucionalismo. Nestes estudos, contamos com a colaboração inestimável de professores das mais variadas áreas de conhecimento; são eles: Dr. Ricardo Raboinovich-Berkman, na disciplina de Historia Del Derecho; Prof. Dr. Enrique Del Percio na disciplina de Drerecho y Sociadad en America Latina; Prof. Dr. Renato Rabbi-Baldi Cabanillas, em Teoria Del Derecho; Profa. Dra. Marta Biagi na disciplina de Metodologia Cientifica; Prof. Dr. Juan Pablo Pampillo Baliño, em Historia do Derecho Constitucional; Prof. Dr. Emiliano J. Buis, na matéria de Teoria General Del Derecho Iinternacional; Prof. Dr. Raúl Gustavo Ferreyra, em Problemas Jurídicos Contemporáneos e en Reforma Constitucional; Prof. Dr. Jorge Omar Bercholc, na disciplina de Teoría General de la Política; Prof. Dr. Alberto Dalla Via, na matéria de Derecho Constitucional; Prof. Dr. Carlos Francisco Baldin, na disciplina de Derecho Administrativo; Profa. Dra. Laura Clérico, Profa. Dra. Leticia Vita e Prof. Dr. Martin Aldao, na disciplina de Derechos Humanos; Prof. Dr. Carlos Ghers, Profa. Dra. Graciela Lovece, Profa. Dra. Celia Weingarten, Prof. Dr. Ramón Massot e Prof. Dr. Diego Zentner, em Nuevas Formas de la Reponsabilidad; Profa. Dra. Flavia Piovesan e Prof. Dr. Ricardo Raboinovich Berkman, na disciplina de Derechos Humanos; Prof. Dr. Antônio Garcia Amado e Prof. Dr. Leandro Vergara, em Argumentacion Juridica; Profa. Dra. Maricruz Gómez de La Torre Vargas, na matéria Mediación y Arbitragem; Profa. Dra. Laura Lora, Prof. Dr. Andrés Gil Domínguez e Prof. Dr. Ricardo Rabinovich-Berkman, na matéria Derechos de Los Animales no Humanos; Prof. Dr. José María Collados, na disciplina de Antropología Jurídica.

Com tantas pesquisas e produções cientificas, elaboradas por talentosos colegas das mais variadas partes do Brasil, não poderíamos deixar de agrupá-las neste valioso instrumento didático. As palavras aqui agrupadas, trazem ao operador do direito e aos acadêmicos em geral, uma visão abrangente do Direito Constitucional, destinados a convidar o leitor a um passeio por vinte e um arrazoados de alto relevo jurídico.

Os artigos aqui tratados sofreram adaptações para o formato deste livro. Dada a relevância dos temas, o que seguramente nos levaria e confecção de vários tomos, o que não é objetivo desta obra, "comprimi-los" tornou-se evidentemente necessário. Ademais, e não poderia ser diferente, os textos são de inteira responsabilidade de seus autores.

No processo de correção de cada artigo, contamos com o fundamental e nobre auxílio dos colegas e companheiros: Marcelo Morales Matias, Advogado e Especialista em Direito Público; Renato Luís Bordin, Conselheiro Substituto do Tribunal de Contas do Estado do Rio Grande do Sul, Mestre em Direito, Especialista em Direito Público, Processo Civil e Direito Civil; e, por fim, Silmar de Oliveira, Advogado, Especialista em Direito Público e professor da Universidade Federal de Goiás.

Valdinei Pereira Garcia
Organizador

Reforma Constitucional – Aspectos Materiais e Procedimentais

Alexandre Camanho de Assis
Procurador Regional da República. Bacharel em Direito (Universidade de Brasília, 1987). Mestrado em Direito (incompleto, Universidade de Brasília, 1990). Curso de Direito Internacional Público e Privado (Academia de Direito Internacional de Haia – Holanda, 1987). Curso de Direito Internacional Público e Relações Internacionais (Instituto de Tessalônica-Grécia, 1988). Professor do Instituto Rio Branco – Ministério das Relações Exteriores (1990-1993). Assessor do Procurador-Geral da República (1987). Assessor de Ministro do Supremo Tribunal Federal (Francisco Rezek; 1987-1990; 1992-1993). Consultor da República (1990-1992). Procurador da República (1993-2003). Procurador Regional da República (2003). Professor da Academia Nacional de Polícia (2003). Coordenador Criminal da Procuradoria Regional da República da 1ª Região (2006-2009). Procurador-chefe da Procuradoria Regional da República da 1ª Região (2009-2011). Juiz do Tribunal Latino--Americano da Água (Cidade do México, sessão de março de 2006; Guadalajara, sessão de outubro de 2007; Antigua, sessão de setembro de 2008, Buenos Aires, sessão de novembro de 2012). Juiz do Water Tribunal (Istambul, março de 2009). Presidente da Associação Nacional dos Procuradores da República (2011-2015). Membro dos Grupos de Trabalho: Recursos Hídricos, Fauna e Unidades de Conservação, do Ministério Público Federal. Criador da Agenda da Água para o Distrito Federal (2001), em parceria com o Professor e hidrogeólogo Jorge Cravo, premiada com o Prêmio Furnas (2009) de Recursos Hídricos. Livros publicados: Direito e Processo Penal na Justiça Federal (obra coletiva), Editora Atlas, 2011. Controle Externo da Atividade Policial pelo Ministério Público (obra coletiva), Editora JusPodium, 2013. Aluno regular do curso intensivo para o Doutorando na Faculdade de Direito da Universidade de Buenos Aires – UBA – em Direito Constitucional.

Duas abordagens merecem ênfase imediata na questão da revisão constitucional. Primeiro, a de que cuida-se de assunto próprio e restrito a países que têm previsão de controle de constitucionalidade: a possibilidade, normativamente prevista, de desautorizar normas produzidas pelo Poder Legislativo que estejam em desacordo com a Constituição, declarando-as nulas *ipso facto*. Claro, se não há controle, a Constituição não é, desde logo, obrigatória, como leciona Kelsen:

> "Uma Constituição à qual falta a garantia da anulabilidade dos atos inconstitucionais não é, no sentido técnico, plenamente obrigatória. Embora, geralmente, não se tenha consciência disso – porque uma teoria jurídica dominada pela política não permite tal consciência –, uma Constituição em que os atos inconstitucionais e, particularmente, as leis inconstitucionais permanecem igualmente válidos – não permitindo sua inconstitucionalidade que sejam anulados – equivale mais ou menos, do ponto de vista propriamente jurídico, a um desejo desprovido de força obrigatória."[1]

Donde, em um Estado cuja Constituição vindica a condição de cume do ordenamento jurídico positivo (logo, hierarquizado), existem limites materiais e procedimentais para que ela seja reformada[2];

---

(1) KELSEN, Hans. *A Garantia Jurisdicional da Constituição (A Justiça Constitucional)*. Direito Público n. 1 – Jul.-Ago.-Set./2003 – Doutrina Estrangeira, p. 126.

(2) A Doutrina aponta, também, os limites ditos "*circunstanciais*", relacionados à impossibilidade momentânea de reforma em caso de suspensão episódica da normalidade institucional, como a intervenção federal, o estado de defesa ou o estado de sítio (art. 60, § 1º, da Constituição do Brasil).

estes limites têm a ver, portanto, com a observância de regras procedimentais específicas dirigidas ao Poder Legislativo, relacionadas a ritos, formas e quórum de votações, mas também com a advertência prévia – e expressa na própria Constituição – de que determinados temas são sumariamente insuscetíveis de alteração: são as cláusulas pétreas, expressamente ali elencadas, e que constituem os limites materiais à revisão.

Todavia, antes de tudo, é preciso notar que essa ideia de limites à revisão pressupõe, de sua vez, que a Constituição seja *passível de revisão*, e isso deve-se a um aspecto que antecede sua normatividade.

Com efeito, uma norma consagra-se no texto constitucional mediante um processo de adensamento das percepções e concepções culturais prevalentes à época. A Constituição é o estuário do ideário jurídico-cultural partilhado pela sociedade, que vem sendo constantemente revistado pelos influxos próprios da dinâmica da civilização – notadamente a ocidental. Esta ideia é secundada por Häberle:

> *"A Constituição é cultura. Isto significa: não está feita apenas de materiais jurídicos: a Constituição não é só a ordem jurídica para os juristas e também para que estes possam interpretar as regras antigas e novas. A Constituição também serve essencialmente como guia para os não--juristas: para os cidadãos. A Constituição não é só um texto jurídico ou uma obra normativa, mas também a expressão de uma situação cultural, instrumento de autorrepresentação do povo, espelho de seu patrimônio cultural e fundamento de suas esperanças. As Constituições "vivas", como obra de todos os intérpretes constitucionais da sociedade aberta, são a forma e a matéria que resulta melhor expressão e mediação da cultura, o marco da (re)produção e a recepção cultural, assim como o depósito das informações culturais sobrevindas, as experiências, as vivências e a sabedoria. Igualmente profunda é sua validez cultural."*[3]

Esta corporificação do princípio em uma norma constitucional é, no entanto, fim de um processo e começo de outro, já que este *status* trará, como consequência, o balizamento de uma série de atos – estatais ou não – e o fortalecimento daquela ideia que até então apenas difusamente a sociedade partilhava. Para usar uma imagem de Lévi-Strauss, da imaginação e da percepção passa-se à razão.

Sucede que esse processo é continuamente dinâmico; aquilo que se estabelece como a expressão de seu tempo tende a ver-se superado pelo contínuo processo histórico, que transforma a vanguarda em contemporaneidade e, em seguida, em arcaísmo.

A Constituição é uma expressão jurídica, logo cultural; portanto, conformada pelo espaço e pelo tempo[4]. Sediada num país específico – o componente espacial, por assim dizer –, uma Constituição vê-se permanentemente sob o influxo do tempo, ou da *historicidade*. É a lição impecável de Paulo Grossi, relativa ao próprio Direito:

> "Mais que a rigidez, mais que seu fechar--se em proposições normativas genéricas, a historicidade mostra-se como caráter proeminente do fenômeno jurídico. Desse modo, o direito pertence ao relativo da história, à própria vida da sociedade civil no seu devir, é, em suma, por sua estrutura interna, um material que pode e deve, em seu máximo grau, ser observado, percebido e avaliado do ponto de vista histórico.
>
> (...) se é verdade que o direito é história, é mutabilidade, é relatividade extrema no tempo e no espaço, também é verdade que o direito é a tradução de certos esquemas organizativos desde o impreciso terreno social ao terreno mais

---

(3) HÄBERLE, Peter. El Estado Constitucional Europeo. *Revista de Derecho Constitucional Europeo*, Año 6, Número 11, enero--junio de 2009. Livre tradução deste autor.

(4) O tempo pode ser avaliado em relação ao Direito de duas formas: 1) como a dimensão histórica e de transitoriedade de todas as coisas, do mundo, o tempo como fenômeno; e 2) o *iter* de duração, de validade de uma norma jurídica. Sobre isso, cf. ONCINA COVES, Faustino. "El Tiempo del Derecho de Fichte en Jena: El Ritmo de la Ley Jurídica (*Revista de Estudios Histórico-jurídicos*, Valparaíso, 1999, n. 21, e HERNANDEZ MARIN, Rafael. "El Principio de Irretroactivdad". In: *Jornadas de Estudio sobre el Título Preliminar de la Constitución*, com especial ênfase em Karl Engisch e Günther Winkler. Ou, ainda, OST, François. "O Tempo do Direito", EDUSC, Bauru/SP, 2005, p. 12: *o tempo é uma instituição social, antes de ser um fenômeno físico e uma experiência psíquica. Sem dúvida, ele apresenta uma realidade objetiva ilustrada pelo curso das estrelas, a sucessão do dia e da noite, ou o envelhecimento do ser vivo. Do mesmo modo, ele depende da experiência mais íntima da consciência individual, que pode vivenciar um minuto do relógio, ora como duração interminável, ora como instante fulgurante. Mas quer o apreendamos sob sua face objetiva ou subjetiva, o tempo é, inicialmente, e antes de tudo, uma construção social – e, logo, um desafio de poder, uma exigência ética e um objeto jurídico.*

específico dos valores, e, enquanto percepção de valores, não pode deixar de ser percorrido por uma tendência a se consolidar, a criar raízes muitas vezes profundas, a se tornar também esquema lógico, sistema. O valor – ainda que expressão da variedade e da variabilidade histórica –, justamente por esse mínimo de certeza que deve conter em si, tende a se fixar, a se separar do variável, a permanecer.

  O universo jurídico, percorrido por uma contradição interior, insere-se idealmente entre historicidade e sistema."[5]

Essa tensão entre sistema e historicidade é que justifica tanto a Constituição quanto a sua possibilidade de revisão; afinal, essa tensão gera uma dinâmica que é uma tentativa de superação de opostos. A Constituição espelha a cristalização, a tentativa de imobilização e de rigidez de valores; a sua revisibilidade (aliás nela prevista) é a aceitação, por parte da própria Constituição, de que ela está à mercê do tempo e que necessita de mecanismos idôneos – ou seja, intrassistêmicos – para adaptar-se. Nessa dupla condição – rígida, mas reformável –, reside a superação do conflito, sua sabedoria e sua longevidade.

Essa visão, aliás, supera também a divergência entre Carl Schimtt e Hans Kelsen, no aspecto – próprio da teoria constitucional alemã – da chamada "dupla constituição", conceito que volta à mais recente discussão graças a Mathias Jestaedt. Diz ele:

"Meu conceito de dupla constituição, ou seja, de "constituição por trás da constituição", evoca a besta negra dos constitucionalistas alemães: Carl Schmitt. Ele é o representante mais conhecido da ideia segundo a qual não existe somente uma constituição, a constituição de direito positivo; ele sustenta, ao contrário, que se encontra por detrás desta primeira constituição uma outra constituição mais possante, uma segunda constituição essencialmente diferente da constituição positiva quanto a seu caráter e, por assim dizer, sua essência e existência jurídica. Carl Schmitt denomina essa segunda constituição de "constituição no sentido positivo do termo" ("Verfassung im positiven Sinne") e a define como "escolha global do gênero e da forma de unidade política" ("Gesamtentscheidung über Art und Form der politischen Einheit")."[6]

Ora, essa percepção decorre da crença de Schmitt – ainda na explicação de Jestaedt – de que a existência prevalece em relação à norma: *"Die Existenz geht der Norm vorauz"*. Logo, se há uma superioridade da existência quanto à norma (*"Überlegenheit des Existenziellen über die bloße Normativität"*), que Schmitt considera *"a noção positiva de constituição"*, então quando a *"escolha global do gênero e da forma de unidade política"* já não corresponde ao texto da Constituição – ou seja, quando as condições materiais que conduziram àquela *"lei constitucional"* alteram-se –, o texto normativo vê-se privado de seu fundamento e deve desaparecer.

Já Kelsen anunciava ostensivamente seu ceticismo quanto a isso, ou seja, quanto à crença de que um *"ser"* (*"Sein"*) podia se transformar em um *"dever-ser"* (*"Sollen"*). Uma norma só poderia, segundo ele, extrair sua validade a partir de outra norma. Antes de render-se à prevalência do real ante a norma, resignou-se a um fundamento hipotético: a norma fundamental. Como arremata Jestaedt, *"a 'dualização' da constituição apresentada por Schmitt é efetivamente contrária a um ponto de vista que insiste na autonomia do direito positivo, um ponto de vista que se pode também chamar de 'positivista'"*[7]. Badura acentua este aspecto em Kelsen:

"Inobstante a relação que vem instaurar-se entre Sein e Sollen, Kelsen estabelece o princípio de sua absoluta contradição como base de sua concepção metodológica. Neste modo de pensar, a norma torna-se objeto de conhecimento apenas recorrendo ao método normativista, mas não recorrendo ao método sociológico advindo da realidade."[8]

Portanto, entre o *"positivismo"* de Kelsen e a *"superioridade da existência"* de Schmitt[9], a Consti-

---

(5) GROSSI, Paulo. *A Ordem Jurídica Medieval*. São Paulo, 2014. p. 26-27.

(6) JESTAEDT, Mathias. La Double Constitution – Une Stratégie Positiviste. Conferência dada na Universidade de Paris II em 15 de março de 2011. Jus Politicum – *Revue de Droit Politique* n. 6.

(7) *Op. cit.*

(8) BADURA, Peter. *I Metodi della Nuova Dottrina Generale dello Stato*. Ed. Vita e Pensiero, 1998. p. 36. Livre tradução deste autor.

(9) Parece, no entanto, justo dizer que as ideias de Kelsen estão mais que nunca em voga na Alemanha. Prova-o o fato de os grandes nomes do constitucionalismo alemão hoje serem todos desenganadamente "kelsenianos": Mathias Jestaedt. Oliver Lepsius e

tuição optou por uma solução-síntese quanto à sua revisibilidade: previu-a expressamente, de forma que, quando os elementos materiais inspirarem ou exigirem uma alteração sua, a previsão normativa a validará – pois prevista não só na Constituição esta possibilidade como a forma procedimental de fazê--lo –, tornando o movimento de mudança insuscetível de dúvida jurídica.

Sujeita ao tempo e às circunstâncias[10], e assim naturalmente propensa a mudanças, a Constituição prevê, portanto, um modo de ser alterada. Cuida-se de processo inteiramente normal, e que não constitui ruptura nem deslegitimação: antes, ao contrário, é pelo modo de revisar-se que a Constituição vai se mantendo em sincronia com a contemporaneidade e renovando sua legitimidade[11] – fosse o oposto, ou seja, se ela fosse insuscetível a alterações, certamente, estaria sempre fadada ao advento rescisório de uma outra ordem constitucional que enunciasse os postulados de seu tempo.

É fato, entretanto, que o poder revisional pode ser tanto a inclusão, no texto constitucional, de uma alteração já ocorrida na realidade, como uma vontade de impor prospectivamente uma orientação. Daí a lição, a partir de Häberle, de Mario Dogliani, de que a revisão:

"pode ser um meio através do qual se recebem evoluções que de facto já se realizaram, mas pode também servir para incentivar a projeção de mudanças, assim se distinguindo em 'revisão de adaptação' e 'revisão de conformação'."[12]

Quanto à sua alteração, é a própria Constituição que estabelece as possibilidades – e impossibilidades – e limites. Desde logo, vale abordar as impossibilidades: no Brasil, elas recebem o nome de cláusulas pétreas[13], e mencionam quais temas são insuscetíveis de mudança mediante emenda à Constituição.

As cláusulas pétreas são, na sumária e feliz definição de Häberle, enunciados que se apresentam como *"garantia de identidade do Estado Consti-*

Christoph Möllers. Em artigo sobre a influência da Constituição de Weimar e seus teóricos constitucionais – Carl Schmitt, Rudolf Smend, Hermann Heller e Hans Kelsen –, Lepsius não hesita em considerar este último o melhor deles: *"A teoria de Kelsen se baseia, ademais, em dois elementos essenciais do Direito Constitucional da República Federal que não aparecem nos demais teóricos de Weimar: a democracia parlamentar e a jurisdição constitucional. O relativismo valorativo de Kelsen e sua fé nas formas, diferentemente do que ocorre com os demais teóricos de Weimar, se apoia tanto na teoria da democracia como institucionalmente. É o único dos teóricos de Weimar que tem algo a dizer sobre a democracia e a jurisdição constitucional também desde a perspectiva da teoria do Direito, e bem poderia ser, justo por isso, o único dos estudiosos da teoria de Estado de Weimar com quem hoje seria possível estabelecer conexão. Nessa medida, a atual recepção de Kelsen, antes mencionada, pode ser compreendida como expressão do redescobrimento do programa de Weimar. Schmitt, Smend e Heller continuam sendo teóricos historicamente significativos; Kelsen, pelo contrário, não foi ainda reduzido a episódio histórico e resulta cada vez mais citado justamente nas publicações que se ocupam do Direito vigente. Suas ideias são levadas em consideração para solucionar problemas jurídicos concretos. Neste sentido, Kelsen é o último sobrevivente da doutrina do Direito político da época de Weimar."*. LEPSIUS, Oliver. El Redescubrimiento de Weimar por Parte de la Doctrina do Direito Político da República Federal. *Revista Historia Constitucional*, vol. 9. p. 274-275 e 295. Livre tradução deste autor.

(10) Donde, e em outros termos, o acerto da lição de Christoph Möllers: *"Ainda que não seja senão raramente tornada explícita, a distinção entre ratio e a voluntas, entre a racionalidade e o arbitrário, é um dos aportes importantes da teoria constitucional. Geralmente, o significado desta distinção é evidente: o direito constitucional racionaliza a natureza arbitrária do processo político."* MÖLLERS, Christoph. Les Gardiennes d'une Séparation: Les Constitutions comme Instruments de Protection des Différences entre le Droit et la Politique, Jus Politicum. *Revue de Droit Politique n. 7*. Livre tradução deste autor.

(11) Daí a feliz síntese de Häberle: *"Teoricamente, a modificação constitucional basicamente não se opõe à ideia da Constituição, mas, enquanto 'janela do tempo', é sua consequência."* E em seguida: *"Em suma, há que saudar que o tipo de Estado Constitucional, devido à tensão entre estabilidade e mudança, e em geral entre preservação e modificação, assim como à necessidade de sua 'validação', estabeleça toda uma escala de processos formais e informais, que capturam o 'tempo'. Conhecemos a 'janela do tempo' desde a atuação constituinte, passando pela modificação constitucional, até as criativas sentenças constitucionais, incluindo os votos singulares."* HÄBERLE, Peter. Desarrollo Constitucional y Reforma Constitucional en Alemania. *Revista Pensamiento Constitucional*, n. 7, p. 20 e 21. Livre tradução deste autor.

(12) DOGLIANI, Mario. Clausole di Eternità e Revisione Totale nel Pensiero di Peter Häberle. In: *La Revisione Costituzionale e I Suoi Limiti – Fra Teoria Costituzionale, Diritto Interno, Esperienze Straniere*. Milano: Giuffrè Editore. p. 213. Livre tradução deste autor.

(13) As expressões variam, em outros idiomas: *interdictions* ou *limites (matérielles ou circonstancielles)* em Francês, *entrenchment clause* em Inglês, *Ewigkeitsklaasel* em Alemão, *cláusulas de intangibilidad* em Espanhol, *clausole di eternità* ou *sottratte alla revisione costituzionale* em Italiano.

tucional"[14]. Elas são definidas no corpo da Constituição pelo constituinte originário, que assim se vê livre para estabelecer o rol de temas absolutamente não sujeitos à alteração pelo constituinte derivado. É ainda Häberle que diz que *"existem limites que descendem do próprio modelo: a dignidade do homem e os direitos do Homem, a Democracia e a Separação de Poderes são requisitos 'ideais' (...) cuja não-observância leva a não poder se falar mais de 'Estado Constitucional'"*[15].

No Brasil, assim, o temário é pequeno, e congênere ao enunciado por Häberle: o art. 60 da Constituição anuncia que ela *"poderá ser emendada"*; entretanto, *"não será objeto de deliberação a proposta de emenda tendente a abolir"* a forma federativa de Estado, o voto direto, secreto, universal e periódico; a separação dos Poderes; e os direitos e garantias individuais (art. 60, § 4º).

Ora, quando se fala que não será *"objeto de deliberação"*, a Constituição dirige-se ao Congresso Nacional e autoriza a que se obste, ainda no processo legislativo, a proposta de emenda que traga este vício inconciliável que é a perspectiva de abolir uma das cláusulas pétreas. Assim, ao contrário do tradicional controle de constitucionalidade, judicial e *a posteriori*, aqui a detecção deste vício autoriza uma forma de controle de constitucionalidade parlamentar e prévio. Ainda na Carta de 1967-69, mas julgando questão essencialmente idêntica à aqui narrada, disse o Supremo Tribunal Federal, pela voz vencedora do Ministro Moreira Alves:

> *"se a Constituição alude a objeto de deliberação (o que implica dizer que seu termo é o momento imediatamente anterior à votação), não há dúvida, a meu ver, de que, a qualquer tempo, antes da votação, pode a Presidência do Congresso, convencendo-se de que a proposta de emenda tende a abolir a Federação ou a República, rejeitá-la, ainda que não o tenha feito inicialmente."*[16]

Tanto significa dizer, portanto, que a emenda pode e mesmo deve ser obstada ainda no curso do processo legislativo, de forma que não se veja deliberar por comissão ou plenário. Mais: acaso a proposta de emenda com este tipo de conteúdo atentatório a alguma cláusula pétrea siga em trâmite em uma das Casas Legislativas sem que, tendo-se alertado para sua inconstitucionalidade, impeça-se seu seguimento, a situação dá ensejo a que se impetre mandado de segurança contra o presidente da Casa Legislativa que mantenha fluente o andamento da proposta, justamente para interrompê-lo. Mais uma vez, diz o ministro Moreira Alves:

> *"Aqui, a inconstitucionalidade diz respeito ao próprio andamento do processo legislativo, e isso porque a Constituição não quer – em face da gravidade dessas deliberações, se consumadas – que sequer se chegue à deliberação, proibindo-a taxativamente. A inconstitucionalidade, neste caso, já existe antes de o projeto ou de a proposta se transformarem em lei ou em emenda constitucional, porque o próprio processamento já desrespeita, frontalmente, a Constituição. E cabe ao Poder Judiciário – nos sistemas em que o controle da constitucionalidade lhe é outorgado – impedir que se desrespeite a Constituição. Na guarda da observância desta, está ele acima dos demais Poderes, não havendo, pois, que se falar, a esse respeito, em independência de Poderes. Não fora assim e não poderia ele exercer a função que a própria Constituição, para a preservação dela, lhe outorga. Considero, portanto, cabível, em tese, o presente mandado de segurança."*[17]

São exemplos de propostas de emenda à Constituição que se viram questionar no Supremo Tribunal Federal como tendentes a abolir cláusulas pétreas as PECs ns. 51 e 52, de 1980 – que aumentavam a duração dos mandatos dos prefeitos, vice-prefeitos e vereadores de 2 para 4 anos – e a PEC n. 1, de 1988, que visava a instituir a pena de morte no Brasil, nos casos de roubo, sequestro e estupro, seguidos de morte.

Parece claro, por outro lado, que estas limitações ao constituinte derivado devem-se estender à atividade legiferante ordinária: afinal, sabendo de antemão que uma proposta de emenda à Constitui-

---

(14) HÄBERLE, Peter. "Stato Costituzionale". In: *Enciclopedia Guridica*, Roma, vol. XXX, parte IV, p. 48, apud DOGLIANI, Mario. Clausole di Eternità e Revisione Totale nel Pensiero di Peter Häberle. In: *La Revisione Costituzionale e I Suoi Limiti – Fra Teoria Costituzionale, Diritto Interno, Esperienze Straniere*. Milano: Giuffrè Editore. p. 213. Livre tradução deste autor.

(15) *Idem, ibidem*.

(16) MS n. 20.257.

(17) *Idem*.

ção poderia ver-se frustrada no seu andamento por força do disposto no art. 60, § 4º, algum parlamentar poderia pretender burlar esta vedação à proposta de emenda fazendo sua proposição atentatória às cláusulas pétreas mediante lei ordinária. Tal conduta propiciaria, igualmente, uma paralisação de seu trâmite legislativo ou, no caso de isso não ocorrer, mandado de segurança no Supremo Tribunal. É o Ministro Gilmar Mendes que o explica:

> *"Observe-se, ademais, que a lesão às cláusulas pétreas pode ser efetuada não apenas por propostas de emendas constitucionais, mas também mediante a utilização de projetos de lei. Basta que imaginemos, à guisa de exemplo, que uma maioria parlamentar, por meio de projeto de lei, decida aprovar a pena de morte ou, por absurdo, a descriminalização da pedofilia ou, ainda, estabelecer a censura prévia a jornais, livros e periódicos. Essas hipóteses extremadas revelam não fazer sentido admitir-se o mandado de segurança preventivo em face de proposta de emenda e não o admitir em face de projetos de lei violadores de cláusulas pétreas. Dessa forma, se a jurisprudência admite o mandado de segurança em face da tramitação de PEC, também o deve fazer, e o faz, ante o processamento de projeto de lei. Isso porque os limites materiais ao Poder Constituinte Derivado são logicamente aplicáveis ao Poder Legislativo, sob pena de se autorizar o legislador ordinário a alterar a Constituição naquilo que ela mesma vedou."*[18]

Importante lembrar que o procedimento de reforma da Constituição é um processo legislativo, levado adiante pelo órgão legislativo ordinário – no Brasil, o Congresso Nacional – e expressamente previsto por aquela. Não há, assim, necessidade de que uma alteração constitucional, ainda que feita pelo Legislativo, veja-se condicionada à aprovação popular (mediante um *referendum*, por exemplo).

Por último, a revisão constitucional, quando empreendida, deve obedecer a um cânone de exigências que compreende iniciativa, procedimento e quórum. No caso brasileiro, a iniciativa da apresentação de proposta de emenda à Constituição confina-se a um terço, no mínimo, dos membros da Câmara dos Deputados ou do Senado Federal, ao Presidente da República, ou a mais da metade das Assembleias Legislativas das unidades da Federação, manifestando-se, cada uma delas, pela maioria dos seus membros (art. 60, I, II e III, da Constituição).

É intuitivo, em prol da rigidez da Constituição – que exige um modelo agravado de aprovação de mudanças, quando comparado com as leis ordinárias –, que se estabeleça uma maioria deliberativa qualificada, que denote elevado grau de consenso dos membros do Parlamento em relação às alterações. Como lembra Canotilho:

> *"Quando se reconhece ao órgão legislativo ordinário o poder de revisão, é normal a constituição sujeitar as deliberações deste órgão a maiorias qualificadas, demonstrativas de uma adesão ou consenso mais inequívoco dos representantes quanto à alteração da Constituição."*[19]

Assim o é na Constituição brasileira. Já quanto à iniciativa, pede-se a apresentação de pelo menos um terço dos deputados federais ou dos senadores: sem essa legitimidade inicial, que é condição de procedibilidade, a proposta sequer começa a tramitar. O mesmo diga-se em relação à possibilidade de proposta feita pelas Assembleias Legislativas: é preciso que mais da metade esteja de acordo, segundo a maioria de seus membros[20].

Nesse contexto, distingue-se a legitimidade para a apresentação de proposta do presidente da República: clara defecção de um sistema aparentemente presidido pela lógica da representatividade legislativa. Evidente que se trata de uma concessão ao regime presidencialista; contudo, ao contrário da produção legislativa ordinária, o chefe do Poder Executivo não tem, em relação às emendas à Constituição, poder de veto – elas são promulgadas pelas mesas das próprias casas legislativas.

Quanto ao procedimento, a proposta de emenda tramita nas duas casas do Parlamento – Câmara dos Deputados e Senado Federal – e em cada uma

---

(18) MS n. 32.033. Neste julgamento, todavia, prevaleceu a tese de que a matéria deveria ser discutida livremente no Parlamento, e só depois sua conversão em lei poder-se-ia, mediante eventual provocação, fazer o controle de constitucionalidade próprio ao STF. Não se viu no projeto de lei, portanto, conteúdo atentatório às cláusulas pétreas.

(19) CANOTILHO, José Joaquim Gomes. *Direito Constitucional*. Coimbra: Almedina, 1991. p. 1132.

(20) Cuida-se de iniciativa rara. Pública, apenas a apresentada há cerca de 4 anos, sintomaticamente para "ampliar as competências legislativas dos Estados e do Distrito Federal".

delas sujeita-se à votação em dois turnos, sendo aprovada somente se obtiver o quórum de três quintos dos membros de cada uma delas.

Isso leva à discussão acerca da possibilidade de revisão do próprio art. 60. Ora, se somente constituem o núcleo inalterável da Constituição as matérias expressamente arroladas no § 4º do seu art. 60, mas este artigo em si não está incluído entre as "pétreas", ele pode, em tese, ser emendado. Por outras palavras, uma vez que a cláusula protetora não se inclui entre as insuscetíveis de alteração, ela poderia ser alterada, abrindo caminho para que as demais o sejam: estratagema chamado de "teoria da dupla revisão". No Brasil, o expoente desta possibilidade teórica é Manoel Gonçalves Ferreira Filho, que, lastreado em eminentes doutrinadores[21], assim pontifica:

"Sim, porque enquanto todas as regras da Constituição – exceto as incluídas no núcleo fundamental – seriam protegidas pela rigidez simples, isto é, somente seriam modificadas de acordo com o procedimento que a Constituição determina para a revisão, as matérias abrangidas pelas "cláusulas pétreas" seriam duplamente protegidas. Para modificá-las, seria preciso, primeiro, revogar a "cláusula pétrea", depois, segundo, alterar as disposições sobre a matéria em questão. É a tese da dupla revisão que, com o brilho habitual, defende Jorge Miranda. (...) De qualquer modo, as matérias protegidas por "cláusulas pétreas" não podem ser abolidas – porque só o abolir é que estas impedem – salvo por um processo em duas etapas, a primeira, de supressão da cláusula protetora, a segunda, atingindo o princípio, regra ou instituto envisado. Isto já não é pouco."[22]

Essa conclusão remete ao paradoxo de Ross, que crê ser impossível encontrar uma resposta para a possibilidade de reforma de uma norma básica de um ordenamento jurídico: ou o artigo – no caso, da Constituição – que prevê a possibilidade de reforma pode ser modificado pelo procedimento que ele mesmo estatui, ou não pode ser por um procedimento jurídico, mas social: a sociedade aceitaria outra norma como a nova norma fundamental de seu sistema jurídico. Ross propõe que a norma sobre a possibilidade de reforma seja considerada norma básica aceita incondicionalmente – referida como N0 –, assim validando o art. 88 da Constituição dinamarquesa. Essas regras sobre a reforma estabelecem um dado procedimento para a criação do art. 88 da Constituição dinamarquesa, assim se estabelecendo uma autoridade. Desse modo, o que se cria mediante esta regra (ou autoridade) é aceito como direito constitucional válido. De tal sorte, a norma básica N0 seria *"obedeça à autoridade (procedimento) instituída pelo art. 88 até que esta autoridade ou procedimento designe um sucessor. A partir daí obedeça a esta nova autoridade ou procedimento, e assim indefinidamente*[23]*"*. Ei-lo, explicando resumidamente seu ponto de vista:

"Partindo da teoria aqui defendida, não resulta difícil saber o sentido que cabe atribuir à assim chamada constituição 'eterna' ('ewige'Verfassung). Como qualquer outra regra de alteração, uma norma de imutabilidade contida na constituição não forma parte da mesma constituição, mas constitui uma norma fundamental pressuposta. E possui exatamente o mesmo valor que qualquer outra norma fundamental. Só possui validez enquanto existe a vontade social correspondente e é modificada quando esta muda. Enquanto uma vontade tal exista, será direito que a constituição é imutável. Se, pelo contrário, modifica-se esta vontade, a citada norma fundamental será derrogada e substituída por outra: a constituição é modificável."[24]

De fato, a Constituição é modificável. Mas a que grau? Não parece que se deva chegar ao ponto

---

(21) Como Duguit *(Traité de Droit Constitutionnel,* vol. IV, p. 540), Burdeau *(Traité de Science Politique,* vol. III, p. 247 e s.), Vedel *(Manuel Élémentaire de Droit Constitutionnel,* p. 117), e de outros como Jorge Miranda, *Manual de Direito Constitucional.* tomo II, 21. ed. Coimbra: Ed. Coimbra, 1987. p. 181 e s., para quem as normas que estabelecem limites ao poder de reforma"*são revisíveis do mesmo modo que quaisquer outras normas, passíveis de emenda, aditamento ou eliminação e podem vir a ser suprimidas através de revisão".*

(22) GONÇALVES FERREIRA FILHO, Manoel. Significação e Alcance das "Cláusulas Pétreas. Disponível em: <www.http://bibliotecadigital.fgv.br>, p. 14-15 e 17.

(23) ROSS, Alf. On Self-Reference and a Puzzle in Constitutional Law. *Mind* New Series, Vol. 78, n. 309 (Jan. 1969), p. 1-24.

(24) ROSS, Alf. *Teoría de las Fuentes del Derecho – Una Contribución a la teoría del derecho positivo sobre la base de investigaciones histórico-dogmáticas.* Centro de Estudios Políticos y Constitucionales, Madrid, 2007. p. 437. Livre tradução deste autor.

de falar da controvérsia acerca das limitações implícitas e da sua negação, com base no *expressio unius est exclusio alterius*. Se a Constituição não veda a reforma do artigo que elenca as limitações à emenda, sentir-se autorizado a fazê-lo seria como encontrar o artifício para burlá-la: *inventa lege, inventa fraude*. As inconstitucionalidades são disposições normativas patentemente contrárias à Constituição; numa hipótese dessas, em que se pretende a alteração mediante um refinado, mas nada inocente uso dos mecanismos idôneos de reforma, estar-se-ia num desenganado caso de fraude à Constituição. Ao enfrentar a possibilidade de dupla revisão e o paradoxo de Ross, Virgílio Afonso da Silva vai ao ponto certo:

> "Pelo que foi exposto, parece clara a inadmissibilidade da tese da dupla revisão e da possibilidade jurídica de se emendar o artigo que disciplina o procedimento de emenda constitucional. Por último, apenas como simples arremate, um argumento de ordem prática. Qual seria a função da previsão constitucional de limites ao poder de emenda, se estes limites pudessem ser superados pelo mesmo quórum necessário para qualquer emenda? Se uma maioria parlamentar transitória quiser mudar algo vedado pela constituição e tiver o quórum de três quintos favorável à mudança, é como se a barreira nem sequer existisse. Isso significa dizer que aquelas matérias que o constituinte elegeu como as mais fundamentais para o regime, e que por isso tentou proteger, poderão ser mudadas pelo mesmo quórum exigido para qualquer mudança constitucional. A única diferença é que serão necessárias duas votações, o que nada muda e nada dificulta, pois se a primeira foi feita justamente tendo em vista a segunda, em cinco minutos poder-se-á destruir a base de todo o regime."[25]

Basta dizer, aqui, que a Constituição não é um mero conjunto de normas, mas tem um claro significado fundante[26], necessitando manter-se insuscetível a mudanças significativas. Se, valendo-se de um estratagema como a dupla revisão, altera-se algo que é essencial àquela, sem dúvida se está atentando contra ela. É contra a ideia do todo que se volta a hipótese: não, portanto, contra o texto constitucional positivo, formal e normativo, mas contra a Constituição que enquadra um sistema jurídico, que dá a ele justamente a ideia e o sentido de sistema, e sem a qual não se poderia falar em um conjunto de operações racionais. Em poucas palavras, ideias como a dupla revisão não atentam propriamente contra a *constitutio minor*, mas contra a *constitutio maior*[27].

Uma observação deve ser feita, aqui, a título de conclusão. É de se questionar a percepção que o próprio Congresso Nacional brasileiro tem da Constituição, quando, em 27 anos de sua existência, já se viu emendar nada menos que 88 vezes. Que juízo poder-se-ia fazer do "*arco constitucional*"[28] contemporâneo brasileiro[29], da seriedade político-partidária brasileira, considerando a ideia de Mortati de que o partido político é o elemento constitutivo essencial da Constituição, a força política organizada[30]?

Neste sentido, é o caso de indagar se o modelo brasileiro corresponde à descrição feita por Möllers:

---

(25) DA SILVA, Virgílio Afonso. Ulisses, as sereias e o poder constituinte derivado: sobre a inconstitucionalidade da dupla revisão e da alteração no *quorum* de 3/5 para aprovação de emendas constitucionais. In: *Revista de Direito Administrativo*, n. 226, p. 29-30.

(26) Ao proferir palestra sobre possibilidades e limites da revisão constitucional, Franco Gallo – então presidente da Corte Constitucional da Itália – sustentou que o conceito de Constituição é um limite lógico à revisão: "*o termo 'Constituição', já no seu étimo – cum statuere significa estabelecer, fundar junto – evidencia o intento de dar vida a qualquer coisa que deve remanescer estável e se pretende destinado a durar. (…) O limite lógico à revisão é, daí, encontrável na noção de Constituição, que, como ato fundador de uma nova ordem jurídica, representa ela mesma um insuperável obstáculo à derrubada, de forma legal, do regime jurídico instituído.*" GALLO, Franco. Possibilità e Limiti della Revisione Costituzionale. Disponível em: <www.cortecostituzionale.it/documenti/convegni_seminari/20130614_GalloVenezia.pdf>, p. 5 e 7. Livre tradução deste autor.

(27) Sobre estes conceitos, cf. JESTAEDT, Mathias, *op. cit.*, p. 12.

(28) A expressão "*arco constitucional*" remonta aos anos sessenta e setenta na Itália, sendo usada para designar os partidos políticos que protagonizaram a redação e a aprovação da Constituição de 1948.

(29) Segundo o Tribunal Superior Eleitoral brasileiro, existem 32 partidos políticos hoje. Disponível em: <www.tse.jus.br/partidos/partidos-politicos/registrados-no-tse>.

(30) "*Esta força, resultante da organização de um grupo social e que se diferencia dos outros, quando vence, triunfa sobre grupos antagonistas portadores de interesses diversos e orientados rumo a uma forma distinta de compreender a unidade política, faz valer efetivamente uma forma particular de ordem, por esta afirmada, oferece o conteúdo da constituição originária, fundamental.*" MORTATI, Constantino. La Costituzione in Senso Materiale, Libreriauniversitaria.it, p. 63. Livre tradução deste autor.

"Nós tentamos definir a Constituição como uma configuração institucional que garante simultaneamente, de um lado, a legitimidade da ordem jurídica pela ação jurídica, e de outro o enquadramento da política pelos processos formalmente jurídicos. O problema central da teoria constitucional reside no desenvolvimento de um modelo de relação entre os dois que seja satisfatório."[31]

Mais agudamente, e ecoando Mortati, Bobbio vincula Constituição e partidos políticos naquilo que parece ser o saudável de um ponto de vista de democracia:

"as constituições são feitas pelas forças políticas: estas as fazem quando as emanam e as fazem e refazem livremente quando as aplicam (...) Numa sociedade democrática, as forças políticas são os partidos organizados."[32]

Este o ponto: se o saudável é os partidos políticos fazerem e aplicarem as Constituições, numa Democracia, deve-se verificar a sanidade desta infatigável e contínua necessidade de alterar o texto constitucional. Em circunstâncias normais, as episódicas alterações são consideradas *"janelas de tempo"* que atualizam a Constituição e, assim sincronizando-a com a contemporaneidade, a revitalizam; mas esta atividade constituinte derivada incessante pode ser um sintoma de fragilidade do sistema político-partidário (logo, da própria democracia), ou um desprezo da ideia – axial num Estado de Direito – de prestígio da Constituição rígida. Em um caso ou outro, parece francamente difícil ver, nesse "modelo de relação", uma exuberante prova da solidez das instituições.

De outro lado, a mentalidade jurídica ordinária propende a cultuar o constituinte originário – cuja origem Claude Klein chama de *"lenda"* e *"conto de fadas"*[33] –, de forma a estimar irretocável seu trabalho seminal. Raramente, faz-se crítica percuciente desta atividade e menos ainda de seu *capolavoro* – a Constituição. No entanto, não se pode abstrair que a Constituição brasileira de 1988 é um texto sumamente analítico[34], onde prodigalizam temas cuja estatura, a rigor, não tem nada de materialmente constitucional.

Daí as dezenas de emendas à Constituição, que abordam temas tão díspares como indenização de seringueiros (Emenda n. 78/2004), supressão de prévia separação judicial como requisito para o divórcio (Emenda n. 66/2010), criação do Fundo de Combate e Erradicação da Pobreza (Emenda n. 31/2000), comercialização de radioisótopos de meia-vida curta (Emenda n. 49/2006), admissão de professores estrangeiros por universidades brasileiras (Emenda n. 11/1996) e por aí adiante.

Certo, à ocasião dos trabalhos constituintes, o país migrava para o regime democrático e terá querido constitucionalizar o máximo possível de temas, de forma a protegê-los de retrocessos e revogações sumárias. E o passar do tempo mostrou que esses assuntos, de escassa – ou nenhuma – densidade constitucional, viram-se alterar pelo legislador como se ordinário fossem, já que, a rigor, pertencem ao universo próprio à legislação ordinária.

Atividade partidária profusa e desordenada, texto quilométrico, sombras da ditadura, temas de estatura menor: é na conjugação destes fatores que se encontra a sistemática alteração da Constituição no Brasil pós-1988. Se, entretanto, for possível ver sanidade nesta dinâmica, pode-se dizer que o legislador segue laboriosamente fiel a seu propósito de fazer da Constituição a simultânea imagem especular da realidade e do amanhã.

BIBLIOGRAFIA

BADURA, Peter. *I Metodi della Nuova Dottrina Generale dello Stato*. Ed. Vita e Pensiero, 1998.

BOBBIO, Norberto. *O Futuro da Democracia*. Paz e Terra, 1986.

CANOTILHO, José Joaquim Gomes. *Direito Constitucional*. Coimbra: Almedina, 1991.

---

(31) *Op. cit.*
(32) BOBBIO, Norberto. *O Futuro da Democracia*. Paz e Terra, 1986. p. 135.
(33) KLEIN, Claude. *Théorie et Pratique du Pouvoir Constituant*. Presses Universitaires de France, 1996. p. 204.
(34) Cf., por todos, a crítica de Ney Prado: *"Nossos constituintes de 88, lamentavelmente, ignoraram todas essas lições. Tornaram o casuísmo uma constante em todo o texto magno. Nele, tudo se prevê, tudo se regula. Antevêem todas as hipóteses e dispõe-se sobre todas as soluções. Seus 245 artigos, parágrafos e incisos, acrescidos aos 70 das disposições transitórias, além das sucessivas e infindáveis emendas, transformaram a Constituição num variado repertório de temas, sem distinção entre o que realmente deve ser matéria incluída na Carta Magna e o que poderá ser objeto de legislação complementar, ordinária e até regulamentar."* PRADO, Ney. O Casuísmo Constitucional. In: *Revista Justiça e Cidadania*, n. 76.

DA SILVA, Virgílio Afonso. Ulisses, as sereias e o poder constituinte derivado: sobre a inconstitucionalidade da dupla revisão e da alteração no quórum de 3/5 para aprovação de emendas constitucionais. In: *Revista de Direito Administrativo*, n. 226.

_____. Desarrollo Constitucional y Reforma Constitucional en Alemania. *Revista Pensamiento Constitucional*, n. 7.

DOGLIANI, Mario. Clausole di Eternità e Revisione Totale Nel Pensiero di Peter Häberle. In: *La Revisione Costituzionale e I Suoi Limiti – Fra Teoria Costituzionale, Diritto Interno, Esperienze Straniere*. Milano: Giuffrè Editore.

GALLO, Franco. *Possibilità e Limiti della Revisione Costituzionale*. Disponível em: <www.cortecostituzionale.it/documenti/convegni_seminari/20130614_GalloVenezia.pdf>.

GONÇALVES FERREIRA FILHO, Manoel. *Significação e Alcance das "Cláusulas Pétreas"*. Disponível em: <www.http://bibliotecadigital.fgv.br>.

GROSSI, Paulo. *A Ordem Jurídica Medieval*. São Paulo, 2014.

HÄBERLE, Peter. El Estado Constitucional Europeo. *Revista de Derecho constitucional Europeo*, Año 6, Número 11, enero-junio de 2009.

HERNANDEZ MARIN, Rafael. El Principio de Irretroactividad. In: *Jornadas de Estudio sobre el Título Preliminar de la Constitución*.

JESTAEDT, Mathias. La Double Constitution – Une Stratégie Positiviste. Conferência dada na Universidade de Paris II em 15 de março de 2011. Jus Politicum – *Revue de Droit Politique* n. 6.

KELSEN, Hans. *A Garantia Jurisdicional da Constituição (A Justiça Constitucional)*. Direito Público n. 1 – Jul.-Ago.-Set./2003 – Doutrina Estrangeira.

LEPSIUS, Oliver. El Redescubrimiento de Weimar por Parte de la Doctrina do Direito Político da República Federal. *Revista Historia Constitucional*, vol. 9.

MÖLLERS, Christoph. Les Gardiennes d'une Séparation: Les Constitutions comme Instruments de Protection des Différences entre le Droit et la Politique, Jus Politicum. *Revue de Droit Politique* n. 7. – Teoría de las Fuentes del Derecho – Una Contribución a la teoría del derecho positivo sobre la base de investigaciones histórico-dogmáticas. Centro de Estudios Políticos y Constitucionales, Madrid, 2007.

ONCINA COVES, Faustino. "El Tiempo del Derecho de Fichte em Jena: El Ritmo de la Ley Jurídica. *Revista de Estudios Histórico-jurídicos*, Valparaíso, 1999, n. 21.

OST, François. *O Tempo do Direito*. Bauru/SP: EDUSC, 2005.

ROSS, Alf. On Self-Reference and a Puzzle. In: *Constitutional Law*. Mind New Series, vol. 78, n. 309, Jan. 1969.

Anexos
Emendas à Constituição Brasileira

N. DA EC	EMENTA
88, de 07.05.2015 Publicada no DOU 08.05.2015	Altera o art. 40 da Constituição Federal, relativamente ao limite de idade para a aposentadoria compulsória do servidor público em geral, e acrescenta dispositivo ao Ato das Disposições Constitucionais Transitórias.
87, de 16.4.2015 Publicada no DOU 17.04.2015	Altera o § 2º do art. 155 da Constituição Federal e inclui o art. 99 no Ato das Disposições Constitucionais Transitórias, para tratar da sistemática de cobrança do imposto sobre operações relativas à circulação de mercadorias e sobre prestações de serviços de transporte interestadual e intermunicipal e de comunicação incidente sobre as operações e prestações que destinem bens e serviços a consumidor final, contribuinte ou não do imposto, localizado em outro Estado.
86, de 17.03.2015 Publicada no DOU 18.03.2015	Altera os arts. 165, 166 e 198 da Constituição Federal, para tornar obrigatória a execução da programação orçamentária que especifica.
85, de 26.02.2015 Publicada no DOU 27.02.2015	Altera e adiciona dispositivos na Constituição Federal para atualizar o tratamento das atividades de ciência, tecnologia e inovação.
84, de 02.12.2014 Publicada no DOU 03.12.2014	Altera o art. 159 da Constituição Federal para aumentar a entrega de recursos pela União para o Fundo de Participação dos Municípios.
83, de 05.08.2014 Publicada no DOU 06.08.2014	Acrescenta o art. 92-A ao Ato das Disposições Constitucionais Transitórias – ADCT.
82, de 16.07.2014 Publicada no DOU 17.07.2014	Inclui o § 10 ao art. 144 da Constituição Federal, para disciplinar a segurança viária no âmbito dos Estados, do Distrito Federal e dos Municípios.

N. da EC	Ementa
81, de 05.06.2014 Publicada no DOU 06.06.2014	Dá nova redação ao art. 243 da Constituição Federal.
80, de 04.06.2014 Publicada no DOU 05.06.2014	Altera o Capítulo IV – Das Funções Essenciais à Justiça, do Título IV – Da Organização dos Poderes, e acrescenta artigo ao Ato das Disposições Constitucionais Transitórias da Constituição Federal.
79, de 27.05.2014 Publicada no DOU 28.05.2014	Altera o art. 31 da Emenda Constitucional n. 19, de 4 de junho de 1998, para prever a inclusão, em quadro em extinção da Administração Federal, de servidores e policiais militares admitidos pelos Estados do Amapá e de Roraima, na fase de instalação dessas unidades federadas, e dá outras providências.
78, de 14.05.2014 Publicada no DOU 15.05.2014	Acrescenta art. 54-A ao Ato das Disposições Constitucionais Transitórias, para dispor sobre indenização devida aos seringueiros de que trata o art. 54 desse Ato.
77, de 11.2.2014 Publicada no DOU 12.2.2014	Altera os incisos II, III e VIII do § 3º do art. 142 da Constituição Federal, para estender aos profissionais de saúde das Forças Armadas a possibilidade de cumulação de cargo a que se refere o art. 37, inciso XVI, alínea "c".
76, de 28.11.2013 Publicada no DOU 29.11.2013	Altera o § 2º do art. 55 e o § 4º do art. 66 da Constituição Federal, para abolir a votação secreta nos casos de perda de mandato de Deputado ou Senador e de apreciação de veto.
75, de 15.10.2013 Publicada no DOU 16.10.2013	Acrescenta a alínea e ao inciso VI do art. 150 da Constituição Federal, instituindo imunidade tributária sobre os fonogramas e videofonogramas musicais produzidos no Brasil contendo obras musicais ou literomusicais de autores brasileiros e/ou obras em geral interpretadas por artistas brasileiros bem como os suportes materiais ou arquivos digitais que os contenham.
74, de 06.04.2013 Publicada no DOU 06.08.2013	Altera o art. 134 da Constituição Federal.
73, de 06.04.2013 Publicada no DOU 07.04.2013	Cria os Tribunais Regionais Federais das 6ª, 7ª, 8ª e 9ª Regiões.
72, de 02.04.2013 Publicada no DOU 03.04.2013	Altera a redação do parágrafo único do art. 7º da Constituição Federal para estabelecer a igualdade de direitos trabalhistas entre os trabalhadores domésticos e os demais trabalhadores urbanos e rurais.
71, de 29.11.2012 Publicada no DOU 30.11.2012	Acrescenta o art. 216-A à Constituição Federal para instituir o Sistema Nacional de Cultura.
70, de 29.03.2012 Publicada no DOU 30.03.2012	Acrescenta art. 6º-A à Emenda Constitucional n. 41, de 2003, para estabelecer critérios para o cálculo e a correção dos proventos da aposentadoria por invalidez dos servidores públicos que ingressaram no serviço público até a data da publicação daquela Emenda Constitucional.
69, de 29.03.2012 Publicada no DOU 30.03.2012	Altera os arts. 21, 22 e 48 da Constituição Federal, para transferir da União para o Distrito Federal as atribuições de organizar e manter a Defensoria Pública do Distrito Federal.
68, de 21.12.2011 Publicada no DOU 22.12.2011	Altera o art. 76 do Ato das Disposições Constitucionais Transitórias.
67, de 22.12.2010 Publicada no DOU 23.12.2010	Prorroga, por tempo indeterminado, o prazo de vigência do Fundo de Combate e Erradicação da Pobreza.
66, de 13.07.2010 Publicada no DOU 14.07.2010	Dá nova redação ao § 6º do art. 226 da Constituição Federal, que dispõe sobre a dissolubilidade do casamento civil pelo divórcio, suprimindo o requisito de prévia separação judicial por mais de 1 (um) ano ou de comprovada separação de fato por mais de 2 (dois) anos.

N. DA EC	EMENTA
65, de 13.07.2010 Publicada no DOU 14.07.2010	Altera a denominação do Capítulo VII do Título VIII da Constituição Federal e modifica o seu art. 227, para cuidar dos interesses da juventude.
64, de 04.02.2010 Publicada no DOU 05.02.2010	Altera o art. 6º da Constituição Federal, para introduzir a alimentação como direito social.
63, de 04.02.2010 Publicada no DOU 05.02.2010	Altera o § 5º do art. 198 da Constituição Federal para dispor sobre piso salarial profissional nacional e diretrizes para os Planos de Carreira de agentes comunitários de saúde e de agentes de combate às endemias.
62, de 09.12.2009 Publicada no DOU 10.12.2009	Altera o art. 100 da Constituição Federal e acrescenta o art. 97 ao Ato das Disposições Constitucionais Transitórias, instituindo regime especial de pagamento de precatórios pelos Estados, Distrito Federal e Municípios.
61, de 11.11.2009 Publicada no DOU 12.11.2009	Altera o art. 103-B da Constituição Federal, para modificar a composição do Conselho Nacional de Justiça.
60, de 11.11.2009 Publicada no DOU 12.11.2009	Altera o art. 89 do Ato das Disposições Constitucionais Transitórias para dispor sobre o quadro de servidores civis e militares do ex-Território Federal de Rondônia.
59, de 11.11.2009 Publicada no DOU 12.11.2009	Acrescenta § 3º ao art. 76 do Ato das Disposições Constitucionais Transitórias para reduzir, anualmente, a partir do exercício de 2009, o percentual da Desvinculação das Receitas da União incidente sobre os recursos destinados à manutenção e desenvolvimento do ensino de que trata o art. 212 da Constituição Federal, dá nova redação aos incisos I e VII do art. 208, de forma a prever a obrigatoriedade do ensino de quatro a dezessete anos e ampliar a abrangência dos programas suplementares para todas as etapas da educação básica, e dá nova redação ao § 4º do art. 211 e ao § 3º do art. 212 e ao *caput* do art. 214, com a inserção neste dispositivo de inciso VI.
58, de 23.09.2009 Publicada no DOU 24.09.2009	Altera a redação do inciso IV do *caput* do art. 29 e do art. 29-A da Constituição Federal, tratando das disposições relativas à recomposição das Câmaras Municipais.
57, de 18.12.2008 Publicada no DOU 18.12.2008 – edição extra	Acrescenta artigo ao Ato das Disposições Constitucionais Transitórias para convalidar os atos de criação, fusão, incorporação e desmembramento de Municípios.
56, de 20.12.2007 Publicada no DOU 21.12.2007	Prorroga o prazo previsto no *caput* do art. 76 do Ato das Disposições Constitucionais Transitórias e dá outras providências.
55, de 20.09.2007 Publicada no DOU 21.09.2007	Altera o art. 159 da Constituição Federal, aumentando a entrega de recursos pela União ao Fundo de Participação dos Municípios.
54, de 20.09.2007 Publicada no DOU 21.09.2007	Dá nova redação à alínea c do inciso I do art. 12 da Constituição Federal e acrescenta art. 95 ao Ato das Disposições Constitucionais Transitórias, assegurando o registro nos consulados de brasileiros nascidos no estrangeiro.
53, de 19.12.2006 Publicada no DOU 20.12.2006	Dá nova redação aos arts. 7º, 23, 30, 206, 208, 211 e 212 da Constituição Federal e ao art. 60 do Ato das Disposições Constitucionais Transitórias.
52, de 08.03.2006 Publicada no DOU 09.03.2006	Dá nova redação ao § 1º do art. 17 da Constituição Federal para disciplinar as coligações eleitorais.
51, de 14.02.2006 Publicada no DOU 15.02.2006	Acrescenta os §§ 4º, 5º e 6º ao art. 198 da Constituição Federal.

N. da EC	Ementa
50, de 14.02.2006 Publicada no DOU 15.02.2006	Modifica o art. 57 da Constituição Federal.
49, de 08.02.2006 Publicada no DOU 09.02.2006	Altera a redação da alínea b e acrescenta alínea c ao inciso XXIII do caput do art. 21 e altera a redação do inciso V do caput do art. 177 da Constituição Federal para excluir do monopólio da União a produção, a comercialização e a utilização de radioisótopos de meia-vida curta, para usos médicos, agrícolas e industriais.
48, de 10.08.2005 Publicada no DOU 11.08.2005	Acrescenta o § 3º ao art. 215 da Constituição Federal, instituindo o Plano Nacional de Cultura.
47, de 05.07.2005 Publicada no DOU 06.07.2005	Altera os arts. 37, 40, 195 e 201 da Constituição Federal, para dispor sobre a previdência social, e dá outras providências.
46, de 05.05.2005 Publicada no DOU 06.05.2005	Altera o inciso IV do art. 20 da Constituição Federal.
45, de 30.12.2004 Publicada no DOU 31.12.2004	Altera dispositivos dos arts. 5º, 36, 52, 92, 93, 95, 98, 99, 102, 103, 104, 105, 107, 109, 111, 112, 114, 115, 125, 126, 127, 128, 129, 134 e 168 da Constituição Federal, e acrescenta os arts. 103-A, 103-B, 111-A e 130-A, e dá outras providências.
44, de 30.06.2004 Publicada no DOU 1º.7.2004	Altera o Sistema Tributário Nacional e dá outras providências.
43, de 15.04.2004 Publicada no DOU 16.04.2004	Altera o art. 42 do Ato das Disposições Constitucionais Transitórias, prorrogando, por 10 (dez) anos, a aplicação, por parte da União, de percentuais mínimos do total dos recursos destinados à irrigação nas Regiões Centro-Oeste e Nordeste.
42, de 19.12.2003 Publicada no DOU 12.2003	Altera o Sistema Tributário Nacional e dá outras providências.
41, de 19.12.2003 Publicada no DOU 31.12.2003	Modifica os arts. 37, 40, 42, 48, 96, 149 e 201 da Constituição Federal, revoga o inciso IX do § 3º do art. 142 da Constituição Federal e dispositivos da Emenda Constitucional n. 20, de 15 de dezembro de 1998, e dá outras providências.
40, de 29.05.2003 Publicada no DOU 30.05.2003	Altera o inciso V do art. 163 e o art. 192 da Constituição Federal, e o caput do art. 52 do Ato das Disposições Constitucionais Transitórias.
39, de 19.12.2002 Publicada no DOU 20.12.2002	Acrescenta o art. 149-A à Constituição Federal (Instituindo contribuição para custeio do serviço de iluminação pública nos Municípios e no Distrito Federal).
38, de 12.06.2002 Publicada no DOU 13.06.2002	Acrescenta o art. 89 ao ato das Disposições Constitucionais Transitórias, incorporando os Policiais Militares do extinto Território Federal de Rondônia aos Quadros da União.
37, de 12.06.2002 Publicada no DOU 13.06.2002	Altera os arts. 100 e 156 da Constituição Federal e acrescenta os arts. 84, 85, 86, 87 e 88 ao Ato das Disposições Constitucionais Transitórias.
36, de 28.05.2002 Publicada no DOU 29.5.2002	Dá nova redação ao art. 222 da Constituição Federal, para permitir a participação de pessoas jurídicas no capital social de empresas jornalísticas e de radiodifusão sonora e de sons e imagens, nas condições que especifica.
35, de 20.12.2001 Publicada no DOU 21.12.2001	Dá nova redação ao art. 53 de Constituição Federal.

N. DA EC	EMENTA
34, de 13.12.2001 Publicada no DOU 14.12.2001	Dá nova redação à alínea c do inciso XVI do art. 37 da Constituição Federal.
33, de 11.12.2001 Publicada no DOU 12.12.2001	Altera os arts. 149, 155 e 177 da Constituição Federal.
32, de 11.09.2001 Publicada no DOU 12.09.2001	Altera dispositivos dos arts. 48, 57, 61, 62, 64, 66, 84, 88 e 246 da Constituição Federal, e dá outras providências.
31, de 14.12.2000 Publicada no DOU 18.12.2000	Altera o Ato das Disposições Constitucionais Transitórias, introduzindo artigos que criam o Fundo de Combate e Erradicação da Pobreza.
30, de 13.09.2000 Publicada no DOU 14.09.2000	Altera a redação do art. 100 da Constituição Federal e acrescenta o art. 78 no Ato das Disposições Constitucionais Transitórias, referente ao pagamento de precatórios judiciários.
29, de 13.09.2000 Publicada no DOU 14.09.2000	Altera os arts. 34, 35, 156, 160, 167 e 198 da Constituição Federal e acrescenta artigo ao Ato das Disposições Constitucionais Transitórias, para assegurar os recursos mínimos para o financiamento das ações e serviços públicos de saúde.
28, de 25.05.2000 Publicada no DOU 26.05.2000	Dá nova redação ao inciso XXIX do art. 7º e revoga o art. 233 da Constituição Federal.
27, de 21.03.2000 Publicada no DOU 22.03.2000	Acrescenta o art. 76 ao ato das Disposições Constitucionais Transitórias, instituindo a desvinculação de arrecadação de impostos e contribuições sociais da União.
26, de 14.02.2000 Publicada no DOU 15.02.2000	Altera a redação do art. 6º da Constituição Federal.
25, de 14.02.2000 Publicada no DOU 02.2000	Altera o inciso VI do art. 29 e acrescenta o art. 29-A à Constituição Federal, que dispõem sobre limites de despesas com o Poder Legislativo Municipal.
24, de 09.12.1999 Publicada no DOU 10.12.1999	Altera dispositivos da Constituição Federal pertinentes à representação classistas na Justiça do Trabalho.
23, de 02.09.1999 Publicada no DOU 03.09.1999	Altera os arts. 12, 52, 84, 91, 102 e 105 da Constituição Federal (criação do Ministério da Defesa).
22, de 18.03.1999 Publicada no DOU 19.03.1999	Acrescenta parágrafo único ao art. 98 e altera as alíneas i do inciso I do art. 102 e c do inciso I do art. 105 da Constituição Federal.
21, de 18.03.1999 Publicada no DOU 19.03.1999	Prorroga, alterando a alíquota, a contribuição provisória sobre movimentação ou transmissão de valores e de créditos e de direitos de natureza financeira, a que se refere o art. 74 do Ato das Disposições Constitucionais Transitórias.
20, de 15.12.1998 Publicada no DOU16.12.1998	Modifica o sistema de previdência social, estabelece normas de transição e dá outras providências.
19, de 04.06.1998 Publicada no DOU 05.06.1998	Modifica o regime e dispõe sobre princípios e normas da Administração Pública, servidores e agentes políticos, controle de despesas e finanças públicas e custeio de atividades a cargo do Distrito Federal, e dá outras providências.

N. da EC	Ementa
18, de 05.02.1998 Publicada no DOU 06.02.1998	Dispõe sobre o regime constitucional dos militares.
17, de 22.11.1997 Publicada no DOU 25.11.1997	Altera dispositivos dos arts. 71 e 72 do Ato das Disposições Constitucionais Transitórias, introduzidos pela Emenda Constitucional de Revisão n. 1, de 1994.
16, de 04.06.1997 Publicada no DOU 05.06.1997	Dá nova redação ao § 5º do art. 14, ao *caput* do art. 28, ao inciso II do art. 29, ao *caput* do art. 77 e ao art. 82 da Constituição Federal.
15, de 12.09.1996 Publicada no DOU 13.09.1996	Dá nova redação ao § 4º do art. 18 da Constituição Federal.
14, de 12.09.1996 Publicada no DOU 13.09.1996	Modifica os arts. 34, 208, 211 e 212 da Constituição Federal e dá nova redação ao art. 60 do Ato das Disposições constitucionais Transitórias.
13, de 21.08.1996 Publicada no DOU 22.08.1996	Dá nova redação ao inciso II do art. 192 da Constituição Federal.
12, de 15.08.1996 Publicada no DOU 16.08.1996	Outorga competência à União, para instituir contribuição provisória sobre movimentação ou transmissão de valores e de créditos e direitos de natureza financeira.
11, de 30.04.1996 Publicada no DOU 02.05.1996	Permite a admissão de professores, técnicos e cientistas estrangeiros pelas universidades brasileiras e concede autonomia às instituições de pesquisa científica e tecnológica.
10, de 04.03.1996 Publicada no DOU 07.03.1996	Altera os arts. 71 e 72 do Ato das Disposições Constitucionais Transitórias, introduzidos pela Emenda Constitucional de Revisão n. 1, de 1994.
9, de 09.11.1995 Publicada no DOU 10.11.1995	Dá nova redação ao art. 177 da Constituição Federal, alterando e inserindo parágrafos.
8, de 15.08.1995 Publicada no DOU 16.08.1995	Altera o inciso XI e a alínea "a" do inciso XII do art. 21 da Constituição Federal.
7, de 15.08.1995 Publicada no DOU 16.08.1995	Altera o art. 178 da Constituição Federal e dispõe sobre a adoção de Medidas Provisórias.
6, de 15.08.1995 Publicada no DOU 16.08.1995	Altera o inciso IX do art. 170, o art. 171 e o § 1º do art. 176 da Constituição Federal.
5, de 15.08.1995 Publicada no DOU 16.08.1995	Altera o § 2º do art. 25 da Constituição Federal.
4, de 14.09.1993 Publicada no DOU 15.09.1993	Dá nova redação ao art. 16 da Constituição Federal.
3, de 17.03.1993 Publicada no DOU 18.03.1993	Altera os arts. 40, 42, 102, 103, 155, 156, 160, 167 da Constituição Federal.

N. DA EC	EMENTA
2, de 25.08.1992 Publicada no DOU 01.09.1992	Dispõe sobre o plebiscito previsto no art. 2º do Ato das Disposições Constitucionais Transitórias.
1, de 31.03.1992 Publicada no DOU 06.04.1992	Dispõe sobre a remuneração dos Deputados Estaduais e dos Vereadores.

Liberdade de Expressão e suas Restrições na Democracia

Anita Caruso Puchta

Procuradora do Estado do Paraná desde 1996. Foi professora na Faculdade de Direito da Universidade Paranaense (UNIPAR). Graduada em Direito pela Universidade Estadual de Ponta Grossa (UEPG). Realizou curso da Escola Superior da Magistratura do Estado do Paraná. Especialista em Direito Processual Civil pelo Instituto Brasileiro de Estudos Jurídicos (IBEJ-PR). Especialista em Direito Contemporâneo e suas Instituições Fundamentais pelo Instituto Brasileiro de Estudos Jurídicos (IBEJ-PR). Mestre em Direito das Relações Sociais (Direito Processual Civil) pela Universidade Federal do Paraná (UFPR). Discente regular dos Cursos Válidos para Doutorado – Direito Constitucional da Universidade de Buenos Aires (UBA). Tem experiência na área do Direito, com ênfase em Direito Público: Processual Civil, Administrativo, Constitucional, Tributário e Processo de execução. Autora do livro *Penhora de dinheiro* on-line.

"Direito é, portanto, o conjunto das condições sob as quais o arbítrio de um pode ser conciliado com o arbítrio do outro, de acordo com uma lei geral de liberdade." (Kant)

INTRODUÇÃO

O tema liberdade é muito complexo nos ordenamentos jurídicos. A odiosa escravidão de seres humanos, por exemplo, só foi extinta na idade contemporânea mediante muitas lutas abolicionistas, conquistas e avanços jurídicos e filosóficos.

A liberdade de expressão, de manifestação e de opinião constituem direitos humanos essenciais no estado democrático de direito. Ausência de liberdade de opinião e manifestação e aplicação de censura prévia são próprios de regimes totalitários, nos quais reinam intolerância, arbitrariedades, desvios de poder e outras atrocidades condenáveis no regime de democracia.

Oportunidade de se expressar, de ser representado, de emitir opinião sobre temas diversos, de participar, de dialogar, em especial, sobre temas políticos, de votar e ser votado constituem base para o estado democrático de direito.

A repressão, os cerceamentos de liberdades, a queima de livros censurados, a punição de pensadores, cientistas, artistas e muitos outros ataques à liberdade de expressão ocorrem em regimes despóticos e obstaculizam os avanços da humanidade.

A liberdade de expressão está ligada ao direito fundamental de informação e à democracia. Nos regimes totalitários, só é possível informar aquilo que o déspota permite, o que resulta em inúmeras violações desses direitos. Nesses regimes, há censura prévia, perseguição e muitas atrocidades contra os que ousam criticar o poder público e informar a população.

Quem tem o poder tende a abusar. Manifestações contra governantes causam polêmicas, mesmo em sistemas representativos, pois muitos deles desejam a repressão, calar a voz de seus opositores ou de qualquer pessoa que emita opinião contrária a seus atos de governo ou suas posições ideológicas.

Com a fixação da indenização por danos morais na jurisprudência brasileira, o tema liberdade de expressão tem sido cada vez mais objeto de investigação. Os direitos à imagem, honra, privacidade e intimidade, por limitarem liberdades, favorecem reflexões aprofundadas e pesquisas sobre esses direitos fundamentais em rota de colisão.

A imposição de restrições à liberdade de expressão evita o discurso do ódio e a intolerância com minorias. Atos de discriminação, racismo, homofobia, xenofobia, enfim, práticas que intencionam exclusão, marginalização e opressão, em regra, não constituem liberdade de expressão, mas sim abusos de liberdade e violação de direitos de outrem.

Atualmente, há mais consciência na proteção de minorias e indignação contra os que desrespeitam seus direitos e afrontam sua dignidade.

Com a criação da internet, redes sociais e outros aplicativos, crescem ainda mais o interesse e a necessidade de investigação sobre os limites da liberdade de expressão na democracia. A comunicação se tornou célere, instantânea, em tempo real (*on-line*), todos têm acesso a receber notícias com muita rapidez e também se expressar com muita facilidade[1]. O ativismo político foi potencializado, e o espectador transformou-se e tornou-se um ativista.

Há muita oportunidade para se manifestar e emitir opiniões nas redes sociais; os cidadãos são induzidos a postar, curtir e compartilhar mensagens. A comunicação eletrônica se popularizou e gera muitos conflitos entre liberdade de expressão e direitos de personalidade, o que aumenta o interesse pela pesquisa sobre os limites da manifestação de opinião.

1. HISTÓRICO

Em todas as fases da humanidade, existiram polêmicas sobre a liberdade. Entretanto, na idade contemporânea, há avanços significativos, com a abolição da escravatura, previsão da liberdade de expressão, opinião e manifestação e direito de informação nas constituições, afastamento do absolutismo e instalação dos regimes democráticos.

A crueldade contra seres humanos escravizados foi ampla na história. Negros, povos vencidos em guerra e muitos outros experimentaram a odiosa escravidão, quando homens eram forçados a trabalhar até a exaustão, além de serem maltratados e torturados. A humilhação era grande e nem sequer eram considerados sujeitos de direito, eram tidos como coisas, objeto de direito, passíveis de alienação e destruição pelo proprietário. Assim, não exerciam direitos próprios da essência e dignidade humanas.

Na idade média, quem fosse considerado um herege pelo clero sofria penas de prisão e de morte, na forca ou fogueira. Judeus e inclusive aqueles que praticavam seus costumes já eram suspeitos na Inquisição, sobretudo, na Espanha, onde a crueldade foi grande, pois havia população de diferentes religiões e uma vasta diversidade cultural.

Tudo o que contrariava dogmas da igreja católica era considerado heresia. Quem violava tais dogmas ou criticava posturas da igreja era perseguido, torturado e considerado herege, sujeito à pena de prisão e morte, sem o mínimo de defesa. Havia muita tortura, em especial, para provocar confissão das supostas heresias. Muitos dogmas católicos obstaculizavam avanços científicos, pois não era permitido contrariar preceitos bíblicos, principalmente o livro do Gênesis.

O que causa perplexidade no contexto da Inquisição é que valores essenciais do cristianismo eram violados, como liberdade, fraternidade, inclusão, dignidade humana, solidariedade, etc. A ética cristã era violentamente afrontada pelo clero com escusas injustificáveis, como interpretações temerárias de preceitos bíblicos e fé, sem o mínimo de razão. A luta pelo poder e a intolerância com outros credos e ideologias eram muito fortes e, por esses motivos, cometiam-se atrocidades e crueldades totalmente condenáveis pelo cristianismo.

Muitos cientistas necessitavam renegar teorias para não serem mortos, como foi o caso de Galileu Galilei. Giordano Bruno e Joana d'Arc foram queimados vivos na fogueira e em praça pública por serem considerados hereges.

O antissemitismo foi tão disseminado e consolidado que culminou no extermínio de judeus nos campos de concentração nazista em pleno século XX. Houve muita violência, crueldade e morte, como as que ocorreram nas câmaras de gás. Portanto, o discurso do ódio necessita ser afastado, pois excessos na liberdade de expressão, a exemplo da incitação ao ódio contra raça, cor, nação, gênero, po-

---

(1) Conforme Ricardo Rabinovich-Berkman: "Las comunicaciones en tiempo real, sin importar la geografía, que pueden ser simultáneas, involucrando un número teóricamente ilimitado de personas, han derribado (o ignorado) toda las fronteras políticas del planeta. Las "redes sociales" permiten contactos múltiples a velocidades antes impensables. Y, por sobre todo, el hecho de que, en especial a partir de la década de 1990, este "ciberespacio" ha crecido de un modo popular, "democrático" si se quiere, como un punto de encuentro e intercambio de informaciones." (RABINOVICH-BERKMAN, Ricardo David ¿*Cómo se hicieron los derechos humanos? Un viaje por la historia de los principales derechos de las personas*. Buenos Aires: Didot, 2013. p.109.)

dem ensejar massacres futuros. O respeito e o convívio com a diversidade são muito relevantes e evitam atrocidades, maus sentimentos contra a humanidade e sedimentam a democracia.

Veja-se que esse extermínio de judeus ocorreu depois revoluções (francesa e americana), criação de constituições, declaração de direitos do homem e do cidadão, abolições de escravaturas e muitas conquistas democráticas e avanços no Direito. Causa perplexidade ocorrer extermínio de judeus em pleno século XX, período no qual a visão do Direito é mais avançada do que em outras fases da história da humanidade.

Depois dos massacres das grandes guerras mundiais, houve a criação da Organização das Nações Unidas (ONU), muitos tratados e convenção sobre direitos humanos foram pactuados, e o estudo sobre direitos fundamentais avançou, alçando esses direitos a uma posição de supremacia nos ordenamentos jurídicos. Com isso, o constitucionalismo também se fortaleceu, pois concepções positivistas passaram a ser usadas nas defesas dos exterminadores em nome do estrito cumprimento da lei.

Filósofos adaptaram teorias da antiguidade para o cristianismo a fim de não serem perseguidos, como foi o caso de São Tomás de Aquino, que cristianizou Aristóteles, e de Santo Agostinho, que cristianizou Platão.

Charles Darwin também causou muita polêmica ao tratar da evolução das espécies, pois sua teoria contrariava relatos bíblicos e o cristianismo.

Todos que se expressavam na arte, na ciência, na literatura e no jornalismo sempre tiveram problemas com censuras e arbitrariedades. Atores, cantores, compositores e músicos sempre foram alvo de retaliações.

Karl Marx menciona que muitos descobridores foram assassinados ou sepultados vivos depois de comunicar suas descobertas aos déspotas[2].

Na última ditadura brasileira, compositores muito criativos venciam a censura com expressões ambíguas, como foi o caso de Chico Buarque com a música "Cálice". Os artistas usavam a criatividade com o objetivo de conseguir liberar obras opositoras da ditadura militar e, muitas vezes, isso ocorria com sucesso, visto que os censores não eram intelectuais.

2. LIBERDADE E SOCIEDADE

Segundo reflexão de Zygmunt Bauman, "só quem vive isolado não tem restrições à liberdade"[3]. Essa limitação é essencial para o convívio social e, sob essa ótica, o Direito desempenha um papel fundamental na regulação das relações sociais. Desde que o ser humano começou a viver em grupos, houve a necessidade de restringir a liberdade dos seres humanos, o que significa dizer que a própria existência da sociedade impõe limites à liberdade. Portanto, a necessidade de interação social e de liberdade são inseparáveis e inerentes à condição humana.

Florentino, jurista romano, assim conceitua: "La libertad es la facultad natural de hacer lo que place a cada uno, salvo si algo se prohíbe por la fuerza o por el *ius*."[4]

A liberdade é da essência humana e de sua dignidade. A liberdade é natural e é a base dos direitos fundamentais dos seres humanos. A escravidão e a tirania são contrárias à natureza humana[5].

Toda instituição jurídica, mesmo a mais mesquinha e violadora de direitos humanos, como foi a escravidão, porém, ligada com a base econômica da sociedade, torna-se difícil de eliminar. E isso se agrava ainda mais quando fez parte da cultura humana e sustentou a estrutura econômica com mão de obra a custo mínimo.

Tudo o que é muito sedimentado na sociedade enseja aceitação, resignação, como se fosse algo normal, mesmo que afronte violentamente a dignidade do ser humano e sua essência. Há uma constatação cultural de que a mentira contada muitas vezes torna-se "verdadeira".

O Direito cede perante as exigências da economia em várias situações. A escravatura era a base de economia na antiguidade e grandes empreendimentos foram realizados com mão de obra escrava. Até mesmo Aristóteles justificou a escravidão na Anti-

---

(2) MARX, Karl. *Liberdade de imprensa*. Tradução de Cláudia Schilling e José Fonseca. Porto Alegre: L & PM, 2009. p. 39.
(3) BAUMAN, Zygmunt. *Libertad*. Traducción de Antonio Bonnano. Buenos Aires: Losada, 2010. p. 134.
(4) *Apud* RABINOVICH-BERKMAN, Ricardo David, *op. cit.*, p. 47.
(5) De acordo com Ricardo Rabinovich-Berkman: "Tan contraria a la esencia humana sería, pues, la esclavitud como la tiranía. De ésta, por simpático, culto y bonachón que pueda ser quien la ejerza, nada bueno podría derivarse. Porque solo la libertad, al ser natural, podría dar base a los derechos fundamentales de los seres humanos." (*Ibid.*, p. 48.)

guidade, pois sua filosofia não estava independente do contexto econômico no império macedônico.

3. DIREITOS HUMANOS E DIREITOS FUNDAMENTAIS

Os direitos humanos têm base em tratados, acordos e convenções internacionais. Originam-se do direito natural, são valores consagrados na humanidade e se aplicam a todas as pessoas independentemente da cidadania.

Conforme concepções jusnaturalistas, os ordenamentos não criam direitos humanos, eles os reconhecem, pois são faculdades inerentes ao ser humano, pelo mero fato de existirem. Direitos humanos são superiores ao ordenamento e ao arbítrio dos governantes[6].

Direitos fundamentais são os direitos humanos positivados nas constituições. Toda lei e todo ordenamento jurídico devem estar voltados para a efetivação de direitos fundamentais. A lei se move no âmbito dos direitos fundamentais, não são os direitos fundamentais que se movem no espaço da lei[7]. O controle da constitucionalidade das leis visa à proteção da Constituição e dos direitos fundamentais[8], que estão em posição de supremacia no ordenamento jurídico[9]. As leis devem estar em consonância com os direitos fundamentais e estes independem de lei infraconstitucional para sua eficácia.

Liberdade de expressão, manifestação e opinião, bem como os direitos de personalidade, como honra, imagem e vida privada, são direitos humanos previstos em convenções internacionais e também positivados em constituições.

4. NORMATIZAÇÃO

A liberdade de expressão está prevista na Declaração dos Direitos do Homem e do Cidadão, em muitas constituições, na Convenção Interamericana de Direitos Humanos (Pacto São José da Costa Rica) e na Declaração Universal dos Direitos Humanos.

A Declaração dos Direitos do Homem e do Cidadão, do século XVIII, assim dispõe:

> Art. 11. A livre comunicação das ideias e das opiniões é um dos mais preciosos direitos do homem. Todo cidadão pode, portanto, falar, escrever, imprimir livremente, respondendo, todavia, pelos abusos desta liberdade nos termos previstos na lei.

A Declaração Universal dos Direitos Humanos, do século XX, preceitua:

> Art. 19. Todo indivíduo tem direito à liberdade de opinião e de expressão; este direito inclui o de não ser molestado por causa de suas opiniões, o de pesquisar e receber informações e opiniões, e o das difundir, sem limitação de fronteiras, por qualquer meio de expressão.
>
> Art. 29. No exercício de seus direitos e no desfrute de suas liberdades, toda pessoa estará somente sujeita às limitações estabelecidas pela lei com o único fim de assegurar o reconhecimento e o respeito dos direitos e liberdades dos demais, e de satisfazer as justas exigências da moral, da ordem pública e do bem-estar geral em uma sociedade democrática.

---

(6) Segundo Antonio E. Peres Luño: "La recepción en el ordenamiento jurídico o positivación de los derechos humanos es concebida, desde esas premisas jusnaturalistas, como la consagración normativa de unas exigencias previas, de unas facultades que le corresponden al hombre por el mero hecho de serlo, es decir, por su propia naturaleza. Por eso, al ordenamiento jurídico no le incumbe crear u otorgar los derechos y libertades de la persona, sino que su función reside en reconocer esos derechos inviolables e inherentes al ser humano que son superiores a las leyes positivas y al arbítrio de los gobiernos." (LUÑO, Antonio E. Perez. *Temas clave de la constituición española. Los derechos fundamentales*. 9. ed. Madrid:Tecnos, 2007. p. 116.)

(7) CANOTILHO, José Joaquim Gomes. *Estudos sobre direitos fundamentais*. 3. tir. Coedição. São Paulo: Revista dos Tribunais; Portugal: Coimbra Editora, 2008. p. 105.

(8) Conforme Antonio E. Peres Luño: "Otra importante garantía genérica de los derechos fundamentales se halla representada por el control de la constitucionalidad de las leys que puedan violar, limitar o afectar el contenido y alcance de tales derechos." (LUÑO, Antonio E. Perez, *op. cit.*, p. 81.)

(9) Consoante Raúl Gustavo Ferreyra: "Del repertorio de garantías de la Constitución descripto en esta subsección puede predicarse que se trata, en síntesis de limitaciones del margen de actuación de los poderes públicos y, muy en particular, de los poderes Legislativo y Ejecutivo, siendo su objeto el de evitar que las disposiciones normativas de rango inferior a la Constitución, emanadas de algunos de los poderes constituídos, desarrollen los derechos fundamentales despojándolos del contenido y la eficacia con que la constitución arquitetónicamente los ha configurado. Se trata, pues, de "garantías" cuyo destinatário no es la persona o grupo de personas aunque por supuesto este/as último/as, ciertamente, puede utilizarlas o invocarlas en provecho propio si conviene a su derecho, sino a la comunidad política en su conjunto." (FERREYRA, Raúl Gustavo. *Notas sobre derecho constitucional y garantías*. Buenos Aires: Ediar, 2008. p. 140.)

A Convenção Interamericana de Direitos Humanos (Pacto São José da Costa Rica), dos anos 60, do século XX, por sua vez, prevê:

> Art. 13. Liberdade de pensamento e de expressão:
>
> 1. Toda pessoa tem o direito à liberdade de pensamento e de expressão. Esse direito inclui a liberdade de procurar, receber e difundir informações e idéias de qualquer natureza, sem considerações de fronteiras, verbalmente ou por escrito, ou em forma impressa ou artística, ou por qualquer meio de sua escolha.
>
> 2. O exercício do direito previsto no inciso precedente não pode estar sujeito à censura prévia, mas a responsabilidades ulteriores, que devem ser expressamente previstas em lei e que se façam necessárias para assegurar:
>
> a) o respeito dos direitos e da reputação das demais pessoas;
>
> b) a proteção da segurança nacional, da ordem pública, ou da saúde ou da moral públicas.
>
> 3. Não se pode restringir o direito de expressão por vias e meios indiretos, tais como o abuso de controles oficiais ou particulares de papel de imprensa, de frequências radioelétricas ou de equipamentos e aparelhos usados na difusão de informação, nem por quaisquer outros meios destinados a obstar a comunicação e a circulação de idéias e opiniões.
>
> 4. A lei pode submeter os espetáculos públicos a censura prévia, com o objetivo exclusivo de regular o acesso a eles, para proteção moral da infância e da adolescência, sem prejuízo do disposto no inciso 2.
>
> 5. A lei deve proibir toda propaganda a favor da guerra, bem como toda apologia ao ódio nacional, racial ou religioso que constitua incitamento à discriminação, à hostilidade, ao crime ou à violência.

Preceitua o art. 5º, *caput* e incisos IV, V, IX e XIV, da Constituição Federal da República Federativa do Brasil de 1988:

> Art. 5º Todos são iguais perante a lei, sem distinção de qualquer natureza, garantindo-se aos brasileiros e aos estrangeiros residentes no País a inviolabilidade do direito à vida, à liberdade, à igualdade, à segurança e à propriedade, nos termos seguintes:
>
> (...)
>
> IV – é livre a manifestação do pensamento, sendo vedado o anonimato;
>
> (...)
>
> V – é assegurado o direito de resposta, proporcional ao agravo, além da indenização por dano material, moral, ou à imagem;
>
> (...)
>
> IX – é livre a expressão da atividade intelectual, artística, científica ou de comunicação, independentemente de censura ou licença;
>
> (...)
>
> XIV – é assegurado a todos o acesso à informação e resguardado o sigilo da fonte, quando necessário ao exercício profissional;

Para tratar dos meios de comunicação social e da liberdade de imprensa, a Constituição empregou artigo próprio, que confere àqueles tratamento privilegiado, nos seguintes termos:

> Art. 220. A manifestação do pensamento, a criação, a expressão e a informação, sob qualquer forma, processo ou veículo não sofrerão qualquer restrição, observado o disposto nesta Constituição.
>
> § 1º Nenhuma lei conterá dispositivo que possa constituir embaraço à plena liberdade de informação jornalística em qualquer veículo de comunicação social, observado o disposto no art. 5º, IV, V, X, XIII e XIV.
>
> § 2º É vedada toda e qualquer censura de natureza política, ideológica e artística.

A Constituição da Nação Argentina assim determina:

> Artículo 32. El Congreso Federal no dictará leyes que restrinjan la libertad de imprenta o establezcan sobre ella la jurisdicción federal.

5. DIREITO DE INFORMAÇÃO PLURAL E OLIGOPÓLIOS

O pensamento do homem moderno está muito influenciado pelos meios de comunicação de massa[10]. Portanto, o pensamento único necessita ser evitado, pois se direciona a intolerâncias e cria dificuldades com a diversidade. O ideal democrático é a

---

(10) Conforme Zygmunt Bauman: "Los estudiosos y analistas de la sociedad contemporánea han expresado en reiteradas ocasiones la idea de que el pensamiento y la acción del individuo moderno están muy influídos por la exposición a los denominados "medios de comunicación de masas." (BAUMAN, Zygmunt, *op. cit.*, p. 191.)

pluralidade de manifestações, de opiniões, de debates e de interesses. O respeito às diferenças diminui intolerâncias, discriminações e fomenta a proteção dos direitos humanos.

Interesses de empresários são garantidos por meio da manipulação e influência da mídia, o que enseja degradações. A multiplicidade de empresas de comunicação e o afastamento de monopólios mediáticos amenizam esse contexto atentatório ao efetivo direito fundamental de informação.

Não há neutralidade na atividade jornalística. Todos que escrevem ou que se comunicam demonstram suas convicções e tendências ao abordar um tema jornalístico, pois ninguém é neutro. Por esse motivo, é necessário que os meios de comunicação de massa sejam dirigidos por diversos protagonistas, assim múltiplas tendências são abordadas.

Monopólios e oligopólios violam bases democráticas, pois instituem pensamento único e direcionam a opinião das massas de acordo com seu interesse. A busca pela neutralidade na mídia não é factível, pois isso não é próprio da natureza humana. A multiplicidade e a diversidade cultural e ideológica de meios de comunicação amenizam esse contexto atentatório ao direito fundamental de informação e à democracia.

A sociedade democrática é caracterizada pela pluralidade, diversidade, participação, debate, imprensa livre e soberania popular. O que for manipulado para afastar a pluralidade necessita de controle. A concentração de meios de comunicação de massa viola o pluralismo[11].

Com a globalização da economia, empresas menores foram absorvidas, pois somente multinacionais e empresas de grande porte que se adaptam fortemente à racionalidade capitalista sobrevivem[12]. Nesse contexto, há uma tendência de manipulação de massas por alguns protagonistas, dirigentes de poucas, porém, grandes empresas de comunicação que afastam a diversidade.

O julgamento do caso Clarín, na Argentina, visa combater monopólios e oligopólios nos meios de comunicação.

Atualmente, a visão sobre liberdade de imprensa não é mais individualista, no sentido de abstenção de censura pelo Estado, mas também se direciona a um dever do Estado em fomentar a diversidade e a pluralidade[13] e evitar manipulações da mídia. Isso coincide com a visão de que os direitos fundamentais deixaram de ser meros limites ao exercício do poder público; são um conjunto de ações positivas do Estado[14].

6. RESTRIÇÕES À LIBERDADE DE EXPRESSÃO: HONRA, IMAGEM, PRIVACIDADE

A liberdade de expressão, como qualquer outro direito, tem limites, pois o direito cessa quando o abuso começa, conforme antiga fórmula de Planiol-Ripert[15].

Também de acordo com aforismos de várias religiões, "devemos tratar o próximo como gostaríamos que nos tratassem". Essa máxima está em conformidade com a moral e com a dignidade humana, visto que sua observância evita abusos ao se exercer a liberdade de expressão, manifestação e opinião, bem como respeita direitos de outrem, como honra, imagem e vida privada.

O exagero no uso da liberdade de expressão pode até mesmo configurar um ilícito penal, a exemplo dos crimes contra a honra – injúria, difamação, calúnia e também o racismo.

O excesso é condenável no Direito, pois tudo na vida tem limites[16]. Os direitos da personalidade não podem ser vulnerados por quem exerce a liberdade de expressão. Racismo, homofobia, intolerâncias em virtude de raça, credo, cor não constituem exercício regular da liberdade de expressão, mas, sim, abusos da liberdade, ou seja, ilícitos a serem punidos no Direito.

---

(11) LORETI, Damian M.; SABSAY, Daniel A. *El fallo "Grupo Clarín" dos puntos de vista*. Ley de Servicios de Comunicación Audiovisual Libertad de prensa. Santa Fé: Rubinzal-Culzoni, 2014. p. 62.

(12) BERCHOLC, Jorge. *El sistema político e institucional en la Argentina*. Prólogo de Eugenio Zaffaroni. La opinión pública y los medios de comunicación. Articulaciones y tensiones con el sistema político democrático. Buenos Aires: Lajouane, 2006. p. 256.

(13) BERCHOLC, Jorge. *Temas de teoría del estado*. 2. ed. Buenos Aires: La Ley, 2014. p. 157.

(14) LUÑO, Antonio E. Perez, *op. cit.*, p. 21.

(15) CANOTILHO, José Joaquim Gomes, *op. cit.*, p. 203.

(16) Segundo Jose Joaquim Gomes Canotilho: "O homem não está só no mundo e não pode actuar em nenhuma parte sem limites. Tudo vale dentro de certos limites." (*Ibid.*, p. 205).

Os direitos da personalidade também são direitos fundamentais e quando entram em rota de colisão com a liberdade de expressão e com o direito fundamental de informação, há necessidade de ponderação e de otimização, nos termos dos fundamentos teóricos de jusfilósofo Robert Alexy[17]. Nas hipóteses de conflitos de direitos fundamentais, não há uma norma abstrata para resolver o caso concreto; é necessária a utilização de técnicas de argumentação e ponderação para que haja um equilíbrio na decisão judicial.

7. VEDAÇÃO AO ANONIMATO

O anonimato é reprovável. Os que se expressam necessitam se identificar, caso contrário, podem exceder seus limites e ensejar impunidades aos que violam direitos da personalidade e incitam o ódio.

Redes sociais anônimas são bloqueadas pelo Poder Judiciário, pois a Constituição Federal da República brasileira veda expressamente o anonimato.

Quem se expressa necessita se identificar e oportunizar direitos de resposta e ampla informação.

Para entender o contexto das notícias, das afirmações é muito relevante a informação sobre quem se pronunciou sobre determinado assunto. Com essa ciência, muitas vezes, já é possível verificar a idoneidade das declarações emitidas e também responsabilizar quem se excedeu e abusou da liberdade de expressão em detrimento dos direitos personalíssimos de outrem.

Também ocultações e certeza de impunidades ensejam abusos, excessos, intolerâncias e demais violações à dignidade humana.

8. DISCURSO DO ÓDIO E INTOLERÂNCIA

Na sociedade, ainda há muita intolerância contra negros, homossexuais, pobres, nativos indígenas, etc. No Brasil, um candidato à presidência, nas últimas eleições, confundia homossexualidade com pedofilia e seu discurso era de incitação ao ódio. Por esse motivo, foi condenado a um milhão de reais em uma ação civil pública ajuizada pela Defensoria Pública do Estado de São Paulo, mas a sentença ainda não transitou em julgado.

Tratava-se de um incitamento ao ódio e à discriminação que a lei deve proibir, pois fomenta desigualdades e discriminações[18], conforme previsto na Convenção Interamericana de Direitos Humanos.

Uma deputada brasileira também havia feito algo parecido, mas se retratou publicamente, depois de constatar imediatamente a reprovação social de sua conduta, por intermédio das redes sociais da comunicação eletrônica.

Discurso de ódio contra grupos, minorias, raças, gênero necessita ser evitado, isso porque, além de antidemocrático, discriminador e violador do princípio da igualdade, pode ensejar assassinatos, massacres, genocídios e outros crimes de lesa-humanidade, como foi o extermínio de judeus em campos de concentração nazista no século XX.

9. CENSURA PRÉVIA

A censura prévia inibe criações artísticas, destrói pensamentos e viola direito de informação, pois censores decidem, de modo controlador e negativo, o que a população pode saber. A censura viola direito fundamental de informação, inibe acessos a textos e atenta também contra a liberdade de expressão do autor de escritos.

Atualmente, é possível admitir uma censura prévia para limitação de idade em espetáculos, para que crianças e adolescentes não assistam a conteúdos impróprios para a idade. A censura prévia é, em regra, vedada nos ordenamentos jurídicos nacionais, bem como na Convenção Interamericana de Direitos Humanos.

Muita criatividade foi usada por artistas, escritores, compositores para passar pela censura e terem suas obras liberadas para o público.

Na ditadura militar brasileira, usavam expressões ambíguas para que os censores não entendessem a mensagem de suas obras. Várias obras que poderiam não passar pela censura em regime ditatorial eram liberadas pela criatividade e ambiguidade utilizadas nas criações artísticas.

Muitos livros foram queimados na idade média, muita violência existiu contra a liberdade de pensa-

---

(17) ALEXY, Robert. *Teoria dos direitos fundamentais*. Tradução de Virgilio Afonso da Silva. São Paulo: Malheiros Editores, 2008. p. 94.

(18) CLÉRICO, L.; ALDAO M. *Nuevas miradas de la igualdad en la jurisprudencia de la Corte Interamericana de Derechos Humanos*: la igualdad como redistribución y como reconocimiento. Buenos Aires: Lecciones y Ensayos, Facultad de Derecho/UBA, 2011. p. 2.

mento. Não eram somente livros queimados, também seus ilustres autores foram queimados na fogueira.

10. DIREITO DE RESPOSTA

O direito de resposta atende muito bem aos pressupostos da pluralidade e diversidade: ouvir a parte contrária está em conformidade com ideais democráticos.

O direito de resposta também está em conformidade com o direito fundamental de informação, pois amplia o conhecimento dos fatos com a ouvida da parte contrária ou de outro interessado.

Inobstante o direito de resposta integrar a liberdade de expressão e o direito fundamental de informação, o que se percebe é que o direito de resposta aumenta a polêmica, e um assunto local sem muita repercussão pode se transformar em um assunto de âmbito internacional e de grande polêmica, dependendo do conteúdo utilizado no exercício do direito de resposta.

Assim, se uma pessoa foi vitimada em seus direitos com uma notícia, o gravame à sua imagem pode ser ainda maior se o assunto for polemizado.

CONSIDERAÇÕES FINAIS

É necessário um mundo mais humano, fraterno, plural, em que se respeitem as diferenças e se estabeleça um bom convívio com as diversidades culturais existentes no planeta. É preciso afastar, na medida do possível, manipuladores, opressores e demais controladores do pensamento da humanidade.

Restrições infundadas à liberdade de expressão, manifestação e opinião ensejam retrocessos no Direito, na política e na proteção de direitos humanos.

Os meios de comunicação de massa que influenciam o pensamento dos cidadãos e formam a opinião pública precisam de diversidade e pluralidade na democracia. Pensamento único, originado por monopólios ou oligopólios, afetam a democracia.

O Estado deve fomentar a diversidade na comunicação para uma informação multicultural e para demonstração de diferentes concepções de vida e de ideologias no jornalismo.

Incitações ao ódio, discriminações, racismo, homofobia, xenofobia e outras formas excludentes devem ser afastadas no uso da liberdade de expressão, pois, caso contrário, podem ensejar massacres e genocídios. O afastamento de intolerâncias melhora a vida no planeta.

Por um mundo mais includente, solidário, plural, fraterno, no qual as diferenças e diversidades sejam respeitadas, com menos opressores e oprimidos, manipuladores e manipulados.

REFERÊNCIAS

ALEXY, Robert. *Teoria dos direitos fundamentais*. Tradução de Virgilio Afonso da Silva. São Paulo: Malheiros Editores, 2008.

BAUMAN, Zygmunt. *Libertad*. Traducción de Antonio Bonnano. Buenos Aires: Losada, 2010.

BERCHOLC, Jorge. *El sistema político y institucional en la Argentina. La opinión pública y los médios de comunicación, articulaciones y tensiones con el sistema e político democrático*. Buenos Aires: Lajouane, 2006.

_____. *Temas de teoría del estado*. 2.ed. Buenos Aires: La Ley, 2014.

BRASIL. República Federativa do. *Constituição Federal de 1988*. Disponível em: <http://www.planalto.gov.br/ccivil_03/constituicao/Emendas/Emc/quadro_emc.htm>. Acesso em: 30 maio 2015.

CANOTILHO, José Joaquim Gomes. *Estudos sobre direitos fundamentais*. 3. tiragem. Coedição. São Paulo: Revista dos Tribunais; Portugal: Coimbra Editora, 2008.

CLÉRICO, L.; ALDAO M. *Nuevas miradas de la igualdad en la jurisprudencia de la Corte Interamericana de Derechos Humanos*: la igualdad como redistribución y como reconocimiento. Buenos Aires: Lecciones y Ensayos, Facultad de Derecho/UBA, 2011.

FERREYRA, Raúl Gustavo. *Notas sobre derecho constitucional y garantías*. Buenos Aires: Ediar, 2008.

LORETI, Damian M. y SABSAY, Daniel A. *El fallo "Grupo Clarín" dos puntos de vista. Ley de Servicios de Comunicación Audiovisual Libertad de prensa*. Santa Fé: Rubinzal-Culzoni, 2014.

LUÑO, Antonio E. Perez, *Temas clave de la constitución española. Los derechos fundamentales*. 9. ed. Madrid: Tecnos, 2007.

MARX, Karl. *Liberdade de imprensa*. Tradução de Cláudia Schilling e José Fonseca. Porto Alegre: L&PM, 2009.

RABINOVICH-BERKMAN, Ricardo David. *¿Cómo se hicieron los derechos humanos? Un viaje por la historia de los principales derechos de las personas*. Buenos Aires: Didot, 2013.

Aspectos Sociológicos da Atividade Judicial

Arnoldo Camanho de Assis

Desembargador do Tribunal de Justiça do Distrito Federal e dos Territórios. Graduado em Direito pela Universidade de Brasília, onde cursou o Mestrado em Direito e Estado. Aluno regular do curso de Doutorado Intensivo em Direito Constitucional na Universidade de Buenos Aires – UBA. Pós-graduado em Direito do Consumidor pela Universidade de Coimbra, Portugal. Extensão universitária em Direito Internacional Público e Privado na Academia de Direito Internacional da Haia, na Holanda. Professor de Direito Processual Civil na Escola de Administração Judiciária do TJDFT, na Escola Superior de Magistratura do Distrito Federal, no Instituto Brasiliense de Direito Público – IDP e na ATAME – Pós-graduação e Cursos. Membro do Instituto Brasileiro de Direito Processual, da Academia Brasileira de Direito Processual Civil e do Instituto Brasileiro de Direito de Família – IBDFAM. Acadêmico titular da Academia Brasileira de Ciências, Artes, História e Literatura, ocupante da Cadeira n. XII do Colegiado Acadêmico de Ciências Jurídicas.

I. INTRODUÇÃO

Este estudo pretende examinar a utilidade das categorias e dos elementos de análise, estudados durante as aulas de Sociologia Jurídica ministradas pelo eminente Professor Doutor Enrique Del Percio – no primeiro módulo do Curso de Doutorado na Universidade de Buenos Aires, modalidade intensiva, em janeiro de 2014 –, para a investigação doutoral.

Aqui, buscar-se-á expor a finalidade do estudo doutoral que se pretende realizar e a importância das categorias sociológicas, bem como dos elementos de análise enfocados em sala de aula, fazendo a necessária correlação entre essas categorias, esses elementos e a proposta de investigação doutoral que se pretende levar a efeito.

II. UMA DIFICULDADE INICIAL

A realização de um curso de Doutorado pressupõe pesquisa em alto nível, leitura diária de vários autores, busca e análise de fontes de dados e muita reflexão. Como salienta BIAGI, "a pesquisa é um processo, porque implica tomar constantemente decisões de variado caráter, algumas mais técnicas e outras mais teóricas"[1].

Tudo isso exige, por evidente, que haja um foco, um ponto a ser pesquisado. Sem isso, sem essa premissa de onde se possa partir, tudo parece bem mais difícil, em situação que parece sugerir que o aluno esteja verdadeiramente sem rumo e sem direção, como se não soubesse ao certo o que está fazendo ali.

No caso específico deste aluno – que ingressou na carreira da Magistratura como Juiz de Direito Substituto, por concurso público, em 1990 e, em seguida, haver galgado os degraus por várias promoções, chegou ao cargo de Desembargador do Tribunal de Justiça do Distrito Federal e Territórios em 2008 –, sempre encantou o próprio exercício da atividade judicante. O modo de ser do juiz, a forma como ele analisa as questões que chegam à sua apreciação, a neutralidade judicial, a busca da verdade real, a realização do Direito, a necessária percepção da realidade social em que se encontra inserido, a sentença judi-

---

(1) BIAGI, Marta Cristina. *Pesquisa Científica – Roteiro prático para desenvolver projetos e teses*. 1. ed. 3. reimp. Curitiba: Juruá Editora, 2012. p. 71.

cial como ato de positivação do poder – tudo isso, que faz parte do dia a dia da atividade judicial.

Por mais independente que seja o juiz, há de se ter em conta que, mesmo podendo tomar decisões que eventualmente contrariem o texto legal[2], sua atividade há de se pautar pelos contornos do ordenamento constitucional. Pode, então, o juiz, até agir à margem da lei, mas, seguramente, não está autorizado a julgar em desacordo com a Constituição.

A preocupação, então, é, na busca da melhor atuação jurisdicional, fazer com que o juiz seja verdadeiro instrumento de realização da Constituição da República, situação que exige dele não só constante comprometimento com os postulados constitucionais, mas, especialmente, que sua atividade seja pautada por essa lógica.

Esse é o propósito inicial que anima este aluno a cursar o Doutorado: investigar a atividade judicial nesse nível, de modo a apontar o juiz como instrumento de realização concreta da Constituição.

É sob essa perspectiva, pois, que o presente trabalho será desenvolvido.

III. MODERNIZAÇÃO DA JUSTIÇA E NOVAS DEMANDAS JUDICIAIS

O ideal de uma "Justiça Moderna", hoje em dia, em pleno Século XXI, traduz-se, essencialmente, na reavaliação de ideias, na atualização de conceitos, na revisão de posturas e na adequação da função jurisdicional aos anseios da sociedade atual. Com base em tais premissas, pode-se sugerir que modernizar a Justiça é, sobretudo – e sem olvidar a questão tecnológica e de reestruturação administrativa –, voltar o centro das atenções para a figura do Magistrado, valorizando-o e o recolocando no lugar que deve ocupar no quadro das instituições democráticas do Estado de Direito.

Postas essas questões em caráter preambular, há de se afirmar que as novas questões levadas à apreciação do Poder Judiciário – sejam elas referentes a relações privadas, sejam elas vinculadas a modelos em que predominem os interesses difusos – exigem postura igualmente moderna do juiz a cargo de quem seja entregue a sua solução. Tais questões podem passar desde a nova definição do conceito de "família" – que, a rigor, pode ser o modelo da família chamada "tradicional", com pai, mãe e filhos, até a família monoparental (em que há um só do casal parental) ou homoparental (constituída por pessoas do mesmo sexo) – e pelas consequências daí advindas (a possibilidade ou não de penhora de bem de família; a possibilidade ou não de adoção por casais homoafetivos), chegando a graves questões de ordem mais ampla, tais como a incidência de determinada taxa em contratos de consumo; o atendimento de questões de saúde pública por entidades hospitalares privadas; e outras que tais.

Isso tudo exige, do juiz, que esteja em permanente contato com a sociedade a que pertença[3], não só para que possa servir de verdadeira "caixa de ressonância" das aspirações dessa sociedade, como, além disso, para que possa exercitar uma espécie de controle de suas decisões pelo resultado que elas alcançam no meio social. Afinal, não se pode olvidar que o juiz integra os estamentos sociais, ele mesmo tendo uma "história social"[4] a legitimar o cargo que ocupa.

---

(2) No caso do Direito Brasileiro, essa é uma possibilidade concreta e expressamente prevista no ordenamento jurídico-processual. Com efeito, o Código de Processo Civil, em seu art. 1.109, dispõe, textualmente, que o juiz "não é obrigado a observar critério de legalidade estrita, podendo adotar, em cada caso, a solução que reputar mais conveniente ou oportuna". É bem verdade que tal permissão tem campo estrito de utilização: os chamados procedimentos especiais de "jurisdição voluntária", expressão que a doutrina processualística brasileira costuma chamar, em tom ligeiramente pejorativo, de "administração pública de interesses privados", em que, a rigor, não haveria litígio – apenas necessidade de intervenção judicial para chancelar determinada situação, com o "de acordo" do Poder Judiciário – nem partes, mas, apenas interessados.

(3) Segundo DURKHEIM, *"quanto mais as sociedades são amplas, complexas, mais elas têm necessidade de reflexão para se conduzir"* (DURKHEIM, Émile. *Lições de Sociologia*. São Paulo: Martins Fontes, 2002. p. 125)

(4) A expressão "história social" foi utilizada aqui apenas para cuidar de enfatizar o caminho percorrido pelo juiz, desde suas origens, até alcançar o cargo que ocupa. Em nenhum momento, se pretendeu contrapor as figuras do historiador e do sociólogo. Segundo BURKE, aliás, em observação bastante inspirada sobre os historiadores e os sociólogos, *"cada grupo tende a perceber o outro como um estereótipo bastante grosseiro. Ao menos na Grã-Bretanha, muitos historiadores ainda consideram os sociólogos pessoas que fazem afirmações sobre o óbvio em um jargão primitivo e abstrato, não têm nenhum sentido de lugar nem de tempo, espremem, sem piedade, os indivíduos em categorias rígidas e, ainda por cima, descrevem essas atividades como 'científicas'. Os sociólogos, por sua vez, há tempos consideram os historiadores coletores de fatos, míopes e amadores, sem nenhum sistema ou método, sendo a imprecisão de sua 'base de dados' equiparada apenas à sua incapacidade de analisá-los. Em resumo, apesar da existência de um número cada vez maior de bilíngues, (...) sociólogos e historiadores ainda não falam a mesma língua. Seu diálogo, como certa vez afirmou o historiador francês Fernand Braudel (1958), é normalmente um 'diálogo de surdos'"* (BURKE. *História e teoria social*, p. 13 e 14).

IV. NEUTRALIDADE DO JUIZ: CONCEITO CLÁSSICO

Segundo antiga lição de LIEBMAN, "o único interesse do juiz no processo é sentir-se verdadeiramente desinteressado"[5]. Explica-se: já que um dos chamados "pressupostos de constituição e de desenvolvimento válido e regular do processo" é o juiz imparcial – que não seja, só por isso, impedido ou suspeito –, isso quer significar, como resultado, que o juiz não pode ser movido por qualquer interesse ao conduzir e ao julgar a causa. Daí o chiste de LIEBMAN, ao proclamar qual deva ser o "único interesse do juiz no processo": "sentir-se verdadeiramente desinteressado".

O primeiro passo é rever esse conceito clássico da postura do juiz no exercício da atividade jurisdicional.

É de inteira aplicação, aqui, a oportuna lição de DINAMARCO, quando assevera que *"imparcialidade não significa indiferença axiológica; isenção do magistrado não significa insensibilidade"*[6]. O juiz que atue em descompasso com essa visão de conjunto pode até proferir decisões juridicamente corretas, o que não garante sejam necessariamente decisões justas. De notar-se que esse comprometimento do juiz com a busca pela justiça do caso concreto não o coloca na posição de "juiz legislador", na advertência ainda atual de Cappelletti[7]. Ao contrário, faz com que passe a atuar em harmonia com os chamados "processos informais de mudança da Constituição"[8], atento aos novos movimentos sociais e à acessibilidade do Judiciário pelos novos atores do cenário sociopolítico[9].

Por isso, o juiz deve se mostrar, sim – e ao contrário da velha ideia de LIEBMAN –, efetivamente interessado na solução justa do litígio, daí decorrendo, no plano instrumentário, uma comprometida atuação do julgador na condução do processo, o que o credencia, até mesmo, a tomar a iniciativa da produção da prova. E não se diga que tal modo de ser do juiz encontre possível óbice na legislação processual brasileira, que distribui a carga probatória às partes[10], até porque o ordenamento processual civil permite, de forma expressa, que o juiz tome a iniciativa da produção da prova[11].

Essa moderna visão da atuação proativa do juiz rompe a noção de que, no processo civil – e já que o ônus da prova compete às partes –, deva, o julgador, satisfazer-se com uma verdade que seja meramente formal, isto é, que resulte apenas e tão somente da atuação das partes no processo, ao se desincumbirem, ou não, do ônus de provar os fatos que alegaram. A rigor, a busca da verdade real presta homenagem à nova abordagem acerca da verdadeira e nobilíssima missão do juiz no processo: realizar o direito e resolver o caso concreto com neutralidade – ou seja, em atuação que seja isenta sem ser desinteressada e imparcial sem ser indiferente – e de forma justa.

Nessa perspectiva, vale transcrever lapidar acórdão do Tribunal de Justiça do Distrito Federal e Territórios, em que se cuidou de dar prestígio à necessidade de o juiz manter-se imparcial e, ao mesmo tempo, buscar a justiça do caso concreto. Confira-se:

DIREITO PROCESSUAL CIVIL. SUSPEIÇÃO. DECORRENTE DA RESPOSTA DO EXCEPTO NOS AUTOS DO ANTERIOR INCIDENTE DE EXCEÇÃO DE SUSPEIÇÃO. DÚPLICE VERTENTE (OBJETIVA E SUBJETIVA) DA IMPARCIALIDADE JUDICIAL COMO GARANTIA FUNDAMENTAL A UM PROCESSO JUSTO.

1. O cumprimento do dever de decidir uma causa com isenção e imparcialidade se mede pela fundamentação

---

(5) LIEBMAN, Enrico Tullio. Il fondamento del principio dispositivo. In: *Problemi del processo civile*. Nápoles: Morano, 1962, esp. n. 8. p. 14.

(6) *A instrumentalidade do processo* por Cândido Rangel Dinamarco. 5. ed. São Paulo: Malheiros Editores, 1996. p. 36.

(7) Segundo Mauro Cappelletti, *"discricionariedade não quer dizer necessariamente arbitrariedade, e o juiz, embora inevitavelmente criador do direito, não é necessariamente um criador completamente livre de vínculos"* (In: *Juízes Legisladores*. 1. ed. Porto Alegre: Sérgio Antonio Fabris Editor, 1993. p. 23 e 24).

(8) A expressão é de Anna Cândida da Cunha Ferraz e, em apertada síntese, se refere à necessária continuação do trabalho do legislador constituinte pela via da interpretação constitucional atualizadora.

(9) Tal como se dá com a Lei dos Juizados Especiais, com o Código de Defesa do Consumidor e com a Lei da Ação Civil Pública, que, ainda segundo Dinamarco, *"são ilustrações desses reflexos processuais das opções sócio-políticas contidas na ordem constitucional"* (op. cit., p. 33).

(10) Código de Processo Civil Brasileiro, art. 333: "O ônus da prova incumbe: I – ao autor, quanto ao fato constitutivo do seu direito; II – ao réu, quanto à existência de fato impeditivo, modificativo ou extintivo do direito do autor."

(11) Código de Processo Civil Brasileiro, art. 130: "Caberá ao juiz, de ofício ou a requerimento da parte, determinar as provas necessárias à instrução do processo, indeferindo as diligências inúteis ou meramente protelatórias."

judicial (CF, art. 93, IX). A partir do instante em que da motivação de prática de ato judicial surgem dúvidas quanto a uma atividade judicial (na espécie, incerteza quanto à manutenção da neutralidade na condução do processo), emerge fato objetivo, concreto, para o acolhimento do incidente. E não se trata de esperar documentar, provar, e depois adotar providências. A jurisdição comporta mecanismos que permitem o seu exercício também pelo aspecto preventivo, cautelar. Neste contexto, merece amplo acolhimento, definitivamente, o princípio da identidade (tão ao gosto da velha escolástica, mas cujas raízes remontam a um passado muito mais remoto que o da cultura helênica e perde-se na memória dos tempos): uma coisa não pode ser e não ser ao mesmo tempo. Não pode, pois, pelo princípio da identidade, o magistrado ser e não ser suspeito ao mesmo tempo. Parecer e ser; ser e dever-ser, juízos deontológicos, normativos e axiológicos devem estar no mesmo plano. Karl Larenz, in Derecho justo: fundamentos de ética jurídica. Madrid: Civitas, 1993, pp. 181/186, pontifica: '(...) o juiz não está, necessariamente, condicionado à possibilidade ou probabilidade de que ele esteja realmente propenso a prejudicá-la; basta apenas a ocorrência de uma causa legal que justifique a desconfiança sobre a sua parcialidade, pois o que está em jogo, afinal, é a confiança depositada na justiça'.

2. Sob a ótica do devido processo de direito, ou seja, o direito à solução justa do processo, as hipóteses do art. 135 (suspeição) devem merecer uma leitura não apenas subsuntiva. Nesse sentido, Theotônio Negrão, in Código de processo civil e legislação processual civil em vigor, 41. ed. – São Paulo: Editora Saraiva, 2009, p. 281, anota: 'O nosso CPC, no art. 135, qualifica de fundada a suspeição de parcialidade do juiz com a simples constatação de uma das hipóteses de fatos arrolados nos seus incisos, independentemente de investigação subjetiva' (RSTJ 109/354). Há uma dúplice vertente (objetiva e subjetiva) da imparcialidade judicial como garantia fundamental a um processo justo.

(Acórdão n. 379366, 20090020116818EXS, Relator: WALDIR LEÔNCIO LOPES JÚNIOR, Conselho Especial, Data de Julgamento: 15/09/2009, Publicado no DJE: 02/10/2009. Pág.: 35)

Para tanto, assume fundamental importância o estudo do direito comparado: para que se possa compreender os exatos contornos do exercício da função jurisdicional, sobretudo na chamada família do direito romano-germânico, da qual fazem parte os sistemas jurídicos brasileiro e argentino[12]. Eis aí o imenso valor dos estudos comparativos, cujo objeto, segundo HANSOM, *"não é o de nos fazer adquirir conhecimentos sobre um outro sistema, mas o de nos fazer melhor compreender nosso próprio direito"*[13].

A esse propósito, vale fazer referência aos artigos do Código Processual Civil e Comercial argentino que dispõem sobre os vícios de capacidade subjetiva do juiz – que permitem a sua recusa por qualquer das partes –, bem como aos artigos que cuidam dos seus poderes instrutórios – que, lá como cá, autorizam a iniciativa probatória do julgador[14].

A nova abordagem sobre a neutralidade judicial é fator que, sem dúvida, concorre para reafirmar, no juiz, a grandeza de sua missão constitucional, sobretudo porque permite que a prestação jurisdicional seja a um só tempo coerente – como convém aos anseios da sociedade moderna – e realizada por magistrados que atuem em consonância com a estatura da função que exercem. Com isso, cada vez mais se haverá de vislumbrar no ato judicial típico – a sentença –, a realização concreta de um ato legítimo de positivação do poder estatal.

V. A CRISE DO ESTADO-NAÇÃO MODERNO E NOVO PAPEL DO JUIZ

O raciocínio desenvolvido até aqui parte do pressuposto de que, numa sociedade de acumulação, o exercício do Poder Público é realizado pelo Estado-nação, como demanda dessa sociedade, em busca de segurança. DEL PERCIO destaca que essa segurança se revela em quatro níveis diferentes:

a) como segurança-cidadã;

b) como segurança em terras e mares;

c) como segurança jurídica; e

d) como segurança social[15].

---

(12) René David sugere a divisão dos sistemas em grandes grupos: a família romano-germânica (da qual faz parte o sistema brasileiro), os direitos socialistas, a *common law*, o direito muçulmano, o direito da Índia, direitos do Extremo Oriente e direitos da África e de Madagascar (In: *Os Grandes Sistemas de Direito Contemporâneo*. 3. ed. 2. tir. São Paulo: Ed. Martins Fontes, 1998).

(13) A citação vem contida na obra de Jean Rivero (*Curso de Direito Administrativo Comparado*. 1. ed. São Paulo: Ed. Revista dos Tribunais, 1995. p. 20) e se afina com a postura de René David, na obra citada, para quem *"o direito comparado é útil para um melhor conhecimento do nosso direito nacional e para seu aperfeiçoamento"* (p. 5).

(14) Sobre a neutralidade do juiz no ordenamento processual civil argentino, confiram-se os arts. 14 a 32, do "Código Procesal Civil y Comercial de la Nación". Sobre os poderes instrutórios do juiz no ordenamento processual civil argentino, e sua iniciativa na produção da prova, veja-se especificamente o art. 36, n. 4, alíneas *a* a *c*.

(15) DEL PERCIO, Enrique. *La condición social*. Buenos Aires: Jorge Baudino Ediciones, 2010. p. 98/100 – tradução livre do original.

Ainda segundo DEL PERCIO, "assistimos, no nosso tempo, à crise do tipo de exercício do poder público representado pelo Estado-nação organizado burocraticamente e pelo direito legal-formal como modo principal de controle social". O jus-sociólogo argentino chega mesmo a destacar que a noção de "segurança jurídica" passa pela "exigência de celeridade na administração da justiça, o que leva a um incremento de modalidades alternativas de resolução de conflitos judiciários (arbitragem privada, mediação, etc.)".[16] [17]

Aqui, com efeito, cabe falar em interdisciplinaridade, isto é, na necessidade de o juiz municiar-se de conhecimentos de outras áreas do saber científico, apoiando sua decisão em profissionais que estejam preparados para ajudá-lo a melhor compreender a dinâmica das relações sociais. Tudo isso sem olvidar a noção de que o direito não nasce apenas das leis, mas pode ser colhido, sobretudo, dos movimentos sociais.

Importante, aqui, a observação de SOUSA JÚNIOR:

> O simples recorte do objeto de estudo pressupõe, queira ou não o cientista (o professor ou o estudante), um tipo de ontologia furtiva. Assim é que, por exemplo, quem parte com a persuação de que o Direito é um sistema de normas estatais, destinadas a garantir a paz social ou a reforçar o interesse e a conveniência da classe dominante, nunca vai reconhecer, no trabalho de campo, um Direito praeter, supra ou contra legem e muito menos descobrir um verdadeiro e próprio Direito dos espoliados e oprimidos. Isto porque, de plano, já deu por 'não-jurídico' o que Ehrlich e outros, após ele, denominaram o 'direito social" (Pesquisa em que Direito?, Edições Nair Ltda, Brasília, 1984). Este mesmo autor pôde, assim, falar em 'Direito Achado na Rua', apreendendo-o 'não como ordem estagnada, mas positivação, em luta, dos princípios libertadores, na totalidade social em movimento', onde o Direito se constitui como enunciação dos princípios de uma 'legítima organização social da liberdade' (O Que é Direito, Editora Brasiliense, Coleção Primeiros Passos, São Paulo, 1ª edição, 1982).[18]

Essa ordem de ideias parece afinar-se com antiga lição de ELIAS:

> Do ponto de vista físico, a sociedade não passa de uma parte do cosmo natural mais poderoso que, como um todo, é na verdade uma máquina em perpétuo movimento. Mas tal como a corrente do Golfo no oceano, por exemplo, o continuum de seres humanos interdependentes tem um movimento próprio nesse cosmo mais poderoso, uma regularidade e um ritmo de mudança que, por sua vez, são mais fortes do que a vontade e os planos das pessoas individualmente consideradas.[19]

Romper com regras para criar novas regras – ou, melhor dizendo, para *revelar* novas regras – passa a ser, também, o papel desse juiz comprometido com a busca de novas soluções para o Estado moderno e para a crise pela qual ele passa. BARROSO, aliás, alerta para o fato de que "regras são, normalmente, relatos objetivos, descritivos de determinadas condutas e aplicáveis a um conjunto delimitado de situações"[20].

O juiz moderno deve atentar, também, para a necessidade de participar de forma ativa nas chamadas formas extrajudiciais de resolução de conflitos – a mediação[21], a arbitragem –, não só estimulando o acesso a essas vias, como, além disso, facilitando a "desprocessualização", ou seja, a solução conciliatória quando já iniciado o processo, de que é exemplo o programa chamado "Semana Nacional

---

(16) DEL PERCIO, *op. cit.*, p. 102 – tradução livre do original.

(17) É interessante notar que a Constituição da República Federativa do Brasil assegura a todos o direito à razoável duração do processo e os meios que garantam a celeridade de sua tramitação (art. 5º, LXXVIII, acrescentado pela Emenda Constitucional n. 45/2004). Processo que tem "duração razoável" é aquele que não demore tanto a ser resolvido, mas também é aquele que não seja tão rápido a ponto de a própria rapidez comprometer a higidez da decisão judicial, sacrificando a própria ideia de justiça e a autoridade da sentença.

(18) SOUSA JÚNIOR, José Geraldo de. *Educação em Direitos Humanos na Formação dos Profissionais de Direito:* Novas Perspectivas a partir do Ensino Jurídico. Disponível em: <http://www.dhnet.org.br/educar/1congresso/037_congresso_jose_geraldo_sousa_jr.pdf>. Acesso em: 23 maio 2014.

(19) ELIAS, Norbert. *A sociedade dos indivíduos.* Rio de Janeiro: Jorge Zahar Editora, 1994. p. 45/46.

(20) BARROSO, Luís Roberto. *Interpretação e Aplicação da Constituição.* 6. ed. São Paulo: Saraiva, 2008. p. 18.

(21) Apenas por excesso de cautela, esclareça-se que não é demais pontuar que o mediador, aqui, é o terceiro que, escolhido ou aceito pelas partes interessadas, as escuta, e estimula, sem impor soluções, com o propósito de lhes permitir a prevenção ou solução de disputas de modo consensual. Nenhuma vinculação com "a ideia hegeliana de 'mediação' e a weberiana de 'elo mediador'", a que alude COHN (COHN, Gabriel. *Crítica e Resignação:* Max Weber e a teoria social. São Paulo: Martins Fontes, 2003. p. 184/185).

da Conciliação", de iniciativa do Conselho Nacional de Justiça, que vem se repetindo anualmente com excelentes resultados desde 2006[22].

VI. CONCLUSÃO

Para que se consiga definir o exato papel do juiz como instrumento de realização da Constituição, é preciso considerar a interação entre o social, o político e o jurídico. Vale transcrever oportuna lição de SORJ e MARTUCCELLI:

> Nas sociedades modernas, há um duplo sistema de estratificação social constantemente imbricado, como uma dupla hélice, um no outro: o primeiro é produzido pelas relações de mercado; o segundo, pelas regulamentações públicas. Um e outro são inseparáveis (não há mercado sem Estado institucionalizante e não há Estado viável sem mercado eficiente). Em todos os lados, com variantes nacionais imensas, as relações sociais são sempre o resultado da imbricação desses dois eixos e do conjunto de relações de poder assimétricas (em função das fontes de poder econômico ou dos pactos políticos) entre grupos sociais. É essa articulação que dá todo o sentido à divisão entre bens e serviços mercantilizados por um lado e bens e serviços desmercantilizados por outro. Na realidade, trata-se de um dos principais conflitos das sociedades capitalistas: o que deve permanecer no âmbito das relações de mercado? Quais são os bens que devem ser desmercantilizados sob a forma de bens sociais?[23]

Para tanto, é preciso que o juiz tenha em mente a firme convicção de atender, em termos de visão orgânica, à interação entre o social, o político e o jurídico. Não se concebe que o magistrado atue afastado da realidade dos fatos que existem à sua volta, exatamente porque repugna, à moderna processualística, a ideia do juiz como mero espectador do drama judiciário, isolado e distante do mundo em que vive e dos valores da sociedade à sua volta. Afinal de contas, e mais uma vez citando DURKHEIM, "é a multidão dos indivíduos que impulsiona o Estado"[24]. Cada vez mais se espera um juiz moderno e preocupado com uma postura axiologicamente coerente, sendo acertado proclamar, com CARDOZO, que "não existe garantia de justiça a não ser a personalidade do juiz"[25].

Assim, e sem esquecer os demais atores do cenário social, o juiz assume papel relevante como instrumento legitimador de realização concreta da vontade da Constituição. A compreensão do que seja "estrutura de dominação", "sistema de estratificação social", "formas de exercício do poder público", "legitimação" é essencial na definição do peso da Sociologia Jurídica para que se construa um quadro que seja o mais completo possível. Daí a relevância das categorias estudadas em sala de aula para os estudos doutorais que se pretende levar a efeito.

BIBLIOGRAFIA

BARROSO, Luís Roberto. *Interpretação e Aplicação da Constituição*. 6. ed. São Paulo: Saraiva, 2008.

BIAGI, Marta Cristina. *Pesquisa Científica – Roteiro prático para desenvolver projetos e teses*. 1. ed. 3. reimp. Curitiba: Juruá Editora. 2012.

BURKE, Peter. *História e teoria social*. Tradução: Klaus Brandini Gerhardt e Roneide Venâncio Majer. São Paulo: Editora UNESP, 2002.

CARDOZO, Benjamin Nathan. *The nature of the judicial process*. Virginia, USA: Yale University Press, 1949.

CÓDIGO DE PROCESSO CIVIL BRASILEIRO: Lei n. 5.869, de 11 de janeiro de 1973.

COHN, Gabriel. *Crítica e Resignação*: Max Weber e a teoria social. São Paulo: Martins Fontes, 2003.

DEL PERCIO, Enrique. *La condición social*. Buenos Aires: Jorge Baudino Ediciones, 2010.

DURKHEIM, Émile. *Lições de Sociologia*. São Paulo: Martins Fontes, 2002

ELIAS, Norbert. *A sociedade dos indivíduos*. Rio de Janeiro: Jorge Zahar Editora, 1994.

JOHNSON, Allan G. *Dicionário de Sociologia – Guia Prático da Linguagem Sociológica*. Rio de Janeiro: Jorge Zahar Editora, 1997.

RIVERO, Jean. *Curso de Direito Administrativo Comparado*. 1. ed. São Paulo: Revista dos Tribunais, 1995.

SORJ, Bernardo; MARTUCCELLI, Danilo. *O desafio latino-americano*: coesão social e democracia. Rio de Janeiro: Civilização Brasileira, 2008.

SOUZA JÚNIOR, José Geraldo de. *Educação em Direitos Humanos na Formação dos Profissionais de Direito*: Novas Perspectivas a partir do Ensino Jurídico. Disponível em: <http://www.dhnet.org.br/educar/1congresso/037_congresso_jose_geraldo_sousa_jr.pdf>. Acesso em: 23 maio 2014.

---

(22) Disponível em: <http://www.cnj.jus.br/programas-de-a-a-z/acesso-a-justica/conciliacao/semana-nacional-de-conciliacao>. Acesso em 25 maio 2014.

(23) SORJ, Bernardo; MARTUCCELLI, Danilo. *O desafio latino-americano*: coesão social e democracia. Rio de Janeiro: Civilização Brasileira, 2008. p. 226.

(24) DURKHEIM, Émile, *op. cit.*, p. 139.

(25) CARDOZO, Benjamin Nathan. *The nature of the judicial process*. Virginia, USA: Yale University Press, 1949. p. 16/17.

O Direito Social à Saúde na Constituinte Brasileira de 1988: Avanço Político

Célia Teresinha Manzan
Graduada em Direito pela UNIUBE – Universidade de Uberaba; Especialista em Direito Processual Civil, pela Universidade Federal de Uberlândia – UFU/MG e em Direito Público e Filosofia do Direito, pela Faculdade Católica de Uberlândia/MG; Especialista em Direito Constitucional pela Università di Pisa/Itália; Mestre em Direito Constitucional pela Instituição Toledo de Ensino de BAURU/SP; Membro da Associação Mundial de Justiça Constitucional; Membro da Associação Colombiana de Direito Processual Constitucional; Miembro Adjunto Extranjero de la Asociación Argentina de Justicia Constitucional; Aluna regular do Curso de Doutorado Intensivo em Direito Constitucional na Universidade de Buenos Aires – UBA/Argentina; Servidora Pública Municipal com atuação na Advocacia Consultiva-Administrativa da Procuradoria-Geral do Município de Uberaba – PROGER, Advogada.

1. INTRODUÇÃO

Este artigo tem por objetivo anotar as conquistas em relação ao Direito Social à Saúde na Constituinte de 1988. Será apresentada a acepção do termo *saúde* sob o aspecto histórico, seguindo por comentar a sua evolução nos organismos internacionais.

Ressalta-se que o processo Constituinte foi um importante momento político vivenciado pelo Brasil, pois contou com intensa participação popular e política. Inovou-se com a introdução do Sistema Único de Saúde sob o modelo de um federalismo cooperativo no estado brasileiro.

Assim, a saúde foi reconhecida na raiz constitucional como de aplicabilidade imediata, nos termos do art. 5º, § 1º, da CF/88, o que resguarda a sua eficácia e consequente efetividade. E, por se tratar de uma prerrogativa que é assegurada de forma universal e igualitária à generalidade das pessoas, culminou por se constituir como um direito de todos e dever do estado.

2. SIGNIFICADO DE SAÚDE SOB O ASPECTO HISTÓRICO

Quanto ao significado da palavra saúde, recorremos à concepção dos antigos gregos que considerava como ser humano saudável aquele que detinha um equilíbrio do corpo e da mente. O artigo de pesquisa "*A ausência de doença e o conceito de saúde entre os gregos antigos*", de autoria de Ribeiro Jr.[1], nos mostra que a concepção de saúde era limitada, entretanto, vigeu em várias culturas da antiguidade, especialmente na dos gregos.

Os textos da coleção *hipocraticaos* contêm a "descrição de tratamentos que visam restabelecer a saúde perdida". Um acordo posterior diz que: "o homem sagaz deve considerar que, para os homens, a saúde é o [bem] mais valioso" (Hp. Salubr. 9 = Aff. 1; cf. VM 3). E ainda, advertem que:

Por outro lado, recomendações para manter a saúde, sem perdê-la, são relativamente comuns em textos

---

[1] RIBEIRO JR., Wilson A. *A ausência de doença e o conceito de saúde entre os gregos antigos*. In: I Simpósio Internacional de Estudos Antigos – IV Seminário Internacional Archai, 2007, Santuário do Caraça-MG. Disponível em: <http://warj.med.br>. Acesso em: 5 ago. 2015.

tardios escritos por não-médicos, como o tratado de Instruções para a boa saúde (lat. De tuenda sanitate praecepta), de Plutarco (c. 50-120 d. C.). Nesse texto, Plutarco defende bons hábitos, como os exercícios regulares, e condena o excesso de bebida, de comida, de luxúria e de outras auto-indulgências.[2]

Ainda, antes dos filósofos pré-socráticos e dos médicos hipocráticos, no período correspondente à segunda metade do século VII a. C. e o final do século V a. C., arriscavam observações isoladas e ocasionais indicando que já se pensava na saúde como algo que transcendia a simples ausência de doença, e assim enfatizavam que:

> *A palavra 'saúde', deriva do adjetivo 'são'. No Período Clássico, qualificava o bom funcionamento do corpo e da mente, e ainda a ausência de males de várias espécies. Esses conceitos estão bem documentados nos diálogos platônicos, em que '[saúde] é o nome que se dá ao estabelecimento da regularidade e da ordem no corpo' (Pl. Grg. 504b), em Eurípides (passim, v. g. Andr. 944-53, Hel. 744-7, Ph. 200-1, Or. 590) e em outros.*[3]

Em conformidade com Ribeiro Jr., desdobramentos posteriores foram agregados à saúde ao lado dos conceitos tradicionais:

> *Eurípides, no Hipólito (428 a. C.), afirmou que (261-3) práticas de vida rigorosas, dizem, levam mais à queda do que à plena satisfação e fazem excessiva guerra à saúde. O poeta, aparentemente, tinha consciência de que excessivo rigor na condução das obrigações da nossa vida acarreta agravos à saúde; um médico de nossos dias, dirigindo-se a um paciente, certamente diria algo muito semelhante... Quanto a Aristófanes, em Aves (414 a. C.), o poeta atrelou a saúde ao bom andamento dos negócios (603-5): Pi. Se os negócios vão bem, isso não é o principal para a saúde? Eu. É óbvio, pois nenhum homem tem saúde se os negócios vão mal.*

Destarte, sob a óptica dos antigos gregos, a saúde era compreendida como *ausência de doenças* e, desde então, para ter saúde era importante, além, ausência de doenças, o equilíbrio físico, mental e o bem-estar social. Os gregos, embora cultuassem os deuses da saúde e, por não conhecerem a Biologia, se remetiam a aspectos divinos ou mágicos em matéria de saúde. Em uma cultura voltada para a magia, "eram os feiticeiros, pajés, druidas ou xamãs"[4].

Posteriormente, já no regime feudal, depois da queda do Império Romano, a saúde contou com regresso, pois a Igreja e o absolutismo fizeram ressurgir rituais religiosos de curas[5].

Os mosteiros começaram a ressuscitar a medicina grega em meados de 1240, iniciando processos de dissecação de cadáveres, época em que se tem notícia das primeiras corporações médicas e, de acordo com Davies[6]. Para Dallari, referenciando-se aos antigos gregos, no que tange à conceituação de saúde diz que:

> *Muito já se escreveu a respeito da conceituação de saúde durante a história da humanidade. No auge da democracia grega, Hipócrates mencionou a influência da cidade e do tipo de vida de seus habitantes sobre a saúde e afirmou que o médico não erraria ao tratar das doenças de determinada localidade quando tivesse compreendido adequadamente tais influências.*[7]

Schwartz anota que os Estados Unidos começaram a pensar em saúde como *bem acessível a todos*, no que é seguido pela Revolução Francesa, advindo, assim, um imenso avanço na sua conceituação[8]. Com maestria, Guimarães ressalta que:

> *A urbanização e o período industrial também muito colaboraram para a mudança desta mentalidade. Isto porque as indústrias precisavam de operários saudáveis para a garantia da linha de montagem e do lucro. Ademais a convivência próxima do ambiente urbano favorecia a conta-*

---

(2) *Idem* RIBEIRO JR.

(3) *Idem* RIBEIRO JR.

(4) DAVIES, Ana Carolina Izidório. *Saúde Pública e seus Limites Constitucionais*. São Paulo: Editora Verbatim, 2012. p. 35.

(5) *Idem* DAVIES, p. 36.

(6) *Idem* DAVIES, p. 36.

(7) DALLARI, Sueli Gandolfi. *Os Estados brasileiros e o Direito à Saúde*. São Paulo: Hucitec, 1995. p. 17.

(8) SCHWARTZ, Germano. *Direito à saúde*: efetivação em uma perspectiva sistêmica. Porto Alegre: Livraria do Advogado, 2001. p. 32.

minação dos industriais com seus empregados. Daí, então surge a responsabilidade do Estado pela Saúde do povo e com isto a idéia de direito à saúde.[9]

No século XX, o temário da saúde ganhou um novo espaço, suplantando a ideia de saúde curativa para uma saúde preventiva. O Estado, nessa conjuntura, passou a fazer parte.

3. A SAÚDE NO ÂMBITO INTERNACIONAL E A CONCEPÇÃO VIGENTE

O Estado passou a prestar assistência à saúde depois do período das grandes guerras. Em 1945, na Conferência realizada na cidade de São Francisco, fundou-se a Organização das Nações Unidas – ONU, e, neste momento, lavrou-se um documento sobre os direitos humanos, expressando os direitos culturais, econômicos e sociais. Em dezembro de 1948, criou-se a Declaração Universal dos Direitos Humanos e, finalmente, concluiu-se pela necessidade de se instituir uma Comissão de Direitos Humanos como uma das medidas basilares desta nova Organização.

Para Dallari et al., a saúde é indiretamente reconhecida como direito na Declaração Universal dos Direitos Humanos (ONU), onde é afirmada como decorrência do direito a um nível de vida adequado, capaz de assegurá-la ao indivíduo e à sua família (art. 25)[10].

Com a criação da ONU, surgiram organismos especializados com fins à garantia dos direitos fundamentais básicos e, dentre eles, a Organização Mundial da Saúde – OMS, onde a saúde foi entendida e reconhecida como direito fundamental, essencial ao ser humano e imprescindível à dignidade humana. Assim, consequentemente, harmoniza-se o direito à saúde que é pressuposto da vida. Na Carta da OMS, evidencia-se a saúde como Direito Humano e mais:

> A saúde é um estado de completo bem-estar físico, mental e social, e não consiste apenas na ausência de doença ou de enfermidade. Gozar do melhor estado de saúde que é possível atingir constitui um dos direitos fundamentais de todo o ser humano, sem distinção de raça, de religião, de credo político, de condição econômica ou social.[11]

Tem sido objeto de indagações a conceituação de saúde ofertada pela Carta da OMS, em relação, especificamente, aos elementos que integram a definição. Asseveram a subjetividade constante da definição. Assim, o que seria um completo bem-estar? Para Dejours (1986), apud Dallari e Nunes Júnior, "convencido de que não existe o estado de completo bem-estar, a saúde deve ser entendida como a busca constante de tal estado"[12]. Dallari e Nunes Jr. destacam, ainda, que:

> A saúde depende, ao mesmo tempo, de características individuais, físicas e psicológicas, mas, também, do ambiente social e econômico tanto daquele mais próximo das pessoas, quanto daquele que condiciona a vida dos Estados. O que obriga afirmar que, sob a ótica jurídica, a saúde deverá inevitavelmente implicar aspectos individuais, sociais e de desenvolvimento. [...] deve-se observar que qualquer conceito de saúde deve carrear características de generalidade e de abstração. [...] Os conceitos, em regra, devem ignorar diferenças pontuais entre elementos de uma mesma categoria. Logo, o conceito jurídico de saúde humana deve partir dos traços comuns a todos os seres humanos, tratando-os – só para o fim de delineamento do juízo hipotético, é evidente – como se todos idênticos fossem. [...] é impensável que se conceba saúde sem uma dimensão coletiva que envolva a comunidade e o Estado, que, por meio de ações variadas, intervém não só em atividades prestacionais, como também no controle sanitário e de zoonoses.[13]

Observa-se que inexiste uma acepção de saúde de forma pontual. Conforme bem pontuaram Dallari e Nunes Jr., diversos aspectos devem ser levados em consideração. Há uma integração dinâmica de aspectos outros consistentes nos individuais, coletivos e de desenvolvimento.

---

(9) GUIMARÃES, Cláudia Pereira de Aguiar. A Saúde na Federação Brasileira. 198f, 2002. Dissertação (Mestrado em Direito) Centro de Pós-graduação da Instituição Toledo de Ensino de Bauru.
(10) DALLARI, Sueli Gandolfi; NUNES JUNIOR, Vidal Serrano. Direito Sanitário. São Paulo: Editora Verbatim, 2010. p. 19.
(11) CONSTITUIÇÃO DA ORGANIZAÇÃO MUNDIAL DE SAÚDE (OMS/WHO), de 7 de abril de 1946.
(12) Idem DALLARI et al., ob. cit., p. 11.
(13) Idem DALLARI et al., ob. cit., p. 11-12.

O Brasil é signatário do PIDESC – Pacto Internacional de Direitos Econômicos, Sociais e Culturais, onde a saúde tem uma acepção de forma ampla. O enfoque conceitual perpetrado em relação aos direitos sociais condiz com a proteção material do ser humano, de forma que o Estado que aderir ao aludido Tratado, assume o compromisso de concretização dos direitos fundamentais ali consagrados, nos termos do art. 12[14]. Assim, no âmbito internacional, é importante a fixação do significado da saúde. E, ainda, outros elementos, conforme bem abordaram Dallari e Nunes Júnior acerca, a saber:

> *A globalização da vida social tem impactos constitutivos no conceito de saúde que os Estados contemporâneos estão obrigados juridicamente a garantir para seus povos. ... É o próprio conceito de saúde que não pode ser compreendido sem o recurso aos direitos de liberdade, de igualdade, de solidariedade entre os povos e as gerações.*[15]

Não é bastante o cumprimento das normas internacionais ou mesmo a ratificação dos Tratados pelos Estados signatários. Imperioso se faz que as partes implementem políticas públicas que certifiquem o cumprimento do versado nos Pactos.

Ante as observações lançadas acima, a concepção vigente de saúde é a da OMS, que trouxe importantes alterações ao entendimento originário.

4. A SAÚDE NA CONSTITUINTE BRASILEIRA DE 1988

O ponto essencial deste trabalho é o estudo do **processo constituinte de 1988** sobre o temário da saúde. Ressalta-se que foram examinados alguns documentos dos arquivos do Senado Federal relativamente à Assembleia Nacional Constituinte[16], naqueles itens que versavam sobre a Saúde, e foram extraídas as informações mais importantes sob o juízo da subscritora do presente artigo.

É cediço que a Carta Magna de 1988 foi a que mais valorou os direitos fundamentais, e, dentre eles, o direito social à saúde. A saúde foi assegurada como direito social no art. 6º e, em seguida, em Seção particular, foram dedicados 5 (cinco) artigos (196 a 200) sobre o tema que, mais à frente, serão objeto de estudo alguns dos principais artigos. A EC n. 26 é que permitiu, no ano de 1987, a instalação da Assembleia Nacional Constituinte. Trata-se de um respeitável momento político vivenciado pelo Estado Brasileiro. Easton, citado por Bercholc, sustentou que:

> *la aplicación del saber forma parte de la actividad científica tanto como el conocimiento teórico. Mas la compreensión y la interpretación de la conducta política lógicamente preceden y proveen la base para toda tentativa de utilizar las cogniciones políticas en la solución de concretos y acusiantes problemas sociales.*[17]

Ainda Bercholc ponderou que:

> *Si se sabe poco sobre el sistema político, no se sabrá qué cambiar para mejorarlo o, peor aún, basados en diagnósticos errados, sólo sustentados en intuiciones, creencias, principios idelógicos o prejuicios de cualquier tipo, se promoverán reformas, acciones y decisiones que producirán efectos institucionales y sociales no queridos e imprevisibles.*[18]

Assim, esta Constituinte foi promulgada no momento certo para o Brasil, especialmente no que tange aos direitos sociais e com particularidade para a saúde. A intensa participação dos movimentos populares relacionados à saúde, trouxe reflexos políticos de suma importância para serem deliberados quando da votação da Carta Fundamental. Ainda, Bercholc destaca que:

> *"Una advertencia inicial que considero crucial para compreender la idea global del análisis, sin perjuicio de referirme luego más en extenso*

---

(14) Disponível em: <http://www.dhescbrasil.org.br/index.php?option=com_content&view=article&id=282:-pacto-internacional--de-direitos-economicos-sociais-e-culturais&catid>.
(15) *Idem* DALLARI *et al*, ob. cit., p. 29-30.
(16) Disponível em: <www.senado.gov.br>. Acesso em: 5 ago. 2015.
(17) BERCHOLC, Omar Jorge. *Temas de Teoría del Estado*. 2. ed. Ed. La Ley, 2014. p. 15, *apud* EASTON, David. *Contemporany political analysis*. Nueva York, 1967, citado por Pasquino Gianfranco en La Ciencia Política Aplicada: la Ingeniería Politológica. p. 14, *Revista Argentina de Ciência Política*, n. 1, Eudeba, 1997.
(18) BERCHOLC, ob. cit., p. 19.

a la cuestión, es que la posibilidad de extensión de la legitimidad democrática estará vinculada a la percepción por los indivíduos de su utilidad práctica; a la capacidad que la democracia logre para resolver los problemas cotidianos que deben afrontar los individuos comunes en sus trabajos, hogares, lugares de estudio. Esta percepción respecto de la eficacia de la democracia en temas objetivos y cotidianos como proveedora de respuestas a demandas sociales, permite un análisis más rico respecto de su posibilidad de expansión y consolidación y deja confluir dos preguntas básicas que han dividido los aguas en los debates teóricos, quien domina? y cómo domina?[19]

Destaca-se que nesta época vigia no Brasil uma administração pública com parâmetros totalmente militares. Havia uma preocupação muito forte com a Democracia brasileira e o voto de maneira consciente oportunizou as profundas mudanças na Carta Constitucional, não significando uma mera reforma do TEXTO CONSTITUCIONAL. Percebia-se a necessidade de uma efetiva participação popular de todas as esferas da sociedade. Assim, houve uma mobilização popular dos diversos setores da sociedade e, dentre eles, os movimentos ligados à saúde que se organizaram reivindicando uma reforma da Carta Federal brasileira em relação ao tema.

Outro contexto de fundamental importância no meio político é a forma de representatividade popular vigente no Brasil e, como bem abordou Bercholc:

Desde la existencia de sociedades masivas, con heterogeneidad de intereses que conviven en ella, y cada vez más extendida territorialmente en sus límites jurídico-políticos, se ha ido ampliando la necesidad de la representación política e social en el seno de las instituciones del gobierno. Pero esa misma necesidad, y por las mismas razones que la hacen imperiosa, hacen de la teoría de la representación política un ejercício de alta complejidad a efectos de sua eficacia. ....[20]

la representación delegativa; en este modelo el represente carece de margen de manobra, de iniciativa y de autonomía. Debe respetar imperativamente los deseos o instrucciones de los representados.[21]

No regime democrático brasileiro, vige a representatividade popular por meio de delegação. O povo delibera e governa por intermédio dos seus representantes eleitos.

4.1. A Participação Popular

A participação popular nas decisões políticas tem se tornado mais evidente nos últimos anos no Brasil, mais consciente, mais crítica e participativa nos rumos da política. Isto legitima ainda mais um Estado Democrático de Direito. Ao tratar deste assunto, no capítulo La Democracia y la Opinión Pública, Bercholc, pontuou que:

El desarrollo y uso de la categoría opinión pública esta intimamente relacionado con la evolución y consolidación de los procesos democráticos. La opinión pública es entendida, en la teoría democrática, como las convicciones de la ciudadanía en relación a los hechos producidos por los agentes públicos y de gobierno en la administración estatal. Convicciones y creencias subjetivas que deven ser formadas en un proceso racional de intercambio de mensajes e información y que, como tal, requiere de ciudadanos interesados, instruídos y participantes activos de la vida política, y preocupados por el control de los actos de gobierno.

La idea típicamente democrática de una opinión pública instruída, participante, activa, interesada en la cosa pública, entendida ésta como la vida política, además resultó funcional a los intereses de la burguesía, en tanto clase social que había ascendido al poder. La opinión pública es presentada, como una categoría social y política que reemplaza a otras categorías – Pueblo, clase obrera o ciudadanía – que en tiempos recientes eran identificadas como sujetos colectivos, históricos y sociales de participación y pertenencia a los que se les destinaban decisiones políticas e promesas, categorías que hoy parecen diluídas en el escenário político y social.[22]

---

(19) BERCHOLC, ob. cit., p. 50.
(20) BERCHOLC, ob. cit., p. 85.
(21) BERCHOLC, ob. cit., p. 85.
(22) BERCHOLC, ob. cit., p. 96.

Assim:

> *La teoría democrática permite la participación en la nueva estructura de dominación política, legitimandose, a sua vez, mediante la propia participación y la opinión de la ciudadanía.*[23]

No Brasil, ao final dos anos oitenta do século passado, em virtude dos fortes movimentos populares objetivando a redemocratização política do país, a saúde ganhou espaço e foi introduzida no rol dos direitos sociais. Os movimentos voltados para a saúde surgiram com o verdadeiro propósito de realizar uma efetiva e profunda reforma sobre o que já existia.

De acordo com Bercholc, a opinião pública pode ser assim entendida:

> *se trataria de juicios subjetivos, pareceres, intuiciones, que no implican saber ni conocimiento, que no requieren prueba de objetividade, y que se expiden por los individuos sobre temas de interés general vinculados al Estado, a la política, a actos de gobierno y toma de decisiones, cuestiones que adquirieron publicidad y respecto de las cuales se exteriorizan opiniones a efectos de apoyar, influir o criticar, que puedan expresarse sin temor a ser aislado o discriminado, y que por ello coincidirán con la opinión mayoritária.*[24]

A saúde igualmente contou com outros movimentos sociais na década de 1970, que expressou fortemente a opinião da sociedade e ora cognominados de Movimento Reformista e Movimento Pró-Reforma, originários do meio acadêmico, especialmente dos Departamentos de Medicina Preventiva[25]. Contou-se também com o apoio do movimento estudantil secundário; de profissionais da saúde; dos Centros de Estudos Sanitários, a exemplo da CEBES – Centro Brasileiro de Estudos de Saúde; Associações como a ABRASCO – Associação Brasileira de Pós-Graduação em Saúde Coletiva; conselhos, sindicatos, parlamentares; e outros segmentos da sociedade[26].

A 8ª Conferência Nacional de Saúde, realizada de 17 a 21 de março de 1986, contou com um importante processo de participação de instituições que atuavam no setor, com representatividade da sociedade civil, dos grupos profissionais e dos partidos políticos, refletindo um processo de discussão, debates, mesas-redondas, trabalhos de grupos, textos, resultando no relatório final que consolidou os temas discutidos, quais sejam: saúde como direito, Reformulação do Sistema Nacional de Saúde e Financiamento Setorial. Destaca-se que o processo alusivo à 8ª Conferência Nacional de Saúde foi altamente participativo, democrático e representativo, permitindo um alto grau de consenso, não obstante a diversidade de propostas quanto às formas de implementação[27].

Assim, especialmente os profissionais da saúde que haviam feito a opção de ingressar no serviço público para atender às pessoas mais desfavorecidas, em um grande congresso científico de saúde pública, começaram a fixar as bases de uma nova política pública de saúde. Esta nova política já havia sido mencionada no painel Saúde na Constituição, da 8ª Conferência de Saúde e deu origem a uma proposta de emenda popular apresentada à Assembleia Constituinte[28]. A mobilização daqueles que se dedicam à saúde teve por fito de que as propostas apresentadas fossem concretizadas no TEXTO CONSTITUCIONAL. A conferência ocorrida em março de 1986 é tida como uma pré-constituinte em relação à saúde[29], nas palavras do Presidente José Sarney, à ocasião. O documento final, oriundo da 8ª Conferência Nacional de Saúde é que esboçou a proposta de implantação de um Sistema Único de Saúde no Brasil e a consequente elaboração do Capítulo da Saúde na Assembleia Nacional Constituinte[30]. Importa destacar que, até a primeira metade da década de 1988, a participação social voltada para o setor de saúde já era sólida, porém, à revelia de uma legislação.

---

(23) BERCHOLC, ob. cit., p. 97.

(24) BERCHOLC, ob. cit., p. 111-112.

(25) RODRIGUEZ NETO, Eleutério. *Saúde*: Promessas e Limites da Constituição. Rio de Janeiro: FIOCRUZ; 2003. p. 33, nota 2.

(26) RODRIGUES NETO, ob. cit., p. 34-35.

(27) Disponível em: <http://conselho.saude.gov.br/biblioteca/relatorios/relatorio_8.pdf>. p. 01.

(28) DALLARI e NUNES JÚNIOR, ob. cit., p. 76.

(29) RODRIGUES NETO, 2003, p. 53.

(30) BALSEMÃO, Adalgiza. *Competências e Rotinas de Funcionamento dos Conselhos de Saúde no Sistema Único de Saúde do Brasil*. In: ARANHA, Márcio Iorio & TOJAL, Sebastião Botto de Barros (Orgs.), 2002. p. 532.

Saúde considerada como um direito fundamental e dever do Estado, e a participação da sociedade nas políticas públicas, objetivando a fiscalização e avaliação, já se encontrava esboçada pelo então Deputado Carlos Sant'Anna com o fim de subsidiar a aludida conferência. Assim, era a redação do artigo apresentado pelo Deputado:

> Art. 4º Lei especial disporá sobre a garantia por parte da União ao direito à saúde, estruturando todos os órgãos públicos prestadores de serviços de saúde em sistema único, sob comando ministerial único, e mediante os seguintes postulados: (...) c) mecanismos de participação da sociedade organizada serão estabelecidos na formulação, controle da execução e da avaliação das políticas de saúde em todos os níveis do sistema.

Ainda, na 8ª Conferência Nacional da Saúde, projetou um juízo da participação da sociedade objetivando a fiscalização e avaliação, em suma, um controle social da Saúde, por meio de Conselhos, cujo relatório assim mencionava:

> 3 – o novo sistema nacional de saúde deve reger-se pelos seguintes princípios: (...) participação da população, através de suas entidades representativas, na formulação da política, no planejamento, na gestão, na execução e na avaliação de saúde; (...) 24 – Será constituído um novo Conselho Nacional de Saúde, composto por representantes dos Ministérios da área social, dos governos estaduais e municipais, e das entidades civis de caráter nacional, como os partidos políticos, centrais sindicais e movimentos populares, cujo papel principal será o de orientar o desenvolvimento e avaliar o desempenho do Sistema Único de Saúde, definindo políticas, orçamento e ações; 25 – Deverão também ser formados Conselhos de Saúde a níveis local, municipal, regional e estadual, compostos de representantes eleitos pela comunidade (usuários e prestadores de serviço), que permitam a participação plena da sociedade no planejamento, execução e fiscalização dos programas de Saúde[31].

O setor da saúde implementou uma proposta com efetiva participação e discussão de forma legitimada, levando-se em conta os fins colimados pelo movimento sanitário perante a Assembleia Nacional Constituinte.

4.2. O Processo Constituinte e as Propostas para o Direito à Saúde: Avanços Empreendidos

Considerando os apontamentos *supra*, a busca por um processo de efetiva democratização no país e as mobilizações populares perante a Assembleia Nacional Constituinte, até então formada, corroboraram a eficácia da participação do cidadão no contexto político nacional.

O clamor popular, a exemplo do movimento das Diretas Já, demonstrou a força social, seguido da instalação da Assembleia Nacional Constituinte pela Emenda Constitucional n. 26, de 1985.

Entre os políticos participantes do processo constituinte, Olívio Dutra (PTRS), em abril de 1987, fez ressoar a vontade popular ao dizer que "há uma evidente e manifesta vontade de participação popular no processo constituinte" (Lv Vol. 3, acostado às páginas 1173). A participação do político na constituinte representou a vontade popular na confecção da Magna Carta. Entretanto, não esqueceram da participação popular com o fito de igualdade e da democracia, nos termos discursados pelo representante do PDT do RJ – Carlos Alberto Caó, em 1987(Lv Vol. 5, acostado às páginas 2462).

No processo constituinte de 1988, houve uma preocupação democrática em relação à descentralização do poder, bem como, com a garantia e exercício dos direitos sociais, eis que se tratava de fortes aspirações. Ocorre que ambos foram extremamente importantes para os desígnios da saúde brasileira. Além desses, se tornaram pilares instransponíveis do movimento sanitário à época, o princípio elementar de que a saúde se constitui como um dever do estado e direito de todos. Ainda, integravam esses pilares, a participação da comunidade, a universalização do acesso e a descentralização, esta já dita.

A Assembleia Nacional Constituinte foi presidida por Ulysses Guimarães, então do partido PMDB do Estado de São Paulo e, dentre as subcomissões instaladas, encontrava-se a da Saúde, da Seguridade e do Meio Ambiente, que tinham por atribuição escutar as vindicações sociais, debatê-las e, ao cabo, redigir um relatório que seria objeto de futuro voto. À ocasião, a aludida Subcomissão teve por condutor o Deputado José Elias Murad, que integrava o PTB do Estado de Minas Gerais e, do mesmo Estado, porém, do partido do PMDB, o Deputado Carlos Mosconi, que atuava como relator.

Havia, também, objetivos diversos consubstanciados naqueles que entendiam que a saúde deveria ser estatizada e aqueles que objetivavam a sua pri-

---

(31) Disponível em: <http://bvsms.saude.gov.br/bvs/publicacoes/cd05_07.pdf>.

vatização. Esses dois grupos apresentaram as suas propostas, acrescido, ainda, de outro grupo institucional, sendo este composto pela Previdência Social e do Ministério da Saúde que lutavam pela manutenção das referidas pastas políticas. Portanto, houve a manifestação de três grupos, com objetivos bastantes dessemelhantes perante a SUBCOMISSÃO DA SAÚDE. O grupo do movimento reformista, fortemente embasado em documentos, apresentou proposta ao texto constitucional, sendo, inclusive, aprovada pela Subcomissão. A única divergência que até então existia em relação ao que foi apresentado pelo movimento reformista, era a maneira como seria financiada a saúde.

O relatório encampado contemplava a saúde como um direito de todos e dever do estado no seu art. 1º; assegurava a participação do povo em conselhos de saúde nas três esferas governamentais, conforme art. 2º, IV. No que tange ao financiamento seria efetivado por meio de um FUNDO voltado exclusivamente para a saúde e cujos recursos adviriam de receitas tributárias.

No referente às ações de saúde, obrigação inerente ao Estado por ser uma atividade institucional, permitiu-se a participação privada com primazia para as entidades configuradas como sem fins lucrativos. No relatório final, agregou-se a Saúde à Seguridade Social, sob a justificativa de que, em sendo o orçamento voltado para o custeio de toda a seguridade, a saúde seria beneficiada com o acréscimo de recursos. A proposta em questão gerou prudência por parte do movimento sanitarista, em face da possibilidade de aniquilamento da autonomia alçada ao Sistema Único de Saúde, eis que ficaria, por assim dizer, subordinado à Previdência Social. Diferentes emendas foram apresentadas no sentido de impedir o avanço do anteprojeto perante a Comissão de Sistematização e, felizmente, retiradas a tempo de serem votadas. Objetivando um projeto de iniciativa popular na Constituinte, lançou-se um movimento que foi denominado Frente Popular pela Reforma Sanitária, com o escopo de trazer apoio na Plenária da Saúde. Observou-se que o insucesso deveu-se ao distanciamento existente na base popular[32].

Ao fim, a emenda popular foi enviada à Constituinte e contemplava todas as vindicações propugnadas pelo Movimento Reformista, *in verbis*: o direito consagrado à saúde era reconhecido como um direito inalienável, de responsabilidade inerente ao Poder público, máxime pelo asseguramento de outros direitos fundamentais como saneamento, trabalho em condições dignas, moradia, alimentação, educação, acesso à terra e aos meios de produção, transporte e lazer, dentre outros. No que tange aos deveres cabentes ao ente federado, permeava a garantia de um acesso igualitário, universal e gratuito às ações e serviços de saúde em todos os níveis, e, por fim, um alcance extremamente importante e dizente à participação de entidades representativas de usuários e profissionais de saúde, em nível de deliberação, na formulação, gestão e controle das políticas e das ações de saúde nos diferentes níveis de governo. E, quanto ao financiamento, a proposta pressagiava a destinação específica à saúde de recursos fiscais e parafiscais.

Já na Comissão de Sistematização, em capítulo destinado à seguridade social, foi destinada uma seção específica para a Saúde. Empecilho posterior surgiu no Plenário da Assembleia Constituinte, condizente com a inaceitabilidade dos avanços sociais elencados, especialmente em relação à saúde, por membros que compunham os setores mais conservadores, inclusive, com propósitos voltados para atender reivindicações do setor privado, o que finalmente, registre-se, não foram acatadas.

Destarte, o projeto/ideário reformista foi aprovado. A Constituição de 1988 contém pontos peculiares em relação a todas as demais Cartas Constitucionais que vigeram no Brasil. Foi a primeira a incorporar exclusivamente uma Seção sobre a saúde com o intento de obter a justiça e o bem-estar sociais. De capital importância foi a inserção do direito à saúde no rol dos direitos fundamentais como um direito social, nos temos do art. 6º, condizendo com a sua imediata materialização. Assim, podemos aduzir a profunda participação do movimento sanitário na Constituinte de 1988, o que, consequentemente, principiou um novo modelo de saúde no país.

5. O SISTEMA ÚNICO DE SAÚDE IMPLANTADO NO BRASIL

O movimento constituinte de 1988 consagrou perspectivas importantes e avançadas para o texto da Carta Constitucional, consoante já visto acima. Sabemos que os direitos sociais integraram as Constituições Federais em razão de expressiva participação/

---

(32) RODRIGUEZ NETO, 2003, p. 71.

movimento popular e a saúde fez parte deste contexto no período de redemocratização de nosso país.

De acordo com Dallari e Nunes Junior:

> [...] uma das grandes preocupações desses movimentos era a de que o direito à saúde não ficasse limitado a uma previsão genérica, que cuidasse de atribuir ao Estado sua realização, sem especificação do teor dessas realizações e tampouco dos meios necessários a tanto. Exatamente por isso, o constituinte, ao lado da previsão da saúde como um direito social (art. 6º), tratou de incluir várias disposições orientadas a dar-lhe concretude. Dentre outras coisas, demarcou a necessidade de envolvimento dos entes federados para sua efetivação (art. 23, II), definiu a abrangência das ações em saúde (art. 198, II) e determinou a criação de um sistema único, ao qual foi atribuído o dever de dar efetividade à saúde. Assim, o Sistema Único de Saúde – SUS é, na verdade, o mecanismo no qual o constituinte depositou o dever estatal de implementação do direito à saúde.[33]

O *caput* do art. 198 da CF prescreve que as ações e serviços de saúde agregam uma rede regionalizada e hierarquizada e constituem um sistema único. Essa perspectiva constitucional de **sistema** noticia que todos os meios de atuação (ações, serviços e equipamentos) serão envidados pelos entes federados com vista à concretização do direito à saúde. Nessa conjuntura, vários significados podem ser aduzido em relação à identificação dos recursos destinados ao Sistema Único não fica à mercê de alcances administrativos ou legislativos, pois fora garantido na raiz Constitucional. Todos os entes federados concorrerão com esforços conjuntos para o conseguimento das finalidades e diretrizes do sistema. E, no mais, quanto à obrigação do prestamento de serviços da saúde é do conjunto dos entes federados, por isso, aqui, de forma cooperativa.

Reitera-se, que cada um dos entes federados compõe com seus serviços e ações, uma parte do todo, formando o Sistema. É único, pois observa a mesma doutrina e princípios elencados pela CF e pela Lei Orgânica da Saúde e, sobre a responsabilidade dos três entes federados: União, Estados e Municípios. No Sistema Único de Saúde, há uma conexão automática de todos eles (entes federados) a um Sistema, de forma que todos convirjam com ações e recursos propendendo a implementação dos fins definidos constitucionalmente relacionados ao direito à saúde.

5.1. Rede Regionalizada e Hierarquizada no âmbito do Sistema Único de Saúde

Ao aludir a uma rede regionalizada e hierarquizada tratou de dar evidência a uma nova formulação política organizacional de reordenamento dos serviços e ações de saúde. A regionalização está amoldada à organização por circunscrições territoriais, enquanto que a hierarquização harmoniza-se com a organização do atendimento em relação aos níveis de complexidade (primário, secundário e terciário, de acordo com a Organização Mundial de Saúde e da Organização Pan-Americana de Saúde) e essa organização origina a criação de sistema de referência e contrarreferência. O motivo para o qual se criou a hierarquização relaciona-se à questão econômica, de maneira que sejam otimizados os recursos aplicados na saúde.

5.2. Descentralização – Uma das vertentes do Sistema Único de Saúde

Anota-se que o art. 198, I, da CF/88, consagrou a descentralização política das ações e serviços de saúde como uma das diretrizes do Sistema Único de Saúde, o qual tem por fim remanejar de forma paulatina a gestão de ações e serviços de saúde para os Municípios, iniciando por uma gestão de serviços básicos até a assunção de uma gestão plena.

A unidade do SUS não se confunde com a centralização. Ao contrário, está efetivamente ligada à descentralização da execução dos serviços. A unidade busca agrupar esforços de maneira coordenada para o progresso da qualidade de vida da população, em escala nacional, sem prejudicar a competência dos entes locais para a execução dos serviços que lhe são afetos. Essa unidade permite a construção da política nacional de saúde. Assim, a descentralização é uma das vertentes do Sistema Único de Saúde, anotando que a municipalização é o grande escopo do Sistema.

O preceito estabelecido no art. 198, I, da Carta Constitucional, tem por fim a manutenção do SUS nos três níveis e impedir o rompimento das ações e serviços voltados à saúde. O constituinte aqui fi-

---

(33) DALLARI e NUNES JÚNIOR, ob. cit., p. 77.

xou a regra de direção única do SUS no âmbito de cada governo. Essa gestão que se designa tripartite é importante para a atuação geral, pois estratifica e, ao mesmo tempo, unifica para fazer *jus* à federação existente no Brasil, isto é, o Sistema é Único, mas concomitantemente descentralizado. No que tange à distribuição de competências, o art. 9º da Lei n. 8.080/1990 regulamentou que a direção única será a cargo do Ministério da Saúde, enquanto que, no âmbito do Estado, DF e Municípios, competirá à Secretaria de Saúde ou órgão correspondente. Cabe aos respectivos gestores a responsabilidade pela execução de atividades afetas às diretrizes do SUS, porquanto deverão ser entrelaçadas com as demais esferas de governo.

5.3. A Integralidade da Assistência no âmbito do Sistema Único de Saúde

Cuida-se de diretriz do SUS prevista no art. 198, II, da Carta Federal, e que realça a precedência para as atividades preventivas, sem prejuízo dos serviços assistenciais. Impende ao Sistema de Saúde o dever de uma assistência integral, registrando que essa integralidade é uma decorrência lógica do direito à saúde à categoria de direitos fundamentais[34].

Em conformidade com o art. 7º, II, da Lei n. 8.080/1990, a integralidade deve ser entendida como um conjunto articulado e contínuo de ações e serviços preventivos e curativos, individuais e coletivos, exigidos para cada caso, em todos os níveis de complexidade do sistema. Assim, é possível aduzir que o usuário do serviço público terá o direito de usufruir do Sistema de Saúde de uma forma integral, independentemente do custo ou do nível de complexidade do caso.

Uma das diretrizes constitucionais abordadas do inciso II do art. 198 é a prioridade das atividades preventivas; isto se refere ao fato de que cabe ao Estado dedicar-se mais às campanhas educativas com o fito de prevenção das doenças. O outro mandamento constitucional descrito no inciso II do art. 198 refere-se à assistência e determina que as atividades de prevenção não devem prejudicar os serviços de assistência aos mais necessitados, cuja relevância decorre do fato de que essas pessoas não dispõem de recursos bastantes para socorrer-se das redes privadas, sendo, pois, aquelas de que o Estado deve cuidar primeiramente.

5.4. Participação da Comunidade nas decisões do Sistema Único de Saúde

Consoante já cuidado em linhas transatas, fruto da constituinte de 1988 é a participação da comunidade nas decisões da política pública de saúde. Trata-se de outro marco inolvidável no SUS e que se encontra descrito no art. 198, III, da Carta Magna. A participação da sociedade, como instrumento de democracia, avaliza, à comunidade, a gestão e o controle da política pública. É a expressão do princípio democrático que concede ao povo o exercício do poder de representação. A participação da sociedade no Sistema Único de Saúde igualmente foi objeto de dispositivo legal na Lei n. 8.080/1990 (art. 7º, VIII) e na Lei n. 8.142/1990. Consagrou-se a participação comunitária como um princípio (Lei n. 8.080/1990). Doutra maneira, na Lei n. 8.142/1990, instituiu a participação popular nos desígnios da saúde, sendo representadas pela Conferência da Saúde, que acontecerá a cada quatro anos e os Conselhos de Saúde, e que tem caráter deliberativo e permanente.

Outro ponto relevante a ser observado, além da democracia que impera nos Conselhos e Conferências, é a transparência e o controle social das Políticas de Saúde Pública pela comunidade. Desta forma, os entes federados integrantes do Sistema de Saúde disporão de um plano de saúde e de um Fundo de Saúde, ou seja, o plano de saúde é originário das deliberações da Conferência de Saúde e, é claro, com a participação do Conselho de Saúde. Definem-se assim, estratégias e prioridades para a política pública de saúde. Em consonância com o Estatuto da Saúde, o plano de saúde é a base das atividades de cada ente federativo.

6. O FEDERALISMO COOPERATIVO ADOTADO NO BRASIL E A SAÚDE PÚBLICA

Em consonância com o art. 196 da Carta Maior, a saúde é direito de todos e dever do Estado. O Brasil é um Estado do tipo Federal, formado pela União, o Estado, o Distrito Federal e os Municípios, nos termos dos arts. 1º e 18, *caput*, da Carta Constitucional. A divisão do poder político dentro do território do Estado origina ao que chamamos de forma de Estado. Assim, quando um poder agrupa-se num único ente, de maneira a ter uma única ordem jurídica so-

---

(34) SERRANO, ob. cit., p. 84.

bre todo o território do Estado, temos o chamado Estado Unitário. Neste modelo, existe um único centro de onde originam todas as decisões políticas no atinente à vida do Estado, dele resultando todas as regras do ordenamento jurídico.

No pertinente ao Estado Federado, que é o modelo adotado no Estado brasileiro, o poder político é praticado por diversas unidades que integram o mesmo território do Estado. Por conseguinte, ao lado de um único ente central, que no nosso caso é a União, encontramos os entes regionais, chamados de Estados-membros, que possuem autonomia para gestão de seus próprios negócios, até mesmo para elaborarem regras jurídicas que vigorarão sobre suas próprias circunscrições territoriais. Para Araujo e Nunes Junior:

> *A federação se assenta na existência de autonomia dos entes membros e no igual nivelamento hierárquico entre esses entes. Para tanto, os seguintes requisitos seriam necessários: a) repartição constitucional de competências e rendas, b) possibilidade de auto-organização por uma Constituição própria, c) rigidez constitucional, d) indissolubilidade do vínculo (vedação ao direito de secessão), e) participação da vontade das ordens parciais na elaboração da norma geral, f) existência de um tribunal constitucional que controle a repartição de competências e, g) a possibilidade de intervenção federal nos Estados.*[35]

Para Velloso[36], a repartição de competências, a autonomia estadual compreensiva da auto-organização, do autogoverno e da autoadministração, a participação do Estado-membro da vontade federal e a discriminação constitucional de rendas tributárias repartidas entre os entes são as condições inerentes que caracterizam o Estado Federal. Consequentemente, são diversos os traços distintivos que revelam a natureza federal de um Estado. Entretanto, aquela que sobressai é a descentralização do poder político dentro do território do Estado e a repartição de competências entre os entes.

A competência compõe o ponto fulcral do sistema federativo, especialmente quando versa sobre a saúde, pois é de fundamental importância para o Sistema Único de Saúde, na forma preconizada pelo Constituinte de 1988. O modelo adotado no Brasil é o federalismo cooperativo, ou seja, há uma cooperação intergovernamental de maneira que todos passam a atuar numa esfera conjunta para a solução dos problemas. E no que tange à distribuição de competências, a Constituição brasileira adotou um sistema complexo, abarcando critérios horizontal e vertical.

No critério horizontal, a CF relaciona competências federais e municipais, deixando aos Estados-membros as remanescentes. Deste modo, cada uma das esferas possui um rol próprio de competências que, à exceção do caso expresso de delegação (art. 22, parágrafo único), deve exercer com exclusão das demais. E estas competências podem ser tanto legislativas quanto materiais (ou administrativas).

O critério vertical opera com base tanto nas competências legislativas (concorrentes) quanto as materiais (comuns). No federalismo brasileiro, em matéria de saúde pública, segue a competência técnica vertical. Assim, a competência é concorrente. Nesse trilhar, na Carta Federal de 1988, todas as pessoas políticas são responsáveis para com a saúde do povo. Não há que se falar em uma atuação isolada de cada um dos entes federados para a solução das questões da saúde. A todos são atribuídas responsabilidades nesse setor.

A competência material no campo da saúde está expressa no art. 23 da Constituição Federal que diz:

> *Art. 23. É competência comum da União, dos Estados, do Distrito Federal e dos Municípios: II – cuidar da saúde e assistência pública, da proteção e garantia das pessoas portadoras de deficiência;*[37]

Assim, restou claro neste dispositivo que é atribuição comum de todas as pessoas políticas perpetrarem medidas concretas para a solução dos problemas de saúde de nosso povo, não podendo dessa responsabilidade esquivar-se. Na atribuição comum, denota-se que a CF atribuiu competências materiais simultaneamente a mais de um ente federativo.

O parágrafo único do art. 23 da Carta Federal estabelece que "Lei complementar fixará normas

---

(35) ARAUJO, Luiz Alberto David; NUNES JÚNIOR, Vidal Serrano. *Curso de Direito Constitucional*. 16. ed. Campo Belo: Editora Verbatim, 2012.

(36) VELLOSO, Carlos Mário da Silva. Estado federal e Estados federados na Constituição Brasileira de 1988: do equilíbrio federativo. *Revista de Direito Administrativo*, Rio de Janeiro, n. 187, p. 7, out./dez. 1991.

(37) MORAES, 2012. p. 43.

para a cooperação entre a União e Estados e os Estados, o Distrito Federal e os Municípios, tendo em vista o equilíbrio do desenvolvimento e o bem-estar em âmbito nacional". A atuação integrada das pessoas políticas nas questões relacionadas à saúde não deverá ficar condicionada à expedição de lei complementar. Deverá ocorrer uma parceria entre as pessoas jurídicas com o fim de efetivação deste direito social.

Weichert, em relação ao assunto, manifestou que:

> *A saúde, em especial foi privilegiada não só com a sua inclusão no rol das matérias de competência comum, mas também pela consagração da prestação dos serviços concernentes de forma ordenada e otimizada, através do Sistema Único de Saúde. Assim, a concretização da competência material por cada ente deverá se dar em conformidade com as regras próprias do SUS, afastando-se a aplicação do parágrafo único do art. 23, que prevê a edição de Lei complementar para regular a cooperação entre a União, os Estados, o Distrito Federal e os Municípios no desempenho das competências comuns.*[38]

Em termos de competência legislativa concorrente na área da saúde, o art. 24, XII, da Constituição Federal, assim diz:

> Art. 24. Compete à União, aos Estados e ao Distrito Federal legislar concorrentemente sobre: XII – Previdência Social, proteção e defesa da saúde.[39]

O ente federado municipal, mesmo não se encontrando citado no art. 24, da mesma forma, participa no âmbito da legislação concorrente e o fará pela via do art. 30, II, da CF, suplementando a legislação federal e a estadual no que couber. No assunto relacionado à saúde, o interesse local sempre existirá, já que o Município tem atribuição para a prestação dos serviços de saúde, na forma prescrita pelos arts. 23, II e 30, VII, da Carta Magna. Assim, o Município poderá legislar sobre matéria de saúde, suplementando a legislação federal e estadual no que couber. A União edita as normas gerais e as demais pessoas políticas, complementando-as em face das especificidades da realidade social local.

A Lei n. 8.080/1990 – Lei Orgânica da Saúde – é uma norma geral, editada pela União no exercício de sua competência concorrente. Em sede de matéria sanitária, a importância do Município toma vulto no processo de municipalização da saúde, pois tem o dever de promover, defender e proteger a saúde, sobretudo por ser a instância federativa que se encontra mais próxima do cidadão. Tornou-se o ente federado que detém a maior parcela de responsabilidade em termos de saúde pública. Extrai-se deste dispositivo que o SUS não tem um planejamento centralizado mas, sim, descentralizado. Trata-se de uma inovação inserida pela Lei n. 8.080/1990. A descentralização é ascendente, do nível local para o federal, ou seja, da base para o centro. Afasta-se aqui a ideia de um planejamento verticalizado. Esse planejamento ascendente evidencia uma das características do federalismo, relacionado à participação dos entes federais na formação da vontade central.

Quanto ao federalismo cooperativo no Brasil em matéria de saúde, funciona?

O ponto essencial para a implementação do federalismo cooperativo em matéria de saúde, levando-se em conta os requisitos anotados, encontra-se adstrito à questão da repartição de competências e rendas. A organização do SUS não exigiu alteração de distribuição de competências concorrentes. A unidade do Sistema já é garantida nesta forma de repartição de competências. No referente ao Sistema Único de Saúde, não obstante haja uma regra geral de competência comum, os entes federados agem sob a orientação de uma coordenação nacional única, o que implica na impossibilidade de tomada de decisão de forma autônoma pelo ente federado.

Este federalismo cooperativo é manifestado numa combinação de esforços dos entes federados para encontrar resultados qualificados nas áreas de atuação junto à população. Contudo, é possível aduzir que essa combinação de esforços não funciona adequadamente em nosso país, mormente quando trata da distribuição de recursos. A injusta repartição de recursos penaliza sobremaneira os municípios. Mais obrigações lhes são impostas, sem os correspondentes fundos. Esta circunstância, que limita o dever de prestação material pela falta de recursos, também, agride o município federado, e isso, consequentemente, compromete a sua autonomia por não poder entregar ao cidadão o serviço que ele precisa.

Não obstante a Constituição brasileira prever a descentralização dos ônus dos entes da Federação, no referente à distribuição da saúde no país, este

---

(38) WEICHERT, Marlon Alberto. *Saúde e Federação na Constituição Brasileira*. Rio de Janeiro: Editora Lumen Juris, 2004. p. 138-139.
(39) MORAES, 2012, p. 45.

movimento descentralizador foi mitigado. A União voltou a ter o poder de um membro estatal característico dos Estados Unitários, pois o governo federal adotou medidas nas últimas décadas que fizeram com que o poder e a capacidade de arrecadação da União Federal fossem revigorados e desequilibrados diante dos demais membros e, concomitantemente, criou mecanismos que coíbem a participação dos outros entes da Federação no processo.

Assim sendo, forçoso se faz rever a questão alusiva ao financiamento do Sistema Único de Saúde, particularmente quanto às transferências federais de recursos do SUS para os estados, notadamente, para os Municípios, por ser esta a instância federativa mais próxima do cidadão e mais cobrada no dizente à materialização do direito social à saúde.

7. CONCLUSÃO

O Brasil vivenciou um momento extremamente importante quando da instalação da Constituinte de 1988, especialmente no referente à saúde. A mobilização popular formada por grupos imbuídos na defesa da saúde consagrou este desiderato na Carta Maior, conduzindo por grandes e revolucionárias conquistas até então inexistentes.

Na constituinte de 1988, evidenciou-se uma preocupação com a democracia, pluralismo e com a descentralização de poder, o que geraria, conseguintemente, a aproximação da tomada de decisões à sociedade. Não se mediram esforços para a garantia dos direitos sociais e o exercício democrático do direito à saúde. Assim, a saúde culminou por ser um direito de todos e um dever do Estado, garantido mediante políticas sociais e econômicas que visem à redução do risco de doença e de outros agravos e ao acesso universal e igualitário às ações e serviços para sua promoção, proteção e recuperação.

Quanto ao Sistema Único de Saúde implementado, asseveram-se características condizentes com um verdadeiro Estado Democrático de Direito, pois, além de integrar uma rede regionalizada e hierarquizada, têm por diretrizes a integralidade no atendimento, a descentralização e a participação da comunidade nas decisões da saúde.

Entretanto, não obstante a conquista de direitos na raiz constitucional, encontramos um dificultador que condiz com a sua materialização que, inclusive, tem sido objeto de inúmeras medidas judiciais.

8. BIBLIOGRAFIA

ARAUJO, Luiz Alberto David; NUNES JÚNIOR, Vidal Serrano. *Curso de Direito Constitucional*. 16. ed. Campo Belo: Editora Verbatim, 2012.

BALSEMÃO, Adalgiza. *Competências e Rotinas de Funcionamento dos Conselhos de Saúde no Sistema Único de Saúde do Brasil*. In: ARANHA, Márcio Iorio & TOJAL, Sebastião Botto de Barros (Orgs.), 2002.

BERCHOLC, Omar Jorge. *Temas de Teoría del Estado*. 2. ed. Ed. La Ley, 2014.

CONSTITUIÇÃO DA ORGANIZAÇÃO MUNDIAL DE SAÚDE (OMS/WHO), de 7 de abril de 1946. Disponível em: <http://www.direitoshumanos.usp.br/index.php/OMS Organiza%C3%A7%C3%A3o-Mundial-da-Sa%C3%BAde/constituicao-da-organizacao-mundial-da-saude-omswho.html>.

DALLARI, Sueli Gandolfi. *Os Estados brasileiros e o Direito à Saúde*. São Paulo: Hucitec, 1995.

DALLARI, Sueli Gandolfi; NUNES JUNIOR, Vidal Serrano. *Direito Sanitário*. São Paulo: Editora Verbatim, 2010.

DAVIES, Ana Carolina Izidório. *Saúde Pública e seus Limites Constitucionais*. São Paulo: Editora Verbatim, 2012.

<http://www.dhescbrasil.org.br/index.php?option=com_content&view=article&id=282:-pacto-internacional-de-direitos-economicos-sociais-e-culturais&catid>.

<http://conselho.saude.gov.br>.

<http://bvsms.saude.gov.br/bvs/publicacoes/cd05_07.pdf>.

<www.senado.gov.br>.

MORAES, Alexandre. *Constituição da República Federativa do Brasil*. 35. ed. São Paulo: Editora Atlas, 2012.

RIBEIRO JR., Wilson A. A ausência de doença e o conceito de saúde entre os gregos antigos. In: *I Simpósio Internacional de Estudos Antigos – IV Seminário Internacional Archai*, 2007, Santuário do Caraça-MG. Disponível em: <http://warj.med.br>.

RODRIGUEZ NETO, Eleutério. *Saúde*: Promessas e Limites da Constituição. Rio de Janeiro: Fiocruz; 2003.

SERRANO, Mônica de Almeida Magalhães. *O Sistema Único de Saúde e suas diretrizes constitucionais*. São Paulo: Editora Verbatim, 2009.

WEICHERT, Marlon Alberto. *Saúde e Federação na Constituição Brasileira*. Rio de Janeiro: Editora Lumen Juris, 2004.

Os Efeitos da Aplicação do Princípio da Moralidade Administrativa à Gestão Pública

Gustavo da Silva Lopes

Procurador de Carreira do Município de Rio Bonito, aprovado por concurso público de provas e títulos, atualmente ocupando o cargo de Procurador-Geral do Município. Especialista em Gestão Pública pela Escola de Contas e Gestão (ECG) do Tribunal de Contas do Estado do Rio de Janeiro. Aluno para o curso de Doutorado em Direito Constitucional na Universidade de Buenos Aires – UBA. 10 anos de experiência em Administração Pública. Presidente da Associação dos Procuradores do Município de Rio Bonito. Presidente da Comissão de Direito do Estado da 35ª subseção da OAB-RJ. Membro da Comissão de Direito Municipal da 35ª subseção da OAB-RJ.

1. INTRODUÇÃO

O constitucionalismo marcou o despertar da vontade humana de comandar seu próprio destino, participando da vida política do Estado. Galgou espaços até suplantar as formas, por vezes tirânicas, de governo sem iniciativa nem participação popular, em busca de um regramento mínimo de direitos como forma de proteção aos cidadãos perante o Estado.

O povo é o titular do poder e sua Constituição é a manifestação básica e essencial desta titularidade, que é colocada em risco inúmeras vezes, eis que é submetida a processos legislativos. Somente mediante a instauração de princípios, pode-se assegurar um caminho interpretativo a ser seguido, de modo a cristalinizar (ajustar português) e discutir a disparidade do ser com o dever ser, tornando possível se utilizar corretamente a Constituição[1].

Antes da Constituição de 1988, nem todos os administradores aceitavam a moralidade administrativa como princípio jurídico. Enquanto alguns a acolhiam como requisito de validade dos atos da administração pública, com maior generosidade, outros recusavam a moralidade administrativa como índole jurídica.

Para garantir proteção contra abusos e arbitrariedades, o povo, representado pelo Poder Constituinte Originário, elencou princípios norteadores da administração pública.

Os princípios balizadores da conduta do administrador público são descritos no art. 37 da Carta Magna: legalidade, impessoalidade, moralidade, publicidade e eficiência. Estes têm como finalidade a consecução do bem comum entre o indivíduo e o Estado[2].

Assim, com o advento da Constituição Federal de 1988, instituidora do Estado Democrático de Direito, ao prever a expressa admissão do princípio da moralidade, em seu art. 37, *caput*, reacenderam as discussões acerca do tema ético e moral no Direito, especialmente na seara administrativa, onde a obser-

---

(1) BARBOZA, Márcia Noll. *O princípio da moralidade administrativa*. Porto Alegre: Livraria do Advogado, 2002.
(2) DI PIETRO, Maria Sylvia Zanella. *Direito Administrativo*. 18 ed. São Paulo: Atlas, 2005.

vância do princípio em epígrafe constitui pressuposto de validade dos atos e contratos administrativos, conforme exarado constitucionalmente.

Desta feita, o princípio da moralidade que, por força constitucional, deve nortear os atos e contratos administrativos, torna-se foro ideal para o debate acerca do estudo do conceito de moralidade administrativa, adequando as posturas do Estado contemporâneo ao sistema constitucional vigente[3].

Inicialmente, se concebia moralidade como medida ou desdobramento da legalidade, sendo que, *a posteriori*, concluiu-se pela necessidade de se demarcar os contornos e abrangência de referidos princípios.

2. CONCEITO DE MORAL

2.1. Direito e Moral

A fim de tecer considerações acerca do Direito e da moral, faz-se necessário, quiçá imprescindível, trazer a lume a teoria do "mínimo ético"[4], exposta por diversos autores, dentre eles, o filósofo inglês Jeremias Bentham e o jurista alemão Georg Jellinek.

A teoria do mínimo ético sustenta que o direito açambarca apenas a parcela mínima de moral essencial à coexistência social, uma vez que as obrigações morais não são espontaneamente cumpridas. Faz-se necessário aparelhar a sociedade de meios que garantam sua própria existência.

Por meio desta teoria, o Direito não é algo diverso da Moral, mas uma parte desta, munido de sanções que garantem que seu cumprimento não se submeta a juízo de discricionariedade individual.

Desta maneira, conclui-se que, segundo esta teoria, tudo que é Direito é moral, mas nem tudo que é moral é Direito.

No entanto, em que pese o brilhantismo dos defensores da teoria do mínimo ético, é preciso salientar que nem tudo que se passa no mundo jurídico, na esfera do Direito, é ditado por motivos de ordem moral. Basta observar que algo pode ser imoral, contrário à moral, ou apenas amoral, indiferente à moral.

O comportamento moral é o comportamento espontâneo, eivado de adesão do sujeito por vontade própria, independente de carga coercitiva. Não há o que se falar em ato moral decorrente de coerção.

No mundo do Direito, essa adesão espontânea do sujeito ao espírito da norma não é uma regra. Inúmeras vezes o sujeito só adere à norma por estar coagido a fazê-lo, de forma que, muito embora se tenha alcançado o objetivo da norma, não se tem um comportamento moral.

Desta feita, podemos dizer que a moral é incoercível e o Direito é coercível, logo, o que distingue o Direito da Moral é a coercibilidade[5].

2.2. Moral Crítica e Moral Convencional

A Moral pode ser observada sob dois prismas, quais sejam, a denominada moral convencional ou a denominada moral crítica.

A moral convencional consiste na observância de normas comportamentais decorrentes de juízos comuns preponderantes sobre o que é bom ou mau, certo ou errado, justo ou injusto[6].

Moral crítica, por sua vez, é aquela decorrente da conduta humana institucionalizada. A moral crítica corresponde à justificação e legitimação do Estado e do Direito. Neste compasso, a moral crítica é sinônimo de ética.

Pode-se dizer que a moral crítica é composta de uma carga de justiça política, de valores superiores e princípios basilares, constituindo-se como que em uma espécie de reserva moral das instituições, da qual se pode haver consenso quanto sua validade, ao passo que a moral convencional pode ser objeto de dissenso, fruto de uma sociedade pluralista e com valores diversos.

Contudo, não significa que moral crítica e moral convencional se encontram em campos opostos, muito ao contrário, elas se comunicam permanentemente, partilhando conteúdo. A diferença é que a moral convencional se restringe a determinadas matérias, como valores e virtudes, ainda que decorrentes de fatores emotivos, enquanto que a moral crítica prima pelo uso da razão.

---

(3) CAMMAROSANO, Márcio. *O princípio constitucional da moralidade e o exercício da função administrativa*. Belo Horizonte: Fórum, 2006.

(4) REALE, Miguel. *Lições Preliminares de Direito*. 27. ed. São Paulo: Saraiva, 2006.

(5) *Idem*.

(6) BARBOZA, Márcia Noll. *O princípio da moralidade administrativa*. Porto Alegre: Livraria do Advogado, 2002.

Assim, o direito, enquanto fruto do pensamento racional do homem está intimamente ligado, naquilo que lhe cabe, à moral crítica, e a própria moral crítica se arvora no direito, numa relação de interdependência.

3. MORALIDADE E ADMINISTRAÇÃO PÚBLICA

3.1. Princípio da Moralidade

O princípio da moralidade impõe ao administrador, ou gestor público, a adoção de preceitos éticos em todas as suas condutas. Seus atos não podem estar adstritos apenas aos critérios de conveniência e oportunidade, mas devem se guiar pelo que é honesto, pelo que se pode caracterizar como ético.

Acerca do princípio da moralidade, e corroborando os primeiros capítulos deste trabalho, dispõe com muita clareza Meirelles (2006, p. 89)[7]:

> A moralidade administrativa constitui, hoje em dia, pressuposto de validade de todo ato da Administração Pública (CF, art. 37, caput). Não se trata – diz Hauriou o sistematizador de tal conceito – da moral comum, mas sim de uma moral jurídica, entendida como 'o conjunto de regras de condutas tiradas da disciplina interior da Administração'. Desenvolvendo sua doutrina, explica o mesmo autor que o agente administrativo, como ser humano dotado da capacidade de atuar, deve, necessariamente distinguir o Bem do Mal, o honesto do desonesto. E, ao atuar, não poderá desprezar o elemento ético de sua conduta. Assim, não terá que decidir somente entre o legal e o ilegal, o justo e o injusto, o conveniente e o inconveniente, o oportuno e o inoportuno, mas também entre o honesto e o desonesto. Por considerações de Direito e de Moral, o ato administrativo não terá que obedecer somente a lei jurídica, mas também a lei ética da própria instituição, porque nem tudo que é legal é honesto, conforme já proclamavam os romanos: 'nomomne quod licethonestum est'. A moral comum, remata Hauriou, é imposta ao agente público para sua conduta interna, segundo as exigências da instituição a que serve e a finalidade de sua ação: o bem comum.

A moralidade administrativa está intimamente ligada ao conceito do "bom administrador", que no dizer de Sobrinho (apud MEIRELLES, 2006, p. 90)[8] "é aquele que, usando de sua competência legal, se determina não só pelos preceitos vigentes, mas também pela moral comum". Desta forma, verifica-se que o bom administrador, guiado pela moralidade administrativa, é aquele que não apenas cumpre os preceitos legais, mas também adere espontaneamente ao comportamento moral.

Por essa razão, não se pode confundir o princípio da moralidade com o princípio da legalidade, até mesmo porque a própria Constituição da República constitui ambos como princípios autônomos. No entanto, é óbvio que, a partir do momento em que determinado ato é considerado ilegal, e não apenas imoral, o princípio da moralidade tem o seu campo de atuação reduzido, não constituindo, evidentemente, razão para que o referido princípio deixe de ser reconhecido.

Importante salientar que a moralidade administrativa deve ser respeitada não apenas pelo administrador público em suas relações internas e externas, mas também pelo particular, quando se relaciona com a administração pública. Cite-se como exemplo um processo licitatório, em que ambas as partes devem guiar seus atos pela moralidade administrativa.

Muito embora imoralidade e ilegalidade sejam conceitos distintos, a imoralidade produz efeitos jurídicos concretos, uma vez que o ato imoral não preenche os requisitos de validade, devendo ser extirpado, o que pode ocorrer por ação da própria administração ou por determinação judicial, sem que tal fato caracterize intromissão de um Poder na esfera de atuação de outro, mas apenas corrobora o espírito dos freios e contrapesos da clássica tripartição de poderes.

3.2. Moralidade na Constituição de 1988

O princípio da moralidade encontra-se positivado no art. 37, caput, da Constituição da República Federativa do Brasil, assim dispondo:

> Art. 37. A administração pública direta e indireta de qualquer dos Poderes da União, dos Estados, do Distrito Federal e dos Municípios obedecerá aos princípios de legalidade, impessoalidade, morali-

---

(7) MEIRELLES, Hely Lopes. Direito Administrativo Brasileiro. 32. ed. São Paulo: Malheiros Editores, 2006.
(8) Idem.

dade, publicidade e eficiência e, também, ao seguinte. (BRASIL, 1988)[9]

Com relação à inserção do princípio da moralidade no rol dos princípios constitucionais da administração pública, vale trazer a lume a lição de Carvalho Filho (2007, p. 18):

> O art. 37 da Constituição Federal também a ele se referiu expressamente, e pode-se dizer sem errar, que foi bem aceito no seio da coletividade, já sufocada pela obrigação de ter assistido aos desmandos de maus administradores, freqüentemente na busca de seus próprios interesses ou de interesses inconfessáveis, relegando para último plano os preceitos morais de que não deveriam se afastar.
>
> O que pretendeu o Constituinte foi exatamente coibir essa imoralidade no âmbito da Administração. Pensamos, todavia, que somente quando os administradores estiverem imbuídos de espírito público é que o princípio será efetivamente observado.

Por força da Constituição de 1988, a moralidade administrativa não mais pode ser contestada como princípio. No entanto, cabe indagar se a Constituição de 1988 inovou, criando um novo parâmetro para a atuação do agente público, ou se apenas trouxe, expressamente em seu bojo, um princípio administrativo que já era objeto de construção doutrinária e jurisprudencial.

Assim, diz Cammarosano (2006, p. 134)[10]:

> Com efeito, salvo algumas resistências isoladas à admissão, antes de 1988, da *moralidade* como princípio jurídico condicionador da validade dos atos administrativos – ainda que resistências oferecidas por autores de nomeada – seu reconhecimento, entre nós, de há muito vinha sendo proclamado tanto pela doutrina – já dissemos – como pela jurisprudência. [...].

Mas é certo que, sem embargo de possíveis divergências quanto ao sentido e alcance da expressão moralidade administrativa, a *ela* já se fazia referência como requisito de validade de atos da Administração Pública bem antes do advento da Constituição de 1988.

A inclusão da moralidade no rol dos princípios constitucionais da administração pública não é apenas medida que visa a consagrar o que já vinha sendo construído e discutido por doutrina e jurisprudência, mas visa a, substancialmente, conferir a esse princípio toda carga de força da qual se reveste um princípio constitucional, conferindo ainda mecanismos para que esse princípio seja de fato respeitado e não se torne apenas uma utopia.

4. INSTRUMENTOS E EFEITOS DA APLICAÇÃO DO PRINCÍPIO DA MORALIDADE À ADMINISTRAÇÃO PÚBLICA

4.1. Lei n. 8.429, de 1992, a "Lei de Improbidade Administrativa"[11]

Não é fácil estabelecer a diferença entre moralidade administrativa e probidade administrativa (DI PIETRO, 2005)[12], a rigor, ambos os conceitos apresentam grande similaridade, haja vista que estão ligados à ideia de honestidade, boa-fé e princípios éticos na administração pública, em detrimento ao mero cumprimento formal da lei.

A Constituição da República, no art. 37, *caput*, quando se refere ao princípio, denomina-o de princípio da moralidade, mas quando se refere à lesão a este mesmo princípio, refere-se à improbidade, conforme o § 4º do mesmo art. 37. Do mesmo modo, a ofensa à probidade administrativa está positivada no inciso V do art. 85 e aparece como causa de perda dos direitos políticos no inciso V do art. 15.

Com a inserção do princípio da moralidade na Constituição (DI PIETRO, 2005)[13], a exigência de

---

(9) BRASIL. Constituição da República Federativa do Brasil de 1988. Disponível em: <http://www.planalto.gov.br/ccivil_03/constituicao/constituicaocompilado.htm>. Acesso em: 3 abr. 2014.

(10) CAMMAROSANO, Márcio. *O princípio constitucional da moralidade e o exercício da função administrativa*. Belo Horizonte: Fórum, 2006.

(11) BRASIL. Lei n. 8.429, de 2 de junho de 1992. Dispõe sobre as sanções aplicáveis aos agentes públicos nos casos de enriquecimento ilícito no exercício de mandato, cargo, emprego ou função na administração pública direta, indireta ou fundacional e dá outras providências. Disponível em: <http://www.planalto.gov.br/ccivil_03/leis/l8429.htm>. Acesso em: 3 abr. 2014.

(12) DI PIETRO, Maria Sylvia Zanella. *Direito Administrativo*. 18. ed. São Paulo: Atlas, 2005.

(13) *Idem*.

moralidade ganhou amplitude, estendendo-se a todos os setores da administração pública, de modo que, também, a improbidade ganhou maior abrangência, porque passou a ser prevista e sancionada com maior rigor para todas as categorias de servidores públicos – antes aplicava-se apenas aos agentes políticos – e a abranger outras infrações, não apenas o enriquecimento ilícito.

Analisando moralidade e probidade, enquanto princípios, verifica-se que ambos possuem idênticos conceitos, muito embora algumas normas façam referência a ambas separadamente.

Entretanto, quando se fala em improbidade administrativa, enquanto infração tipificada pelo ordenamento jurídico (DI PIETRO, 2005)[14], as expressões improbidade e imoralidade deixam de se identificar, uma vez que a improbidade possui sentido mais preciso. Na lei de improbidade administrativa, a imoralidade é apenas uma das hipóteses dos atos de improbidade.

A Lei n. 8.429/1992 dispõe sobre as sanções aplicáveis aos agentes públicos nos casos de enriquecimento ilícito no exercício de mandato, cargo, emprego ou função na administração pública direta, indireta ou fundacional e dá outras providências.

A lei definiu os atos de improbidade em três dispositivos (DI PIETRO, 2005)[15]. No art. 9º, faz referência aos atos administrativos que caracterizam enriquecimento ilícito; no art. 10, trata dos atos de improbidade que causam prejuízo ao erário; e, por fim, no art. 11, enumera os atos de improbidade que atentam contra os princípios da administração pública.

Com relação ao enriquecimento ilícito, o pressuposto da conduta (CARVALHO FILHO, 2007)[16] é a percepção de vantagem indevida em razão da função pública em geral, sendo dispensável para a caracterização do ato de improbidade que a conduta gere prejuízo ao erário. Não existe qualquer proibitivo legal que impeça o agente público de enriquecer; no entanto, o enriquecimento deve ser justo e moral.

O dano ao erário consiste em lesão que afete, em sentido amplo, o patrimônio da administração pública. Neste caso, para configuração de ato de improbidade, não há necessidade de que a conduta do agente provoque também enriquecimento sem causa, do próprio agente ou de terceiros (CARVALHO FILHO, 2007)[17].

Por fim, de acordo com o art. 11 da lei em referência, não apenas a lesão ao princípio da moralidade constitui ato de improbidade, mas a lesão a qualquer outro princípio da administração pública constitui ato de improbidade administrativa.

Importante ressaltar que ato de improbidade, em si, não constitui crime, mas pode também corresponder a um determinado tipo penal, o que, de forma alguma impede a aplicação da Lei de Improbidade Administrativa concomitantemente à lei penal sendo o que se depreende do art. 37. § 4º. da Constituição da Republica.

A improbidade administrativa, muito embora possa produzir consequências na esfera criminal, caracteriza, *a priori*, um ilícito cível e político, pois pode acarretar a suspensão dos direitos políticos, a indisponibilidade de bens e o ressarcimento dos danos ao erário.

Isto posto, verifica-se que a caracterização do ato de improbidade e a aplicação de medidas sancionatórias importa na descrição de elementos indispensáveis, quais sejam, o sujeito passivo, o sujeito ativo, o ato danoso e o elemento subjetivo.

Verifica-se de modo especial que a lei de improbidade administrativa trouxe aplicabilidade ao princípio da moralidade, gerando efeitos concretos na seara da administração pública, sendo este o escopo deste trabalho, não se poderia deixar de reservar-lhe a devida importância.

4.2. Ação Popular

Ação popular é o meio pelo qual a Constituição assegurou aos cidadãos o direito de demandar em juízo contra atos ilegais e lesivos ao patrimônio público federal, estadual e municipal (MEIRELLES, 2007)[18].

Importa salientar que a Constituição vigente ampliou a abrangência da ação popular, para que o

---

(14) DI PIETRO, Maria Sylvia Zanella. *Direito Administrativo*. 18. ed. São Paulo: Atlas, 2005

(15) *Idem*.

(16) CARVALHO FILHO, José dos Santos. *Manual de Direito Administrativo*. 17. ed. Rio de Janeiro. Lumen Juris, 2007.

(17) *Idem*.

(18) MEIRELLES, Hely Lopes. *Mandado de Segurança*. 30. ed. São Paulo: Malheiros Editores, 2007.

cidadão possa anular também ato que viole a moralidade administrativa (MEIRELLES, 2007)[19].

Para ingressar com a ação popular, faz-se necessário que o autor seja cidadão brasileiro, no gozo de seus direitos civis e políticos, ou seja, para propor ação popular, o cidadão deverá estar munido de seu título de eleitor.

Fundamentalmente, a ação popular tem por escopo anular atos lesivos aos bens públicos sob sua tutela. Assim, a ação popular é ferramenta para combater a ilegalidade ou ilegitimidade de ato administrativo contrário ao direito (MEIRELLES, 2007)[20], por infringir normas específicas ou violar princípios da administração pública, em especial, o princípio da moralidade, que recebeu menção específica no texto da Carta Magna que define o escopo da ação popular.

Desta maneira, equivocado está o pensamento de que a ação popular visa a apenas proteger o patrimônio tangível da administração pública, sem levar em consideração os valores principiológicos que formam a reserva espiritual da *res publica*, uma vez que tais princípios são, de fato, patrimônio coletivo da sociedade.

Cabe dizer que, remetendo-se aos primeiros capítulos deste trabalho, a imoralidade a ser combatida pela ação popular não pode ser interpretada sob o ponto de vista da moral convencional, permeada de questões subjetivas. O filtro pelo qual devem ser examinados os atos administrativos é o da moral crítica, da qual se pode haver consenso quanto a sua validade.

De forma diversa, estaria servindo a ação popular como instrumento de interferência de um Poder na esfera de prerrogativas alheias, ferindo de morte o sistema de freios e contrapesos.

Entretanto, apesar dos eventuais abusos no uso do instrumento, há de se reconhecer sua importância, haja vista que, antes, competia apenas aos órgãos estatais (MEIRELLES, 2007)[21] exercer o controle dos atos do poder público; atualmente, por meio da ação popular, qualquer cidadão pode buscar auxílio junto ao Poder Judiciário, para anular ato lesivo ao patrimônio público, o que se reflete diretamente na atuação dos gestores, que devem se preocupar não apenas com a fiscalização das entidades do poder público, mas, também, da sociedade.

4.3. Ação Civil Pública

Não se pode deixar de citar a ação civil pública (CARVALHO FILHO, 2007)[22], prevista no art. 129, III, da Constituição da República, e regulamentada pela Lei n. 7.347/1985, como uma das ferramentas de proteção à moralidade administrativa.

Embora um mesmo fato possa ensejar o ajuizamento simultâneo de ação popular e ação civil pública (MEIRELLES, 2007)[23], o fato é que estas não se prestam aos mesmos fins. Enquanto a ação popular tem natureza preponderantemente desconstitutiva, do ato lesivo ao patrimônio público, a ação civil pública tem caráter condenatório; eventualmente, impõe obrigações de fazer ou não fazer.

A denominação da ação é um corolário lógico de sua titularidade (DI PIETRO 2005)[24], que pode ser exercida pelo Ministério Público, por pessoas jurídicas de direito público e as de direito privado que integram a administração indireta e, excepcionalmente, por entidades particulares nos casos previstos em lei. Seu objeto é sempre a defesa do interesse público, mais especificamente de interesses difusos.

Logo, pode-se aferir que a moralidade administrativa faz parte do rol de proteção da ação civil pública, uma vez que é de interesse de toda sociedade sua preservação.

Assim sendo, a ação civil pública em sua atual conformação constitucional e legal, constitui valiosa conquista para a solução de demandas de interesse coletivo, garantindo mediante mecanismos judiciais a preservação do interesse coletivo (MEIRELLES, 2007)[25].

5. CONSIDERAÇÕES FINAIS

Com o advento da Constituição de 1988, o princípio da moralidade passa a gozar, no ordena-

---

(19) MEIRELLES, Hely Lopes. *Mandado de Segurança*. 30. ed. São Paulo: Malheiros Editores, 2007.
(20) *Idem*.
(21) *Idem*.
(22) CARVALHO FILHO, José dos Santos. *Manual de Direito Administrativo*. 17. ed. Rio de Janeiro: Lumen Juris, 2007.
(23) MEIRELLES, Hely Lopes. *Mandado de Segurança*. 30. ed. São Paulo: Malheiros Editores, 2007.
(24) DI PIETRO, Maria Sylvia Zanella. *Direito Administrativo*. 18. ed. São Paulo: Atlas, 2005.
(25) MEIRELLES, Hely Lopes. *Mandado de Segurança*. 30. ed. São Paulo: Malheiros Editores, 2007.

mento brasileiro, de condição privilegiada, estando incluído nos princípios norteadores da administração pública elencados no art. 37, *caput*, que assim estabelece: "a administração pública direta e indireta de qualquer dos Poderes da União, dos Estados, do Distrito Federal e dos Municípios obedecerá aos princípios de legalidade, impessoalidade, moralidade, publicidade e eficiência [...]."

Se dúvida havia até a edição da Constituição de 1988 sobre a existência do princípio da moralidade administrativa em nosso sistema, não mais resta hoje o que discutir a esse respeito. Promulgada a Carta, dedicou-se a doutrina a esquadrinhar o significado do princípio da moralidade administrativa, revelando-se, todavia, bastante sinuoso o caminho a partir daí.

O princípio da moralidade administrativa é constituído por uma constelação de valores juridicizados e intimamente relacionado com a liberdade de querer e agir, de determinar-se que a ordem jurídica assegura de forma explícita ou implícita, a agentes públicos. Essa liberdade, observados os limites extraíveis do mundo normativo e das circunstâncias do mundo fenomênico, do caso concreto, diz respeito ao exercício de competência discricionária. Mas o agente, como homem, é um ser livre e o poder que determina a si próprio pode levá-lo também a, conscientemente, violar o Direito em face do exercício de competência vinculada.

A pretexto de exercitar competências, quer discricionárias quer vinculadas, o agente público pode violar a ordem jurídica simplesmente. Mas pode violá-la em circunstâncias tais que seu agir não se faz apenas inválido, mas ofensivo à moralidade administrativa.

A moralidade administrativa não pode ser dissociada da legalidade e, nesse contexto, podemos dizer que nem todo ato ilegal é imoral. A moralidade administrativa é resultante de uma qualificadora da ilegalidade. Sem o vício quanto à legalidade não há que se cogitar da circunstância que a qualificaria especialmente.

Além de praticar atos ilegais, o agente público também pode praticar desvio de poder quando, servindo-se de uma competência que em abstrato possui, e diante de um leque de opções para realizar o interesse público, decide-se por aquela que, conquanto adequada à realização do interesse público, também lhe propicia satisfazer seus interesses pessoais de perseguição ou favoritismo.

Finalmente, passa-se a analisar os atos de probidade e improbidade, verificando-se que os mesmos não são apenas inválidos. Ensejam aplicação a seus autores de sanções mais severas. Com efeito, a improbidade é sancionada com perda e suspensão de direitos políticos, perda da função pública, indisponibilidade dos bens, sem prejuízo de outras sanções especificadas em lei, inclusive penais, lembrando que os atos de improbidade praticados pelo Presidente da República configuram crime de responsabilidade.

A improbidade é a imoralidade administrativa especialmente qualificada. De sorte que toda improbidade constitui ofensa à moralidade administrativa, mas não basta que haja ofensa a esta para que se tenha também como caracterizada aquela.

Probo, do latim *probus*, é aquele cujo procedimento caracteriza-se pela retidão de caráter, pela honestidade. Em sentido amplo, designa também aquele que se comporta de maneira justa, criteriosa no cumprimento de seus deveres. É o homem íntegro, honrado.

REFERÊNCIAS

BARBOZA, Márcia Noll. *O princípio da moralidade administrativa*. Porto Alegre: Livraria do Advogado, 2002.

BRASIL. Constituição da República Federativa do Brasil de 1988. Disponível em: <http://www.planalto.gov.br/ccivil_03/constituicao/constituicaocompilado.htm>. Acesso em: 3 abr. 2014.

CAMMAROSANO, Márcio. *O princípio constitucional da moralidade e o exercício da função administrativa*. Belo Horizonte: Fórum, 2006.

CARVALHO FILHO, José dos Santos. *Manual de Direito Administrativo*. 17. ed. Rio de Janeiro: Lumen Juris, 2007.

DI PIETRO, Maria Sylvia Zanella. *Direito Administrativo*. 18. ed. São Paulo: Atlas, 2005.

MEIRELLES, Hely Lopes. *Direito Administrativo Brasileiro*. 32. ed. São Paulo: Malheiros Editores, 2006.

_____. *Mandado de Segurança*. 30. ed. São Paulo: Malheiros editores, 2007.

MELLO, Celso Antônio Bandeira. *Curso de Direito Administrativo*. 25. ed. São Paulo: Malheiros Editores, 2008.

MENDES, Gilmar Ferreira. *Curso de Direito Constitucional*. 2. ed. São Paulo: Saraiva, 2008.

REALE, Miguel. *Lições Preliminares de Direito*. 27. ed. São Paulo: Saraiva, 2006.

SILVA, José Afonso da. *Comentário Contextual à Constituição*. 24. ed. São Paulo: Malheiros Editores, 2006.

_____. *Curso de Direito Constitucional Positivo*. 24. ed. São Paulo: Malheiros Editores, 2006.

REFLEXÕES SOBRE MATRIMÔNIO IGUALITÁRIO: OS CASOS DE BRASIL E ARGENTINA

Henrique Rabello de Carvalho

Advogado. Graduado em Direito pela Pontifícia Universidade Católica do Rio de Janeiro. Foi bolsista da *American University Washington College of Law* e Robert Kennedy Foundation. Foi pesquisador da Fundação Getúlio Vargas (FGV-RJ) e Pontifícia Universidade Católica do Rio de Janeiro. Especialista em Direitos Humanos, Gênero e Sexualidade pela Universidade do Estado do Rio de Janeiro (UERJ). Pós-graduado em Direito Internacional pela Universidade Gama Filho, Rio de Janeiro. Extensão universitária em Direitos Humanos pelo Instituto Universitário de Pesquisa (IUPERJ-RJ). Professor de Direito Constitucional na Universidade Gama Filho, Rio de Janeiro. Professor Convidado do Centro Latino-americano de Direitos Humanos (UERJ). Membro da Comissão de Direito Homoafetivo da OAB (RJ). Membro da *American Society of International Law* (EUA) e da *Human Rights Lawyers Association* (Inglaterra). Presidente do Instituto de Altos Estudos em Direito Interamericano (IAEDI). Aluno regular do curso intensivo para o Doutorando na Faculdade de Direito da Universidade de Buenos Aires – UBA – em Direito Constitucional.

I. INTRODUÇÃO

Nos últimos anos, observa-se um processo constante de pessoas não heterossexuais que decidem tornar públicas suas uniões, que se caracterizam pelo afeto e como contínuas e duradouras, marcadas pelo desejo de permanência e a construção de um projeto de vida em comum, o que ensejou, conforme a lavra da jurista Maria Berenice Dias, a denominação de uniões homoafetivas[1]. Como consequência deste fato social, iniciou-se, portanto, uma busca pelo reconhecimento jurídico desta categoria de união, que preenche os requisitos de entidade familiar como se verá adiante.

Assim, na luta pela realização e reconhecimento dos direitos fundamentais das populações da diversidade sexual (ou comumente LGBT ou LGBTI)[2], os movimentos sociais têm encontrado parlamentos pouco receptivos à sua demanda, como é o caso brasileiro e, em alguns casos raros, parlamentos que acolhem esta demanda, consubstanciando-as em instrumento normativo, como foi o caso da Argentina. Em ambos os casos, percebe-se um processo de construção destes direitos a partir da interpretação dos tribunais constitucionais e, por outros, o reconhecimento destes direitos na edição de lei por iniciativa do Legislativo.

Dessa forma, é oportuno analisar o reconhecimento jurídico das uniões formadas por pessoas do mesmo sexo sob a perspectiva do direito comparado, em especial os processos jurídicos e sociais ocorridos no Brasil e na Argentina e as estratégias jurídicas desenvolvidas em ambos os casos para a efetivação destes **instrumentos normativos**. No caso brasileiro, o reconhecimento jurídico das uniões formadas por pessoas do mesmo sexo ocorreu a partir de decisão do Supremo Tribunal Federal em 2011. Na Argentina, de forma diferente, foi autorizado o casamento

---

(1) A esse respeito, DIAS, Maria Berenice (org.). *Diversidade Sexual e Direito Homoafetivo*. 1. ed. São Paulo: Editora Revista dos Tribunais, 2011; e DIAS, Maria Berenice. *União Homoafetiva. O Preconceito & a Justiça*. 4. ed. Porto Alegre: Editora Livraria do Advogado, 2009.

(2) Sigla para Lésbicas, *gays*, bissexuais, transexuais e travestis e intersexuais.

entre pessoas do mesmo sexo desde 15 de julho de 2010, tornando-se o primeiro país na América Latina a reconhecer esse direito em todo o seu território. Foi também o décimo país a legalizar este tipo de união em todo o mundo.

De forma paulatina, o afeto entre pessoas do mesmo sexo, assim como seus reflexos jurídicos, torna-se tema da agenda contemporânea, por meio das paradas do "orgulho *gay*", do debate destes temas em audiências públicas, novelas, jornais e demais meios de comunicação, assim como da produção crescente de trabalhos acadêmicos que versam sobre o reconhecimento destes direitos.

Embora não haja norma jurídica expressa reconhecendo as relações entre pessoas do mesmo sexo, tem-se observado o reconhecimento destas uniões por meio da jurisprudência dos tribunais e em alguns ramos do Direito, como é o caso do Direito Previdenciário. Cumpre destacar que o reconhecimento das uniões estáveis heterossexuais também foram objeto de reprovação e preconceito *prima facie*, sendo reconhecidas posteriormente pela Constituição Brasileira de 1988:

> Art. 226, § 3º Para efeito da proteção do Estado, é reconhecida a união estável entre o homem e a mulher como entidade familiar, devendo a lei facilitar sua conversão em casamento.

Importante estabelecer que não cabe ao Direito e ao Estado, como consequência, a discriminação ou a reprovação quanto ao projeto de vida ou livre expressão da personalidade de cada indivíduo, na medida em que a homossexualidade deve ser contextualizada como característica que diz respeito à exclusiva intimidade e vida privada das pessoas.

O conceito de família tem se transformado ao longo das décadas, não sendo mais possível falar somente em um modelo único, e, mais uma vez com Maria Berenice Dias, em um Direito das Famílias[3], que possa proteger e reconhecer uma pluralidade de famílias em um contexto de sociedade democrática e diversa.

Conforme a dicção do Código Civil Brasileiro, extrai-se que, para a configuração da união estável[4], bastam os requisitos como convivência pública, contínua e duradoura, como objetivo de constituir família. Nesse sentido, indaga-se como poderiam estar os pares formados por pessoas do mesmo sexo alijados do conceito de família, na medida em que não se encontram argumentos jurídicos racionais e plausíveis para promover essa exclusão, seja da categoria jurídica de entidade familiar, seja do regime jurídico da união estável, na proporção em que o afeto e o estabelecimento de um projeto de vida comum são os elementos agregadores e de união desses pares.

Uma interpretação humanista do conceito de família considera não apenas a vinculação biológica, mas também o vínculo socioafetivo e psicológico, assim como a transmissão do patrimônio deixa de ser o foco principal da tutela no direito de família, considerando-se também a função social que a família desempenha na sociedade.

Uma interpretação restritiva do direito de família tende a considerar apenas como família merecedora da tutela estatal, aquela de caráter monoparental oriunda do matrimônio ou união estável, conforme disposto na Constituição Federal. Ponto importante é que esta interpretação fere os princípios constitucionais da isonomia, dignidade da pessoa humana e da sociedade democrática brasileira, livre e pluralista.

A interpretação extensiva, majoritária na doutrina nacional, aponta que as disposições constitucionais de modo algum exclui as pluralidades de configurações familiares merecedoras de proteção do Estado, sobretudo quando se considera o afeto como elemento fundamental para a construção do conceito de família. A esse respeito:

> A doutrina clássica, que exige para o casamento o requisito da diversidade de sexos, não mais se sustenta frente à repersonalização do direito das famílias, que busca assegurar o direito à felicidade calcado nos princípios constitucionais. Segundo Jorge Luiz Medeiros, é preciso garantir o exercício da autonomia privada (garantia dos direitos individuais) e da autonomia pública (respeito como sujeitos iguais na atuação pública, sem redução de *status* ju-

---

(3) A esse respeito, ver DIAS, Maria Berenice. *Manual do Direito das Famílias*. 8. ed. rev., atual. e ampl. São Paulo: Revista dos Tribunais, 2011.

(4) Código Civil, art. 1.723: "É reconhecida como entidade familiar a união estável entre o homem e a mulher, configurada na convivência pública, contínua e duradoura e estabelecida com o objetivo de constituição de família."

rídico de nenhuma espécie por conta de suas diferenças); de liberdade (na escolha da forma de proteção jurídica ao seu afeto) e igualdade (acesso às mesmas proteções que um casal homossexual dispõe), exercitando o constitucional princípio da dignidade da pessoa humana. A discussão sobre a igualdade, liberdade e dignidade que perpassa o tema não se restringe ao tratamento igualitário no atinente às conseqüências jurídicas do casamento, mas à própria concretização do direito de se casar.[5]

II. O AFETO COMO VALOR JURÍDICO

A institucionalização de fenômenos e práticas sociais pelo Direito reflete a necessidade de positivação dessas práticas com o intuito de promover a segurança jurídica e a proteção de direitos decorrentes dessas práticas sociais. Nesse cenário, o afeto emerge como elemento caracterizador das relações humanas, particularmente nos regimes de casamento e união que se pautam hodiernamente não apenas por convenções sociais e interesses patrimoniais.

Como afirma Luis Edson Fachin:

> Em momento algum pode o Direito fechar-se feito fortaleza para repudiar ou discriminar. O medievo jurídico deve sucumbir à visão mais abrangente da realidade, examinando e debatendo os diversos aspectos jurídicos que emergem das parcerias de convívio e de afeto. Esse é um ponto de partida para desatar alguns 'nós' que ignoram os fatos e desconhecem o sentido de refúgio qualificado prioritariamente pelo compromisso sócio-afetivo.[6]

Nesse sentido, como regulador das atividades humanas e seus reflexos coletivos, cumpre ao Direito reconhecer as configurações diversas de entidade familiar que emergem no seio das sociedades, fruto do amadurecimento da democracia, da liberdade e da autonomia privada, direitos estes protegidos constitucionalmente de forma ampla e cujo respeito e proteção vinculam-se à dignidade da pessoa humana.

Inegável reconhecer, portanto, o afeto como valor jurídico e sua vinculação inexorável a uma interpretação do Direito de Família sob a perspectiva constitucional e dos Direitos Humanos, de onde se extrai a necessidade de tutela deste valor social:

> Como cabe ao direito regular a vida – sendo ela uma eterna busca da felicidade –, impossível não reconhecer que o afeto é um valor jurídico merecedor de tutela (...).[7]

A reconfiguração dos afetos na pós-modernidade, em que milhões de pessoas, em diversas partes do mundo, decidem de forma corajosa viver seu projeto de vida pessoal e a plenitude de sua identidade sexual, aponta para uma reconfiguração doutrinária objetiva, em que se observa a consideração de não somente um modelo único de família a ser tutelado pelo Estado, mas de uma pluralidade de configurações, baseadas não apenas em um comando estatal monolítico, mas, sobretudo, no afeto.

Assim:

> Com razão, se o afeto é o que justifica o respeito mútuo, a durabilidade e a solidez, indispensáveis para que as uniões formem uma estrutura familiar (independente do sexo biológico e da orientação de desejo dos seus membros), as relações homossexuais evidenciam todas as nuanças distintivas do fenômeno humano, ora juridicizado pelo Direito de Família.[8]

Particularmente, percebe-se o reconhecimento do afeto como valor jurídico no âmbito do Direito de Família, e uma consequente mudança na doutrina, que vem gradativamente ampliando a construção dos elementos caracterizadores da família. Basta recordar que a Constituição Brasileira de 1967 considerava como família apenas aquela constituída por meio do casamento tão somente.[9]

---

(5) DIAS, Maria Berenice. *União Homoafetiva. O Preconceito & a Justiça*. 4. ed. Porto Alegre: Editora Livraria do Advogado, 2009. p. 159.
(6) FACHIN, Luiz Edson. Aspectos jurídicos da união de pessoas do mesmo sexo. *Revista dos Tribunais 732*:47, p. 53, 1996.
(7) DIAS, Maria Berenice. *Manual de Direito das Famílias*. 4. ed. São Paulo: Revista dos Tribunais, 2007.
(8) SILVA JÚNIOR, Enézio de Deus. Adoção por casais homossexuais. *Revista Brasileira de Direito de Família 30*:124, p. 143, 2005.
(9) "A família é constituída pelo casamento e terá direito à proteção dos Poderes Públicos" (CF/1988, art. 167).

Nesse ponto, a relativização de um conceito único de Direito de Família deve ser considerada, na medida em que as práticas sociais transformam-se mais rapidamente que os processos jurídicos e legislativos. Assim, cabe ao Direito o papel social de reconhecimento e proteção destas práticas e suas mudanças:

> O conceito de família para o Direito é relativo, alterando-se continuamente, como reflexo da própria evolução histórica da sociedade e dos seus costumes. O certo é que uma das notas peculiares do final do século XX consiste na verificação de que as famílias devem se fundar, cada vez mais, em valores existenciais e psíquicos, próprios do convívio próximo, afastando as uniões de valores autoritários, materialistas, patrimonialistas e individualistas que notabilizaram o modelo de família oitocentista do Código de Napoleão. E, no âmbito jurídico, não se pode deixar de considerar o relevante e inestimável papel da Constituição Federal, mormente a de 1988, no direito brasileiro: como já se pôde perceber, o Direito Civil passa pelo fenômeno de constitucionalização dos bens e valores fundantes do ordenamento jurídico, com atribuição de maior relevância à pessoa humana (o ser) do que ao seu patrimônio (o ter).[10]

O fenômeno da constitucionalização do Direito Civil vem, portanto, permitir uma interpretação do Direito de Família e seus institutos sob a ótica dos Direitos Humanos, em cuja esfera se permite a concretização da personalidade humana, de seus valores íntimos e de suas ambições e desejos pessoais, caracterizando-se o afeto como elemento agregador, e não apenas a lei estatal. Cumpre-se desta forma a proteção constitucional à família, quando se interpreta o Direito de Família em consonância com os princípios basilares da sociedade democrática como dignidade da pessoa humana, liberdade e autonomia da vontade.

III. A DECISÃO DO SUPREMO TRIBUNAL FEDERAL BRASILEIRO

Neste cenário de avanços doutrinários e jurídicos e construção de uma perspectiva plural do Direito de Família, o STF reconheceu, em maio de 2011, nos julgamentos da ADPF n. 132/RJ e da ADI n. 4.277/DF, a união estável homoafetiva e consequente inconstitucionalidade de tratamento jurídico diferente para uniões estáveis entre pessoas do mesmo sexo. A Corte interpretou o art. 1.723 do Código Civil à luz da Constituição Federal, possibilitando assim o reconhecimento da união homoafetiva como contínua, pública e duradoura, como verdadeira família, em pé de igualdade com as famílias heteroafetivas, conforme preceito legal acerca da união estável. Em consequência, esse reconhecimento deve ser realizado conforme os mesmos princípios e tendo os mesmos efeitos oriundos da união estável heteroafetiva, sobretudo no que diz respeito à possibilidade de conversão dessa união em casamento.

Conforme o brilhante voto da lavra do Ministro Luiz Fux:

> Os fatos concretos, como antes afirmado, apontam para o enquadramento jurídico – e, com isso, o oferecimento de segurança jurídica às uniões homoafetivas – na moldura jurídica estabelecida para as uniões heterossexuais, à míngua de qualquer distinção. E, especificamente quanto aos dispositivos de legislação estadual assinalados, é até mesmo uma questão de coerência, pois o próprio Estado do Rio de Janeiro, posteriormente, editou as leis acima mencionadas que reconhecem, para os fins do regime próprio de previdência social de seus servidores, a união homoafetiva. Saliente-se, ainda, que não se há de objetar que o art. 226, § 3º, constituiria obstáculo à equiparação das uniões homoafetivas às uniões estáveis heterossexuais, por força da previsão literal ("entre homem e mulher"). Assiste razão aos proponentes das ações em exame em seus comentários à redação do referido dispositivo constitucional. A norma foi inserida no texto constitucional para tirar da sombra as uniões estáveis e incluí-las no conceito de família. Seria perverso conferir a norma de cunho indiscutivelmente emancipatório interpretação restritiva, a ponto de concluir que nela existe impeditivo à legitimação jurídica das uniões homoafetivas, lógica que se há de estender ao art. 1.723 do Código Civil. Urge, pois, renovar esse mesmo espírito

---

(10) GAMA, Guilherme Calmon Nogueira da. A união civil entre pessoas do mesmo sexo. *Revista de Direito Privado* 2:30, p. 32, 2000.

emancipatório e, nesta quadra histórica, estender a garantia institucional da família também às uniões homoafetivas.[11]

O STF consagra, portanto, uma interpretação inclusiva e pluralista acerca do Direito de Família e do próprio conceito de família sob a perspectiva do Direito Constitucional e não apenas do Direito Civil. Cumpre destacar o voto do relator Ministro Ayres Britto:

> Assim interpretando por forma não reducionista o conceito de família, penso que este STF fará o que lhe compete: manter a Constituição na posse do seu fundamental atributo da coerência, pois o conceito contrário implicaria forçar o nosso Magno Texto a incorrer, ele mesmo, em discurso indisfarçavelmente preconceituoso ou homofóbico. Quando o certo – data vênia de opinião divergente – é extrair do sistema de comandos da Constituição os encadeados juízos que precedentemente verbalizamos, agora arrematados com a proposição de que a isonomia entre casais heteroafetivos e pares homoafetivos somente ganha plenitude de sentido se desembocar no igual direito subjetivo à formação de uma autonomizada família. Entendida esta, no âmbito das duas tipologias de sujeitos jurídicos, como um núcleo doméstico independente de qualquer outro e constituído, em regra, com as mesmas notas factuais da visibilidade, continuidade e durabilidade.[12]

Em 14 de maio de 2013, o Conselho Nacional de Justiça ("CNJ") aprovou a Resolução n. 175[13], que obriga os cartórios de todo o país a celebrarem o casamento civil entre pessoas do mesmo sexo e a converterem a união estável homoafetiva em casamento, na eventualidade de recebimento de demandas neste sentido. Esta resolução encerra a possibilidade dos titulares de cartórios de todo o Brasil de interpretarem, de forma absolutamente subjetiva em muitos casos, os pedidos de celebração de casamento e união estável, uniformizando o tratamento da questão em âmbito nacional.

O CNJ tem legitimidade constitucional para orientar a atuação dos cartórios, conforme o art. 103-B da Constituição Federal. Deve ser observado que a edição da Resolução n. 175 teve por objetivo criar um direito subjetivo ao casamento homoafetivo.

A Resolução n. 175 é uma norma de organização dirigida aos cartórios de todo o país, com fundamento nos acórdãos prolatados pelo Supremo Tribunal Federal nos julgamentos da ADPF n. 132/RJ e da ADI n. 4.277/DF, em que se reconheceu a inconstitucionalidade de distinção de tratamento legal às uniões estáveis constituídas por pessoas de mesmo sexo. Some-se aos acórdãos prolatados pelo Supremo Tribunal Federal a decisão do Superior Tribunal de Justiça em julgamento do REsp n. 1.183.378/RS, em que se decidiu inexistirem óbices legais à celebração do casamento entre pessoas do mesmo sexo. A resolução do CNJ evidencia de forma clara a omissão do Poder Legislativo em tratar deste tema, cuja inércia, não obstante as diversas manifestações da sociedade civil, reflete a homofobia e o preconceito ainda presentes na atuação de grande parte dos parlamentares, que os impede de promover direitos à população LGBT.

Nesse aspecto, convicções religiosas e/ou ideológicas individuais sobrepõem-se à necessidade urgente de garantia e efetivação dos direitos da população LGBT. Mais do que isso, essas convicções religiosas e ideológicas chocam-se com os princípios que fundamentam a função parlamentar para a qual esta mesma parcela do parlamento foi eleita, isto é, a de promover direitos por meio de sua atuação legislativa[14].

---

(11) Disponível em: <http://www.stf.jus.br/arquivo/cms/noticiaNoticiaStf/anexo/ADI4277LF.pdf>. Acesso em: 2 ago. 2015.

(12) Disponível em: <http://www.stf.jus.br/arquivo/cms/noticiaNoticiaStf/anexo/ADI4277revisado.pdf>. Acesso em: 2 ago. 2015.

(13) Disponível em: <http://www.cnj.jus.br///images/atos_normativos/resolucao/resolucao_175_14052013_16052013105518.pdf>. Acesso em: 20 maio 2013.

(14) Na continuação do voto do Ministro Ayres Britto: (...) com efeito, após falar do casamento civil como uma das formas de constituição da família, a nossa Lei Maior adiciona ao seu art. 226 um § 3º para cuidar de uma nova modalidade de formação de um autonomizado núcleo doméstico, por ela *batizado* de "entidade familiar". Núcleo doméstico que se constitui pela "união estável entre o homem e a mulher, devendo a lei facilitar sua conversão em casamento". Donde a necessidade de se aclarar: (...) É o que essa referência à dualidade básica homem/mulher tem uma lógica inicial: dar imediata sequência àquela vertente constitucional de incentivo ao casamento como forma de reverência à tradição sócio-cultural-religiosa do mundo ocidental de que o Brasil faz parte (§ 1º do art. 226 da CF), sabido que o casamento civil brasileiro tem sido protagonizado

A decisão do CNJ evidencia a desigualdade jurídica em que se encontram os casais homoafetivos, a quem são aplicadas as mesmas obrigações constitucionais e infraconstitucionais que à maioria da população, sobretudo no que diz respeito às obrigações tributárias, cíveis e penais, mas que não tem garantidos os mesmos direitos reservados aos casais heteroafetivos. Assim, resta evidente que, no caso específico da população LGBT, este segmento da sociedade possui menos direitos garantidos que o restante da população heterossexual. A falta de atuação do Poder Legislativo perpetua a desigualdade jurídica em que se encontra a população LGBT e o desrespeito ao art. 5º da Constituição Brasileira.

A resolução do CNJ contrapõe-se à heteronormatividade imperativa no sistema jurídico brasileiro, demonstrando de forma inequívoca a necessidade de regulamentação desta matéria pelo Poder Legislativo. Neste aspecto, cabe destaque ao anteprojeto de Estatuto da Diversidade Sexual, que:

> além de consagrar princípios, traz regras de direito de família, sucessório e previdenciário e criminaliza a homofobia. Aponta políticas públicas a serem adotadas nas esferas federal, estadual e municipal, além de propor nova redação dos dispositivos da legislação infraconstitucional que precisam ser alterados.[15]

A possível aprovação desta proposta irá reforçar os princípios orientadores do Estado Democrático de Direito e promover a efetivação dos direitos humanos à população LGBT, garantidos em tratados internacionais dos quais o Brasil é signatário.

Finalmente, é infundada a argumentação de que a atuação do CNJ foi "inconstitucional" ou mesmo que o órgão extrapolou os seus poderes ao "legislar", como já se arvoraram alguns críticos da referida resolução. Com a edição da Resolução n. 175, o CNJ tão somente uniformizou procedimentos cartoriais em todo o país. O referido Conselho agiu com base nas suas prerrogativas constitucionais de atuação, no contexto do Estado Democrático de Direito vigente no Brasil, fundamentando-se na decisão do STF que reconheceu a união estável entre casais de mesmo sexo e a possibilidade de conversão destas uniões em casamento, garantindo assim, os direitos humanos básicos às famílias homoafetivas no Brasil, conforme preceito do *caput* do art. 5º da Constituição Federal[16].

IV. A LEI ARGENTINA DO MATRIMÔNIO IGUALITÁRIO

A Argentina foi a primeira democracia da América Latina a reconhecer, por meio de lei, o casamento entre pessoas do mesmo sexo. Importante pontuar que neste caso específico o Poder Legislativo diferenciou o casamento como um instituto de Direito Civil do casamento como instituição religiosa.

A Lei n. 26.618 (Lei do Matrimônio Igualitário) modificou vários artigos do Código Civil Argentino, e insere alterações nas Leis ns. 26.413 (Registro de Estado Civil e Capacidade das Pessoas) e 18.248 (Nome das Pessoas). Os principais artigos que sofreram modificação com a edição da Lei n. 26.618 foram os arts. 172 e 188 do Código Civil Argentino. Foi eliminada a menção a *"homem e mulher"*, incluindo-se que *"o matrimônio terá os mesmos requisitos e efeitos, independentemente de os contraentes serem do mesmo ou de diferentes sexos"*. No que tange ao art. 417[17], foi estabelecido que o oficial público será responsável por declarar os cônjuges *"unidos em matrimônio"*, ao invés de *"marido e mulher"*.

O art. 42 da Lei n. 26.618 estabelece comandos legais fundamentais como aqueles que determinam que *"as famílias cuja origem seja um matrimônio constituído por duas pessoas do mesmo sexo, assim como aquelas constituídas por pessoas de sexo diferente, terão os mesmos direitos e obrigações"*. Frise-se também que o mesmo artigo estabelece que nenhuma norma do ordenamento jurídico argentino pode ser inter-

---

por pessoas de sexos diferentes, até hoje. Casamento civil, aliás, regrado pela Constituição Federal sem a menor referência aos substantivos "homem" e "mulher". Disponível em: <http://www.stf.jus.br/arquivo/cms/noticiaNoticiaStf/anexo/ADI4277revisado.pdf>. Acesso em: 2 ago. 2015.

(15) Disponível em: <http://www.estatutodiversidadesexual.com.br>. Acesso em: 20 maio 2013.

(16) "Todos são iguais perante a lei, sem distinção de qualquer natureza, garantindo-se aos brasileiros e aos estrangeiros residentes no País a inviolabilidade do direito à vida, à liberdade, à igualdade, à segurança e à propriedade (...)." (art. 5º da Constituição da República Federativa do Brasil).

(17) Corresponde ao art. 188, depois da entrada em vigor do Novo Código Civil Argentino em 01.08.2015.

pretada ou aplicada no sentido de limitar, restringir, excluir ou suprimir o exercício dos mesmos direitos e obrigações para ambos os tipos de casal/união, destacando-se aí o direito à adoção, à herança dentre outros direitos de sucessão, assim como o recebimento de pensão motivada por falecimento e outras disposições inerentes à previdência social.

A promulgação da Lei n. 26.618 insere a Argentina mundialmente no contexto de proteção e salvaguarda dos Direitos Humanos da diversidade sexual, sendo o décimo país no globo a adotar legislação sobre este tema. Na esfera regional, a Argentina foi o primeiro país latino-americano a adotar legislação relacionada à diversidade sexual.

O processo social e jurídico, que culminou na promulgação da Lei n. 26.618, deve ser considerado como o reconhecimento e proteção formal no âmbito estatal dos direitos das minorias sexuais, que enfatiza o caráter revolucionário do direito como elemento de transformação de realidades sociais a partir do reconhecimento de direitos específicos. Além disso, no caso argentino, este processo que resultou na promulgação da Lei n. 26.618 tem seu estopim a partir da década 80 do século XX, no contexto de discussão jurídica a respeito do direito à associação de minorias sexuais. Por meio da decisão da Corte Suprema de Justiça da Nação no caso emblemático da Comunidade Homossexual Argentina, por votação maioritária, foi negado o direito desta associação de funcionar como associação constituída sob a ordem jurídica vigente. Como afirmou Bidart Campos:

> La Constitución alude a la asociación con fines útiles, no perjudicial o dañina. La conducta de los homosexuales es disgustosa para muchos, pero no significa que sea perjudicial.[18]

Cumpre destacar o voto dissidente do Ministro Enrique Santiago Pettracchi:

> (...) Cabe rechazar la afirmación del a quo en el sentido de que el objeto en el sentido de que el objeto social de la apelante compromete la protección integral de la família. Ante todo, dicha afirmación parte del supuesto no comprobado de que todos los homosexuales tienen exclusivamente relaciones homosexuales. Además, al no existir en nuestro ordenamiento jurídico una obligación legal de construir una familia – al igual de lo que ocurre con la de viudo o de soltero – no justifica la restricción del derecho de asociación que esta aquí en juego. Por otra parte, conviene recordar que existen familias generalmente no homosexuales alas que pertenecen individuos que, por las razones que fueran, se asumen como homosexuales y ellas son tan dignas de protección y cuidado – como grupo en relación a sus miembros – como toda otra familia. Lo expresado no importa obviamente, proponer la desprotección de la familia tradicional, sino evitar que la protección a que dicha familia es acreedora moral y normativamente, se constituya en la desprotección de grupos minoritarios con concepciones diferentes en cuanto a la unión de los sexos. Cabe preguntarse como puede sostenerse la protección de la libertad de la familia mediante arbitrios que la propia libertad regularmente rechaza e inválida.[19]

Alguns anos depois, a Associação de Luta pela Identidade Travesti e Transexual (ALITT) apresentou à mesma Corte Suprema de Justiça da Nação se-

---

(18) "Tal denegatoriaes arbitrarias, ya que atenta contra el derecho constitucional de la libre asociación. Los argumentos que la fundamentan carecen de asidero ya que no es cierto que, aun cuando se le deniegue la personalidad jurídica, dicha asociación sea un sujeto de derecho. ¿Porque entonces, por qué existe la diferencia entre asociaciones que gozan de personalidad jurídica, y aquéllas que no? La Constitución alude a la asociación con fines útiles, no perjudicial o dañina. La conducta de los homosexuales es disgustosa para muchos, pero no significa que sea perjudicial. Esta denegatoria es discriminatoria: se fundamenta en los objetivos sociales de la asociación, y no en la condición personal de los socios (homosexuales); como existe una estrecha dependencia entre los objetivos sociales y la condición de los socios, en definitiva, la denegatória cae en una discriminación, colocando a la homosexualidad en inferioridad social. Lo que persiguen al asociarse es proteger, analizar su problema común, evitar la marginalización social, y no la difusión y propaganda de aquélla, así como pueden existir asociaciones de ciegos, enfermos de SIDA, etcétera, que quieren defenderse de las discriminaciones sociales." Bidart Campos, Germán. "Tratado Elemental de Derecho Constitucional Argentino", t. 1, Ediar, p. 292. Bidart Campos, Germán. *Teoría del Estado. Los temas de la ciencia política*. Ediar, Buenos Aires, 1991. p. 198.

(19) (...) La consideración de un planteo semejante requeriría, mínimamente, que la libertad de aquella sufriese, frente al ejercicio de la libertad con la que se coteje, un daño concreto y real por parte de ésta. Empero, no cabe predicar esto último de la CHA, es más tampoco cabe hacerlo de una hipotética asociación que ponga en el debate las estructuras y razón de ser de la familia, que la cuestione o la impugne. Desde el punto de vista constitucional no se infiere agravio a nadie – persona o institución – por el solo hecho de sostener y expresar una idea, cualquiera fuera el color de esta, siempre y cuando su destinatario

melhante demanda, o que permitiu à referida Corte mudar o seu entendimento e permitir a sua instituição e funcionamento como associação civil.

V. PALAVRAS FINAIS

Conforme se observa, seja pelo avanço na construção doutrinária, seja pelo reconhecimento em âmbito legislativo ou judiciário, o novo conceito de família e os direitos decorrentes deste instituto são consagrados por meio de uma perspectiva civil e constitucional que concebe este instituto na perspectiva da solidariedade, do afeto, da igualdade e da dignidade da pessoa humana. Consideram-se, portanto, várias configurações de família dentre as quais as relações homoafetivas são consideradas entidades familiares que merecem a tutela estatal.

Conforme se observa nos casos de Brasil e Argentina, a lei civil deve ser interpretada sob a luz da Constituição Federal, na perspectiva dos Direitos Humanos e fundamentais, para considerar, portanto, que as relações homoafetivas devem receber o mesmo tratamento e a mesma proteção legal dada às relações heteroafetivas, em que se considera que a livre orientação sexual é um direito personalíssimo e fundamental, sendo, por conseguinte o casamento um Direito Civil decorrente deste direito.

Faz-se urgente, portanto, o alargamento do conceito monolítico de família para abarcar os avanços doutrinários e jurisprudenciais, afim de apreciar as várias considerações de família e o casamento sob uma perspectiva jurídica e não sob a perspectiva da moral ou de valores excludentes. No caso argentino, a sanção da Lei do Matrimônio Igualitário reveste-se de simbolismo ímpar na medida em que permite o reconhecimento de sexualidades diversas da heterossexual o que garantiu em vários níveis a igualdade das pessoas.

No caso brasileiro, a decisão do STF supre uma lacuna legislativa, demonstrando inércia do Poder Legislativo brasileiro que se reveste de razões conservadoras-morais-religiosas e discrimina e promove a exclusão da cidadania e de direitos fundamentais de parcela da população brasileira. Esta discriminação veio a ser reparada, como visto, quando se equiparam às uniões estáveis de pessoas de mesmo sexo às uniões heterossexuais, e a possibilidade de conversão destas uniões em casamento, ensejando a proteção constitucional a estas famílias.

BIBLIOGRAFIA

BIDART CAMPOS, Germán. *Teoría del Estado. Los temas de la ciencia política*. Buenos Aires: Ediar, 1991.

DIAS, Maria Berenice (org.). *Diversidade Sexual e Direito Homoafetivo*. 1. ed. São Paulo: Editora Revista dos Tribunais, 2011.

_____. *União Homoafetiva. O Preconceito & a Justiça*. 4. ed. Porto Alegre: Editora Livraria do Advogado, 2009.

_____. *Manual do Direito das Famílias*. 8. ed. rev., atual. e ampl. São Paulo: Revista dos Tribunais. 2011.

_____. *Manual de Direito das Famílias*. 4. ed. São Paulo: Revista dos Tribunais, 2007.

_____. *União Homoafetiva. O Preconceito & a Justiça*. 4. ed. Porto Alegre: Editora Livraria do Advogado, 2009.

FACHIN, Luiz Edson. Aspectos jurídicos da união de pessoas do mesmo sexo. *Revista dos Tribunais 732*:47, p. 53, 1996.

JÚNIOR, Enézio de Deus Silva. Adoção por casais homossexuais. *Revista Brasileira de Direito de Família 30*:124, p. 143, 2005.

NOGUEIRA DA GAMA, Guilherme Calmon. A união civil entre pessoas do mesmo sexo. *Revista de Direito Privado* 2:30, p. 32, 2000.

---

seas capaz para recibirla y no sufra un perjuicio real y concreto. No hay agravio constitucional por el solo hecho de pensar, o expresar ideas "distintas" ni de asociarse para sostenerlas. Podríamos preguntarnos: ¿Debería haber sido negada la personería jurídica a una asociación que hubiera propiciado el divorcio vincular con anterioridad a la ley que lo estableció con base en que, como algunos sectores de la opinión pública lo han afirmado con variedad de argumentos, dicho instituto legal desprotegía a la familia? ¿Debería tal denegatoria haber alcanzado a los partidos políticos que sostuvieron dicha iniciativa en su programa de gobierno? La familia ha de mantenerse airosa no por obra del silencio o del ocultamiento, sino por la de su propia verdad. Se desestima la queja en cuanto a la arbitrariedad invocada, se declara procedente el recurso extraordinario, con los alcances que surgen de la presente y se deja sin efecto la sentencia apelada. O voto do Ministro pode ser lido na íntegra, em espanhol no endereço: <http://www.cha.org.ar/centro-de-documentacion-digital/fallo-de-la-corte-suprema-de-justicia-sobre-la-personeria-de-la-cha/>. Acesso em: 2 ago. 2015.

Análise das Ações Declaratórias de Constitucionalidade depois de mais de uma Década de sua Introdução no Ordenamento Jurídico Brasileiro

José Augusto Peres Filho

Aluno regular do Curso de Doutorado Intensivo em Direito Constitucional da Unversidad de Buenos Aires – UBA, Argentina. Mestre em Direito Constitucional pela UFRN. Especialista em Direito Constitucional e Cidadania pela UFRN. Bacharel em Direito pela Universidade Federal da Paraíba (1987). Foi professor titular da Universidade Potiguar (1998-2007) e professor da Fundação Escola Superior do Ministério Público do Rio Grande do Norte (1997-2007), é professor da Escola da Magistratura do Rio Grande do Norte (desde 1996), professor da Escola da Magistratura do Distrito Federal (desde 2014) e professor da Escola Nacional de Defesa do Consumidor, do Ministério da Justiça (desde 2010). Membro da Comissão de Especialistas em Direito do Consumidor do Ministério da Justiça. Promotor de Justiça de Defesa do Consumidor em Natal/RN. Procurador-Geral de Justiça do Ministério Público do Rio Grande do Norte (2007/2009). Presidente do Grupo Nacional de Combate às Organizações Criminosas, Promotor de Justiça Francisco José Lins do Rêgo Santos – GNCOC (2008/2009), Presidente da Associação do Ministério Público do Consumidor – MPCON (2010 a 2012), Vice-Presidente do Instituto de Política e Direito do Consumidor – BRASILCON (2014/2016). Membro da *International Association of Prosecutors* – IAP. Membro da Global *Prosecutors E-Crime Network* – GPEN. *Profesional Coach of Live Coaching*, certificado pela Sociedade Latino América de Coaching – SLAC, de conformidade com a *International Association of Coaching* – IAC.

1. INTODUÇÃO

O Brasil passava por um momento econômico conturbado quando tomou posse o jovem Presidente Fernando Collor de Melo, em 15 de novembro de 1990, trazendo esperanças de estabilização naquela seara, mantendo também a estabilidade da jovem democracia recém-inaugurada no país, apenas quatro anos depois da posse do primeiro Presidente civil, sucedendo vinte e dois anos de ditadura militar.

Logo no início do Governo Collor, foram tomadas várias medidas econômicas que foram objeto de milhares, se não milhões, de ações judiciais.

Algumas destas ações prontamente foram julgadas procedentes, colocando em risco, na visão do governo, as medidas econômicas que "salvariam o país".

Com este temor, o governo, supostamente democrático, teve a ideia de fazer ressurgir uma ferramenta do governo militar ditatorial. Tratava-se da Ação Avocatória, mediante a qual, por ato do Procurador-Geral da República, que poderia ser provocado por qualquer pessoa ou instituição, o Supremo Tribunal Federal, em determinados casos, podia avocar para si processos que estivessem tramitando em qualquer juízo ou Tribunal e nele expedir decisão que valeria para todos os casos similares.

Diante desta situação, surgiram questionamentos, sobretudo com relação ao "déficit democrático" da proposta.

Em razão disso, foi apresentada perante o Congresso Nacional, em 1992, uma Emenda à jovem Constituição Federal de 1988, para a criação da ação declaratória de constitucionalidade, que teria o condão de dar efeito *erga omnes* à decisão do STF, diante da provocação, lhe solicitando que ratificasse a constitucionalidade presumida de leis ou atos normativos federais.

Nosso objetivo, em um primeiro momento, é analisar de forma teórica a ação declaratória de constitucionalidade, não sem antes dar uma breve visão do controle de constitucionalidade.

Em seguida, se propõe, se considerar quantitativamente as Ações Declaratórias de Constitucionalidade propostas perante o STF desde 1993 até os dias atuais.

É inegável que este estudo encontra inspiração nas pesquisas quantitativas e qualitativas do Professor Jorge Bercholc, apresentadas em diversas obras, algumas mencionadas ao longo deste arrazoado, embora, obviamente, por premências de tempo e limitações deste autor, fiquem bastante aquém das obras que lhe inspiraram.

2. CONTROLE DE CONSTITUCIONALIDADE CONCENTRADO NO BRASIL

2.1. Noção de Controle de Constitucionalidade

A partir do momento em que a Constituição é percebida como Lei Fundamental, tem-se, de logo, o reconhecimento que ela é a lei suprema, que paira sobre todo o ordenamento jurídico, que a ela deverá sujeitar-se.

Além disso, para assegurar essa supremacia, é preciso admitir-se a existência de mecanismos jurídicos que possam ser acionados de modo a garanti-la.

Desse modo, a verificação da adequação das normas, com relação aos ditames constitucionais, compreende uma análise não apenas formal (se foram seguidos todos os ritos constitucionalmente previstos para sua edição), mas também material (se o seu conteúdo de alguma maneira conflita com o texto constitucional)[1].

Para que se produza um controle (fiscalização ou verificação) da constitucionalidade de uma norma, é preciso que se cumpram determinados pressupostos. Tais pressupostos são: a) existência de uma Constituição formal; b) compreensão da Constituição como lei fundamental (rígida e suprema); e c) previsão da existência de um órgão (pelo menos), que possua competência para exercer esse controle[2].

A Constituição formal, portanto, seria aquela compreendida em um só documento, escrita, elaborada por órgão dotado de poderes para tanto, de modo a diferenciar-se da Constituição costumeira, "construída" ao longo dos anos pelo assentamento de costumes em determinada sociedade.

Compreender a Constituição como lei fundamental significa aceitá-la como "norma base" para todas as demais. Isto faz com que o arcabouço normativo de determinado Estado, deva estar em conformidade com os princípios e ditames estabelecidos constitucionalmente, sob pena de terem sua validade questionada e, posteriormente, ser reconhecida sua inaplicabilidade pelo órgão que detenha poderes para tanto (estabelecidos tais poderes pela própria Constituição).

Quando se fala em conformidade com a Constituição, é necessária a adequação tanto formal, quanto material, ou seja, a norma que vier a compor o ordenamento precisa ter sido elaborada seguindo as formalidades constitucionalmente previstas, e também o seu conteúdo (matéria) precisa estar em perfeita sintonia com aquilo que foi previamente estabelecido no corpo constitucional.

Como há essa necessidade de adequação das normas ao que dispõe a Constituição, é preciso que exista também um órgão dotado de poderes para analisar a norma e dizer de sua compatibilidade, ou não, com o texto constitucional, podendo, ademais, determinar que a norma que se apresentar incompatível seja extirpada do ordenamento jurídico, por força da supremacia constitucional.

Tem-se, portanto, na maioria dos países conformados sob o princípio da supremacia constitucional, um tribunal que se sobressai aos demais órgãos do Poder Judiciário e que está encarregado de realizar o controle da legalidade sob uma perspectiva "totalizadora" da Constituição, dos atos administrativos (e normativos em sentido amplo), dos outros poderes políticos do estado[3]. Essa tarefa do Poder Judiciário não tem apenas natureza jurídica, mas também possui um forte viés político[4].

---

(1) CLÈVE, Clèmerson Merli. *A fiscalização abstrata da constitucionalidade no direito brasileiro*. 2 ed. rev., atual. e ampl. 2. tir. São Paulo: Editora Revista dos Tribunais, 2000. p. 26.

(2) *Op. cit.*, p. 29.

(3) BERCHOLC. *La División de Poderes. Cuestiones actuales sobre el rol del Poder Judicial*, p. 2.

(4) *Op. cit.*, p. 3.

Considerando, portanto, os três pressupostos acima elencados, que viabilizam o controle de constitucionalidade dos atos normativos, podemos definir este como "*o ato de submeter-se à verificação de compatibilidade normas de um determinado ordenamento jurídico, inclusive advindas do Poder Constituinte derivado, como os comandos do parâmetro constitucional em vigor, formal e materialmente (forma, procedimento e conteúdo), retirando do sistema jurídico (nulificando ou anulando) aquelas que com ele forem incompatíveis*"[5].

Uma vez estabelecida a questão da existência de um controle de constitucionalidade, passemos a analisar, de forma breve, como esse controle tem se apresentado no Brasil.

2.2. Breve Histórico do Controle de Constitucionalidade no Brasil

A Constituição do Império (outorgada pelo Imperador D. Pedro I, em 1824, depois de dois anos da independência do Brasil), não previa expressamente um controle de constitucionalidade. Ao invés disto, estabelecia a existência de um quarto Poder, além dos três tradicionalmente assentados, que era o Poder Moderador, exercido pelo Imperador que, de acordo com o art. 98 daquela Carta, "é a chave de toda a organização política, e é delegado privativamente ao Imperador, como Chefe Supremo da Nação, e seu Primeiro Representante, para que incessantemente vele sobre a manutenção da independência, equilíbrio, e harmonia dos demais Poderes Políticos".

Dentro desta atribuição de "velar" pela independência, equilíbrio e harmonia entre os Poderes, cabia, pois, ao Imperador, controlar os atos dos outros três Poderes. Controle, aliás, que não estava sujeito a qualquer outro, dada a supremacia do Imperador, cuja pessoa era "inviolável e sagrada", não estando "sujeito à responsabilidade alguma" (art. 99 da Constituição do Império).

Foi a Constituição Republicana de 1891, de forte influência norte-americana, que trouxe pela primeira vez ao país expressamente o controle de constitucionalidade, atribuindo ao Supremo Tribunal Federal o poder de analisar em grau de recurso, como última instância, as sentenças das Justiças dos Estados, "quando se contestar a validade de leis ou de atos dos Governos dos Estados em face da Constituição, ou das leis federais, e a decisão do Tribunal do Estado considerar válidos esses atos, ou essas leis impugnadas" (art. 59, § 1º, *b*).

A Constituição de 1934 criou a possibilidade de a União intervir "em negócios peculiares aos Estados" (art. 12), para (dentre outras hipóteses), "assegurar a observância dos princípios constitucionais especificados nas letras *a* a *h*, do art. 7º, n. I, e a execução das leis federais". Tal intervenção, por inobservância aos princípios constitucionais, poderia dar-se apenas mediante representação do Procurador-Geral da República, cabendo ao Supremo Tribunal Federal decidir (art. 12, § 2º). Estava criada a "representação interventiva".

Uma outra novidade trazida pela Constituição de 1934 foi a atribuição de competência ao Senado Federal para "suspender a execução, no todo ou em parte, de qualquer lei ou ato, deliberação ou regulamento, quando hajam sido declarados inconstitucionais pelo Poder Judiciário" (art. 91, IV). Tal atribuição, repetida desde então em todas as Constituições do país, exceto na de 1937, permite ao Senado conferir efeito *erga omnes*, a decisões proferidas pelo Supremo Tribunal Federal, que seriam aplicáveis apenas *inter partes*. Embora não esteja expresso no art. 91, este papel do Senado Federal só poderia ser exercido diante de decisões da Corte Suprema, por força do disposto no art. 96 da Carta Constitucional.

A Constituição de 1937 excluiu a possibilidade de o Senado Federal suspender a execução de uma lei julgada inconstitucional pelo Supremo Tribunal Federal, tendo inovado nesta questão, disciplinando no parágrafo único de seu art. 96 o seguinte: "*No caso de ser declarada a inconstitucionalidade de uma lei que, a juízo do Presidente da República, seja necessária ao bem-estar do povo, à promoção ou defesa de interesse nacional de alta monta, poderá o Presidente da República submetê-la novamente ao exame do Parlamento: se este a confirmar por dois terços de votos em cada uma das Câmaras, ficará sem efeito a decisão do Tribunal.*" Dessa forma, o constituinte de 1937 atribuiu ao Chefe do Executivo a possibilidade de reenviar a matéria ao Poder Legislativo que, por maioria qualificada, poderia tornar sem efeito o prévio entendimento do Poder Judiciário. Tal inovação não

---

(5) PALU, Oswaldo Luiz. *Controle de constitucionalidade – conceitos, sistemas e efeitos*. 2 ed. rev., ampl. e atual. de acordo com as Leis ns. 9.868 e 9.882/1999. São Paulo: Editora Revista dos Tribunais, 2001. p. 65.

contou com a aprovação da maior parte dos juristas da época[6], tendo sido revogada pela Lei Constitucional n. 18, de 11 de dezembro de 1945.

A Constituição de 1946 restabeleceu no ordenamento jurídico brasileiro a possibilidade do Senado Federal "suspender a execução, no todo ou em parte, de lei ou decreto declarados inconstitucionais por decisão definitiva do Supremo Tribunal Federal" (art. 64), e manteve, com leve alteração, a "representação interventiva" (art. 8º, parágrafo único).

No ano de 1965, depois do Golpe Militar de 1964, veio à luz a Emenda Constitucional n. 16, que trouxe duas novidades em termos de controle da constitucionalidade das normas: 1) a possibilidade, até então inexistente, de arguição da inconstitucionalidade de lei federal em tese (já que só era possível tal arguição em face de lei estadual), cabendo tal atribuição apenas ao Procurador-Geral da República (art. 101, I, *k*); e 2) a possibilidade de os legisladores estaduais criarem o controle de constitucionalidade de lei ou ato dos municípios, em confronto com as constituições estaduais (art. 124, XIII).

A Constituição de 1967 manteve o controle abstrato surgido com a Emenda n. 16/1965, tendo a Emenda n. 7/1977 previsto a possibilidade da concessão de medida cautelar[7]. Essa Constituição, no entanto, não permitia inicialmente o controle de constitucionalidade estadual, o que foi alterado com a Emenda n. 1, de 1969, que viabilizou tal controle para fins de intervenção nos municípios.

Com isto, chegamos à atual Constituição Federal, de 5 de outubro de 1988, que consagrou tanto o controle concentrado quanto o difuso (dos quais falaremos mais adiante), mediante a atuação do Supremo Tribunal Federal na análise das Ações Diretas de Inconstitucionalidade e, depois da Emenda n. 3/1993, as Ações Declaratórias de Constitucionalidade, além de manter a possibilidade do Senado Federal "suspender a execução, no todo ou em parte, de lei declarada inconstitucional por decisão definitiva do Supremo Tribunal Federal" (art. 52, X).

2.3. Espécies de Controle de Constitucionalidade

Antes de nos determos sobre as Ações Declaratórias de Constitucionalidade, vejamos quais são as espécies de controle.

Quanto ao órgão que exerce o controle, tal órgão pode ser jurisdicional ou político, conforme parta o controle de um órgão criado com a finalidade de "dizer o direito" e guiado por critérios técnicos, ou quando o citado órgão atua com total discricionariedade, sem a necessidade de fundamentar juridicamente suas decisões.

Embora o controle feito pelo Poder Judiciário, precise de fundamentação jurídica, é importante termos em mente que os órgãos jurisdicionais, ao analisarem possível inconstitucionalidade de uma norma, não estarão agindo de forma estanque e livres de quaisquer influências políticas, vez que, como alerta Bercholc, "o Poder Judiciário adquire um marcado ativismo e protagonismo em todas as suas instâncias, no marco dos processos denominados 'judicialização da política' e no avesso de sua trama, a 'politização da justiça'"[8].

Quanto ao momento em que ocorre, o controle pode ser preventivo (antes da entrada da norma no ordenamento jurídico), ou repressivo (depois da sua vigência).

Levando-se em consideração o sistema, o controle pode ser difuso (quando exercido por vários órgãos), ou concentrado (quando apenas um órgão, ou um número restrito destes, pode exercitá-lo). O sistema pode também ser misto, com a convivência dos dois sistemas em paralelo.

Fala-se também em controle concreto (quando exercitado diante de uma situação fática posta em discussão) ou abstrato (quando realizado sobre norma ou ato em tese, sem a necessidade de um caso concreto).

Quanto ao momento processual em que se dará o controle, este pode ser incidental, quando não é o aspecto fático primordial da questão posta sob análise, ou principal, quando a questão constitucional é o único objeto da lide.

---

(6) PALU, Oswaldo Luiz. *Controle de constitucionalidade – conceitos, sistemas e efeitos*. 2 ed. rev., ampl. e atual. de acordo com as Leis ns. 9.868 e 9.882/1999. São Paulo: Editora Revista dos Tribunais, 2001. p. 129.

(7) *Op. cit.*, p. 133.

(8) BERCHOLC, Jorge. *"La emergencia permanente del Estado democrático y el control parlamentario"*. *El Parlamento frente a la crisis de la representación política, el decisionismo y la delegación legislativa permanente.*

Quanto ao meio de provocação do Poder Judiciário, o controle pode se dar por meio de exceção (ou defesa), ou por meio de ação. No primeiro caso, qualquer parte do processo pode argui-la e, no segundo, é o caso de arguição autônoma (no constitucionalismo brasileiro), por um número restrito de legitimados, conforme disposto na Constituição.

Por fim, quanto à finalidade, o controle pode ser subjetivo (quando há a pretensão de regular direitos e ou obrigações de um sujeito ou sujeitos determinados na ação), ou objetivo (quando, independentemente da existência ou não de um direito subjetivo, pretende-se garantir a higidez e a supremacia da Constituição em si mesma).

3. AÇÃO DECLARATÓRIA DE CONSTITUCIONALIDADE.

3.1. Breve Histórico da Ação Declaratória de Constitucionalidade no Brasil

O Governo de Fernando Collor de Melo (15 de março de 1990 a 2 de outubro de 1992) enfrentava milhares de ações judiciais em razão das rigorosas (e para muitos, inconstitucionais) medidas econômicas, dentre as quais estava a mais cruel de todas, o confisco de praticamente todo o dinheiro depositado por empresas e cidadãos em contas correntes e aplicações financeiras de todo o tipo.

Em razão disso, o Presidente da República cogitava "ressuscitar" a Ação Avocatória, que foi um instrumento inserido no ordenamento jurídico brasileiro pela ditadura militar, pela Emenda Constitucional n. 7, de 13 de abril de 1977, por meio da qual, por iniciativa do Procurador-Geral da República, o Supremo Tribunal Federal poderia chamar para si (avocar) todas "as causas processadas perante quaisquer juízos ou Tribunais", "quando decorrer imediato perigo de grave lesão à ordem, à saúde, à segurança ou às finanças públicas, para que se suspendam os efeitos de decisão proferida e para que o conhecimento integral da lide lhe seja devolvido" (art. 119, I, *o*, da Constituição Federal de 1967, com a redação dada pela EC n. 7/1977).

Com a finalidade de evitar a volta deste arbítrio, os juristas Ives Gandra da Silva Martins, advogado tributarista de renome nacional e Gilmar Mendes, constitucionalista e então Procurador da República (hoje ministro do Supremo Tribunal Federal), idealizaram a proposta de Emenda Constitucional para criação da ação declaratória de constitucionalidade, que foi apresentada pelo Deputado Roberto Campos e pela Comissão de Reforma Tributária do Governo Collor de Melo[9].

Martins e Mendes se mostravam preocupados com "*a força outorgada aos juízes de 1ª instância, sem um instrumental adequado de ação para os Tribunais Superiores*", o que "*subverte a hierarquia necessária*", colocando em risco a "*tranquilidade para a preservação da ordem jurídica, pois qualquer questão constitucional da maior relevância pode ser decidida de forma satisfativa, desde que o tribunal imediatamente superior não suspenda a eficácia de decisões que garantam benefícios ou direitos*"[10].

Embora com algumas alterações, a Ação Declaratória entrou na Constituição pela Emenda Constitucional n. 3, de 17 de março de 1993.

3.2. Hipóteses e Pressupostos de Admissibilidade da ADC

A ação declaratória de constitucionalidade, nas palavras de MENDES, "*se configura típico processo objetivo, destinado a elidir a insegurança jurídica ou o estado de incerteza sobre a legitimidade de lei ou ato normativo federal*"[11].

No Brasil pós-redemocratização, não foram poucos os planos econômicos que buscavam colocar fim à elevada inflação e à desvalorização cambial.

Como tais planos tinham pouca afinidade com a Constituição, eram alvos de milhares, ou talvez milhões de ações judiciais, buscando-se perante o Poder Judiciário um respeito ao direito posto que não se encontrava nas decisões do Poder Executivo.

A esse respeito, é bastante esclarecedora a lição de Bercholc e Sancari, para quem o "fenômeno de judicialização pode ser definido como um ciclo

---

(9) SAMPAIO, Marco Aurélio Stradiotto de Moraes Ribeiro. Ação declaratória de constitucionalidade. *Revista da Faculdade de Direito da Universidade de São Paulo*, v. 90. São Paulo: Universidade de São Paulo, p. 431, 1995.

(10) MARTINS, Ives Gandra da Silva; MENDES, Gilmar Ferreira. Ação declaratória de constitucionalidade. *Jornal Folha de São Paulo de 2 de agosto de 1992*. Caderno Cotidiano, p. 2. São Paulo: Folha de São Paulo, 1992.

(11) MENDES, Gilmar Ferreira. A ação declaratória de constitucionalidade: inovação da Emenda Constitucional 3/93. *Cadernos de Direito Constitucional e Ciência Política. Instituto Brasileiro de Direito Constitucional*. Ano 1, n. 4, julho-setembro de 1993. São Paulo: Revista dos Tribunais, 1993. p. 100.

de transferência do processo de tomada de decisões sobre direitos desde os órgãos políticos aos órgãos judiciais", sendo que tal envolvimento do Poder Judiciário representa a busca de obter "a legitimidade das pretensões esgrimidas"[12].

Assim, o Poder Executivo ao editar normas (em sentido amplo, como decretos, portarias, resoluções, etc.) de constitucionalidade duvidosa, ao passar a ser condenado em instâncias inferiores do Poder Judiciário, conflitando estas condenações com outras decisões favoráveis à constitucionalidade da norma questionada, pode o Executivo buscar a proteção da maior instância jurisdicional, na expectativa de legitimar sua atuação.

3.2.1. Legitimação para agir

Quando da edição da Emenda Constitucional n. 3, em 18 de março de 1993, ficou estabelecido que seriam legitimados para a propositura da ação declaratória de constitucionalidade o Presidente da República, a Mesa do Senado Federal, a Mesa da Câmara dos Deputados e o Procurador-Geral da República (art. 103, § 4º).

Este rol de legitimados resultou de uma alteração no projeto original de emenda constitucional, vez que aquele previa como possíveis autores da ADC os mesmos legitimados para a propositura das Ações Diretas de Inconstitucionalidade, que são, além dos legitimados para a ação declaratória de constitucionalidade, a Mesa de Assembleia Legislativa ou da Câmara Legislativa do Distrito Federal, o Governador de Estado ou do Distrito Federal, o Conselho Federal da Ordem dos Advogados do Brasil, partido político com representação no Congresso Nacional e confederação sindical ou entidade de classe de âmbito nacional[13].

No entanto, a Emenda Constitucional n. 45, de 30 de dezembro de 2004, modificou o estado de coisas inicial da EC n. 3/1993, e deu legitimidade para propor as ADC aos mesmos legitimados para a propositura da ação direta de inconstitucionalidade (art. 103, I a IX).

3.2.2. Objeto da ação declaratória de constitucionalidade

Conforme estabelecido pelo art. 102, I, *a*, segunda parte, podem ser objeto de ADC a lei ou o ato normativo federal.

Note-se, portanto, que há uma quebra de simetria com a ação direta de inconstitucionalidade, vez que esta tem por objeto, além do que fora acima exposto, a lei ou o ato normativo estadual (art. 102, I, *a*, primeira parte).

Aliás, era neste sentido, a redação da proposta apresentada pelo Deputado Federal Roberto Campos[14].

A lei que regulamenta o processo e julgamento das ações declaratórias de constitucionalidade, Lei n. 9.868, de 10 de novembro de 1999, estabelece em seu art. 14 que a petição inicial da ADC deverá indicar "a existência de controvérsia judicial relevante sobre a aplicação da disposição objeto da ação declaratória".

Deste modo, não basta que haja uma simples controvérsia judicial quanto à aplicação da norma questionada na ADC, mas ela tem que ser relevante, ou seja, precisa ter repercussão significativa no mundo jurídico.

3.3. Efeitos das Decisões do Supremo Tribunal Federal nas Ações Declaratórias de Constitucionalidade

3.3.1. Quórum para a decisão

De conformidade com a já mencionada Lei n. 9.868/1999, as decisões sobre a constitucionalidade ou a inconstitucionalidade da lei ou do ato normativo, somente será tomada se presentes na sessão pelo menos oito Ministros (de um total de onze que compõem o STF).

No julgamento, para que seja proclamada a constitucionalidade ou a inconstitucionalidade da disposição ou da norma impugnada, é necessário que tenham se manifestado em um ou no outro sen-

---

(12) BERCHOLC, Jorge; SANCARI, Sebastián. *La Corte Suprema en el sistema político – características técnicas y personales de los jueces, dificultades para obtener consensos en las sentencias, análisis politológico de la jurisprudencia sobre legislación de emergencia económica y sobre el amparo*. Buenos Aires: Ediar, 2006. p. 163.

(13) MENDES, Gilmar Ferreira. A ação declaratória de constitucionalidade: inovação da Emenda Constitucional n. 3/1993. *Cadernos de Direito Constitucional e Ciência Política. Instituto Brasileiro de Direito Constitucional*. Ano 1, n. 4, julho-setembro de 1993. São Paulo: Revista dos Tribunais, 1993. p. 121/122.

(14) *Idem, ibidem*.

tido, pelo menos seis dos onze Ministros. Tal regra é aplicável tanto à ação declaratória de constitucionalidade, quanto à ação direta de inconstitucionalidade (art. 23 da Lei n. 9.868/1999).

A referida lei, no parágrafo único do mesmo art. 23, prevê que, na hipótese de não ter sido alcançada a maioria de seis votos, mas estando ausentes Ministros em número que possa influir no julgamento, este será suspenso, aguardando-se o comparecimento dos ausentes, "até que se atinja o número necessário para prolação da decisão num ou noutro sentido".

Caso seja proclamada a constitucionalidade da norma, considera-se procedente a ação declaratória, e, em sentido contrário, sendo esta improcedente, o será em virtude de haver sido proclamada a inconstitucionalidade da norma impugnada (art. 24 da citada lei).

3.3.2. Efeito quanto à recorribilidade

Um outro efeito da decisão que declara a constitucionalidade ou inconstitucionalidade da lei ou do ato normativo na ação declaratória é a sua irrecorribilidade, salvo a interposição de embargos de declaração que busque esclarecer obscuridade, suprir omissão ou eliminar contradição existente, ou supostamente existente, na decisão (art. 26 da Lei n. 9.868/1999).

3.3.3. Efeito quanto ao momento da eficácia da decisão

O efeito "natural" da declaração de inconstitucionalidade (no caso da ação declaratória ser julgada improcedente) se dá a partir do momento da edição da norma (ex tunc).

No entanto, o legislador de 1999 estabeleceu que nestes casos (declaração de inconstitucionalidade), "e tendo em vista razões de segurança jurídica ou de excepcional interesse social, poderá o Supremo Tribunal Federal, por maioria de dois terços de seus membros, restringir os efeitos daquela declaração ou decidir que ela só tenha eficácia a partir de seu trânsito em julgado ou de outro momento que venha a ser fixado" (art. 27 da Lei n. 9.869/1999).

Assim, caso o decidam pelo menos oito dos onze Ministros, poder-se-á conceder efeitos à declaração de inconstitucionalidade a partir do momento da decisão (ex nunc), ou de qualquer outro, que não o da edição da norma, desde que, além de respeitado o quórum mínimo, o STF fundamente essa decisão em razões de "segurança jurídica ou de excepcional interesse social".

3.3.4. Abrangência do efeito da decisão – erga omnes e vinculante

Uma vez declarada a constitucionalidade ou a inconstitucionalidade da lei ou norma federal na ação declaratória, inclusive a interpretação conforme a Constituição e a declaração parcial de inconstitucionalidade sem redução de texto, tal decisão tem eficácia contra todos (erga omnes).

E, mais, seu efeito é vinculante em relação a todos os órgãos do Poder Judiciário, bem como em relação à Administração Pública federal, estadual e municipal (art. 28 da Lei n. 9.869/1999).

Daí a enorme força da ação declaratória, pois, como um só processo, tem-se o efeito concentrado de resolver-se milhares ou milhões de outras ações, bem como de colocar fim a processos administrativos.

4. O SUPREMO TRIBUNAL FEDERAL NO JULGAMENTO DAS AÇÕES DECLARATÓRIAS DE CONSTITUCIONALIDADE

Decorridos mais de dez anos da entrada em vigor da Emenda Constitucional n. 3/1993, cumpre-nos analisar como se deu o desenrolar das ações declaratórias de constitucionalidade, desde então.

Para tanto, utilizaremos metodologia similar à que foi adotada por BERCHOLC, para a análise de quadros estatísticos, em sua obra La independencia de la Corte Suprema a traves del control de constitucionalidad[15]. É preciso ressaltar, no entanto, que a análise de BERCHOLC entra em minúcias e complexidades que não serão abordadas neste trabalho que tem um escopo bem menor do que a referida obra.

4.1. Das Matérias Objeto das Ações Declaratórias de Constitucionalidade de 1993 a 2014

Desde a entrada em vigor da EC n. 3/1993, até o dia 30 de novembro de 2014, foram propostas perante do Supremo Tribunal Federal 32 (trinta e duas) ADCs.

---

(15) BERCHOLC, Jorge. La independencia de la Corte Suprema a traves del control de constitucionalidad. Buenos Aires: Ediar, 2004.

Aqui merece a ressalva de que foram *distribuídas* 34 ADCs; no entanto, as de número 28 e 32, foram distribuídas como ADCs por engano nesta classe, o que foi corrigido logo depois, sendo, portanto, efetivamente 32 ADCs e não 34.

Conforme se pode observar no quadro abaixo, 25% das ações declaratórias propostas trataram de Direito Administrativo, com mais 18,75% das ADCs tratando de Direito Administrativo juntamente com outra matéria, como Poder de Polícia, Exploração de Revenda de Gás, Direito do Trabalho, Concessão de Serviços Públicos e Contratos.

Outra fatia considerável das ADCs (mais 18,75%) tratou de normas de natureza tributária e, em uma quantidade um pouco inferior (4 ações, ou 12,5%), as ADCs trataram de Direito Eleitoral.

Com isto, temos 75% das ADCs propostas. As demais, ou seja, 8 em números absolutos, trataram de Direito do Trabalho, Processo Civil, Registros Públicos, Direito Civil, Direito Criminal e Direito Constitucional (em sentido estrito, pois questionava – erroneamente – norma constitucional e não lei ou ato normativo).

Matéria	ADCs
Tributária	6
Trabalhista	2
Proc. Civil	2
Reg. Púb.	1
Administrat.	8
Civil	1
Criminal	1
Adm. e outra	6
Constituc.	1

4.2. Modalidade dos Atos Questionados por meio das Ações Declaratórias de Constitucionalidade Propostas Perante o STF entre 1993 e 2014

Conforme apontado em momento anterior, as ADCs são cabíveis contra "lei ou ato normativo federal".

Os atos normativos federais de que trata o dispositivo constitucional estão estabelecidos no art. 59 da Constituição Federal de 1988:

Art. 59. O processo legislativo compreende a elaboração de:

I – emendas à Constituição;

II – leis complementares;

III – leis ordinárias;

IV – leis delegadas;

V – medidas provisórias;

VI – decretos legislativos;

VII – resoluções.

Deste rol, ficam excluídas as emendas à Constituição, podendo todos os atos das demais modalidades ser objeto de ADC, desde que, obviamente, tenham sido baixados por órgão federal.

Excluem-se, portanto, todos os atos normativos emanados de Estados ou Municípios, de qualquer dos seus poderes.

Considerando, pois, a modalidade do ato questionado, tivemos dentre as trinta e duas ações declaratórias de constitucionalidade propostas 18 (dezoito) delas questionando leis ordinárias (56,25%).

As resoluções foram o segundo tipo normativo mais questionado, com um total de cinco ADCs, o que representa 15,62% do total.

As leis complementares respondem por 3 ADCs (9,37%).

As restantes seis ADCs distribuem-se em questionamentos contra medida provisória, decreto legislativo, a própria Constituição Federal de 1988, decreto-lei, lei orgânica de Município e lei municipal (aqui sim cabia a sugestão de minúscula).

Aqui vale ressaltar que são totalmente incabíveis ADCs que questionem leis municipais.

Quanto aos decretos-leis, estes não mais são emitidos, pois deixaram de ser tipos normativos a partir da promulgação da Constituição Federal de 1988.

ATOS QUESTIONADOS	
Constituição	1
Lei Complementar	3
Lei Ordinária	18
Medida Provisória	1
Decreto Legislativo	1
Decreto-lei	1
Lei Orgânica do Município	1
Resolução	5
Lei Municipal	1
TOTAL	**32**

4.3. Estados de Origem das Ações Declaratórias de Constitucionalidade

Considerando os legitimados para a propositura das ADCs, é natural que a maioria delas, ou 78,12% (25 em números absolutos), tenham sido propostas por órgãos ou entidades legitimadas com sede no Distrito Federal.

O Estado de São Paulo, o maior em termos de população e de produto interno bruto (PIB), responde por 3 ADCs (9,37% do total).

As outras quatro ações foram propostas por órgãos dos estados de Santa Catarina, Ceará, Mato Grosso do Sul e Rio de Janeiro, com uma ação cada.

Estados	
DF	25
SP	3
CE	1
SC	1
MS	1
RJ	1
TOTAL	32

4.4. Autoridades, Órgãos ou Instituições que Propuseram Ações Declaratórias de Constitucionalidade

Sendo restrito o rol dos possíveis autores das ADCs, das trinta e duas ações já propostas, tivemos cinco delas de autoria do Procurador-Geral da República (15,62%).

O Presidente da República, isoladamente, propôs duas ações declaratórias de constitucionalidade, tendo proposto mais uma, em litisconsórcio com a Mesa do Senado Federal e a Mesa da Câmara dos Deputados, justamente a primeira ADC que foi apresentada ao Supremo Tribunal Federal.

As entidades de classe e ou confederações sindicais foram responsáveis por onze ações declaratórias de constitucionalidade, sendo que, deste total, sete delas tiveram negado seguimento pelo STF, que entendeu que as entidades autoras não preenchiam o requisito de que trata a parte final do inciso IX do art. 103 da Constituição Federal de 1988, ou seja, não tinham âmbito nacional, e o que o STF considera como de âmbito nacional é a abrangência de pelo menos nove estados da Federação (ou um terço dos estados-membros).

A Mesa do Senado Federal propôs duas ADCs, que foi o mesmo número de ADCs propostas por partidos políticos com representação perante o Congresso Nacional.

Os governadores de estado propuseram quatro ADCs, enquanto o Conselho Federal da Ordem dos Advogados do Brasil propôs apenas uma ADC, justamente a de número 34, a última sob análise.

Outros três não legitimados propuseram ADCs que foram de plano indeferidas pelo STF.

AUTORES DAS ADCS	
PGR	5
PR	2
Entidades de classe	11
Mesa do SF	2
Governador de Estado	4
Partidos Políticos	2
Conselho Federal da OAB	1
PR/MSF/MCD	2
Outros – não legitimados	3
TOTAL	32

4.5. Ações Declaratórias de Constitucionalidade Quanto à Tutela Cautelar

Embora não esteja expressamente prevista na Constituição a possibilidade de decisões cautelares, liminarmente deferidas em ações direta de inconstitucionalidade e nas ações declaratórias de constitucionalidade, o Supremo Tribunal Federal, entendendo que o "poder de cautela seria inerente à própria atividade jurisdicional", aplicando às hipóteses, o art. 175, combinado com o art. 22, IX, do Regimento Interno da Corte, já analisava pedidos liminares em ADIs e ADCs[16].

Em 10 de novembro de 1999, foi promulgada a Lei n. 9.868, que dispõe sobre o processo e julgamento da ação direta de inconstitucionalidade e da ação declaratória de constitucionalidade perante o Supremo Tribunal Federal.

---

(16) MENDES, Gilmar Ferreira. Da medida cautelar em ação declaratória de constitucionalidade. *Repertório IOB de Jurisprudência. Tributário, Constitucional e Administrativo*, n. 20/97. São Paulo: IOB, 2ª quinzena de outubro, 1997.

A referida lei dispõe expressamente sobre a possibilidade do deferimento de medida cautelar na ação declaratória de constitucionalidade (art. 21).

Segundo o dispositivo, a medida só pode ser deferida por "decisão da maioria absoluta" dos membros do STF.

Uma vez concedida, terá o efeito de determinar a todos os juízes e Tribunais a suspensão do "julgamento dos processos que envolvam a aplicação da lei ou do ato normativo objeto da ação até seu julgamento definitivo".

Uma peculiaridade desta medida cautelar é que possui prazo de validade, vez que, se a ação não for julgada no prazo de cento e oitenta dias, ela perderá sua eficácia (art. 21, parágrafo único).

No caso da concessão, a parte dispositiva da decisão deverá ser publicada no prazo de dez dias, contando-se o início dos cento e oitenta dias referidos, da data daquela publicação.

Do total das trinta e duas ações declaratórias de constitucionalidade propostas perante o Supremo Tribunal Federal até o final de novembro de 2014, houve pedido de decisão cautelar em catorze ações, ou seja, houve requerimento de cautelar em 43,75% das iniciais.

Deste total, seis pedidos foram concedidos integralmente; um foi concedido parcialmente.

Dos catorze pedidos, outros seis foram negados em sua totalidade e, até o dia 30 de novembro de 2014, um dos pedidos ainda não havia sido apreciado pelo relator.

CAUTELARES	
REQUERIDAS	14
CONCEDIDAS	6
CONCEDIDAS EM PARTE	1
NEGADAS	6
NÃO APRECIADAS	1

4.6. Do Amicus Curiae nas Ações Declaratórias de Constitucionalidade

A lei que regulamentou as ações declaratórias de constitucionalidade previu a possibilidade de manifestação de outros órgãos ou entidades, nas referidas ações.

Para que tal manifestação seja aceita, faz-se necessário despacho do Ministro relator do processo (que será irrecorrível), que para isso considerará a relevância da matéria, bem como a representatividade daqueles que postulam a autorização.

Tais postulantes, uma vez aceitos, serão ouvidos como amigos da Corte (*amicus curiae*), dando sua opinião conceituada sobre a matéria posta para decisão do Supremo Tribunal Federal.

Das trinta e duas ações declaratórias interpostas até novembro de 2014, em sete delas, foram apresentados pedidos de *amicus curiae*, sendo que em seis das ações foram deferidos os pleitos (com um total de trinta e nove "amigos" aceitos) e em apenas uma ocasião o pedido foi indeferido pelo relator.

Em vinte e cinco das ações propostas não foram protocolados pedidos de habilitação como *amicus curiae*.

Amicus Curiae	ADCs	Total
COM	6	39
SEM	25	
INDEFERIDO	1	
TOTAL	32	

4.7. Do Julgamento das Ações Declaratórias de Constitucionalidade Perante o STF

Desde 1993 até novembro de 2014, foram apresentadas trinta e duas ADCs perante o Supremo Tribunal Federal.

Destas, apenas vinte e três foram definitivamente julgadas, restando pois, pendentes de julgamento, dez ADCs.

Das vinte e três ações julgadas, nove tiveram decisões totalmente favoráveis à procedência, ou seja, nestas o STF declarou a constitucionalidade das normas questionadas.

Em uma ocasião, a declaração de constitucionalidade foi apenas parcial, reconhecendo-se, portanto, que parte da norma era eivada do vício da inconstitucionalidade.

Nove ADCs propostas tiveram negado seguimento, praticamente todas por defeito quanto à legitimidade dos proponentes, que não se enquadravam dentre aqueles autorizados pela Constituição Federal para a provocação do STF utilizando-se do referido tipo de ação.

Três ADCs foram extintas por causas diversas, enquanto apenas uma foi julgada totalmente improcedente.

Até o dia 30 de novembro de 2014, ainda não tinham sido julgadas nove das trinta e duas ADCs apresentadas ao STF.

JULGADAS	
Procedente	9
Procedente em parte	1
Improcedente	1
Negado Seguimento	9
Extinta por causa diversa	3
Ainda não julgada	9
TOTAL	32

JULGADAS	23
NÃO JULGADAS	9

4.8. Ações Declaratórias com Relação ao Ano em que Foram Propostas

A primeira ação declaratória de constitucionalidade foi proposta em 3 de agosto de 1993, portanto, poucos meses depois da promulgação da Emenda Constitucional n. 3, de 17 de março de 1993.

Foram necessários transcorrer quase quatro anos para que fosse proposta a segunda ADC ao STF, em 5 de junho de 1997. Neste mesmo ano, outras duas ações foram distribuídas.

Nos dois anos seguintes, 1998 e 1999, foram duas ADCs por ano.

O ano de 2000 transcorreu sem que fosse distribuída qualquer ADC.

No ano de 2001, foi distribuída uma ADC, mas os anos de 2002 e 2003 não tiveram ADC distribuída.

Os anos de 2004 e 2005 tiveram uma ADC cada.

O ano de 2006 terminou com três ADCs propostas. 2007 teve cinco ADCs, o que o caracteriza como o ano mais prolífico em ações declaratórias distribuídas.

Em 2008, foram propostas duas ADCs; em 2009, foram quatro (o segundo ano em quantidade de ADCs distribuídas).

No ano de 2010, foram duas ADCs e, em 2011, três.

Nenhuma ADC foi proposta em 2012 e em 2013.

Em 2014, até o dia 30 de novembro, haviam sido distribuídas duas ações declaratórias de constitucionalidade.

Desse modo, tivemos nove ADCs nos primeiros dez anos de vigência da EC n. 3/93 1993-2003), e nos dez anos seguintes, foram vinte e uma ADCs, mais do dobro, portanto (2004-2013).

ADCS POR ANO	
1993	1
1997	3
1998	2
1999	2
2001	1
2004	1
2005	1
2006	3
2007	5
2008	2
2009	4
2010	2
2011	3
2014	2

4.9. Posicionamento do Procurador-Geral da República nas ADCs Propostas e Julgadas

Como foi exposto, das trinta e duas ADCs distribuídas adequadamente, vinte e duas já tiveram decisões definitivas, sendo que, destas, apenas onze tiveram o mérito apreciado (50% delas).

Destas onze ADCs, duas foram de autoria do próprio Procurador-Geral da República, e foram julgadas procedentes.

Das nove ações restantes, oito foram julgadas pelo Supremo Tribunal Federal no mesmo sentido do pronunciamento do Procurador-Geral da República.

Como se vê, apenas uma ação declaratória de constitucionalidade foi decidida pelo STF em dissonância com o pronunciamento do Procurador-Geral, mostrando uma afinidade entre ambas instituições, no tocante às declaratórias.

Aliás, vale salientar, também, que, das onze ADCs que tiveram o mérito apreciado, nove foram julgadas totalmente procedentes, uma foi procedente em parte e apenas uma foi julgada improcedente.

Isto mostra, claramente, que, ao menos em matéria de ação declaratória de constitucionalidade, o STF tem ratificado, em 81,81% dos casos, a constitucionalidade das normas postas sob análise.

ADC	Posicionamento do STF	Posicionamento do PGR
1	Procedente em parte	No mesmo sentido
3	Procedente	No mesmo sentido - Autor da ADC
4	Procedente	No mesmo sentido
5	Procedente	No mesmo sentido – Autor da ADC
9	Procedente	No mesmo sentido
12	Procedente	No mesmo sentido
16	Procedente	Pela improcedência
19	Procedente	No mesmo sentido
29	Procedente	No mesmo sentido
30	Procedente	No mesmo sentido
33	Improcedente	No mesmo sentido

5. CONCLUSÃO

A ação declaratória de constitucionalidade surgiu em um momento delicado para o Brasil, de recente redemocratização e de tentativa de estabilização econômica. Isto sem falar que o Presidente da República que foi um dos maiores defensores da sua criação fora, meses antes da aprovação da Emenda Constitucional que a criou, alvo de *impeachment* do Congresso Nacional e retirado do cargo, antes de cumprido metade do seu mandato.

A ação que foi introduzida na Constituição Federal de 1988 pela Emenda Constitucional n. 3/1993 inovava ao trazer mais um instrumento de controle concentrado da constitucionalidade dos atos normativos pelo Supremo Tribunal Federal.

Ao longo de vinte e um anos de vigência, foram propostas trinta e duas ADCs, das quais vinte e duas foram objeto de decisões definitivas no âmbito daquele Tribunal, quer decisões monocráticas, quer decisões colegiadas.

Destas trinta e duas ações, apenas onze tiveram apreciado o seu mérito até a data em que este trabalho foi concluído. Na grande maioria delas (81,81%), o Supremo Tribunal Federal seguiu o *nomen iuris* da ação, ou seja, declarou a constitucionalidade das normas questionadas. Em uma das ações, a declaração foi de parcial procedência e, em outra, foi de total improcedência, o que corresponde a declarar inconstitucional a norma questionada.

Apesar do pouco volume de ações declaratórias, comparando com o volume total de processos distribuídos no Supremo Tribunal Federal entre 1993 e novembro de 2014, 1.324.737, estas foram responsáveis por dirimir questões que atingiam milhões de brasileiros e colocaram fim em incertezas jurídicas que geravam ora prejuízos para os cofres públicos, ora para os particulares, quando não geravam prejuízos para ambos.

É possível que as Ações Declaratórias de Constitucionalidade ainda tenham grandes serviços a serem prestados ao país, passada a década inicial de acomodação e amadurecimento no manejo da mesma.

6. BIBLIOGRAFIA

BERCHOLC, Jorge; SANCARI, Sebastián. *La Corte Suprema en el sistema político – características técnicas y personales de los jueces, dificultades para obtener consensos en las sentencias, análisis politológico de la jurisprudencia sobre legislación de emergencia económica y sobre el amparo*. Buenos Aires: Ediar, 2006.

BERCHOLC, Jorge. *La independencia de la Corte Suprema a traves del control de constitucionalidad*. Buenos Aires: Ediar, 2004.

_____. "La emergencia permanente del Estado democrático y el control parlamentario" – El Parlamento frente a la crisis de la representación política, el decisionismo y la delegación legislativa permanente. *Direito Público & Integração*, n. 3, 2010/1 ISSN 1984-5774. Justiça Federal, Seção Judiciária de Sergipe: Aracaju, 2010. Disponível em: <http://www.jfse.jus.br/revista2011/02.html>. Acesso em: 26 nov. 2014.

_____. "La división de poderes. Cuestiones actuales sobre el rol del poder judicial". Disponível em: <http://www.derecho.uba.ar/investigacion/investigadores/publi-

caciones/bercholc-la_division_de_poderes.pdf>. Acesso em: 26 nov. 2014.

CLÈVE, Clèmerson Merli. *A fiscalização abstrata da constitucionalidade no direito brasileiro*. 2 ed. rev., atual. e ampl., 2. tir. São Paulo: Editora Revista dos Tribunais, 2000.

MARTINS, Ives Gandra da Silva; MENDES, Gilmar Ferreira. *Ação declaratória de constitucionalidade*. Jornal Folha de São Paulo de 2 de agosto de 1992. Caderno Cotidiano, p. 2. São Paulo: Folha de São Paulo, 1992.

MENDES, Gilmar Ferreira. A ação declaratória de constitucionalidade: inovação da Emenda Constitucional 3/93. *Cadernos de Direito Constitucional e Ciência Política*. Instituto Brasileiro de Direito Constitucional. São Paulo: Revista dos Tribunais, ano 1, n. 4, p. 98 a 136, julho-setembro de 1993.

_____. Da medida cautelar em ação declaratória de constitucionalidade. *Repertório IOB de Jurisprudência. Tributário, Constitucional e Administrativo*, n. 20/97, São Paulo: IOB, 2ª quinzena de outubro, 1997.

PALU, Oswaldo Luiz. *Controle de constitucionalidade – conceitos, sistemas e efeitos*. 2. ed. rev., ampl. e atual. de acordo com as Leis ns. 9.868 e 9.882/1999. São Paulo: Editora Revista dos Tribunais, 2001.

SAMPAIO, Marco Aurélio Stradiotto de Moraes Ribeiro. Ação declaratória de constitucionalidade. *Revista da Faculdade de Direito da Universidade de São Paulo*. São Paulo: Universidade de São Paulo, v. 90, p. 431/437, 1995. Disponível em: <http://dx.doi.org/10.11606/issn.2318-8235.v90i0p431-437>. Acesso em: 26 nov. 2014.

Legislação

Constituição Politica do Imperio do Brazil (de 25 de março de 1824). Disponível em: <http://www.planalto.gov.br/ccivil_03/Constituicao/Constituicao24.htm>. Acesso em: 26 nov. 2014.

Constituição da República dos Estados Unidos do Brasil (de 24 de fevereiro de 1891). Disponível em: <http://www.planalto.gov.br/ccivil_03/Constituicao/Constituicao91.htm>. Acesso em: 26 nov. 2014.

Constituição da República dos Estados Unidos do Brasil (de 16 de julho de 1934). Disponível em: <http://www.planalto.gov.br/ccivil_03/Constituicao/Constituicao34.htm>. Acesso em: 26 nov. 2014.

Constituição dos Estados Unidos do Brasil (de 10 de novembro de 1937). Disponível em: <http://www.planalto.gov.br/ccivil_03/Constituicao/Constituicao37.htm>. Acesso em: 26 nov. 2014.

Constituição dos Estados Unidos do Brasil (de 18 de setembro de 1946). Disponível em: <http://www.planalto.gov.br/ccivil_03/Constituicao/Constituicao46.htm>. Acesso em: 26 nov. 2014.

Constituição da República Federativa do Brasil de 1967 Disponível em: <http://www.planalto.gov.br/ccivil_03/Constituicao/Constituicao67EMC69.htm>. Acesso em: 26 nov. 2014.

Constituição da República Federativa do Brasil de 1988 Disponível em: <http://www.planalto.gov.br/ccivil_03/Constituicao/Constituicao.htm>. Acesso em: 26 nov. 2014.

Lacunas no Ordenamento Jurídico. Breves Aspectos sobre a Súmula Vinculante, os Princípios Constitucionais como Fonte de Direito e os Meios de Integração do Sistema

Kathya Simone de Lima

Aluna regular do Curso de Doutorado em Direito Constitucional da Faculdade de Direito da Universidade de Buenos Aires – UBA/Argentina; MBA em Gestão Empresarial pela FGV – Fundação Getúlio Vargas – São José dos Campos/SP; Especialista em Direito Público, pela UNISAL – Centro Universitário Salesiano de São Paulo – São José dos Campos/SP; Pós-graduada em Direito Civil pela Universidade Braz Cubas Mogi das Cruzes/SP; Membro do Grupo de Conciliadores do Tribunal de Justiça do Estado de São Paulo e do CEJUSC – Centro Judiciário de Solução de Conflitos e Cidadania em Santa Isabel/SP, instituído pelo CNJ – Conselho Nacional de Justiça. Advogada com atuação em direito empresarial e direito tributário no Município de Santa Isabel, São Paulo. E-mail: <ks.carlini@uol.com.br>.

1. O PROBLEMA DA CONSTATAÇÃO DAS LACUNAS

Um momento fundamental na história da interpretação do Direito, na Alemanha, momento este citado por Norberto Bobbio[1], foi a obra de Zietelmann, intitulada *As Lacunas do Direito*. Esse trabalho, segundo Bobbio, teve extraordinária penetração no Direito positivo brasileiro, constatando que não existe plenitude na legislação positiva; por mais que o legislador se esforce para sua perfeição, há sempre um "resto" sem lei que o discipline. Na obra de Zitelmann, foi demonstrada a existência de lacunas na legislação, mas também ficou reconhecido que o Direito, entendido como ordenamento, jamais pode ter lacunas.

Existe um campo firme para a afirmação de que a lacuna é, paradoxalmente, parte presente no universo jurídico, cabendo ao intérprete, ou ao aplicador do direito, a tarefa de reconhecê-la e bem praticá-la. O legislador brasileiro tomou conhecimento desse problema, quando mandou recorrer à analogia, ao costume e aos princípios gerais do direito, havendo lacunas na lei e que o Juiz não pode deixar de sentenciar mesmo em face de obscuridade no texto legal.

O distanciamento da previsão legal decorrente do tempo de sua elaboração e o instante de sua aplicação não justificam, em nenhum momento, o raciocínio de que há lacuna na lei ou no ordenamento. A falta de precisão ou o singelo distanciamento do texto legal em face da realidade posterior exige em

---

(1) BOBBIO, Norberto. *Teoria do Ordenamento Jurídico*. 10. ed. Brasília. Editora Universidade de Brasília, 1999. p. 93.

primeira análise, um juízo interpretativo, em todas as suas metodologias.

Convém, porém, abrir uma ressalva no tocante à diferenciação entre antinomia e lacuna. A primeira representa o conflito aparente entre normas, enquanto, a segunda, caracteriza a ausência de norma. Algumas situações não encontram ou não encontravam respaldo em nosso sistema jurídico, como é o caso do casamento entre pessoas do mesmo sexo, ou a situação anterior à lei do concubinato. Já a antinomia pode ser caracterizada, por exemplo, pelo conflito entre artigos do Código Civil e a Constituição. Diante da antinomia, a interpretação da validade da norma deverá seguir os critérios cronológicos, hierárquicos e o da especialidade.

Para Maria Helena Diniz[2], o direito é um dado que abrange experiências históricas, sociológicas, axiológicas, que se completam. Logo, as normas por mais completas que sejam, são apenas uma parte do direito. Isto nos leva a crer que o sistema jurídico é composto de vários subsistemas. Na Tridimensionalidade Jurídica de Miguel Reale[3], encontramos a noção de que tal sistema se compõe de três subsistemas isomórficos: o de normas, o de fatos e o de valores. Logo, os elementos do sistema estão vinculados entre si por uma relação, sendo interdependentes, de forma que quando houver uma incongruência ou alteração entre eles, teremos a lacuna e a quebra da isomorfia. Lei é apenas instrumento de revelação do Direito, o mais técnico, mas apenas um instrumento de trabalho e assim mesmo imperfeito, porquanto não prevê tudo aquilo que a existência oferece no seu desenvolvimento histórico.

Com efeito, o próprio legislador brasileiro, há mais de cinco décadas, acompanhando a tradição do texto precedente, estabeleceu que sua tarefa não se esgota em si mesma, fixando que "quando a lei for omissa, o Juiz decidirá o caso de acordo com a analogia, os costumes e os princípios gerais de direito (art. 4º da LICC)[4].

Convém ressaltar que o organismo legislativo, poder produtor da lei, não pode dispor sobre todo o complexo das relações sociais, focalizada dentro do conjunto de seus vetores. Depreende-se, assim, que a lacuna é, paradoxalmente, parte presente no universo jurídico, cabendo ao intérprete, ou ao aplicador do direito, a tarefa de reconhecê-la e bem praticá-la.

O Juiz ao recorrer à analogia, aos costumes e aos princípios gerais de direito, por falta de ordenamento específico, pratica uma tênue faixa de legislação, conquanto, sem o atributo da generalidade, posto que seu ato só tem vigência e aplicabilidade perante o caso concreto. Não possui a qualidade *erga omnes*, mas tem o poder legal de substituir a omissão da lei, nesses exatos limites.

Certo é que o legislador não pode tudo prever, o que destaca que o direito, enquanto ciência, não deve ser tido por completo. Há espaços não alcançados pela malha jurídica, quer pela carência de legisladores capazes de verificar objetivamente os valores sociais suscetíveis de regramento, quer porque nenhuma regra humana é inteira e absolutamente imune a imperfeições.

Paulo Dourado de Gusmão sustenta que há lacunas na lei, nos códigos, na doutrina, na jurisprudência e no próprio direito porque não contém, muitas vezes, a solução para os casos imprevisíveis em suas respectivas épocas. Karl Engisch situa a lacuna no âmbito de integração jurídica; diz que as lacunas são da ciência do direito positivo, apreensíveis como faltas ou falhas de conteúdos de regulamentação jurídica para determinadas situações de fato em que é de esperar essa regulamentação e em que tais falhas postulam e admitem a sua remoção por meio de uma decisão judicial jurídico integradora.

2. A HUMANIZAÇÃO DO DIREITO

O que ocorre é que as leis vigentes estão em permanente mora com os fatos sociais, distanciando-se do bem comum. São raros os textos legais em que a análise axiológica é firmemente reflexiva, como ocorre com o Código de Defesa do Consumidor. Do mesmo modo, não são incomuns a imprevisão do previsível e a malversação do caráter seletivo da norma.

---

(2) DINIZ, Maria Helena. *As Lacunas no Direito*. 9. ed. São Paulo: Saraiva, 2009. p. 45.

(3) REALE, Miguel. *Teoria Tridimensional do Direito – situação atual*. 5. ed. São Paulo: Saraiva, 1994. p. 122.

(4) O Decreto-lei n. 4.657/1942 (LICC) que no passado serviu para estabelecer diretrizes e dirimir controvérsias apenas dentro do âmbito do Código Civil, com o advento do novo Código em 2003, continua em vigor, com seus 19 artigos e tornou-se uma lei sobre direito em geral, contendo normas gerais sobre aplicação do direito em geral, além do direito internacional privado. Isso justifica também a nomenclatura alternativa e mais adequada à LICC, que é "Lei de Introdução às Normas do Direito Brasileiro", regulada pela Lei n. 12.376, de 2010.

É essencial que se levante, sem reservas, a necessidade de humanização na aplicação do art. 4º, da LICC, aferindo-se as necessidades sociais e a paz comum, restaurando-se assim, os valores atingidos pelo comportamento social não mais aceitável.

Atualmente, onde a produção legislativa acaba por modificar aquilo que bem funciona, é de império que o aplicador do direito não perca de vista as necessidades sociais e o bem comum. É de rigor que o Juiz tenha a sensibilidade para perceber a lacuna da lei, marcada sua moderação, tendo a coragem e a humanidade necessárias para bem supri-la, na luz de cada caso concreto, e verificar as suas respectivas peculiaridades.

3. MEIO SUPLETIVOS DAS LACUNAS

No nosso direito, dois são os mecanismos por meio dos quais se completa um ordenamento: a autointegração e a heterointegração. A primeira é o método pelo qual o ordenamento se completa, recorrendo à fonte dominante do direito que é a lei, por exemplo, a analogia. A segunda é a técnica pela qual a ordem jurídica se completa, lançando mão de fontes diversas da norma legal, como o costume e a equidade.

Convém ressaltar que os meios de integração do direito não se confundem com as formas de expressão do direito. Embora as formas secundárias ou supletivas sirvam para complementar o sistema, essa complementação não deve ser confundida com a sua integração, que consiste na aplicação do sistema aos casos concretos.

De ordinário, o sistema é hábil para a integração direta, para que a norma jurídica (de lei, de costume, ou de outra natureza) seja aplicada de imediato ao problema a ser solucionado. Mas vezes há em que a despeito das formas completativas o sistema se mostra insuficiente ou inadequado, ocasiões em que exsurge a necessidade do recurso aos meios de integração do direito.

4. A ANALOGIA

O art. 4º da Lei de Introdução ao Código Civil determina:

> Art. 4º Quando a lei for omissa, o juiz decidirá o caso de acordo com a analogia, os costumes e os princípios gerais de direito.

O campo da atuação da analogia, nos termos do artigo acima citado, pressupõe, antes de mais nada, a omissão da lei, ou a falta de regra jurídica positiva reguladora de certo caso a decidir.

O argumento analógico, porém, não pode estender-se indefinidamente, estando ligado, por sua natureza, aos termos de que procede e entre os quais se desenvolve: a afinidade de fato e a identidade de razão. Alterar esses termos, afrouxar o vínculo que os une, para certo caso alcançar, como se nele estivesse propriamente compreendidos, não o permitem a lógica e o direito, especialmente dada àquela norma de lei, que, assinando à analogia a sua função, considera, expressamente, a hipótese de que o caso permaneça ainda duvidoso, isto é, que não baste a analogia para resolvê-lo.

O termo analogia é definido como: analogismo, conformidade, proporção, semelhança, relação. O Juiz recorre à analogia, que consiste em aplicar, a um caso não regulado de modo direto ou específico por uma norma jurídica, uma prescrição normativa vista para uma hipótese distinta, mas semelhante ao caso não contemplado, fundando-se na identidade do motivo da norma e na identidade do fato.

Para Clóvis Bevilacqua[5], a analogia é a operação lógica, em virtude da qual o intérprete estende o dispositivo da lei a casos por ela não previstos. Em outras palavras, a analogia é a aplicação, a um caso não previsto, de regra que rege hipótese semelhante. As regras da tutela, por exemplo, são aplicáveis à curatela. Analogia significa aplicar às hipóteses semelhantes as soluções oferecidas pelo legislador para casos análogos. A analogia se baseia na ideia de que, se a lei disciplina de determinada maneira uma relação jurídica, deve, por igual razão, disciplinar do mesmo modo uma outra relação semelhante.

Pela analogia, muitos casos não previstos podem ser resolvidos, mas é mister que o aplicador proceda a uma investigação idônea a descobrir se nas normas jurídicas, mesmo em campo diverso do lacunoso, foi previsto caso semelhante ao *sub judice*. O sistema do Código Civil Brasileiro é o seguinte: a lei é a forma por excelência do direito; num segundo plano e subsidiariamente, acha-se a analogia.

A analogia, segundo alguns autores, é um pensamento tópico que parte do caso conhecido, dirigindo-se às soluções imitadas. Seria um procedimento logicamente imperfeito ou quase lógico, que

---

(5) BEVILACQUA, Clóvis. *Teoria Geral do Direito Civil*. 3. ed. Rio de Janeiro: Livraria Francisco Alves. Editora AS, 1980. p. 36.

envolveria dois procedimentos: a constatação (empírica), por comparação, de que há uma semelhança entre fatos-tipos diferentes e um juízo de valor que mostra a relevância das semelhanças sobre as diferenças, tendo em vista uma decisão jurídica procurada. Apreciar a existência ou não de um círculo de semelhança entre o tipo legal e o fato não contemplado implica uma seleção ou um juízo avaliativo, por parte do órgão judicante, dos elementos relevantes de um e do outro.

O que seja analogia ensina-o ARISTÓTELES:

"Digo que há analogia quando o segundo termo está para o primeiro na igual relação em que está o quarto para o terceiro, porque, neste caso, o quarto termo poderá substituir o segundo, e o segundo o quarto."[6]

O Magistrado, antes de aplicar a analogia, deve inverter a hipótese, ou seja, considerar que a norma regula o fato não previsto, examinando depois se se pode reputar apropriada a analogia para o que é hipótese legal, que passa a regular caso *sub judice* não prescrito. Se o resultado for afirmativo aplica-se a analogia. O processo analógico consiste em aplicar uma disposição legal a um caso não qualificado normativamente, mas que possui algo semelhante com o fato-tipo por ela previsto.

Modernamente, encontra-se na analogia uma averiguação valorativa. Ela seria um procedimento argumentativo, sob o prisma da lógica retórica, que teria por escopo "transferir valores de uma estrutura para outra". Teria um caráter inventivo, uma vez que possibilita "ampliar a estrutura de uma situação qualquer, incorporando-lhe uma situação nova", tendo por base o juízo de semelhança.

Verifica-se que a Lógica do Razoável encaixa-se aqui, perfeitamente. Grande é o seu papel no procedimento analógico e, embora não tenha sido apontada explicitamente por nosso legislador, o foi de modo implícito.

Para Alípio da Silveira, o Magistrado, ao buscar solucionar uma hipótese não prevista, deve lançar mão da valoração não só do texto legal de que se utilizará para preencher a lacuna, como também da solução por ele obtida, mediante analogia, em função das circunstâncias do caso *sub judice*. Na hipótese da lacuna, o Juiz deverá investigar as normas que contemplem hipótese semelhante ao caso em tela, a realidade social, o sentido dos fatos, indagando dos valores que informam a ordem jurídica, passando de um subsistema a outro. A Lógica do Razoável ajusta-se à adaptação da norma ao caso não previsto, no emprego de argumentos analógicos.

5. NATUREZA JURÍDICA DA ANALOGIA

A analogia não é uma técnica interpretativa nem tampouco uma fonte de direito, mas um procedimento que serve para integrar normas, partindo de um exame comparativo entre duas situações jurídicas, aplicando à não legislada a solução dada para a que tem característica essencial semelhante. A analogia se situa no campo da integração.

A analogia, segundo Tércio Sampaio Ferraz Jr., não é apenas a momentânea ampliação do dispositivo para um caso novo, mas uma efetiva mudança no tipo consagrado pelo dispositivo. Não há apenas uma transferência de valores de uma estrutura para outra, mas uma verdadeira troca. Daí a certa reserva, amplamente conhecida, do direito público em relação à analogia; o que não ocorre, por exemplo, classicamente no direito penal, posto que reconhecidamente aplica-se quando favorece o réu, ou seja, a *analogia in bonam partem*.

Clóvis Bevilacqua escreve que:

"A analogia é operação lógica pela qual o aplicador de lei remonta ao princípio de que ela emana para, por via de conseqüência, estender-lhe o império a casos semelhantes aos que a lei regula. Há aí, embora uma revelação do direito latente, ou uma cristalização de formações jurídicas, que a inteligência do aplicador ergue à tona da vida social corrente."[7]

6. FUNDAMENTOS DA ANALOGIA

A aplicação analógica requer dois pressupostos:
- que o caso *sub judice* não esteja previsto em norma jurídica. Isto porque o direito expresso não abrange analogia, pois esta dilata a aplicação da lei a casos não previstos. A analogia compara e, da semelhança, conclui pela aplicação da norma ao caso em tela, sendo, portanto,

---

(6) PUENTE, Fernando Rey. *Sentidos do Tempo em Aristóteles*. Googlelibros. Disponível em: <http://books.google.com.br/books?id=eFp5>.
(7) *Op. cit.*, p. 120.

um processo mental, ao passo que a norma é um imperativo. Se já houvesse lei regulando o caso, ter-se-ia interpretação extensiva;

- que o caso não contemplado tenha com o previsto, pelo menos, uma relação de semelhança. Que o elemento de identidade entre eles não seja qualquer um, mas sim essencial ou de fato que levou o legislador a elaborar o dispositivo que estabelece a situação a qual se quer comparar à não contemplada. Terá de haver uma verdadeira e real semelhança e a mesma razão entre ambas as situações. Meras semelhanças aparentes, afinidades formais ou identidades relativas a pontos secundários não justificam o emprego da argumentação analógica.

Conclui-se que existe, com relação ao problema das lacunas, um ponto em que todos concordam: trata-se de uma lacuna **se, e somente se**, estivermos diante de uma situação em que **falte ao Juiz um critério para decidir determinado caso**. Não há que se confundir lacunas com eventuais **dificuldades de interpretação**. A lacuna se manifestaria se, concluída a interpretação da lei, ficasse constatada a ausência de um critério capaz de possibilitar uma decisão.

Para que a analogia tenha cabimento, verifica-se a necessidade de existir uma omissão, um vazio no texto legal, pois, se este for abrangente do caso de espécie focalizado, far-se-á meramente a aplicação textual.

7. MODALIDADES DE ANALOGIA

Os autores costumam distinguir a *analogia legis* da *analogia juris*.

Na terminologia de Karl Larenz, a *analogia legis* ou individual consiste na aplicação de uma norma existente destinada a reger caso semelhante ao não previsto, importando numa maior vinculação a uma determinada norma, partindo da similitude entre as hipóteses quanto a seus aspectos essenciais, chegando assim à conclusão da igualdade da consequência jurídica. A *analogia legis* apoia-se num dispositivo legal existente, que é aplicável à hipótese similar, constituindo-se, portanto, num argumento lógico, numa autêntica reconstrução normativa, produto, por um lado, de uma segurança jurídica e, de outro, da flexibilidade do direito.

A analogia legal provém de um preceito jurídico individual. O ordenamento jurídico não deve permitir que se dê tratamento diferente a casos semelhantes: *ubieadem legis ratio, ibieadem legis dispositio*. Segundo Wandick L. da Nóbrega[8], a norma jurídica pode não ter mencionado o caso por mera omissão do legislador ou não ter sido permitido incluí-lo na época em que foi elaborado pelo fato de haver ele surgido posteriormente.

A *analogia juris*, também segundo Karl Larenz fundamenta-se num conjunto de normas, para extrair elementos que possibilitem sua aplicabilidade ao caso *sub judice* não previsto, mas similar. É o processo lógico que, com base em várias disposições legais, que disciplinam um instituto semelhante ao não contemplado, reconstrói a norma ínsita no sistema pela combinação de muitas outras.

8. INTERPRETAÇÃO EXTENSIVA E ANALOGIA

A doutrina vem confundindo, muitas vezes, a questão da interpretação extensiva com a analogia. Num certo sentido, podemos considerar a analogia e a interpretação extensiva como espécies de complementação da norma, mas não há como confundir ambas. Podemos diferenciá-las tendo por ideia basilar o problema da integração do direito. A interpretação extensiva, ao admitir que a norma abrange certos fatos-tipos ainda que implicitamente dentro do espírito da lei, não é considerada como instrumento integrador. A norma possui um cerne significativo e uma zona de penumbra, sendo que sua aplicação dentro dos limites dessa zona de penumbra é interpretação. Já, na aplicação analógica, o Juiz terá que ir além do próprio texto legislativo que rege situações típicas, mas que, por razões de similitude, poderia abarcar outras, indo, portanto, além dos limites da sua zona de penumbra.

Karl Larenz[9] nos oferece uma interessante colocação ao procurar estabelecer quando termina a interpretação e surge a analogia. A interpretação extensiva ultrapassa o núcleo do sentido da norma, avançando até o setor marginal. Ultrapassando tal marco, ou seja, se a interpretação não se restringir ao sentido literal possível da norma, estaremos no desenvolvimento aberto do direito, o que, dada a rigorosa vinculação do Juiz às normas jurídicas, na

---

(8) NÓBREGA, Vandick L. da. *Compêndio de Direito Civil*. Editora Freitas Bastos. Vol. 1, 1975. p. 103.

(9) Disponível em: <http://www.estig.ipbeja.pt/~ac_direito/Metodologia_LARENZ.pdf>.

tipicidade tributária e penal, é impossível, não o sendo, porém, no âmbito do direito civil, cujas normas são do tipo aberto.

Podemos depreender que, na quadra da lacuna, a interpretação é fase subsequente à integração. Por esse prisma, leciona Paulo Nader que a integração da lei não se confunde com as fontes formais, nem com os processos de interpretação do direito. Os elementos de integração não constituem fontes formais porque não formulam diretamente a norma jurídica, apenas orientam o aplicador para localizá-la. A pesquisa dos meios de integração não é atividade de interpretação, porque não se ocupa em definir o sentido e o alcance das normas jurídicas. Uma vez assentada a disposição, aí sim se desenvolve o trabalho de exegese.

O ato intelectual de preencher a lacuna da lei levanta a prática de integração do direito. Não se trata, portanto, de deduzir uma tarefa interpretativa, na medida em que a interpretação parte do texto legal existente, enquanto a integração é processo lógico que se forma e fundamenta a partir da omissão da lei.

Wandick L. da Nóbrega[10] não acredita que a analogia crie o direito, nem o princípio, porque ela se limita a estender os efeitos a casos que não tenham sido previstos. Embora apresente muita afinidade com a interpretação extensiva, dela se distingue em vários pontos: a) recorre-se à analogia na falta de norma, que regule a matéria, ao passo que na interpretação o caso está mencionado na norma que se deve interpretar; b) a analogia recorre a princípio não expresso para aplicá-lo em casos não previstos, ao passo que a interpretação nada acrescenta à norma interpretada.

9. MÉTODOS DE HETEROINTEGRAÇÃO

Historicamente, o costume é a forma primeira da elaboração da norma jurídica. Quando um grupo social adota uma prática reiterada de agir, sua repetição constante a transforma em regra de comportamento, que o tempo consolida em princípio de direito. Constitui, tipicamente, o direito não escrito, direito consuetudinário, ainda que as regras sejam recolhidas em repositórios que as conservam e em que possam ser consultadas por quem as queira conhecer, como se deu na França, antes da codificação, com a região chamada "países do direito costumeiro", nas coletâneas conhecidas como *coutumes* de Paris, *coutumes* de Orleans. Na Alemanha, depois da recepção do direito romano, generalizou-se a sua aplicação por via consuetudinária, no chamado *usus modernus pandectarum*.

O costume é uma das mais antigas fontes jurídicas, precedendo até mesmo à lei escrita. Com o passar do tempo, porém, a lei passou a ser fonte imediata do direito. A lei, por mais extensa que seja em suas generalizações, por mais que se desdobre em artigos, jamais poderá conter toda a infinidade de relações emergentes da vida social, tão variável de lugar para lugar, de povo para povo.

Sendo, atualmente, a lei a fonte principal do direito, o costume, que é a fonte subsidiária, há de gravitar na órbita do direito escrito. Vigora e tem cabimento, até onde não chega a palavra do legislador, seja para regular as relações sociais em um mesmo rumo que o costume antes vigente, seja para estabelecer uma conduta diversa da consuetudinária.

O costume é, em regra, uma fonte supletiva e de mais alta relevância. Com o art. 4º da LICC, situa-se o costume, imediatamente, abaixo da lei, não se opondo ao direito escrito, mas ao legislado, pois, modernamente, o costume é formulado por escrito em repertórios.

Segundo o art. 4º da LICC, o recurso ao costume só tem cabimento quando se esgotam todas as potencialidades legais, garantindo, assim, a segurança jurídica. Daí seu caráter de fonte subsidiária, que procura completar a lei, preenchendo a lacuna. Acertado, pois, que o costume é fonte subsidiária de direito, cabe apurar como opera e qual a autoridade de sua extensão. Sendo que sua análise acusa dois elementos constitutivos, um externo e outro interno.

O primeiro, externo, é a constância da repetição dos mesmos atos, e observância uniforme de um mesmo comportamento, capaz de gerar a convicção de que daí nasce uma norma jurídica. Sua formação lenta e sedimentária, exige a frequência e a diuturnidade. Não vigora mais a exigência de nosso direito anterior (lei de 18 de agosto de 1769), que impunha, para que o costume tivesse força obrigatória, contasse mais de 100 anos. Sem a menção de um período predeterminado, a formação do costume exige lapso de tempo mais ou menos longo, devendo quem o

---

(10) *Op. cit.*, p. 184.

invoque prová-lo. Esta será, naturalmente, relativa, podendo constituir-se costume no decurso de tempo mais extenso, ou menos, conforme a matéria, a região ou a frequência do comportamento.

O segundo, interno, é a convicção de que a observância da prática costumeira corresponde a uma necessidade jurídica. Tal convicção deve ser tal, quer no sentido de que toda a sociedade a cultiva, quer no que ao menos uma parcela ponderável da comunidade a observa, quer ainda no de que uma categoria especial de pessoas a mantém.

10. NATUREZA JURÍDICA DO COSTUME

Costume é a reiteração constante de uma conduta, na convicção de ser a mesma obrigatória ou, em outras palavras, uma prática geral aceita como sendo o Direito.

Sobre a natureza jurídica dos costumes, imperam várias teorias, como a Teoria da Vontade Popular, que é aquela que entende que a obrigatoriedade do costume descansa no consenso popular tácito; porém, essa doutrina não pode ser aceita porque existem costumes vigentes que são, completamente, ignorados pelo povo.

Volnei Ivo Carlin transcreve um conceito simples sobre a criação dos costumes e sua importância: "E ser justo é julgar conforme a escala de valores comumente admitida pela sociedade em certa época, de tal maneira que a decisão seja reconhecida como boa pelo maior número de pessoas. Julgar contra a consciência popular pode constituir-se em ato injusto, como o é a interpretação da lei distanciada da época vivida."[11]

Quanto ao costume jurídico, a comprovação de sua origem é caracterizada por grande parte dessa espécie normativa ter nascido por obra de funcionários do Estado ou de Corporações que possuíam a faculdade de se regerem por normas próprias e de impô-las a todos os homens que delas dependiam.

Para Maria Helena Diniz, o costume, sem a formação de uma convicção jurídica, não pode ser tido como jurídico; seria simples uso social.

É preciso, portanto, distinguir do costume, como regra jurídica, os hábitos sociais, as práticas diuturnas dos indivíduos nas suas relações domésticas, ou dentro dos círculos estreitos de dadas categorias, ou nas praxes adotadas e cultivadas nas relações de amizade. Uns e outros, embora se adotem com frequência, não chegam a gerar normas jurídicas. O procedimento privado de um indivíduo ou de um grupo servirá para esclarecer as suas relações ou interpretar os seus negócios, mas não é regra jurídica de aplicação com caráter geral.

Para a grande maioria dos juristas, entre eles: Washington de Barros Monteiro, Vicente Ráo, Clóvis Bevilacqua, o costume jurídico é formado por dois elementos necessários: o uso continuado e a convicção jurídica (convicção da obrigatoriedade). Outra fonte de direito consuetudinário é a jurisprudência. Podemos entender por jurisprudência a interpretação da lei, feita pelos juízes e tribunais, nas suas decisões, estando firmada, quando uma questão é julgada e decidida reiteradamente da mesma maneira. Dizia Rui Barbosa: "Ninguém ignora, hoje em dia, que a jurisprudência modifica incessantemente as leis do direito privado. Toda codificação, apenas decretada, entra sob o domínio dos arestos, no movimento evolutivo que, com o andar dos tempos, acaba por sobrepor à letra escrita o direito dos textos judiciais."[12]

No *common law*, a jurisprudência é a principal expressão do direito, pois integra-se por julgados esparsos. O *common law* inglês procede da ação dos tribunais e não do povo inglês. Atualmente, o *common law* vem sendo, progressivamente, permeado e contrabalançado pelo desenvolvimento de leis escritas na Inglaterra e nos Estados Unidos.

Diferente do sistema jurídico anglo-saxônico, o romanístico proíbe decisões conforme o precedente, existindo, assim, a subordinação à lei, fonte jurídica primordial; consequentemente, não há que se falar em vinculação jurídica às decisões dos tribunais superiores e às suas próprias decisões, já que, ante a independência da magistratura, o órgão judicante pode alterar, conforme sua consciência e a lei, uma opinião formulada anteriormente ao decidir caso similar.

Gény apresenta críticas à concepção de que a jurisprudência possa ser um costume. Ao que responde Limongi França que a jurisprudência, para ser considerada como um autêntico costume jurídico, deverá preencher certos requisitos: não ferir ne-

---

(11) Disponível em: <https://repositorio.ufsc.br/bitstream/handle/123456789/106454/321102.pdf?sequence=1>. Acesso em: 23 out. 2014.

(12) *Apud* REALE, Miguel. *Noções Preliminares de Direito*. São Paulo, Saraiva, 199. p. 128.

nhum texto legal vigente; ser conforme à reta razão, ou seja, uma conclusão válida cujo preceito venha a atender os reclamos de uma lacuna; fazer com que à força de sua própria necessidade sociojurídica tenha encontrado na mente dos órgãos judicantes uma aceitação comum, reiterada e pacífica.

Maria Helena Diniz salienta que, tanto na França como no Brasil, o Juiz não tem poder de legislar e que o costume é oriundo do povo, e este, salvo exceção, como nos casos do plebiscito, não possui *munus* legislativo. No entanto, não é possível negar a força dos costumes oriundos do povo, e muito menos da jurisprudência.

Ante o fenômeno da uniformização das decisões judiciais e das súmulas dos tribunais superiores, poder-se-á dizer que a jurisprudência é, no sistema romanístico, uma fonte jurídica valiosa no preenchimento de lacunas. Adiante, veremos o papel da súmula vinculante.

São condições para a vigência de um costume: sua continuidade, sua uniformidade, sua diuturnidade, sua moralidade e sua obrigatoriedade. Pode-se dizer que o costume, sendo fonte subsidiária do direito, não requer sua alegação em juízo, pois o Juiz conhece o direito: *jura novit curia*. Porém, em virtude do caráter difuso da elaboração consuetudinária, muito se discute sobre a necessidade de sua prova, por aquele que o alega em juízo, a favor de sua pretensão.

11. ESPÉCIES DE COSTUME

São três espécies de costume: *consuetudo secundum legem, praeter legem* e *contra legem*. O costume *secundum legem* está previsto em lei, que reconhece sua eficácia obrigatória, por exemplo, o Código Civil de 1916 prescrevia: "O locatário é obrigado a pagar pontualmente o aluguel nos prazos ajustados e, em falta de ajuste, segundo o costume do lugar." O art. 1.219, por sua vez, assim afirmava: "A retribuição pagar-se-á depois de prestado o serviço, se, por convenção, ou costume, não houver de ser adiantada, ou paga em prestação."

A invocação do costume às vezes se dá no silêncio da lei, quando se encontra um aparente hiato nas suas disposições, preenchido pela observância de práticas costumeiras, de que os tribunais se valem para completar-lhe o preceito.

Outras vezes, quando é a própria lei que ordena a adoção dos costumes locais, o Juiz deve procurar, na sua função aplicadora da norma, casos em que a regra costumeira integra expressamente o direito positivo.

O costume é *praeter legem* quando se reveste de caráter supletivo, suprindo a lei nos casos omissos, preenchendo lacunas. É o que está contido no art. 4º da LICC.

Embora registrem a orientação da jurisprudência francesa no sentido da inaptidão do costume, para revogar a lei, admitem três exceções: a) as leis supletivas, como interpretativas da vontade das partes, cedem ao uso constante em contrário; b) as leis de circunstâncias motivadas por acontecimentos passageiros, desaparecem com eles, e é o costume que comprova o seu desuso. O problema não é de ab-rogação dissuetudinária, mas de revogação; c) o erro invencível e a regra *error communis facit ius*, na construção de uma teoria especial de erro de direito, já que, se individualmente inescusável, é suscetível de atingir a lei quando geral e inevitável, ou quando se apresenta sob a forma de uma "ignorância coletiva" da Lei.

Serpa Lopes pondera: "Uma lei pode impor tudo menos a sua irrevogabilidade, e, embora ela prescreva, como medida de segurança, que a sua revogação só se pode dar em razão de outra lei escrita, a realidade, através de um costume reiterado, enraizado nos dados sociológicos, em harmonia com as necessidades econômicas e morais de um determinado povo, é demasiado poderosa e capaz, portanto, de romper os diques de uma norma, justa em regra, mas que, excepcionalmente, pode se converter num mero artifício, respeitada, à semelhança de um filho que seguisse o paganismo paterno, somente para manter uma tradição, não escutando um apelo de sua própria consciência."[13]

12. EQUIDADE E PRINCÍPIOS GERAIS DE DIREITO

Os princípios gerais de direito são conceitos básicos de diversa gradação ou extensão, pois alguns cobrem o campo todo da experiência jurídica universal; outros se referem aos ordenamentos jurídicos pertencentes a alguns países; e outros são próprios do direito pátrio. O ordenamento jurídico se distri-

---

[13] GONÇALVES, Roberto Carlos. *Direito Civil Brasileiro*. Vol. 6. 9. ed. São Paulo: Saraiva, 2012. p. 87.

bui em faixas normativas ou sistemas normativos diferentes, correspondentes às diferentes esferas da realidade social. Cada região jurídica pressupõe diretrizes ou conceitos básicos que asseguram a unidade lógica dos institutos: princípios gerais do direito civil, do direito penal, do direito processual, do direito trabalhista. Além disso, os princípios gerais do direito se conexionam com elementos dos subsistemas fáticos e valorativos.

Um desajuste nos elementos que compõem o tridimensionalismo jurídico de Miguel Reale, definidos como fato, valor e norma, pode fazer surgir a lacuna. Os princípios gerais de direito então poderão ser invocados para dar solução ao caso concreto, sem que, contudo, se esqueça do primado da lei em nosso sistema jurídico: a lei é a fonte primária, característica do próprio sistema romano-germânico, devendo o juiz recorrer primeiramente à lei, aos costumes, já estudados e, por fim, aos princípios gerais de direito que por ora mencionamos.

Como é promulgada sem o conhecimento das peculiaridades do caso, e não é a vontade de um indivíduo que decide quanto à coerção que será empregada para aplicá-la, a lei não é arbitrária. Todavia, isto é verdadeiro apenas se entendermos por leis as normas gerais, aplicáveis igualmente a todos. O Legislativo está circunscrito por leis gerais, devendo lidar com problemas particulares de tal maneira que determinado princípio possa também ser aplicado em outros casos. Se o Legislativo infringir um princípio até então observado, embora talvez nunca declarado expressamente, deverá reconhecer tal fato e submetê-lo a um processo elaborado, a fim de verificar se as convicções básicas do povo realmente mudaram.

No Livro o *Direito como Salvaguarda da Liberdade*, Friedrich A. Hayekensina: "O juz terá de frequentemente resolver um quebra-cabeça para o qual pode haver mais de uma solução, mas em muitos casos já será difícil até mesmo encontrar a solução que seja adequada a todas as condições a que tem de satisfazer. A tarefa do Juiz será, pois, uma tarefa intelectual, não uma tarefa na qual suas emoções ou preferências pessoais, sua compaixão para com a dificuldade de uma das partes ou sua opinião sobre o objetivo particular possam afetar sua decisão. Terá ele um objetivo preciso, conquanto não um fim concreto, ou seja, o objetivo de desenvolver uma dada ordem de ações, ou proferir uma decisão que previna a recorrência dos mesmos conflitos. Ao tentar cumprir tal tarefa, o Juiz terá sempre de mover-se dentro do âmbito de um conjunto de normas que ele tem de aceitar e terá de preencher a lacuna dessas normas com uma decisão exigida pelo objetivo a que o sistema como um todo serve."[14]

13. EFEITO VINCULANTE DOS JULGADOS DA CORTE SUPREMA E DOS TRIBUNAIS SUPERIORES NO BRASIL

Tema que ultimamente tem preocupado os meios jurídicos do país é o do chamado efeito vinculante, que obrigaria nossos juízes e tribunais a pautar suas decisões pelos julgados do STF, eficácia que alguns pretendem estender às decisões dos Tribunais Superiores. À primeira vista, a providência parece acertada, de vez que asseguraria a uniformização da jurisprudência nacional e, com ela, a tão almejada, quanto difícil, *segurança jurídica*.

Sem dúvida que todos nós desejaríamos que fossem iguais as decisões proferidas em casos iguais, de modo que, com base nos precedentes, se tornasse realizável a antevisão do julgamento final das demandas. Mas, em verdade, será difícil, senão impossível, acontecer que em tudo se identifiquem duas causas submetidas à Justiça. Serão, no máximo, análogas, coincidindo em alguns pontos e divergindo em outros. Contudo, logo se vê que nesta altura deve entrar em cena a árdua ciência da interpretação das decisões, que só ela poderia traçar os limites entre os temas centrais e os periféricos.

E, aqui, precisamente, estão dois instrumentos (além de outros) de que se valem os juízes do sistema anglo-americano para fugir ao vínculo dos precedentes, o que fazem seja afirmando que os fatos examinados no julgado anterior são diferentes dos que posteriormente devem ser decididos, seja declarando que a regra invocada não integra as razões de decidir (*ratiodecidendi*) do juízo mais antigo.

A pluralidade de métodos hermenêuticos (gramatical, histórico, teleológico, sistemático, etc.) frequentemente conduz a interpretação de um texto legal a resultados muito diferentes. Considere-se, entretanto, que a lei tem uma estrutura por assim dizer linear, em que se busca a máxima clareza, inclusive

---

(14) HAYEK, Frederich August von. *Direito, Legislação e Liberdade*. Tradução de Anna Maria Capovilla. São Paulo: Editora Visão, 1985. p. 285.

mediante definições dos conceitos utilizados. Pois bem, a aplicação combinada dos vários métodos hermenêuticos pode conduzir a 144 entendimentos diferentes da mesma proposição normativa.

Pode-se prever, assim, que o efeito vinculante não terá grande força em termos de uniformização de jurisprudência, desde que, necessariamente, o acórdão do tribunal superior estará sempre sujeito à interpretação dos juízes, podendo, por tal via, ter sua aplicação negada à espécie.

Como sublinha de modo primoroso Miguel Reale, uma visão elevada do Poder jurisdicional pressupõe o superamento de uma concepção passiva da função dos magistrados, e, por conseguinte, da sentença como automática aplicação dos ditames da lei ao caso concreto, sem a participação criadora do juiz. Os estudos de hermenêutica, uma das formas de conhecimento mais expressivas de nosso tempo, vieram demonstrar que o ato interpretativo implica sempre uma contribuição positiva por parte do exegeta, mesmo porque o ato de julgar, talvez o mais complexo e dramático dentre os atos humanos, importa no dever de o juiz de situar-se, solitária e corajosamente, perante a prova dos autos e os imperativos da lei, a fim de enunciar o seu juízo, reflexo de sua amadurecida convicção e de seu foro íntimo. Poder-se-ia dizer que o juiz torna-se eticamente alheio aos rumores da rua para que possa justamente se pronunciar sobre a causa, o que envolve o emprego de todas as virtudes de sua personalidade, abstraindo-se de enganosas pressões imediatas para poder captar a essência do justo, tal como este vai historicamente se configurando. O julgamento definitivo da Súmula vem do eminente Miguel Reale[15], nestes termos: As Súmulas, como modelos jurisdicionais tendem a adquirir certa estabilidade, e não há nada dessa adoção oblíqua do *stare decisis* importada do *Common Law*, desde que não se resvale para a rotina. O dever dos juristas, tendo à frente a categoria pugnaz dos advogados, é zelar para que não se enferruje o mecanismo jurisdicional, de maneira que os modelos jurisdicionais sejam constantemente revistos, em razão de mutações supervenientes no sistema legal, ou, o que não é menos importante, em virtude da emergência de novos valores socioeconômicos, ou, por melhor dizer, culturais.

Atualmente, a súmula vinculante, vigente no Brasil desde a edição da Emenda Constitucional n. 45 e regulamentada pela edição da Lei Complementar n. 11.417/2006 tem ainda causado controvérsias, pois, ao passo que enquanto parte da doutrina vê a Súmula vinculante como um engessamento das decisões, outra corrente a vê como meio forma de proporcionar a "melhoraria a situação da morosidade processual, priorizando uma prestação jurisdicional mais eficaz e isonômica, diminuindo a atual insegurança jurídica e proporcionando maior credibilidade à justiça brasileira"[16].

É evidente que uma tal situação deriva de um sistema ao qual falta um mínimo de racionalidade. Não se pode fugir deste dilema: ou é necessário que todos estes feitos subam à apreciação da Corte Suprema e, neste caso, é imperioso o aumento do número dos seus juízes, ou é mais importante que se mantenha a Corte em suas dimensões atuais e, nesta hipótese, deve ser reduzido o montante dos feitos que lhe devem ser atribuídos.

A verdadeira missão das Cortes Supremas é a de velar pela boa aplicação das regras jurídicas pelas jurisdições inferiores e, como consequência, assegurar a unidade da jurisprudência. A sua missão direta e fundamental devia dirigir-se a reconduzir os Tribunais ao sagrado respeito da lei, à pureza e uniformidade de sua aplicação, a obedecê-la religiosamente.

A questão é complexa e um exame mais profundo que dela se quisesse fazer não caberia nos apertados limites deste estudo. Mas, sem dúvida, está a merecer uma séria consideração que, não haja dúvida, poderá contribuir para dar maior racionalidade e eficiência dos juízes e substituiriam a jurisprudência viva que acompanha os fatos cambiantes da vida corrente a um álgido repertório de soluções pré-moldadas.

CONCLUSÕES

A questão das "lacunas jurídicas" é recente, pois se tornou, na realidade, um problema teórico apenas no século XIX, quando se passou, com o positivismo jurídico, a conceber o sistema jurídico como autônomo e diferenciado.

---

(15) RUBIN, Fernando. Do Código Buzaid ao Projeto para um novo Código de Processo Civil. Construções/alterações ou retificação? *Revista Jus Navigandi*, Teresina, ano 16, n. 2865, 6 maio 2011. Disponível em: <http://jus.com.br/artigos/19064>. Acesso em: 27 ago. 2015.

(16) Disponível em: <http://jus.com.br/artigos/27223/sumula-vinculante-analise-critica#ixzz3H2kled5J>.

Dificilmente se sustentam as correntes doutrinárias que entendem que o sistema jurídico é fechado, porque todo comportamento está, deonticamente, nele determinado, sustentando, assim, o dogma da plenitude hermética do ordenamento jurídico, baseado no princípio de que "tudo o que não está proibido está permitido". Isto porque, no nosso entender, esse princípio não constitui uma norma jurídico-positiva, não conferindo, portanto, direitos e obrigações a ninguém, sendo assim um mero enunciado lógico, inferido da análise do sistema normativo. Considerado sob o prisma da linguagem, seria uma metalinguagem. Com isso, essas teorias fracassam no empenho de sustentar que todo sistema jurídico é uno, completo, independente e sem lacunas, pois concebem o direito sob uma perspectiva estática.

Há ainda quem considere as lacunas como uma questão processual que só aparece por ocasião da aplicação do direito num determinado caso concreto não previsto legalmente, fazendo com que o problema tome uma feição pragmática, chegando a afirmar que não há lacuna porque há juízes, com o que discordamos, pois a decisão judicial preenche, porém, não elimina a lacuna, não podendo, portanto, instaurar a completude, no sentido de garantir que toda ação possível tenha um *status* deôntico. Mesmo diante do citado efeito vinculante, pois é meio supletivo e não impede que o legislador, ao trazer ao ordenamento novas regras, traga, também, novos espaços a serem preenchidos pelo estudo do tema. Além disso, a tarefa integradora do magistrado não é autônoma nem mesmo arbitrária, deve ater-se sempre às pautas autorizadas pela ordem jurídica.

Partindo do ponto de vista de que o sistema jurídico é aberto e incompleto, podemos concluir que o direito é um fenômeno dinâmico e bastante complexo, com aspecto multifário, contendo várias dimensões: normativa, fática e axiológica. De maneira que o sistema jurídico compõe-se de três subsistemas isomórficos: o de normas, o de fatos e o de valores. Se esta isomorfia se quebrar surgem lacunas, que podem ser colmatadas passando-se de um subsistema a outro. Havendo, portanto, inadequação entre os subsistemas em razão da sua própria evolução interna, pode dar origem a uma situação indesejável em que a norma e o fato correspondente entrem em conflito com o valor que os informa, ou que o fato, em razão de uma modificação social, não mais atenda aos ditames axiológicos, conflitando assim com a norma.

O direito é lacunoso, sob o prisma dinâmico, já que se encontra em constante mutação, pois vive com a sociedade, sofre com ela, recebendo a cada momento o influxo de novos fatos e valores, não havendo possibilidade lógica de conter, em si, prescrições normativas para todos os casos. As leis são, indubitavelmente, sempre insuficientes para solucionar os infinitos problemas da vida. O legislador, por mais hábil que seja, não consegue, de maneira alguma, reduzir os comandos legislativos às necessidades do momento, abrangendo todos os casos emergentes da constante elaboração da vida social que vêm pedir garantia ao direito; por mais que dilate o alcance e significado desses dispositivos, estes jamais conterão as ondulações que as necessidades da vida coletiva exigem.

Se não se admitissem lacunas no direito, sob o prisma dinâmico, o Poder Legislativo nada teria que fazer, pois todas as condutas já estariam prescritas, em virtude do princípio "tudo o que não está proibido está permitido". E, além disso, se não há lacunas porque há juízes, eles, com base nos arts. 4º e 5º da Lei de Introdução ao Código Civil brasileiro, iriam eliminando-as. Contudo, tal não ocorre, pois apenas as colmatam, assim como em outros países citados.

O juiz determina soluções jurídicas individuais que só valem para cada caso concreto, normas essas que só poderão ascender a normas jurídicas gerais somente depois de um posterior processo de recepção por uma lei. A instauração de um modelo jurídico geral é da competência do Poder Legislativo; só ele, em regra, poderá modificar as normas jurídicas, criando novas normas, aptas para atender e satisfazer as novas necessidades sociais. O juiz não pode substituir ao legislador. A teoria das lacunas tem dois escopos: fixar os limites para as decisões do órgão judicante e justificar a função do Poder Legislativo, o que atende aos imperativos do caráter dinâmico do direito. Assim sendo, as omissões legislativas, por exemplo, no âmbito juscivilista devem e podem ser supridas pelos mecanismos integradores, já que as normas civis são de tipo aberto, atendendo-se, contudo, que a criação de novos modelos jurídicos civis só pode ser feita pelo Legislativo.

O direito apresenta lacunas, porém, é, concomitantemente, sem lacunas, o que poderia parecer paradoxal se captarmos o direito estaticamente. É ele lacunoso, mas seu próprio dinamismo apresenta solução para qualquer caso *sub judice*, dada pelo Poder Judiciário ou Legislativo. O próprio direito supre seus espaços vazios, mediante a aplicação e criação de normas, de forma que o sistema jurídico não é completo, mas completável.

Em que pese este entendimento, está longe se representar solução para o tema, pois não se encontra uma doutrina que ofereça as coordenadas básicas que levem a uma opinião unânime do que seja a lacuna.

Por isso, consideramos que a lacuna é uma aporia, uma questão aberta, uma vez que recebe várias respostas, conforme as premissas que se adotem ou posição ideológica que se tenha.

Admitida a existência de lacunas surge o problema de sua constatação e preenchimento, que só pode ser resolvido pela argumentação tópica, precedida por uma intuição heurística, pois descobre certas premissas que irão orientar na decisão do caso concreto *sub judice*, ao empregar os meios supletivos indicados pelo próprio ordenamento jurídico em estudo. Ao preencher lacunas o órgão judicante não cria direito novo; nada mais faz senão desvendar normas e equilibrar princípios que, implicitamente, estão contidos no próprio ordenamento jurídico.

"Um Código não é obra da ciência e do talento unicamente; é, sobretudo, a obra dos costumes, das tradições, em uma palavra, da civilização, brilhante ou modesta, de um povo."

José de Alencar

REFERÊNCIAS

BERLINGUER, Giovanni. *Questões de Vida (ética, ciência, saúde)*. São Paulo: APCE/HUCITEC/CEBES, 1993.

BEVILACQUA, Clóvis. *Teoria Geral do Direito Civil*. 3. ed. Rio de Janeiro: Livraria Francisco Alves. Editora AS, 1980.

BITTAR, Carlos Alberto. *Responsabilidade Civil Médica, Odontológica e Hospitalar*. São Paulo: Saraiva, 1991.

BOBBIO, Norberto. *Teoria do Ordenamento Jurídico*. Trad. Claudio de Cicco e Maria Santos. Brasília: Universidade de Brasília, 1994.

CARRAZZA, Roque Antônio. *Curso de Direito Constitucional Tributário*. 5. ed. São Paulo: Malheiros, 1993.

DE PLÁCIDO E SILVA. *Vocabulário Jurídico*. 10. ed. Rio de Janeiro: Forense, 1987.

DINIZ, Maria Helena. *As Lacunas no Direito*. 9. ed. São Paulo: Saraiva, 2009.

FIORILO, Celso A. Pacheco. *Direito Ambiental e Patrimônio Genético*. Belo Horizonte: Editora Del Rey, 2006.

HAYEK, Frederich August von. *Direito, Legislação e Liberdade*. Tradução de Anna Maria Capovilla. São Paulo: Editora Visão, 1985.

LENZA, Pedro. *Direito Constitucional Esquematizado*. 12. ed. atual. e ampl. São Paulo: Saraiva, 2008.

MAZZILLI, Hugo Nigro. *A Defesa dos Interesses Difusos em Juízo – meio ambiente, consumidor e outros interesses difusos e coletivos*. 10. ed. rev., ampl. e atual. São Paulo: Saraiva, 1998.

MEIRELLES, Hely Lopes. *Mandado de Segurança, Ação Popular, Ação Civil Pública, Mandado de Injunção e* Habeas Data. 19. ed. atual. por Arnoldo Wald. São Paulo: Malheiros, 1998.

REALE, Miguel. *Noções Preliminares de Direito*. São Paulo: Saraiva, 1999.

VANDICK L. da Nóbrega. *Compêndio de Direito Civil*. Editora Freitas Bastos. Vol. 1, 1975.

WOLKMER, Antonio Carlos. *Fundamentos de história de direito*. 3. ed. 2. tir. rev. e ampl. Belo Horizonte: Del Rey, 2006.

A Pluralidade Midiática como Forma de Fortalecimento da Democracia

Malu Maria de Lourdes Mendes Pereira
Auditora Fiscal da Receita Estadual (MG) e professora de Direito Administrativo e Direito Civil na Faculdade de Direito de São Lourenço/MG (UNISEPE). Graduada em Direito e em Comunicação Social, Pós-graduada e Mestre em Direito Constitucional pela Faculdade de Direito do Sul de Minas (FDSM). Também possui especializações em Direito Tributário, Direito do Estado, Direito Civil e Direito Notarial e Registral. É frequentadora dos cursos intensivos válidos para o doutorado em Direito Constitucional da *Universidad de Buenos Aires*, já tendo concluído os créditos.

1. INTRODUÇÃO

A liberdade de expressão é um dos direitos fundamentais mais importantes para o fortalecimento e manutenção da democracia. Nas Américas e, em especial, na América Latina, o referido direito tem sido frequentemente violado[1].

A aprovação da Lei n. 12.965, de 23 de abril de 2014, o chamado *Marco Civil da Internet*, aponta para a aproximação de uma discussão maior que provavelmente ocorrerá no Brasil nos próximos anos: a Regulação da Mídia[2]. Os operadores do Direito não poderão se furtar ao debate, por isso, a importância da presente investigação.

O estudo ora apresentado tem por objetivo ressaltar a importância deste direito fundamental para a democracia, mas não da forma unidimensional como ele é compreendido por alguns autores. Para tanto, será necessário realizar uma releitura do direito à liberdade de expressão ressaltando sua faceta pluralista, que orienta no sentido de que seja permitido dar efetiva voz aos diversos setores sociais.

Este artigo foi dividido em duas grandes partes. A primeira pretendeu abordar o direito à liberdade de expressão enfocando seu papel em um contexto democrático e ressaltando a importância da pluralidade midiática a fim de permitir o equilíbrio neste ramo entre setores econômicos, Ente Estatal e sociedade. A segunda parte apresentou o estudo de caso do grupo Clarín da Argentina, enfocou-se sua importância econômica, política e descreveu-se a impugnação realizada pelo grupo contra a *Ley n. 26.522, a Ley de Servicios de Comunicación Audiovisual*. Tal estudo é importante para que se possa ter um parâmetro comparativo entre Argentina e Brasil a fim de se aproveitar o positivo do ocorrido naquele país e evitar o que foi negativo, objetivando, assim, elevar o nível dos debates quando o tema for colocado em questão por aqui.

---

(1) Somente a título de exemplificação, pode-se mencionar o relatório da organização não governamental Repórteres Sem Fronteira em que se consta o Brasil como 99º país do mundo em termos de respeito à liberdade de expressão, ao lado de países como Uganda, Quênia e Israel. O Chile está em 43º, a Argentina em 57º, o Peru em 92º e a Venezuela em 137º. *2015 World Press Freedom Index*. Disponível em: <http://index.rsf.org/#!/>. Acesso em: 20 jun. 2015.

(2) EKMAN, Pedro. *O governo enterrou de novo o debate da regulação da mídia?* Carta Capital. Disponível em: <http://www.cartacapital.com.br/blogs/intervozes/governoenterroudenovoodebatedaregulacaodamidia3331.html>. Acesso em: 20 jun. 2015.

Por fim, tentou-se projetar o cenário ideal a fim de que se possa construir o melhor mercado midiático possível em que predominem os interesses coletivos e não de um grupo econômico ou de um Estado que não represente verdadeiramente os interesses da sociedade.

2. DESENVOLVIMENTO

2.1. A Liberdade de Expressão e a Importância para a Democracia

A liberdade de expressão é um dos instrumentos que permitem o equilíbrio e o controle do poder[3]. Seu conceito foi desenvolvido no século XIX e o que se pretendeu foi assegurar uma eficaz formação e informação dos cidadãos que seriam os novos titulares do poder no Estado Moderno.

Pues los institutos de la libertad de prensa, expresión, pensamiento y prohibición de censura previa, se originan a fin de proteger y consolidar a los nacientes procesos democráticos en el siglo XIX. El objetivo era asegurar una eficaz formación e información de los ciudadanos, nuevos soberanos en la titularidad del poder político en las constituciones de los estados modernos nacientes.[4]

O referido direito fundamental possui duas dimensões. A dimensão individual determina que ninguém poderá ser proibido de expressar seu pensamento, já a dimensão coletiva diz que é direito de todos receber qualquer informação e conhecer a expressão do pensamento alheio[5].

Na Constituição brasileira de 1988, o direito fundamental à liberdade de expressão é expressamente previsto no art. 5º, incisos IV e IX, e no art. 220 *caput* e § 2º. Já o constituinte argentino reconhece o direito à liberdade de expressão nos arts. 14[6] e 32[7] da Ley Fundamental[8].

En su dimensión individual, la libertad de expresión no se agota en el reconocimiento teórico del derecho a hablar o escribir, sino que comprende además, inseparablemente, el derecho a utilizar cualquier medio apropiado para difundir el pensamiento y hacerlo llegar al mayor número de destinatarios. La dimensión social implica un derecho colectivo a conocer el pensamiento ajeno. Ambas dimensiones poseen igual importancia y deben ser garantizadas plenamente en forma simultánea para dar total efectividad al derecho a la libertad de pensamiento y de expresión en los términos previstos en el artículo 13 de la CADH.[9]

A liberdade de imprensa é um desdobramento da liberdade de expressão[10] e o art. 43[11] da Constituição argentina, assim como ocorre na brasileira,

---

(3) LORETI, Damián M., SABSAY, Daniel A. *El fallo "Grupo Clarín"*: dos puntos de vista. 1. ed. Santa Fé. Rubinzal-Culzoni, 2014. p. 7.

(4) BERCHOLC, Jorge O. *Temas de Teoría del Estado*. 2. ed. Ciudad Autónoma de Buenos Aires: La Ley, 2014. p. 181-182.

(5) LORETI, Damián M.; SABSAY, Daniel A., *op. cit.*, p. 10.

(6) Artículo 14º Todos los habitantes de la Nación gozan de los siguientes derechos conforme a las leyes que reglamenten su ejercicio, a saber: de trabajar y ejercer toda industria lícita; de navegar y comerciar; de peticionar a las autoridades; de entrar, permanecer, transitar y salir del territorio argentino; **de publicar sus ideas por la prensa sin censura previa**; de usar y disponer de su propiedad; de asociarse con fines utiles; de profesar libremente su culto; de ensenhar y aprender.

(7) Artículo 32º El Congreso federal no dictará leyes que restrinjan la libertad de imprenta o establezcan sobre ella la jurisdicción federal.

(8) LORETI, Damián M.; SABSAY, Daniel A., *op. cit.*, p. 9.

(9) LORETI, Damián M.; SABSAY, Daniel A., *op. cit.*, p. 17.

(10) LORETI, Damián M.; SABSAY, Daniel A., *op. cit.*, p. 10.

(11) Artículo 43º Toda persona puede interponer acción expedita y rápida de amparo, siempre que no exista otro medio judicial mas idóneo, contra todo acto u omisión de autoridades públicas o de particulares, que en forma actual o inminente lesione, restrinja, altere o amenace, con arbitrariedad o ilegalidad manifiesta, derechos y garantías reconocidos por esta Constitución, un tratado o una ley. En el caso, el juez podrá declarar la inconstitucionalidad de la norma en que se funde el acto u omisión lesiva. (...)

Toda persona podrá interponer esta acción para tomar conocimiento de los datos a ella referidos y de su finalidad, que consten en registros o bancos de datos públicos, o privados destinados a proveer informes, y en caso de falsedad o discriminación, para exigir la supresión, rectificación, confidencialidad o actualización de aquellos. **No podrá afectarse el secreto de las fuentes de información periodística.**

(...)

garante o sigilo da fonte como forma de garantir a liberdade dos meios de comunicação[12].

A maior ameaça à liberdade de expressão sempre foi a censura prévia, notadamente a censura estatal. Ao longo da história temos acompanhado diversos episódios em que os governos tentam limitar a informação e a variedade de opiniões disponíveis para o público[13]. Isso é feito tanto por limitação direta de conteúdo como por meio indireto realizado pela retirada de licenças de radiodifusão dos meios que criticam diretamente a figura estatal, ou seja, censura indireta.

Na América Latina, a política de premiação dos amigos e punição dos inimigos pode ser constatada ao longo da história[14]. Até mesmo no caso ora em estudo, envolvendo o grupo Clarín, pudemos perceber que a ditadura militar o favoreceu, com o aumento de seu poderio econômico, durante os anos em que esteve à frente do governo argentino e, em troca, os ditadores que se seguiram receberam apoio do conglomerado.

Não se pode deixar de mencionar que a censura estatal não é a única que deforma e afeta a liberdade de expressão. O autor americano Owen M. Fiss nos apresenta o conceito de censura empresarial (*managerial censorship*) que é aquela promovida pelos meios de comunicação que cedem a pressões econômicas, e não pressões por parte do governo, e não cobrem corretamente assuntos de importância pública[15].

La amenaza de la censura estatal es muy conocida por parte de los que se dedican a estudiar los medios de comunicación. Aun así, se ha prestado poca atención a lo que yo llamaré la "censura empresarial" (managerial censorship). La censura empresarial tiene lugar cuando los editores, los directores o los dueños de un diario, o de un canal de televisión o de una estación de radio, en respuesta a presiones económicas y no a las del gobierno, no cubren los asuntos de importancia pública de una manera completa y equilibrada y de esa manera incumplen sus responsabilidades democráticas.[16]

Este tipo de censura é tão ou até mesmo mais nefasto para a democracia do que a censura estatal. A motivação destes grupos midiáticos é apenas o lucro e não se importam minimamente com o compromisso que todo meio de comunicação deve ter com a democracia, ou seja, o fornecimento de informações imparciais e provenientes de diferentes fontes[17].

Muitas vezes, para conter a censura empresarial, o governo deve atuar por meio de leis que regulamentem o setor. Tal atuação permite o aumento da capacidade dos cidadãos para exercer a autodeterminação coletiva[18]. Owen Fiss afirma, e nós no aliamos a este pensamento, que o Ente Estatal tem um papel crucial na robustez e na pluralidade do debate público tanto na postura ativa como na omissiva[19].

En el contexto da censura estatal, el Estado es el enemigo de la libertad. Sin embargo, cuando enfrentamos la censura empresarial, acudimos el estado, caso como lo hacemos en relación con el sistema de educación formal, como amigo de la libertad.[20]

Vale lembrar que a liberdade de expressão é um direito fundamental e, como tal, não é absoluto. Pode sofrer certos tipos de limitação em função de seu melhor exercício[21]. A limitação estatal que defendemos deve objetivar os interesses coletivos com vistas ao fortalecimento da democracia por meio do desenvolvimento intelectual de toda a sociedade. Sobre este assunto, nos aprofundaremos melhor mais adiante.

---

(12) LORETI, Damián M.; SABSAY, Daniel A., *op. cit.*, p. 12.
(13) FISS, Owen M. *Democracia y Disenso. Una Teoría de la Libertad de Expressión*. 1. ed. Buenos Aires: Ad-Hoc, 2010, p. 150.
(14) FISS, Owen M., *op. cit.*, p. 151.
(15) FISS, Owen M., *op. cit.*, p. 152.
(16) FISS, Owen M., *op. cit.*, p. 152.
(17) FISS, Owen M., *op. cit.*, p. 152-153.
(18) FISS, Owen M., *op. cit.*, p. 154.
(19) GARGARELLA, Roberto. PIQUÉ, Maria Luisa. Prólogo. FISS, Owen M. *Democracia y Disenso. Una Teoría de la Libertad de Expression*. 1. ed. Buenos Aires: Ad-Hoc, 2010. p. 15.
(20) FISS, Owen M., *op. cit.*, p. 153.
(21) FISS, Owen M., *op. cit.*, p. 155.

2.2. A Pluralidade Midiática como Forma de Fortalecimento da Democracia

Citando as palavras de Zaffaronni *os meios audiovisuais são formadores de cultura* e da criação de valores, acrescenta Damián Loretti[22]. Isso porque são instrumentos de educação informal[23].

A democracia é a forma de governo que delega maior poder de governo aos cidadãos individuais. Por meio da filosofia, "um homem, um voto", o sufrágio universal proclama a igualdade moral entre os cidadãos[24]. Entretanto, vimos, por vezes, ao longo da história, a tentativa de retirar tal poder das classes menos favorecidas economicamente usando a justificativa de que a falta de instrução não lhes permitiria tomar a decisão mais acertada para seu próprio futuro. Para evitar tal situação injusta e permitir o acesso de todos ao sistema democrático é que hoje existe a obrigatoriedade da educação formal, pelo menos primária e secundária. O objetivo é dar condições de que todos votem conscientemente[25].

No entanto, o sistema democrático não é formado apenas por sua estrutura de educação formal. A educação informal, aquela que não é fornecida pelas escolas formais, também é muito importante. Um dos principais agentes promotores da educação informal são os meios de comunicação[26].

El sistema de educación informal tiene muchos componentes – películas, libros, revistas de opinión, propaganda gráfica – pero el componente principal lo constituyen los medios de comunicación masiva – los diarios, la radio y la televisión – los ciudadanos dependen de los medios de comunicación para recibir información concerniente a la política y al mundo. Hoy en día en los Estados Unidos damos por sentada la existencia de los medios, y dedicamos mucha atención a las tecnologías de la comunicación recientemente introducidas por las computadoras y por internet.[27]

Apesar de ter ocorrido o aumento da influência da Internet não se pode negar que os meios de comunicação tradicionais ainda são extremamente importantes na educação informal, uma vez que eles não exigem uma postura ativa do receptor da informação no sentido de ir procurá-la. A referida atitude no caso da televisão, do rádio e, de maneira menos acentuada, dos jornais é passiva. O receptor da mensagem apenas "aperta um botão" e a informação chega. A internet exige uma ação de busca, um comportamento ativo, que pode diminuir a dependência dos meios de comunicação, mas que ainda não foi capaz de acabar com a popularidade e a facilidade de acesso dos meios que se encontram há mais tempo no mercado.

O fato de ser um dos principais instrumentos da educação informal é que permite aos meios de comunicação desempenhar um papel fundamental no contexto democrático. Os meios, em especial, os tradicionais, são capazes de definir uma agenda temática de discussões (*agenda setting*)[28] e influenciar o debate público. Por conta disso, possuem a responsabilidade de prover os cidadãos de informações e variedade de opiniões para que eles possam formar suas próprias preferências e escolher inteligente e reflexivamente[29].

Entonces, entiende el voto que siendo la función de los medios "ser instrumentos de la libertad de expresión y no vehículos para restringirlas, razón pela cual es indispensable que recojan las más diversas informaciones y opiniones", y que es "precondición de la democracia" la discusión libre y abierta de los asuntos públicos, "resulta necesario garantizar el acceso igualitario de todos los grupos y personas a los medios masivos de comunicación".[30]

---

(22) LORETI, Damián M.; SABSAY, Daniel A., *op. cit.*, p. 56.
(23) FISS, Owen M., *op. cit.*, p. 148.
(24) FISS, Owen M., *op. cit.*, p. 147.
(25) FISS, Owen M., *op. cit.*, p. 147.
(26) FISS, Owen M., *op. cit.*, p. 148.
(27) FISS, Owen M., *op. cit.*, p. 148.
(28) BERCHOLC, Jorge O., *op. cit.*, p. 181.
(29) FISS, Owen M., *op. cit.*, p. 150.
(30) LORETI, Damián M.; SABSAY, Daniel A., *op.cit.*, p. 49.

Infelizmente, não se pode afirmar que os meios de comunicação latino-americanos que, em sua maioria, são dominados por conglomerados econômicos[31], definam a agenda temática de discussões de forma a favorecer a sociedade. O que se constata é que tais meios vêm sendo utilizados a fim de apresentar para a opinião pública e influenciá-la a seu favor; temas que interessem aos grupos econômicos[32].

Por outro lado, também não se pode permitir que o Ente Estatal se torne *curador* da qualidade do discurso público, ou seja, não se pode dar exclusivamente a ele, ou seja, a função de analisar o que merece ou não ser dito por conta do risco que se corre da ocorrência de censura[33].

Cabe destacar que en la cuestión debe dejarse de lado lo relativo a una supuesta "batalla gobierno-medios" (o con un medio en particular). En democracia las cuestiones deben plantearse en un marco de paz y de tolerancia en aras de la búsqueda de los consensos que permitan la obtención de soluciones legítimas abarcadoras del más amplio apoyo posible de parte de la comunidad. Pero sobre todo, no debe olvidarse que lo que está en juego es el alcance de la libertad de expresión entendida en las dimensiones que acabamos de señalar. Por lo tanto, lo que se debate es el interés de todos y de cada uno de los integrantes de la comunidad en el logro de una norma que supere los problemas que presenta la ley vigente y que, por lo tanto, garantice mayor pluralismo, ausencia de controles previos, participación ciudadana en los debates públicos, en suma, la elaboración de uno de los insumos más importantes para la construcción de un Estado de Derecho genuino.[34]

Há que se obedecer a uma regra de proporcionalidade: os benefícios do debate público que produzam a regulamentação estatal devem ser tantos que justifiquem qualquer limitação à liberdade de expressão[35]. A falsa máscara de "amigo da liberdade" não pode dar ao Estado o poder de silenciar seus críticos e tampouco pode ser usada para impedir que informações vitais sobre sua administração e suas políticas cheguem ao grande público[36].

Não se pode permitir tampouco que meios dominados pelo setor privado determinem uma agenda e influenciem a opinião pública de modo a colaborar apenas com os interesses econômicos dos grandes grupos de comunicação. Algumas vezes, tais interesses se sobrepõem ao interesse coletivo e isso é prejudicial ao debate público.

Por conta disso é que o Estado, notadamente, o Poder Executivo, não pode se omitir da regulação do mercado de comunicação com vistas a não permitir que apenas o ponto de vista de grupos empresariais prevaleça. Sua atuação deve ser no sentido de privilegiar o pluralismo, já que a sociedade é diversa. Os múltiplos pensamentos devem estar representados no mercado comunicacional.

(...) Y agrega que esa necesidad surge también de la especificidad de los bienes jurídicos protegidos, dado que los medios son bienes valiosos para la preservación de identidades culturales y garantes del pluralismo. De allí la tensión entre la libertad comercial y la necesidad de asegurar una libertad de expresión amplia, plural y diversa.[37]

O objetivo a ser perseguido é o equilíbrio entre Estado e setor privado. Não se pode conceber um conjunto de meios em que prevaleça a censura estatal nem que prevaleça a censura empresarial.

---

(31) Apenas para citar os mais conhecidos: Globo (Brasil); Televisa (México); Cisneros (Venezuela); e Clarín (Argentina). MELO, Paulo Victor. *Leis de Mídia na América Latina e mecanismos de impedimento à concentração da propriedade*. Trabalho apresentado ao Grupo de Trabalho Políticas de Comunicação do VI Congresso da Associação Brasileira de Pesquisadores em Comunicação e Política (VI COMPOLÍTICA), na Pontifícia Universidade Católica do Rio de Janeiro (PUC-Rio), de 22 a 24 de abril de 2015. Disponível em: <http://www.compolitica.org/home/wp-content/uploads/2015/04/GT7-Melo.pdf>. Acesso em: 20 jun. 2015, p. 03.

(32) MELO, Paulo Victor, *op. cit.*, p. 04.

(33) FISS, Owen M. *A ironia da liberdade de expressão. Estado, regulação e diversidade na esfera pública*. Tradução e prefácio de Gustavo Binenbojm e Caio Mário da Silva Pereira Neto. Rio de Janeiro: Renovar, 2005. p. 08.

(34) LORETI, Damián M.; SABSAY, Daniel A. *op. cit.*, p. 13.

(35) FISS, Owen M., *op. cit.*, p. 156.

(36) FISS, Owen M., *op. cit.*, p. 156-157.

(37) LORETI, Damián M.; SABSAY, Daniel A., *op. cit.*, p. 54.

O equilíbrio entre regulação Estatal e atuação empresarial é extremamente difícil de ser alcançado na prática. Para alguns autores, a fim de evitar a censura, o Poder Judiciário poderia adquirir o papel de garante e determinar, no caso concreto, o limite entre atuação estatal saudável e imposição do ponto de vista de governos mal-intencionados. Seria a visão imparcial dos magistrados, e seu isolamento em termos de questões políticas, o que iria permitir a manutenção de um sistema saudável em que nem o Estado abuse de seu poder e nem os interesses de grupos econômicos se sobreponham aos interesses coletivos[38].

> El juez recuerda a continuación que el garante último del pluralismo es el Estado y cita particularmente al Tribunal Constitucional alemán diciendo que "las tendencias a la concentración deben contrarrestarse con la mayor rapidez y eficacia posibles ya que es muy difícil en este ámbito reparar los errores cometidos". Ampliando la cita agrega luego que "la importancia de la radiodifusión como configuradora de opinión impide que ella quede, sin más, en las manos del mercado".[39]

Em países em que o Poder Judiciário verdadeiramente não sofre influências políticas tal solução seria perfeita, mas o fato é que não se pode afirmar que no Brasil, em que a cúpula do Judiciário é nomeada por indicação política, tal falta de ingerência ocorreria. Portanto, para nós, além de regulação dos meios de comunicação, deve haver um profundo acompanhamento da aplicação desta lei por parte da opinião pública e dos grupos sociais, a fim de que tal instrumento normativo não seja usado para dar a falsa aparência democrática em um contexto em que impere a censura.

2.3. Estudo de Caso – O Grupo Clarín e sua Relação com o Governo Argentino

O conglomerado Clarín é o principal grupo de comunicação da Argentina, possui um canal de TV aberta na Capital Federal, que é considerada a detentora da segunda maior audiência de Buenos Aires (*El Trece*), além de outros oito canais que alcançam o interior do país. Possui também seis jornais, um deles o jornal de maior circulação do país e dispõe do maior serviço de televisão paga da Argentina, além de nove sinais de TV a cabo. É de sua propriedade a "Mitre", que é a segunda rádio mais escutada do país e mais duas emissoras de FM no interior e é acionista majoritário da empresa estatal Papel Prensa que é a fabricante e vendedora do papel em que se imprimem todos os jornais do país[40].

O referido grupo de comunicação mantinha ligações muito próximas com a ditadura militar que governou o país entre os anos de 1966 e 1973, inclusive, nesta época, o Clarín adquiriu o controle majoritário da Papel Prensa. Depois da democratização, o relacionamento com os diversos governos que se sucederam continuou amigável, apesar de um pouco mais distante[41].

O conflito entre o grupo Clarín e o Estado Argentino governado pelos Kirchner[42] provavelmente teve início, ou se fortaleceu, em 2008, na ocasião da chamada "*guerra del campo*", que foi uma paralisação que durou 129 dias, realizada pelas quatro principais organizações agropecuárias do país, a saber, *Sociedad Rural Argentina*, *Confederaciones Rurales Argentinas*, *CONINAGRO y Federación Agraria Argentina*, que protestaram contra a Resolução n. 125/2008, a qual trazia restrições a exportação de soja, trigo e milho[43].

> Fuentes vinculadas a Clarín reconocen que en 2008 el expresidente Néstor Kirchner pidió al consejero delegado del grupo, Héctor Magnetto, que lo apoyara en su cruzada contra los colectivos agrarios, pero éste se puso del lado de estos últimos. El periódico Clarín tiene un suplemento semanal sobre agricultura y organiza cada año la feria más importante de este sector clave en la economía argentina. Las fuentes citadas también admiten que al mismo tiempo Magnetto le pidió a Kirchner que le fa-

---

(38) FISS, Owen M., *op. cit.*, p. 157.

(39) LORETI, Damián M.; SABSAY, Daniel A., *op. cit.*, p. 54.

(40) PEREGIL, Francisco; REBOSSIO Alejandro. Las claves del caso Clarín. *El país*. Disponível em: <http://internacional.elpais.com/internacional/2012/12/08/actualidad/1354927610_660431.html>. Acesso em: 01 fev. 2015.

(41) PEREGIL, Francisco; REBOSSIO Alejandro, *op. cit.*

(42) Néstor Carlos Kirchner, que governou o país de 25 de maio de 2003 a 10 de dezembro de 2007 e faleceu em 27 de outubro de 2010, e Cristina Fernández de Kirchner, que iniciou seu governo em 10 de dezembro de 2007 e é a atual presidente.

(43) PEREGIL, Francisco; REBOSSIO Alejandro, *op. cit.*

cilitara la compra de Telecom Argentina (propiedad de Telecom Italia), pero éste se negó. Otras fuentes, ajenas a Clarín, señalan que hubo desavenencias de orden económico entre Néstor Kirchner y Héctor Magnetto.[44]

O Clarín apoiou declaradamente os empresários do setor agrário, adotando uma linha editorial única para todas as empresas de comunicação do grupo no sentido de militar contra as retenções das exportações.

A linha editorial foi tão forte que levantou suspeitas se havia outras razões para o referido apoio por trás da fachada do conflito "governo x campo". Aparentemente o que o grupo pretendia era diminuir a expansão do intervencionismo estatal realizada pelo governo[45].

2.4. A Lei n. 26.522, Lei de Serviços de Comunicação Audiovisual

A Lei n. 26.522 foi promulgada e sancionada em 10 de outubro de 2009 e passou a regular o Serviço de Comunicação Audiovisual na República Argentina substituindo a legislação anterior (*Ley de Radiodifusión* n. 22.285) elaborada e aprovada na época da ditadura militar (1980). Inicialmente, a mudança na política de distribuição dos meios audiovisuais foi defendida por grupos sociais organizados e, posteriormente, adotada como bandeira por Cristina Kirchner[46].

A inovação trazida pela lei foi significativa e as principais modificações foram: estabelecimento da divisão do espaço radioelétrico entre governo, iniciativa privada e grupos sociais organizados (em partes iguais); limitação de quantidade de licenças de rádio, televisão e serviços de TV paga; determinação de que empresas estrangeiras poderiam possuir até 30% de qualquer meio audiovisual; limitação a 60%, pelo menos, do que se difunde em canais de TV aberta sejam produzidos na Argentina; e que 30% das músicas executadas sejam locais[47].

O objetivo principal da lei, que motivou todos os atos de sua elaboração, foi ampliar o acesso às licenças para meios de comunicação audiovisuais por parte dos grupos sociais organizados a fim de permitir maior pluralidade na comunicação e respeito ao que for local. Assim, não apenas os grupos com grande poder econômico poderiam fazer chegar sua mensagem à opinião pública, como também todos os grupos sociais. Tal procedimento pretendeu valorizar a sociedade que é bastante diversa. Vale ressaltar que não apenas a sociedade argentina é diversificada; isso também pode ser constatado no restante da América Latina.

Há autores que defendem que a lei foi correta, legítima e resolveu questões de fundamental importância no tocante ao direito à liberdade de expressão, principalmente no que se refere ao papel do Estado como garantidor deste direito[48]. Afirmam também que a Corte Argentina tomou a melhor decisão objetivando acatar os interesses da sociedade e visando o bem coletivo.

Há outros autores que defendem que a lei foi excessiva a ponto de afetar o direito fundamental: a liberdade de expressão. Entre eles, pode-se destacar Daniel Alberto Sabsay que afirma que a Lei de Meios trouxe uma restrição tão grande à liberdade de expressão que pode ser considerada quase um meio de censura indireta, uma vez que se trataria de verdadeira revisão antecipada do conteúdo a que a opinião pública poderia ter acesso.

La utilización de medios de censura indirecta de parte del Estado no sólo afecta a los medios de comunicación sino que sus efectos perjudiciales se proyectan a toda la sociedad. Evidentemente, el régimen de multiplicidad de licencias de la LSCA no importa la imposición de restricciones mínimas sino de regulaciones excesivas que limitan, restringen y hasta pueden llenar a aniquilar la libre circulación de ideas, opiniones e informaciones. Ello constituye un serio retroceso en la protección de un derecho social consagrado constitucionalmente como lo es el de buscar y recibir informaciones de variadas fuentes.[49]

---

(44) PEREGIL, Francisco; REBOSSIO Alejandro, *op. cit.*
(45) BERCHOLC, Jorge, *op. cit.*, p. 171.
(46) PEREGIL, Francisco; REBOSSIO Alejandro, *op. cit.*
(47) PEREGIL, Francisco; REBOSSIO Alejandro, *op. cit.*
(48) Pode-se mencionar Damián M. Loreti que, inclusive, colaborou com a redação da Ley n. 26.522. LORETI, Damián M., SABSAY, Daniel A., *op. cit.*, p. 63.
(49) LORETI, Damián M.; SABSAY, Daniel A., *op. cit.*, p. 17.

O autor afirma ainda que a lei possui artigos muito abertos que fornecem às autoridades governamentais poderes tão amplos que poderiam afetar diretamente o direito à liberdade de expressão. A título de exemplificação, o autor menciona o artigo da Lei de Meios abaixo reproduzido:

> Artículo 34 – Criterios de evaluación de solicitudes y propuestas. Los criterios de evaluación de solicitudes y propuestas para la adjudicación de los servicios de comunicación audiovisual, sin perjuicio de lo dispuesto por los artículos 24, 25, 26, 27, 28, 29, 30, deberán responder a los siguientes criterios:
>
> a) **La ampliación o, en su defecto, el mantenimiento del pluralismo en la oferta de servicios de comunicación audiovisual** y en el conjunto de las fuentes de información, en el ámbito de cobertura del servicio.
>
> b) **Las garantías para la expresión libre y pluralista de ideas y opiniones** en los servicios de comunicación audiovisual cuya responsabilidad editorial y de contenidos vaya a ser asumida por el adjudicatario.
>
> c) **La satisfacción de los intereses y necesidades de los potenciales usuarios del servicio de comunicación audiovisual**, teniendo en cuenta el ámbito de cobertura del servicio, las características del servicio o las señales que se difundirían y, si parte del servicio se va prestar mediante acceso pagado, la relación más beneficiosa para el abonado entre el precio y las prestaciones ofrecidas, en tanto no ponga en peligro la viabilidad del servicio.
>
> d) El impulso, en su caso, al desarrollo de la Sociedad de la Información que aportará el servicio mediante la inclusión de servicios conexos, servicios adicionales interactivos y otras prestaciones asociadas.
>
> e) La prestación de facilidades adicionales a las legalmente exigibles para asegurar el acceso al servicio de personas discapacitadas o con especiales necesidades.
>
> f) El aporte al desarrollo de la industria de contenidos.
>
> g) El desarrollo de determinados contenidos de interés social.
>
> h) Los criterios que, además, puedan fijar los pliegos de condiciones.[50]

Para Sabsay, a abertura do artigo, a carência de objetividade vai permitir que a decisão sobre a adjudicação ou caducidade da licença de serviço de comunicação audiovisual seja decidido por funcionários do governo, trabalhando no interesse deste, porém, a utilização dos dispositivos legais fornecerá uma aparência de legalidade para a decisão.

> De esta manera, la decisión sobre la adjudicación o caducidad (...) de una licencia que utilice el espacio radioeléctrico podrá fundarse en cualquiera de estos incisos, bajo un manto de aparente legalidad, pero encubrirá el antojo del gobernante de turno. Serán los funcionarios del PEN[51], según su absoluta discrecionalidad, los que determinarán, en definitiva, a quién se le permite ejercer su derecho de libertad de expresión y a quién no, lo cual es asimilable a la censura previa que nuestra Constitución Nacional y los tratados internacionales, en particular el Pacto de San José de Costa Rica, aborrecen.[52]

Nem a criação de uma autoridade de aplicação da Lei de Meios, a *Autoridad Federal de Servicios de Comunicación Audiovisual (AFSCA)*, seria capaz de sanar o problema da censura prévia estabelecida pela nova lei, uma vez que seus membros são nomeados pelo Poder Executivo, ou seja, seriam nomeados apenas aqueles membros que seguissem a linha de comunicação favorável ao governo estabelecendo um verdadeiro controle prévio a fim de selecionar conteúdos para a concessão de novas licenças, ou seja, censura[53].

Importante destacar que a Corte argentina impôs ao Estado a obrigação de elaborar norma para estabelecer de maneira clara os critérios para distribuição de licenças a fim de impedir a premiação de amigos e penalização dos inimigos[54].

Por fim, o autor afirma que a nova lei de meios careceria de razoabilidade porque existe uma clara desproporção entre meios e fins. O art. 3º da lei apresenta os objetivos da regulamentação, mas tais objetivos não se coadunariam com as medidas determinadas pelo restante daquele instrumento legal.

---

(50) LORETI, Damián M.; SABSAY, Daniel A., *op. cit.*, p. 18.
(51) PEN – Poder Executivo Nacional.
(52) LORETI, Damián M.; SABSAY, Daniel A., *op. cit.*, p. 18.
(53) LORETI, Damián M.; SABSAY, Daniel A., *op. cit.*, p. 29.
(54) LORETI, Damián M.; SABSAY, Daniel A., *op. cit.*, p. 19.

Ainda, neste contexto, o autor acredita que a despeito de defender o pluralismo, a democratização e a descentralização favorável ao fortalecimento do federalismo a lei aponta para o sentido contrário que seria o da centralização e fortalecimento do governo federal[55].

2.5. O Caso Clarín

Inconformado com a nova Lei de Meios, o grupo Clarín contestou judicialmente sua constitucionalidade e, em 17 de abril de 2013, foi emitida sentença[56] pela Sala I da *Cámara Civil e Comercial Federal*[57] declarando a inconstitucionalidade do art. 45 da Lei n. 26.522, que restringe a quantidade de licenças, com exceção dos apartados 'a' e 'b' dos pontos 1 e 2 que limitam a concentração de licenças radioelétricas e para satélites nacionais e locais, e a segunda parte do art. 48 que se refere às práticas de concentração indevidas[58]-[59].

O referido julgado não parece ter sido o mais adequado para resolver a questão, uma vez que seu enfoque acabou sendo o direito à propriedade privada de uma empresa em detrimento de outros direitos que possuem muito mais relevância quando se pensa no interesse da sociedade como um todo, ou seja, no interesse coletivo.

> Las categorías de libertad de expresión, prensa, información y pensamiento viene a proteger a los individuos tanto del Estado como de las grandes corporaciones multimedios y no deben ser identificadas automáticamente con necesidades rentísticas de una empresa.
>
> Sí, resulta irrazonable sostener, que se necesiten 158 licencias de televisión por cable, 8 licencias de radiodifusión sonora – a través de Radio Mitre SA –, 4 licencias de radiodifusión televisiva y 8 señales de contenidos, para ejercer da libertad de expresión.[60]

Prevaleceu na sentença a lógica economicista e empresarial que forneceu benefícios para um grupo econômico em detrimento da liberdade de expressão, cujo beneficiário é a cidadania e não uma empresa preocupada com sua capacidade lucrativa. Os magistrados decisores deste caso confundiram o direito fundamental à liberdade de imprensa e de expressão com as necessidades de manter o nível de lucro da grande *holding*, uma vez que os critérios de razoabilidade da fundamentação se basearam na rentabilidade já que o direito tutelado que se destacou na motivação foi o direito à propriedade[61].

O fato é que não apenas a *Cámara Civil y Comercial Federal* legislou como também influenciou no cenário político argentino. Legislou por extrapolar suas funções de controle de constitucionalidade interpretando de maneira equivocada o que o legislador pretendeu dizer. Influenciou no cenário político porque pretendeu desfazer uma decisão tomada pelo Poder Executivo no âmbito de sua competência[62].

No dia 29 de outubro de 2013, o caso Clarín foi decidido pela Corte argentina que resolveu pela constitucionalidade dos dispositivos questionados, ou seja, os arts. 41, 45, 48 e 161 da nova Lei de Meios. Votaram pela constitucionalidade dos artigos os juízes Ricardo Lorenzetti, Elena Highton de Nolasco, Enrique Petracchi e Raúl Zaffaroni; pela inconstitucionalidade parcial, os juízes Carlos Maqueda e Carmen Argibay; e pela inconstitucionalidade total, o juiz Carlos Fayt. Abaixo serão destacados os principais aspectos dos referidos votos.

Inicialmente, se manifestou a Procuradoria-Geral que saiu na defesa da Lei n. 26.522 porque ela procura o desenvolvimento de mecanismos destina-

---

(55) LORETI, Damián M.; SABSAY, Daniel A., *op. cit.*, p. 29.

(56) *Causa n. 119/2010* da Sala I da Câmara Civil e Comercial Federal. Sentença disponível em: <http://www.catedras.fsoc.uba.ar/loreti/jurisprudencia_relevante/fallo.camaracycf2013.pdf>. Acesso em: 15 jan. 2015.

(57) Integrantes juízes Maria Suzana Najurieta, Ricardo Guarinoni e Francisco De las Carreras. BERCHOLC, Jorge O., *op. cit.*, p. 173.

(58) BERCHOLC, Jorge O., *op. cit.*, p. 173.

(59) Neste ponto, apenas a título de informação, apresentamos uma diferença entre o sistema judicial brasileiro e o argentino. No primeiro, o controle de constitucionalidade é concentrado, ou seja, apenas a Corte Constitucional pode declarar a inconstitucionalidade das leis com efeito *erga omnes*. Já na Argentina o controle é difuso, ou seja, qualquer tribunal do país pode declarar a inconstitucionalidade com o referido efeito e a Corte é instância revisional para tais casos.

(60) BERCHOLC, Jorge O., *op. cit.*, p. 177.

(61) BERCHOLC, Jorge O., *op. cit.*, p. 180.

(62) BERCHOLC, Jorge O., *op. cit.*, p. 181.

dos à promoção, à desconcentração e ao fomento da competência dos serviços de comunicação audiovisual com fim último de baratear, democratizar e universalizar o aproveitamento das novas tecnologias de informação e comunicação[63].

O parecer da Procuradoria também se posicionou a respeito da sentença proferida pela *Cámara Civil y Comercial Federal* que se afastou dos fins previstos pelo legislador, que foram substituídos pelo tribunal que se outorgou faculdades alheias. Afirmou ainda que a referida sentença ignora os paradigmas da realidade econômica atual e prescinde absolutamente da dimensão social e pública dos interesses em jogo que inspiraram a sanção da nova lei[64].

No voto em conjunto, os juízes Lorenzetti e Higton afirmam que os direitos envolvidos no caso são o direito de propriedade e livre-comércio do grupo ator e o direito à liberdade de expressão em sua face coletiva. Com isso, reconheceram as dimensões individual e coletiva do direito à liberdade de expressão. O grupo Clarín defendeu que a violação de sua liberdade de expressão pela face individual levou à violação de seu direito à propriedade e liberdade de comércio. Já os magistrados compreenderam que na face coletiva do direito à liberdade de expressão é admitida, pelo menos, uma mínima intervenção estatal que somente se justificaria se ocorresse a violação do direito de terceiros garantindo, assim, a liberdade de informação e de formação a opinião pública. Eles lembraram também que a liberdade de expressão é a pedra angular da existência da democracia[65].

Ainda, sobre o voto dos dois magistrados, afirmou-se que a função dos meios de comunicação é ser instrumento da liberdade de expressão e não veículos para restringi-la, portanto, seria papel do Estado promover a pluralidade no acesso aos meios. Para eles, existiriam dois sistemas passíveis de serem aplicados a fim de não permitir abusos estatais no âmbito da liberdade de expressão. O primeiro seria aquele em que o mercado é deixado livre, cabendo ao Estado protegê-lo apenas impedindo a sobrevivência de monopólios. O segundo sistema seria a elaboração de um marco regulatório prévio a fim de impedir o surgimento dos referidos monopólios[66].

No voto individual do juiz Enrique Petracchi, apontamentos interessantes foram feitos em relação à liberdade de expressão. Para ele, a visão clássica deste direito fundamental não se adapta mais à imprensa contemporânea e que hoje não basta apenas excluir a censura prévia, mas, sim, promover o debate plural sobre assuntos do governo.

[...] Y, en este nuevo escenario, la concepción clásica de la libertad de expresión – entendida solamente como el derecho a estar libre de toda interferencia estatal – se adapta mal a la prensa contemporânea.

Para el juez, "la libertad de prensa tiene sentido más amplio que la mera exclusión de la censura previa en los términos del artículo 14 y que es deber de los tribunales proteger los medios para que exista un debate plural sobre los asuntos del gobierno", y al respecto agrega que la Comisión Interamericana de Derechos Humanos señaló que "una política integral en materia de libertad de expresión debe incorporar medidas dirigidas a fomentar la diversidad y el pluralismo en el debate democrático".[67]

O juiz Zaffaroni defendeu em seu voto o que ele chamou de "dimensão cultural como questão constitucional" e afirma que os fatores culturais devem ser objeto de defesa constitucional e, portanto, estatal. Para ele os meios audiovisuais são formadores de cultura e como nossa cultura é plural, o acesso aos meios deve ser plural e o Estado deve garantir, sob pena de estar descumprindo a Constituição. Afirmou que, ao garantir a pluralidade de meios, permite-se, garantir nosso direito à identidade cultural[68]. Tratou ainda da questão da redução patrimonial do grupo Clarín e argumentou que, se tal redução não fosse permitida, o Estado não poderia elaborar leis antimonopólios[69].

---

(63) LORETI, Damián M.; SABSAY, Daniel A., *op. cit.*, p. 45.
(64) LORETI, Damián M.; SABSAY, Daniel A., *op. cit.*, p. 45.
(65) LORETI, Damián M.; SABSAY, Daniel A., *op. cit.*, p. 48-49.
(66) LORETI, Damián M.; SABSAY, Daniel A., *op. cit.*, p. 49.
(67) LORETI, Damián M.; SABSAY, Daniel A., *op. cit.*, p. 53-54.
(68) LORETI, Damián M.; SABSAY, Daniel A., *op. cit.*, p. 56.
(69) LORETI, Damián M.; SABSAY, Daniel A., *op. cit.*, p. 55-56.

Passaremos agora à análise dos votos dissidentes dos juízes Carlos Maqueda, Carmen Argibay e Carlos Fayt. Os dois primeiros votaram pela inconstitucionalidade parcial e o último pela inconstitucionalidade total da Lei de Meios.

O juiz Maqueda concorda que a liberdade de expressão não só autoriza, como obriga, o Estado a adotar uma série de medidas destinadas a promover, respeitar e garantir a pluralidade nos meios de comunicação[70], mas não acompanhou o voto da maioria por considerar que o grupo Clarín deveria ter o direito de manter suas licenças até fim do prazo das mesmas[71].

O ponto mais importante do voto da juíza Argibay foi quando ela apresentou sua dissidência quanto à constitucionalidade do art. 161 por considerar que o cancelamento das licenças válidas para a operação de meios fundadas nas razões de oportunidade, mérito e conveniência, afetaria a liberdade de expressão. A maioria afirmou exatamente o contrário[72].

Por fim, o juiz Fayt, que apresentou uma dissidência completa, lista todas as decisões da Corte argentina em matéria de liberdade de expressão desde 1983 e afirmou que o primeiro pronunciamento foi no caso "Ponzetti de Balbín" que elevou o direito de imprensa à categoria de direito individual autônomo, uma vez que a lei de imprensa garantiu seu exercício estabelecendo critérios e imunidade com o objetivo de impedir a intromissão estatal tanto na publicação como nas empresas que realizavam as publicações, assegurando a livre-iniciativa individual, a livre-concorrência e a liberdade de expressão, considerados elementos essenciais para a autonomia humana[73].

Não se pode negar que a Lei de Meios obedeceu à necessidade de garantir a pluralidade midiática. Este instrumento legal pretendeu esvaziar o poder de certos grupos econômicos altamente concentrados e economicamente poderosos a fim de permitir que a sociedade seja representada efetivamente nos meios de comunicação argentinos. Acertadamente, a Corte argentina confirmou sua constitucionalidade.

Justamente la nueva ley de servicios audiovisuales pretende desarticular la lógica economicista de la concentración en grandes *holdings* multimedia, que se genera solamente por un criterio de rentabilidad y viabilidad económico-empresarial en la producción de contenidos generales, y no ligados a cánones de interés público-social que permitan elaborar los criterios de libertad de expresión en sentido estricto.[74]

No entanto, trata-se de um instrumento normativo que ainda precisa de ajustes a fim de que o Estado também não abuse do poder promovendo a censura e termine por escolher, pelo critério da afinidade ideológica, os grupos que terão voz. Aparentemente, isso não ocorreu naquele país.

Pode não ser uma lei tecnicamente perfeita, uma vez que deixou alguns conceitos muito abertos, mas certamente a Lei de Meios deu os primeiros passos na direção certa para melhorar a proteção da sociedade argentina contra os abusos de alguns grupos econômicos que pensam o tempo todo apenas seu lucro.

3. CONCLUSÃO

Depois de todo o estudo pode-se concluir que a liberdade de expressão é um dos direitos fundamentais mais importantes para a consolidação de uma verdadeira democracia. Por isso, deve receber um tratamento jurídico bastante cuidadoso a fim de não privilegiar grupos econômicos ou Entes Estatais que não representem verdadeiramente o interesse da sociedade.

O que foi proposto neste estudo foi uma releitura do referido direito fundamental objetivando ressaltar a importância da pluralidade midiática que nada mais é do que garantir a liberdade de expressão de todos, especialmente, dos grupos minoritários.

O fato é que atualmente na América Latina o mercado dos meios de comunicação é dominado por grandes grupos econômicos que fazem uso de tais meios para atender aos seus interesses. Para modifi-

---

(70) LORETI, Damián M.; SABSAY, Daniel A., *op. cit.*, p. 57.
(71) LORETI, Damián M.; SABSAY, Daniel A., *op. cit.*, p. 58.
(72) LORETI, Damián M.; SABSAY, Daniel A., *op. cit.*, p. 59.
(73) LORETI, Damián M.; SABSAY, Daniel A., *op. cit.*, p. 61.
(74) BERCHOLC, Jorge O., *op. cit.*, p. 177.

car tal cenário, o Estado deve atuar a fim de garantir que todos os grupos sociais possam se expressar junto à opinião pública. Porém, tal atuação não pode transformar o Ente Estatal em *curador* da qualidade do discurso público, ou seja, não se pode dar exclusivamente a ele a função de analisar o que merece ou não ser dito, por conta do risco da ocorrência de censura.

O estudo do caso Clarín da Argentina foi importante para que se pudesse vislumbrar o positivo e o negativo da mudança ocorrida naquele país com a publicação da nova Lei de Meios, a Lei n. 26.522, promulgada e sancionada em 10 de outubro de 2009 que passou a regular o Serviço de Comunicação Audiovisual na República Argentina.

O objetivo principal da lei, que motivou todos os atos de sua elaboração, foi ampliar o acesso às licenças para meios de comunicação audiovisuais por parte dos grupos sociais organizados a fim de permitir maior pluralidade na comunicação e respeito ao que for local. Assim, não apenas os grupos com grande poder econômico poderiam fazer chegar sua mensagem à opinião pública, como, também todos os grupos representativos da sociedade.

Trata-se de um instrumento normativo que ainda precisa de ajustes a fim de que o Estado também não abuse do poder promovendo a censura e termine por escolher, pelo critério da afinidade ideológica, os grupos que terão voz. Aparentemente, isso não ocorreu naquele país. Pode-se afirmar que a Argentina deu um grande passo na direção de uma mídia livre e verdadeiramente independente, mas que ainda precisará trabalhar muito para chegar ao ponto ideal.

O objetivo a ser perseguido é o do equilíbrio entre a atuação estatal e atuação do setor privado. Não se pode conceber um conjunto de meios em que prevaleça a censura estatal nem que prevaleça a censura empresarial. Nada disso serve à democracia. Nada disso serve ao interesse coletivo.

4. REFERÊNCIAS

BERCHOLC, Jorge O. *Temas de Teoría del Estado*. 2. ed. Ciudad Autónoma de Buenos Aires: La Ley, 2014.

Causa n. 119/2010 da Sala I da Câmara Civil e Comercial Federal. Sentença disponível em: <http://www.catedras.fsoc.uba.ar/loreti/jurisprudencia_relevante/fallo.camaracycf2013.pdf>. Acesso em: 15 jan. 2015.

EKMAN, Pedro. *O governo enterrou de novo o debate da regulação da mídia?* Carta Capital. Disponível em: <http://www.cartacapital.com.br/blogs/intervozes/governoenterroudenovoodebatedaregulacaodamidia3331.html>. Acesso em: 20 jun. 2015.

FISS, Owen M. *A ironia da liberdade de expressão. Estado, regulação e diversidade na esfera pública*. Tradução e prefácio de Gustavo Binenbojm e Caio Mário da Silva Pereira Neto. Rio de Janeiro: Renovar, 2005.

FISS, Owen M. *Democracia y Disenso. Una Teoría de la Libertad de Expressión*. 1. ed. Buenos Aires. Ad-Hoc, 2010.

LORETI, Damián M.; SABSAY, Daniel A. *El fallo "Grupo Clarín": dos puntos de vista*. 1. ed. Santa Fé. Rubinzal--Culzoni, 2014.

MELO, Paulo Victor. *Leis de Mídia na América Latina e mecanismos de impedimento à concentração da propriedade*. Trabalho apresentado ao Grupo de Trabalho Políticas de Comunicação do VI Congresso da Associação Brasileira de Pesquisadores em Comunicação e Política (VI COMPOLÍTICA), na Pontifícia Universidade Católica do Rio de Janeiro (PUC-Rio), de 22 a 24 de abril de 2015. Disponível em: <http://www.compolitica.org/home/wp-content/uploads/2015/04/GT7-Melo.pdf>. Acesso em: 20 jun. 2015.

PEREGIL, Francisco; REBOSSIO Alejandro. *Las claves del caso Clarín*. El país. Disponível em: <http://internacional.elpais.com/internacional/2012/12/08/actualidad/1354927610_660431.html>. Acesso em: 01 fev. 2015.

World Press Freedom Index. Disponível em: <http://index.rsf.org/#!/>. Acesso em: 20 jun. 2015.

Federalismo Histórico e Democracia

Marcelo Morales Matias

É advogado atuante no Direito Público, laborando na área Tributária/Constitucional, inclusive em processos judiciais com trâmite nos Tribunais Superiores. Possui graduação em Direito pela Universidade Católica de Pelotas (2003); Curso de Preparação para a Magistratura pela Escola da Associação dos Juízes do Estado do Rio Grande do Sul; Pós-graduação em Direito Público com habilitação para docência em ensino superior pela Universidade Anhanguera-Uniderp (2008-2009), com monografia intitulada "O Controle de Constitucionalidade e a Relação entre os Poderes Judiciário e Legislativo"; Curso de Extensão em Direito (2009) pela Rede de Ensino Luiz Flavio Gomes. Atualmente, é aluno regular do Curso Intensivo para Doutorado em Direito Constitucional na Universidade de Buenos Aires – UBA.

INTRODUÇÃO

O federalismo é idealizado como caminho de pacificação das nações e como forma de organização dos Estados. Quando se entende que o federalismo é esse mecanismo de gerenciamento do Estado, há de se compreender que os fatores de poder devem necessariamente ser importantes para compreensão do mecanismo federativo.

Na compreensão deste Estado Nacional, formado pelo federalismo, devem ser objeto de análise a sua formação, o seu mecanismo de funcionamento, o seu conteúdo ideológico e sua aplicação prática. Sabe-se, por exemplo, que o sistema federal de Estado foi empregado em larga escala, principalmente depois da instituição deste mecanismo pelos Estados Unidos da América, mas que seus conceitos nem sempre são bem compreendidos e aplicados na prática. A democracia deve ser objeto de análise conjunta com o federalismo e até mesmo ser conceituada em primeiro espaço para fins de melhor estruturação do tema. No sistema federalista, a democracia serve para legitimar, aglutinar e dar forma à representação da população nos rumos do Estado. Sem democracia o Estado federal é apenas formal, sem legitimidade, pois quem escolhe democraticamente os representantes políticos da Federação é o povo e todo o poder do Estado deve necessariamente nascer da vontade do povo. Neste contexto, a escolha democrática é crucial para a vida cotidiana de um Estado. Igualdade eleitoral e equilíbrio da representação para evitar simultaneamente a tirania.

Com a democracia e o pacto federativo, há possibilidade de descentralização favorecendo os ganhos de eficiência da máquina Estatal, com uma forma de melhorar o uso dos recursos públicos e de facilitar a cobrança dos cidadãos pelos serviços de que necessitam.

Esta "descentralização se conceitua como uma repartição de poderes, ou seja, de um lado encontra-se a esfera federal (governo central) e de outro as unidades autônomas (estados-membros) que possuem relativa independência, autonomia política, organizacional e, principalmente, financeira. Essa repartição de competências é a responsável pela determinação das matérias que incidirão em todo o território nacional, bem como em cada unidade federada"[1].

É neste contexto que o estudo se apresenta, enfrentando os problemas mais comuns deste siste-

---

(1) KELSEN, Hans. *Teoria geral do direito e do Estado*. São Paulo: Martins Fontes, 1998.

ma de Estado, sempre deixando claro, que além de tornar diversas atividades consideradas públicas por excelência mais eficiente.

A DEMOCRACIA

Conceito e Aspectos Gerais

A palavra Democracia (do grego *demos*: povo e *kratos*: poder) é o regime político, no qual a soberania é exercida pelo povo, que, como regra geral, a exercem pelo sufrágio universal. O povo é que detém o soberano poder em um Estado Democrático de Direito. É a democracia que realiza a união da moral e da política em um estado de direito, exprime a vontade geral dos cidadãos, que se afirmam como legisladores e sujeitos das leis. Neste sentido, temos a Democracia direta, que é aquela em que o poder é exercido pelo povo, sem intermediários. Democracia parlamentar ou representativa é aquela na qual o povo delega seus poderes a um parlamento eleito; Democracia autoritária é aquela na qual o povo delega a um único indivíduo, por determinado tempo, ou vitaliciamente, o conjunto dos poderes. Geralmente, as democracias ocidentais constituem regimes políticos que, pela separação dos poderes em legislativo, executivo e judiciário, visam garantir e professar estes direitos.

Como ideal supremo, a democracia se contrapõe à tirania, contra as ditaduras, contra os governos populistas, contra as sociedades que não garantem a liberdade em sua acepção máxima. O Ideal Democrático deve estar impregnado nas nações que norteiam seus fundamentos no povo e, em seguida, no Estado, pois, não havendo povo não há Estado.

O Estado é fator agregador e cumpridor dos pactos emanados de seu povo, que deve "ditar as regras" da ordem democrática diretamente ou por intermédio de representantes e é, neste sentido, que é fundamental que o Estado seja organizado e cumpridor das ordens de seu povo.

A democracia não é de hoje conceituada e aplicada. "Na mais atual concepção do pensamento democrático, confluem três grandes tradições do pensamento político: *a)* a teoria clássica, divulgada como teoria aristotélica, das três formas de Governo, segundo a qual a Democracia, como Governo do povo, de todos os cidadãos, ou seja, de todos aqueles que gozam dos direitos de cidadania, se distingue da monarquia, como Governo de um só, e da aristocracia, como Governo de poucos; *b)* a teoria medieval, de origem "romana", apoiada na soberania popular, na base da qual há a contraposição de uma concepção ascendente a uma concepção descendente da soberania conforme o poder supremo deriva do povo e se torna representativo ou deriva do príncipe e se transmite por delegação do superior para o inferior; *c)* a teoria moderna, conhecida como teoria de Maquiavel, nascida com o Estado moderno na forma das grandes monarquias, segundo a qual as formas históricas de Governo são essencialmente duas: a monarquia e a república, e a antiga Democracia nada mais é que uma forma de república (a outra é a aristocracia), onde se origina o intercâmbio característico do período pré-revolucionário entre ideais democráticos e ideais republicanos e o Governo genuinamente popular é chamado, em vez de Democracia, de república. O problema da Democracia, das suas características, de sua importância ou desimportância é, como se vê, antigo. Tão antigo quanto a reflexão sobre as coisas da política, tendo sido reproposto e reformulado em todas as épocas. De tal maneira isto é verdade, que um exame do debate contemporâneo em torno do conceito e do valor da Democracia não pode prescindir de uma referência, ainda que rápida, à tradição."[2]

Espécies de Democracia

A Democracia é una, quer dizer, ela serve para os propósitos democráticos de participação de um povo nos rumos de sua nação. O que se deve enfatizar é que a Democracia poderá ser exercida de várias formas, possui diversas espécies ligadas a seu exercício. Neste sentido, é a multiplicidade de tipologias que a faz cogente na vida prática, em conteúdo e com variedades de critérios que servem para classificá-la em suas diferentes formas, sempre mantendo estes critérios indissolúveis de participação do homem na sociedade.

Importante destacar o denominado critério jurídico-institucional, no qual o presidencialismo e o parlamentarismo constituem-se no foco principal deste conceito. No regime parlamentar, a democraticidade do executivo depende do fato de que ele é uma emanação do legislativo, o qual, por sua vez, se baseia no voto popular. Já no regime presidencial, o

---

(2) BOBBIO, Norberto; GIANFRANCO Pasquino. *Dicionário de Política*. Brasília: UNB, 1983. p. 320.

chefe do executivo é eleito diretamente pelo povo e, em consequência disso, ele presta contas de sua ação não ao Parlamento, mas são os eleitores que podem sancionar sua conduta política negando-lhe, por exemplo, a reeleição.

Neste diapasão, toda a evolução do sistema democrático, desde as suas mais remotas origens, aponta, atualmente, segundo classificação de C. B. Macpherson, para a denominada democracia participativa, o qual dividiu a Democracia em: "1 – Fase protetora; 2 – fase do desenvolvimento; 3 – fase do equilíbrio; e 4 – fase da democracia participativa."[3]

Outra tipologia leva em consideração o sistema dos partidos, mais precisamente tem em conta o bipartidarismo e multipartidarismo. Esta classificação é importante para os casos em que se possa demonstrar que, embora haja vários partidos constituídos formalmente, eles, na prática, constituem um único bloco partidário, ou seja, em verdadeira "nação de partido único, quando o que importa para a Democracia é multiplicidade de partidos, no sentido a estabelecer opções para o eleitor na escolha de representantes com alternância no Poder.

Dentro deste contexto de participação democrática, importante também é o que diz respeito à falta de oposição ou a sua carência, pois onde não ela existe, não se pode dizer que há formas democráticas de governo, porque seu papel é fiscalizador e de tentativa de tomada do poder, no sentido que haveria uma alternativa política para os insatisfeitos com sistema de poder reinante em dado momento.

A cultura política, sem nenhuma dúvida, também é relevante para distinção das espécies de democracia. Assim, há "regimes democráticos com base na maior ou menor fragmentação da cultura política em centrífugos e centrípetos (distinção que corresponde, grosso modo, à precedente entre regimes polarizados e não polarizados). Introduzindo, em seguida, um segundo critério fundado sobre a observação de que o comportamento das elites pode estar mais inclinado para as coligações (*coalescent*) ou tornar-se mais competitivo, e combinando-o com o precedente, especificou outros dois tipos de Democracia que chamou de "Democracia consociativa" (*consotiational*) e "Democracia despolitizada", segundo o comportamento não competitivo das elites se junte a uma cultura fragmentada ou homogênea (...)"[4].

Dentro do sistema democrático, pode-se encontrar ainda níveis de democracia, aonde se distingui "três tipos: a) Democracia de alta autonomia dos subsistemas (Inglaterra e Estados Unidos), entendendo-se por subsistemas os partidos, os sindicatos e os grupos de pressão, em geral; b) Democracia de autonomia limitada dos subsistemas (França da III República, Itália depois da Segunda Guerra Mundial e Alemanha de Weimar); c) Democracia de baixa autonomia dos subsistemas (México)"[5].

Modelos ideais são citados em diversas obras que envolvem o tema. Neste contexto, um conceito que mais se verifica são as três formas de Democracia: "a Democracia madisoniana que consiste sobretudo nos mecanismos de freio do poder e coincide com o ideal constitucional do Estado limitado pelo direito ou pelo Governo da lei contra o Governo dos homens (no qual sempre se manifesta historicamente a tirania); a Democracia populista, cujo princípio fundamental é a soberania da maioria; a Democracia poliárquica que busca as condições da ordem democrática não em expedientes de caráter constitucional, mas em pré-requisitos sociais, isto é, no funcionamento de algumas regras fundamentais que permitem e garantem a livre expressão do voto, a prevalência das decisões mais votadas, o controle das decisões por parte dos eleitores, etc."[6]

Democracia Formal e Estado Democrático de Direito

Como já se pode compreender, a democracia pode ser entendida formalmente como um método, encontro de regras ou conjunto delas, aonde se busca como objetivo máximo a constituição de governos que atendam aos mais nobres interesses da coletividade. Para a formação do conjunto de regras democráticas, suas bases buscam preceitos na teoria

---

(3) MACPHERSON, C. B. *The Life and Time of Liberal Democracy*, Oxford University Press, 1977, *apud* Diogo de Figueiredo Moreira Neto. *Direito da Participação Política*, p. 10.

(4) LIJPHART, Arend. *Modelos de democracia:* desempenho e padrões de governo em 36 países. Rio de Janeiro: Civilização Brasileira, 2003.

(5) GABRIEL, Almond e Sidney Verba. *The civic culture:* political attitudes and democracy in five countries (A cultura cívica: atitudes políticas e democracia em cinco países), 1963.

(6) *Op. cit.*, p. 327 e 328. Nota 03, *apud* ROBERT, Dahl em *preface to democratic theory* (1956).

política, na filosofia do direito, na sociologia do direito e no direito posto, objetivando desta forma, a legitimação de seus conceitos e, consequentemente, das normas que lhes são inerentes.

Em todo este contexto, "de um lado, o modo como doutrinas opostas a respeito dos valores fundamentais, doutrinas liberais e doutrinas socialistas consideraram a Democracia não incompatível com os próprios princípios e até como uma parte integrante do próprio credo, é perfeitamente correto falar de liberalismo democrático e de socialismo democrático, e é crível que um liberalismo sem Democracia não seria considerado hoje um "verdadeiro" liberalismo e um socialismo sem Democracia, um "verdadeiro socialismo""[7].

Na teoria política contemporânea, "mais em prevalência nos países de tradição democrático-liberal, as definições de Democracia tendem a resolver-se e a esgotar-se num elenco mais ou menos amplo, segundo os autores, de regras de jogo, ou, como também se diz, de "procedimentos universais". Entre estas: 1) o órgão político máximo, a quem é assinalada a função legislativa, deve ser composto de membros direta ou indiretamente eleitos pelo povo, em eleições de primeiro ou de segundo grau; 2) junto do supremo órgão legislativo deverá haver outras instituições com dirigentes eleitos, como os órgãos da administração local ou o chefe de Estado (tal como acontece nas repúblicas); 3) todos os cidadãos que tenham atingido a maioridade, sem distinção de raça, de religião, de censo e possivelmente de sexo, devem ser eleitores; 4) todos os eleitores devem ter voto igual; 5) todos os eleitores devem ser livres em votar segundo a própria opinião formada o mais livremente possível, isto é, numa disputa livre de partidos políticos que lutam pela formação de uma representação nacional; 6) devem ser livres também no sentido em que devem ser postos em condição de ter reais alternativas (o que exclui como democrática qualquer eleição de lista única ou bloqueada); 7) tanto para as eleições dos representantes como para as decisões do órgão político supremo vale o princípio da maioria numérica, se bem que podem ser estabelecidas várias formas de maioria segundo critérios de oportunidade não definidos de uma vez para sempre; 8) nenhuma decisão tomada por maioria deve limitar os direitos da minoria, de um modo especial o direito de tornar-se maioria, em paridade de condições; 9) o órgão do Governo deve gozar de confiança do Parlamento ou do chefe do poder executivo, por sua vez, eleito pelo povo"[8].

Como se pode visualizar, não é possível estabelecer quantas regras devem ser observadas para que um regime possa dizer-se democrático, o que se pode afirmar é que a *inobservância de regramentos e princípios de liberdades, são incompatíveis com a democracia.*

O Estado Liberal e o Estado Social, no sentido empregado neste contexto, nem sempre se caracterizam por serem democráticos. A Democracia fundamenta-se, dentre outros valores também relevantes, no princípio da soberania popular, que "impõe a participação efetiva e operante do povo na coisa pública, participação que não se exaure, como veremos, na simples formação das instituições representativas, que constituem um estágio da evolução do Estado Democrático, mas não o seu completo desenvolvimento"[9].

Para José Afonso da Silva, "o Estado de Direito, como lembramos acima, é uma criação do liberalismo. Por isso, na doutrina clássica, repousa na concepção do Direito *natural, imutável* e *universal,* daí decorre que a *lei,* que realiza o princípio da legalidade, essência do conceito de Estado de Direito, é concebida como norma jurídica geral e abstrata. A *generalidade da lei* constituía o fulcro do Estado de Direito nela se assentaria o justo conforme a razão. Dela e só dela defluiria a igualdade"[10].

Como a lei é base formal dos Estados, a igualdade estipulada pelo Estado de Direito é formal e abstrata. A igualdade acabou mitigada, e a "tentativa de corrigir isso, como vimos, foi a construção do Estado Social de Direito, que, no entanto, não foi capaz de assegurar a justiça social nem a autêntica participação democrática do povo no processo político"[11].

---

(7) *Op. cit.,* p. 326, nota 03.
(8) *Op. cit.,* p. 326 e 327, nota 03.
(9) CROSA, Emilio. *Lo Stado democratico.* Torino: UTET, 1946. p. 25.
(10) DA SILVA, José Afonso. *Curso de Direito Constitucional Positivo.* 16. ed. São Paulo: Editora Malheiros. p. 121.
(11) PABLO, Lucas Verdú. *Curso de Derecho político.* Madrid: Editorial Tecnos, 1974. v. 11/230 e 231, *apud* DA SILVA, José Afonso. *Curso de Direito Constitucional Positivo.* 16. ed. São Paulo: Editora Malheiros. p. 121.

A lei cumpre papel fundamental no Estado Democrático de Direito, porquanto, deve objetivar o cumprimento da ordem democrática a ser instalada em seu conteúdo máximo pelas constituições. Povo sem lei ou ordem jurídica está fadado à desintegração, pois a observância do princípio da legalidade é o "primeiro passo" para que se garantam o direito e se cumpram obrigações. É neste sentido que é a lei é marco inicial para cumprimento também do princípio da igualdade, o qual deve estabelecer igualdade entre os iguais e desigualdade entre os desiguais, na medida suas desigualdades.

É neste sentido que o "princípio da legalidade é também um princípio basilar do Estado Democrático de Direito. É da essência do seu conceito subordinar-se à Constituição e fundar-se na legalidade democrática. Sujeita-se, como todo Estado de Direito, ao império da lei, mas da lei que realize o princípio da igualdade e da justiça não pela sua generalidade, mas pela busca da igualização das condições dos socialmente desiguais. Deve, pois, ser destacada a relevância da lei no Estado Democrático de Direito, não apenas quanto ao seu conceito formal de ato jurídico abstrato, geral, obrigatório e modificativo da ordem jurídica existente, mas também à sua função de regulamentação fundamental, produzida segundo um procedimento constitucional qualificado(...)"[12].

O FEDERALISMO

Conceitos e Aspectos Gerais

O federalismo, concebido como forma de organização de Estado, na qual há união de diversas sociedades para alcançarem determinado objetivo comum, parece fadada, na atualidade, à estagnação prática de seus conceitos, ou seja, a concentração de poder no governo central estanca o cumprimento do verdadeiro pacto federativo.

O objetivo do federalismo, antes mesmo da forma de organização administrativa e política do Estado, garantida pelos textos constitucionais, é alcançar um ideal, talvez utópico, de pacificação das nações, como necessário entendimento dos povos para que não mais se mutilem ou façam com que a hostilidade prevaleça sobre o diálogo. Este pretendido objetivo parece nunca ter sido alcançado, mas é o ideal que deve nortear o caminho pacífico da humanidade, porquanto, é "a negação da guerra e da anarquia internacional, denunciadas como os fatores fundamentais que mutilam o homem e impedem seu livre desenvolvimento"[13].

Neste sentido, o federalismo de paz utópica mundial está mais relacionado com o estudo e a compreensão da política internacional e da organização dos Estados modernos, aonde há que se deixar espaço para análises mais profundas do federalismo organizacional, entendido aquele que descentraliza as atribuições e competências, sejam elas tributárias, políticas, judiciárias e econômicas, as quais, objetivamente, acarretam vantagens se bem empregadas, mas que, em regra, causam distorções das mais diversas ordens.

Um dos objetivos de um sistema constitucional é garantir a estabilidade jurídica e política de uma nação, na qual a forma de organização do Estado é um os fatores preponderantes. Tanto o Estado Federal como o Unitário, duas formas de organização e divisão que se tem conhecimento, devem possuir um sistema constitucional que gere mecanismos eficazes para o cumprimento das competências e deveres institucionais, visando meios práticos para a existência de uma verdadeira federação.

"O equilíbrio constitucional não pode se manter sem primazia da Constituição sobre todos os poderes"[14], entendido que a Constituição, "quer como ela se defina, ela é sempre o fundamento do Estado, a base da Ordem Jurídica que se quer apreender. O que se entende antes de mais nada e desde sempre por Constituição – e, sob esse aspecto, tal noção coincide com a de forma de Estado – é um princípio em que se exprime juridicamente o equilíbrio das forças políticas no momento considerado, é a norma que rege a elaboração das leis, das normas gerais cuja execução se exerce a atividade dos organismos estatais, dos tribunais e das autoridades administrativas"[15].

O "federalismo formal" é compreendido como aquele que se encontra apenas formalmente nos textos constitucionais, mas que, na prática, pouco se utiliza das fórmulas e conceitos de integração e

---

(12) *Op. cit.*, p. 125, nota 11.
(13) *Op. cit.*, p. 478, nota 03.
(14) *Op. cit.*, p. 481, nota 03.
(15) KELSEN, Hans. *Jurisdição Constitucional*, p. 130 e 131.

distribuição dos fatores de poder dos Estados estabelecidos como formalmente Federais.

Neste contexto, é importante ter em consideração como se deu a formação do federalismo, entendendo que a "forma federativa que conhecemos na atualidade é produto da experiência vivida pelos Estados Unidos da América, sobretudo no período compreendido entre a declaração da sua independência (1776) e a aprovação da sua Constituição (1787), esta considerada como marco do federalismo moderno"[16]. Note-se que foi estabelecido conjuntamente com a primeira Constituição Americana, que é tida como um dos marcos iniciais do constitucionalismo que se concebe atualmente.

Características Básicas da Federação

A principal característica de uma Federação é coesão, a união e a existência de coletividades regionais que decidem tornarem-se parte de um Estado maior. Neste sentido, assumem uma Constituição e uma Legislação comum, muito embora possam preservar parte de suas autonomias legislativas e políticas. Também assumem um pacto de não separação, em outras palavras, há, de certa forma, um Princípio da Indissolubilidade.

Segundo José Afonso da Silva, "no Estado Federal há de distinguir *soberania* e autonomia e seus respectivos titulares. Houve muita discussão sobre a natureza jurídica do Estado Federal[17], mas, hoje, já está definido que o Estado federal, o todo, como pessoa reconhecida pelo Direito Internacional, é o único titular da soberania, considerada *poder supremo consistente na capacidade de autodeterminação*. Os Estados federados são titulares tão-somente de autonomia, compreendida como *governo próprio dentro do círculo de competências traçadas pela Constituição Federal*. (...) A *autonomia federativa* assenta-se em dois elementos básicos: (a) na *existência de órgãos governamentais próprios*, isto é, que não dependam dos órgãos federais quanto à forma de seleção e investidura; (b) na *posse de competências exclusivas*, um mínimo, ao menos, que não seja ridiculamente reduzido. Estes pressupostos da autonomia estão configurados na Constituição (arts. 18 a 42)"[18].

Para o professor Robério Nunes[19], "a *autonomia* apresenta as capacidades de *autogoverno*, que são os poderes próprios, de auto gerir-se; de *auto-organização*, que é capacidade de redigir e dar vigência as Constituições Estaduais; de *auto-legislação*, que é caracterizada pela criação de normas estaduais; de *auto-administração*, que está ligado ao fato de que as administrações possuem o poder-dever de organizar e gerenciar os fatores que fazem a máquina pública prestar os efetivos serviços públicos; de *autonomia tributária, financeira e orçamentária*, o que significa o arranjo jurídico que o Estado tem à sua disposição para arrecadar e aplicar os recursos públicos de forma mais eficaz. Veja-se que estes elementos estão intimamente ligados, sem os quais, a inexistência de um deles pode acarretar a inobservância de um verdadeiro pacto federativo".

Ainda, segundo o professor Robério, "a federação é caracterizada também pela *Descentralização político-administrativa constitucional*, onde se compreende um ponto fulcral do sistema que é *repartição de competências*; Uma *Constituição Rígida*; O *Controle de Constitucionalidade*; *Princípio da Indissociabilidade* ou da *Indissolubilidade*, o qual inaugura o artigos da Constituição Brasileira no art. 1º *caput*[20]; Existência de um órgão que manifeste a vontade dos membros da *Federação, o Senado Federal*; *Auto-Organização dos Estados*, aonde se insere a elaboração das Constituições Estaduais; *Autonomia Financeira*; *Autonomia Recíproca*; Existência de *Mecanismos de Segurança em face de ameaças sistêmicas*, que é mecanismo de Intervenção naqueles casos em que admitida; *Existência de um órgão neutro para dirimir conflitos, o Poder Judiciário*".

Histórico e Ideologia do Federalismo

O federalismo possui conceitos e marcos iniciais nem sempre de fácil compreensão. Formal-

---

(16) LIMA, Rogério de Araújo. *Os artigos Federalistas. A contribuição de James Madison, Alexander Hamilton e Jon Jay para o surgimento do Federalismo no Brasil*, p. 127

(17) Sobre o assunto, e sobre o princípio federativo, cf. Cármen Lúcia Antunes Rocha, *República e Federação no Brasil*, p. 171 e ss.

(18) *Op. cit.*, p. 104, nota 11.

(19) O professor Robério Nunes é professor de Direito Constitucional, Procurador Regional da República em São Paulo e escritor de várias obras ligadas ao Direito Constitucional matérias afins.

(20) Art. 1º A República Federativa do Brasil, <u>formada pela união indissolúvel</u> dos Estados e Municípios e do Distrito Federal, constitui-se em Estado Democrático de Direito e tem como fundamentos: (...).

mente, conforme já analisado, foi empregado nos Estados Unidos da América, como forma de compromisso e garantia da nova ordem constitucional, mas, como conceito, remonta a outros eventos e marcos de cunho histórico.

Kant é o primeiro grande pensador federalista e a sua contribuição teórica consiste em ter fundado o federalismo em uma visão autônoma dos valores e do curso histórico. Kant viu um ideal federalista global, um ideal de paz entre os Estados, vislumbrou no federalismo a "não guerra". "Todavia, não tendo refletido sobre a natureza da inovação constitucional que permitirá a fundação dos Estados Unidos da América, não conhecia o funcionamento do Estado federal e, portanto, não possuía os instrumentos conceptuais para conceber, de uma forma real, a possibilidade de um Governo democrático mundial capaz de limitar a soberania absoluta dos Estados, mas que também por eles fosse limitado. Prisioneiro da teoria unitária do Estado, temia que a federação mundial pudesse degenerar em tirania. Por isso, todas as vezes que abordou o problema do poder político mundial foi induzido a optar pelo seu "sucedâneo" negativo, isto é, uma confederação de Estados, que, mantendo a soberania absoluta de seus membros, perpetuaria a anarquia internacional, que o Governo mundial teria que eliminar. Apesar desta contradição, ele concebeu corretamente a ordem pacífica mundial como um poder político e um ordenamento jurídico acima dos Estados, concepção que lhe permitiu dar uma definição rigorosa da paz e fazer uma crítica do direito internacional permanentemente válida."[21]

As origens do federalismo, contudo, não repousam ou nascem na obra de Kant, pelo contrário, já se vislumbrava seus conceitos na antiguidade clássica, aonde podemos encontrar exemplos primitivos de federalismo ou confederalismo. Como exemplo, podemos citar as "tribos israelenses do segundo milênio antes de Cristo, que já se uniam em forma associativa para a mútua proteção.

A concepção constitucional do federalismo remete à fundação do Estado Federal Norte-americano, que é muito mais um ideal de organização e união daquele país, do que a busca do ideal de paz kantiano. O art. 2º, dos Artigos da Confederação norte-americana, já determinava: "Each state retains its sovereignty, freedom and independence, and every power, jurisdiction, and right, which is not by this Confederation expressly delegated to the United States, in Congress assembled."[22]

A Constituição Americana de 1787 pode ser considerada o marco universal de criação do modelo federativo de Estado. Mas, no governo nacional, havia entraves e problemas que limitavam a ações estatais, ou seja, desde sua confecção, o federalismo americano preocupou-se com o Estado Nacional que estavam criando e, neste aspecto, temiam que o governo central fosse tão poderoso que, na prática, tragasse os estados.

O federalismo norte-americano naquele momento surgiu da concepção de união, na qual os constitucionalistas que elaboraram o texto da Constituição de 1787 foram indicados pelos Estados, que posteriormente ratificaram o texto constitucional que eles mesmos tinham organizado. Como se percebe, isto garantiu uma primeira legitimidade ao texto constitucional e ao federalismo norte-americano. Analisando, a Constituição dos Estados Unidos da América, não é demasiado concluir-se que, além do ideal de paz, ela também é "preenchida" de conteúdo político.

Na obra Ensaios *Federalist*, de Hamilton, Madison e Jay, publicada entre 1787 e 1788, busca-se uma maior sustentação da Constituição que acabara de nascer. O federalismo, para estes autores, sustentava-se na ratificação da Constituição Americana e sua formulação, incrementou a teoria de Estado Federal que se concebe até os dias atuais. Neste sentido, foi a forma encontrada para solucionar os problemas americanos, em uma nação continente em que a vastidão de seu território, gerava a necessidade de que os Estados possuíssem suas próprias legislações, ou seja, fossem cultural, jurídica e populacionalmente diferentes entre si.

Na América e talvez no mundo, o modelo implementado nos Estados Unidos é, sem dúvida, um marco conceitual do que se concebe atualmente como federalismo formal e prático, mas o modelo implementado pelo Canadá também pode ser apon-

---

(21) *Op. cit.*, p. 479 e 480, nota 03.
(22) TAVARES, André Ramos. *Curso de Direito Constitucional.*. 10. ed. rev. e atual. São Paulo: Saraiva, 2012. Tradução livre. "O art. 2º, determinava dos Artigos da Confederação norte-americana: cada Estado mantém a sua soberania, liberdade e independência, e cada poder, jurisdição e direito, que não é por esta Confederação expressamente delegada para os Estados Unidos, em Congresso reuniram."

tado, pois apresenta "um federalismo monárquico e parlamentar, formado pela gradual agregação de diferentes colônias do antigo Império Britânico. Pertencente à *commonwealth*, multinacional e bilíngue, mas com grau razoável de descentralização política e heterogeneidade acentuada, o Canadá apresenta um federalismo de altíssima complexidade"[23].

Outro exemplo de grande importância é o argentino, que possui formação história muito própria. A Argentina tornou-se independente em 1816 sob os auspícios de governo unitário e centralista, pois as Províncias temiam o maior poder de Buenos Aires, maior detentora das ações políticas da nova nação livre.

Em 1826, promulgou-se uma nova Constituição Nacional Argentina, organizando-se o Estado de forma centralizada, concebido por interesses da classe mais favorecida. Buenos Aires era também naquela época o centro político e, em sendo assim, procurou manter o poder, influenciando o novo texto constitucional com conteúdo de centralização, basicamente um conceito de unitarismo, muito embora fosse formalmente federal.

Diante de novos conceitos e verificando-se o que se passara em outros países, aos poucos, a nação Argentina foi concebendo o federalismo mais descentralizado, baseado na autonomia das províncias; sem dúvida, um federalismo menos formal e mais prático. Depois da queda de Manoel Rosas (1852), ex-governador de Buenos Aires, que, de certa forma, implementou um regime ditatorial de Estado Unitário, a Argentina formou uma nova Assembleia Nacional Constituinte (1853) aonde consagrou-se no mesmo ano a nova Constituição Argentina, sob o comando de Juan Batista Alberdi. O texto constitucional passou a compreender um Estado Argentino sob formato de Confederação, reunindo todas as Províncias e Buenos Aires. Cabe lembrar, por fim, que Buenos Aires somente aderiu à nova Constituição em 1860, impondo algumas reformas no texto original.

Outro país de importância no cenário americano é o Brasil, que juntamente com o México e Argentina, são as maiores democracias da América Latina. No Brasil, o federalismo formal e prático desenvolveu-se no final do século XIX quando sai de cena definitivamente o Estado Unitário, bastante desgastado, e surge uma nova forma de organização do Estado, que, por sua vastidão territorial e cultural, deveria ter sido implementado um século antes. "Além disso, pode-se afirmar que a realidade democrática brasileira repousa melhor sob as bases pluralistas de um mais autêntico Estado federal do que sob a forma unitária esmagadora de nossas pluralidades regionais."[24] Neste sentido, o Brasil precisava e precisa do Estado federal para seus ideais democráticos, pois seu federalismo lhe garante legitimidade para a tomada de decisões, tanto as do poder central, como aquelas descentralizadas, sabedores que no Brasil as decisões são formalmente assumidas por representantes eleitos pelo povo, democraticamente, portanto.

O federalismo brasileiro possui origens no Brasil Colônia. Em vários momentos históricos, foi concebido como forma de agregar o povo, aliás, de grande miscigenação e herdeiro das mais diversas culturas, uma vez que o Brasil é fruto da imigração advinda de diversos recantos do mundo. Dentro deste quadro, um dos objetivos do federalismo, além daquele ideal de democracia, é seguramente o que diz respeito à integração de um povo em torno de um governo central, que delegue aos entes estatais grande parcela de seu poder, formando, assim, uma identidade nacional.

Neste contexto, em 1824, foi outorgada a primeira constituição do Brasil, de cunho imperial, recheada de centralização em uma nação recém-independente. O federalismo, contudo, não era de todo desconhecido, porquanto, já havia raízes no Brasil Colônia. "A proposta federativa chegou a ser discutida na efêmera existência da assembléia constituinte, dissolvida pelo Imperador em 1823. A Confederação do Equador (de 1824) e a revolução Farroupilha (1835) apresentavam a nota do federalismo.(...). A Constituição de 1824 foi fortemente influenciada pela francesa, de 1814, com caráter unitarista, dividindo o território em vinte províncias, subordinadas ao poder central e dirigidas por presidentes, escolhidos e nomeados pelo Imperador. (...) Com D. PEDRO I abdicando em 7 de abril de 1831 se fortalecia o sentimento federativo, tanto que a Câmara chegou a aprovar projeto nesse sentido (...) No ano de 1870 TAVARES BASTOS publica sua obra *A Província*, defendendo o ideal federalista."[25]

---

(23) ZIMMERMANN, Augusto. *Teoria Geral do Federalismo Democrático*. 2. ed. Rio de Janeiro: Lumen Jurris. p. 218.
(24) *Op. cit.*, p. 218, nota 29.
(25) *Op. cit.*, p. 1110, nota 23.

Posteriormente, o Brasil Império deu lugar ao Brasil República (1989). República idealizada muito mais pelos ideais federalistas do que pelos ideais republicanos, pois, depois do período do Império, havia a necessidade de reforma do Estado e o modelo de Estado Federal servia para consumação deste objetivo. Posteriormente, todas as constituições brasileiras comtemplaram o Estado Federal, mas, é claro, que sempre houve divergências quanto ao seu conteúdo e formas de exercício.

Pode-se dizer que, no Brasil, formalmente, a Constituição de 1988 uniu umbilicalmente o federalismo à democracia, pois, dentre outros exemplos, temos os representantes dos Estados dentro da União, os quais se fazem representar pelos Senadores eleitos democraticamente pelo povo. Cabe a eles defender a Federação e os interesses de seus Estados junto ao governo central.

Na Europa, o Federalismo Alemão é o que se destaca. Consoante "a expressão Alemanha, todavia, somente obtém significado político após a Unificação Nacional de 1871, decorrente da intensa atividade de seu grande orientador e Primeiro-ministro da Prússia, Otto von Bismarck. Antes disto (...) o território germânico era composto de diversos pequenos principados, reunidos por pacto confederativo"[26].

Com a ascensão do Nazismo, o totalitarismo imperou sobre o povo alemão e os ideais do Estado federal de Weimar foram interrompidos em nome do Nacional-Socialismo de cunho centralizador e tirânico, porquanto, não havia possibilidade de estabelecimento de competências, que ficaram centralizadas em Berlim, grande capital do *terceiro reich* alemão.

Depois da segunda guerra, a Alemanha foi dividida entre Alemanha Ocidental, democrática e pluralista, e a Alemanha Oriental, comunista. As duas Alemanhas somente foram unificadas em 1990 com a *"queda do muro de Berlim"*, em que, pela primeira vez, em mais de quarenta anos, as populações dos países puderam finalmente reencontrar-se e, de certa forma, começarem a lenta e gradual integração, ideal federalista dentro "*velho/novo*" Estado alemão.

Atualmente, a Alemanha parece já ter superado o choque inicial entre o desenvolvimentismo da Alemanha Ocidental e o sucateamento da Alemanha Oriental, que incialmente foi o principal entrave para implementação da unificação e, consequentemente, a implementação dos ideais federais na organização política e administrativa daquele país.

Na Europa, o federalismo foi a fonte de integração de uma comunidade europeia que estava em grande parte destruída por guerras. "El punto de partida de la integración europea fue el Tratado de París de 1951, que creó la Comunidad Europea del Carbón y del Acero (CECA)[27]. Por virtud del Tratado de París, los Estados Parte cedieron ciertos 'derechos soberanos' en favor de una Alta Autoridad respecto de la producción comunitária de carbón y acero, confiando a la misma la gestión de una política supranacional con el objeto de crear un mercado común del y del acero donde rigiera la libre circulación y la libre competencia."[28]

Todavia, foi somente em 1957, pelo Tratado de Roma, que foi apresentado um sistema viável para que a sociedade europeia fosse capaz de começar efetivamente a discutir seus problemas e buscar, senão uma verdadeira federação, mas uma *Confederação Continental de Estados*. Depois deste marco, foi preciso adequar à economia dos países europeus, inseridos gradativamente, dentro do sistema capitalista de produção econômica. É claro que esta inserção dependeu do grau econômico que cada país apresentava e apresenta; uns totalmente preparados para a nova ordem europeia; e outros ainda dependentes de ajustes de variadas ordens.

A Europa, principalmente do pós-guerra, sempre buscou uma integração física e política, em que as pessoas pudessem se deslocar entre os países sem barreiras e também participarem dos rumos da futura comunidade que estava sendo enraizada e idealizada sob os conceitos federativos.

Como salientado, foi pelo Tratado de Roma que a Europa de forma prática organizou uma nova ordem, "sob um Conselho de Ministros (que de fato

---

(26) *Op. cit.*, p. 223/224, nota 24.

(27) Los textos citados de los tratados y protocolos comunitarios pueden consultarse siempre con seguridad en la obra de R. A. García (editor), *Tratados y Legislación Institucional de la Unión Europea*, Navarra, 2008. Varios textos históricos pueden consultarse también en la diversa obra E. García de Enterría, A. Tizzano, R. Alonso García, *Código de la Unión Europea*, Madrid, 2000.

(28) BALIÑO, Juan Pablo Pampillo. *Estado Actual y Perspectivas de la Integración Jurídica en América*. Derechos Individuales e Integración Regional (Antología) Mario I. Álvarez Ledesma y Roberto Cippitani Coordinadores. Instituto Tecnológico y de Estudios Superiores de Monterrey – México, 2013.

era o poder legislativo), a Comissão Europeia (com função executiva), um Parlamento Europeu (órgão revisor) e um Tribunal de Justiça. O conselho Europeu só foi criado em 1986, para representar os chefes de Estado e Governo. Hoje, este Conselho delibera e vota as questões propostas pela Comissão e aprovadas pelo Parlamento. Se existirem alterações, a proposta volta a ser analisada pelo Parlamento.(...) Há pois, do ponto de vista democrático, uma constatada carência na estrutura institucional da União Europeia, que pode levar as suas emuladas decisões à perda de legitimidade em função de um novo elitismo e do temor do cidadão europeu quanto à complexidade e o distanciamento popular do processo decisório deste poder supranacional(...)"[29].

Desta forma, como se percebe, o federalismo europeu (mais como uma confederação de Estados) foi sendo idealizado e moldado de acordo com o ingresso de novos países no bloco. Sua política e seu jogo de poder com certeza são criados e recriados de acordo com as demandas que surgem. As fronteiras físicas entre as nações europeias há muito não mais existem, de forma que isto vem a fortalecer os laços econômicos, culturais e acima de tudo, fortalecer a democracia na Europa. Neste sentido, foi preciso a cedência de certo espaço de poder em nome da agregação que se observa, e "cada Estado-membro aceitou um sistema que, em termos finais, restringe o poder nacional para a atuação em áreas clássicas como política monetária, comercial e aduaneira. Através do Banco Central Europeu, por exemplo, as políticas econômicas próprias de cada Estado europeu sofreram uma grave limitação, mas são também recebedoras de uma coordenação comum em questões relacionadas a taxa de juros, exportações e importações, inflação e ao desemprego"[30].

Com a integração da Europa, outros problemas surgiram, talvez pela pujança do Euro, mas também pela falta de mão de obra em algumas áreas dos setores de produção e que fazem girar a economia. A falta de serviços em algumas áreas e a necessidade de alguns povos de buscarem novas oportunidades, principalmente advindos de países africanos (isto ocorre mais na França), fez com que houvesse imigração substancial para Europa, que se depara com problemas de índole racial, social e econômica, dos quais surgem outros subproblemas, como a concessão de asilo, formação profissional, dentre tantos outros.

O federalismo foi idealizado e se integrou à sociedade como mecanismo capaz de solucionar os problemas estatais, mas é falível, enfrenta e enfrentará "na marcha histórica" inúmeros percalços.

Tipos de Federealismo: por Agreação e Desagreção

O federalismo surge com duas formas bastante singelas: agregação ou desagregação.

Por agregação é caracterizado pela reunião de vários Estados para a formação de um novo. Um Estado Federal, mais caracterizado naqueles povos que querem preservar grande parte de suas autonomias, independentes do poder central. Na agregação, o objetivo principal é um maior crescimento estatal, uma integração em busca de melhores serviços, um Estado nacional mais fortalecido e com maior poder internacionalmente.

No que refere ao federalismo por desagregação, ocorre quando um Estado se divide em vários outros Estados-membros, aonde lhes são delegadas certas parcelas de poder. Por esta repartição ou divisão, "verifica-se uma aparente tendência centralizadora em quase todas federações hoje existentes. Por força do passado, tal predisposição à centralização é ainda maior em países federalistas *por desagregação*. Mas isto se explica pelo fato de guardarem estes a imagem de aparente artificialidade, muitas vezes contrária à pretensa tradição unitarista daquele lugar, que, inclusive, faz supor uma mera concessão do poder central para a existência da descentralização política"[31].

Federalismo como Presuposto do Estado Democrárico

São incompatíveis a Forma Federativa de Estado e a ditadura. Na ditadura, o poder, em regra, é exercido de forma concentrada. No Estado federal, ele é apresentado de modo que haja descentralização, caso contrário, haverá apenas Estado federal formal, inscrito nas Constituições e nas leis, de nenhuma aplicabilidade prática. "E mesmo que mantida formalmente a federação, na realidade passou a ser um Estado Unitário, com governo centralizado.

---

(29) *Op. cit.*, p. 233/234, nota 24.
(30) *Op. cit.*, p. 233, nota. 24.
(31) *Op. cit.*, p. 56, nota 24.

São exemplos disso a Alemanha com a ascensão de Hitler, o Brasil com a ditadura de Vargas e a Argentina de Peron. Federalismo e ditadura são incompatíveis. (...) A partir desse dado, que quase todos os teóricos que tratam do federalismo concluíram que ele é garantia de democracia."[32] "En el Estado totalitário, las relaciones interindividuales como las relaciones Estado-individuo, aunque son regladas conforme pautas de conducta monopolizadas por la fuerza estatal, poseen un contenido que no emana de procesos públicos de creación de decisiones guiados por la razón que resulta del debate entre indivíduos tan racionales como libres."[33]

Daniel Elazar, defensor veemente do federalismo democrático, entende que o federalismo é um pressuposto da democracia. Para esta corrente, o federalismo conduz a uma democracia descentralizada, de forma tal, que a democracia é o pressuposto lógico do federalismo. Elazar, em seu trabalho intitulado *The Role of Federalism in Political Integration*, citado por Dallari em "O Estado Federal", defende, em síntese, "que a descentralização há que existir de forma plena, de forma que somente haverá federalismo se existem Estados em que os Estados delegam suas competências e atribuições. Desta maneira não se pode falar num "centro" de poder, que seria o ponto de convergência de um sistema descentralizado"[34].

O verdadeiro "*Princípio Federativo*" é assim concebido pela não superioridade de um ente federado sobre os outros, pois estes encontram-se em "*igualdade dentro da federação*", de modo que todos possuem condições de reivindicar o que entenderem de direito. *Aí está o principal ponto de convergência entre o federalismo e democracia*, que é soberania do povo na forma de conduzir os rumos da política e de estabelecer a igualdade material e formal dentro Estado Federal, de forma que o *pacto federativo* seja efetivo.

Outro ponto de convergência entre federalismo e a democracia diz respeito à representação popular e ao voto direto, secreto, universal e periódico. Com a federação, se concebe a mais impressionante forma de agregação popular em torno de um governo democrático que represente a vontade de todos. O povo, em uma Federação, possui a possibilidade de, pelos meios legais, reivindicar os que lhes for prudente. Isto se dá pelo fato de que no federalismo todos devem ser iguais perante a lei. Neste sentido, pode-se englobar o povo, os Estados (províncias) e o Governo Central. "O povo na democracia, é, sob certos aspectos, o monarca; sob outros, é súdito." (...) "Só pode ser monarca pelos sufrágios, que são as suas vontades. A vontade do soberano é o próprio soberano. As leis que estabelecem direito de voto são, pois, fundamentais neste governo. É, com efeito, tão importante definir quem como e por quem, para quem, sobre os sufrágios devem ser dados, quando o é o monarca saber quem é o monarca e de que maneira deve governar."[35]

A Política Partidária e o Federalismo

Quando ocorre a hegemonia de um partido por largo período, o sistema democrático e o federal ficam muito fragilizados. Assim, quando um único partido político elege a esmagadora maioria dos governantes, seja nos Estados ou no Governo Central, temos o gerenciamento de determinada nação por uma única visão política, uma única ideologia, que em certa medida pode não corresponder o ponto de vista da Federação como um todo. Nenhuma corrente partidária deve deter o "reinado da sabedoria universal", caso contrário, haverá ditadura das massas e das fontes regem a nação.

Os partidos políticos são o instrumento mais importante para colocação de ideias e explanação de um plano de governo. A tomada do poder pelo voto é o consequente lógico dos partidos. No federalismo, os partidos funcionam como articuladores de projetos para a Federação, para coesão de plataformas em nome do bom funcionamento do Estado, com sua repartição de competências, que, aliás, devem ser dotadas de mais alto relevo jurídico.

O partido político que possui plataforma de *tomada irrestrita do poder*, seja pelo voto, seja pela revolução, está em descordo com o pacto federativo. O

---

(32) DALLARI, Dalmo de Abreu. *O Estado Federal*. São Paulo: Editora Ática S/A., 1986. p. 66.

(33) FERREYRA, Raúl Gustavo. *Fundamentos Constitucionales*. 1. ed. Ciudad Autónoma de Buenos Aires: Ediar, 2013. p. 45, *apud* REQUEJO PAGÉS, Juan Luiz: "El triufo de constitucionalismo y da crisis de la normatividad, Fundamentos. *Cuadernos monográficos de Teoria del Estado, Derecho e Historio Constitucional*, n. 6, Universidad de Oviedo, 2010, p. 186.

(34) *Ibid.*, p. 67, nota 33.

(35) MONTESQUIEU, Charles de Secondat, *Baron. Do Espírito das leis*.1689-1755.Tradução Roberto Leal. São Paulo: Editora Marin Claret, 2010. p. 28.

federalismo deve servir para o debate e a construção de uma nação plural, o que é contrário à concentração do pensamento ideológico em torno do um único projeto de gerenciamento das nações.

Neste contexto, destaca-se a cultura centralista ainda marcante em nossa administração e a existência de grupos significativos que possuem uma visão autoritária das relações, ambas responsáveis pelas dificuldades e retrocessos nos processos de descentralização. Diante desse quadro, surgem resistências à concessão de maior autonomia aos entes subnacionais, o que acaba resultando em uma certa paralisia na implementação de políticas públicas federais.

CONCLUSÃO

Conforme vimos, a democracia que "funda-se na soberania popular, (...) aonde – todas as pessoas são livres e iguais e podem e devem participar das decisões que afetem sua vida"[36] e o federalismo são temas umbilicalmente relacionados. O retrocesso em relação aos ideais democráticos e federativos levará a um descompasso a ser verificado cada vez mais pela hostilidade interna e externa das nações, notadamente marcada pela falta organização dos Estados e, consequentemente, pela falha na prestação dos serviços de determinada nação.

Diante desse quadro, surgem resistências à concessão de maior autonomia aos entes federados, o que acaba resultando em uma certa paralisia na implementação de políticas públicas federais.

O princípio da cooperação federativa e da democracia recomendam que, quanto às competências comuns a todos os entes, é melhor que a União compartilhe responsabilidades de formulação e controle de políticas com os demais entes federados.

É assim que devem evoluir as políticas públicas nacionais, buscando-se sempre os princípios e diretrizes para uma discussão mais detida sobre as bases do federalismo nacional. Embora aceitemos a evidência de que até agora a agenda política dos governos federais não privilegiam um encaminhamento global da questão federativa, tal fato não elide a necessidade de se repensar as competências de cada esfera de governo com base nos fundamentos do federalismo, igualdade, autonomia e cooperação.

Desta maneira, forma-se o questionamento das competências para elaborar e controlar as políticas públicas, considerando-se a conveniência de deslocar da União para os estados, municípios e instâncias adequadas da sociedade civil a prestação direta da maior parte dos serviços públicos. Esse deslocamento é o caminho apontado pelos movimentos internacionais de reestruturação governamental rumo à "reinvenção de governos empreendedores", orientado pela primazia das prerrogativas dos cidadãos inseridos no Estado Democrático de Direito. Isto remete diretamente à necessidade de rever o pacto federativo, de estabelecer os limites das políticas nacionais.

Por fim, há de se dar ênfase na proposta de reforma do aparelho de Estado, com ênfase no modelo de administração pública gerencial, incorporada nas tendências mundiais de integração das nações.

BIBLIOGRAFIA

BALIÑO, Juan Pablo Pampillo. *Estado Actual y Perspectivas de la Integración Jurídica en América. Derechos Individuales y Integración Regional (Antología)*. Mario I. Álvarez Ledesma y Roberto Cippitani Coordinadores. Instituto Tecnológico y de Estudios Superiores de Monterrey. México, 2013.

BARROSO, Luís Roberto. *Curso de direito constitucional contemporâneo*. 5. ed. São Paulo, 2015.

BASTOS, Celso Ribeiro. *Curso de Teoria do Estado e Ciência Política*. 6. ed. São Paulo: Celso Bastos Editora, 2004.

BONAVIDES, Paulo. *Do Estado Liberal ao Estado Social*. 6. ed. São Paulo: Editora Malheiros.

CROSA, Emilio. *Lo Stado democrático*. Torino: UTET, 1946.

DA SILVA, José Afonso. *Curso de Direito Constitucional Positivo*. 16. ed. São Paulo: Editora Malheiros, 1999.

DALLARI, Dalmo de Abreu. *O Estado Federal*. São Paulo: Editora Ática S/A., 1986.

ELIAS, Díaz. *Estado de derecho y sociedade democrática*. Madrid: Edtorial Cuadernos para el Diálogo.

ENTERRIA E. GARCIA. A. Tizzano, R. Alonso García. *Código de la Unión Europea*. Madrid, 2000.

FERREYRA, Raúl Gustavo. *Fundamentos Constitucionales*. 1. ed. Ciudad Autónoma de Buenos Aires: Ediar, 2013.

GABRIEL, Almond; VERBA, Sidney. *The civic culture*: political attitudes and democracy in five countries (A cultura cívica: atitudes políticas e democracia em cinco países), 1963.

KELSEN, Hans. *Jurisdição Constitucional*.

KELSEN, Hans. *Teoria geral do direito e do Estado*. São Paulo: Martins Fontes, 1998.

---

(36) BARROSO, Luís Roberto. *Curso de direito constitucional contemporâneo*. 5. ed. São Paulo, 2015. p. 288.

LIJPHART, Arend. *Modelos de democracia*: desempenho e padrões de governo em 36 países. Rio de Janeiro: Civilização Brasileira, 2003.

LIMA, M. R. S. de; CHEIBUB, Z. B. Instituições e valores. As dimensões da democracia na visão da elite brasileira. *Revista Brasileira de Ciências Sociais*, São Paulo, n. 31, 1996.

LIMA, Rogério de Araújo. *Os artigos Federalistas. A contribuição de James Madison, Alexander Hamilton e Jon Jay para o surgimento do Federalismo no Brasil.*

MACPHERSON, C. B. *The Life and Time of Liberal Democracy*. Oxford University Press, 1977.

MONTESQUIEU, Charles de Secondat, Baron. *Do Espírito das Leis*.1689-1755.Tradução – Roberto Leal. São Paulo: Editora Marin Claret, 2010.

NORBERTO, Bobbio; PASQUINO, Gianfranco. *Dicionário de Política*. 11. ed. Brasília: UNB, 1983.

PABLO, Lucas Verdú. *Curso de Derecho político*. Madrid: Editorial Tecnos, 1974.

RENNÓ, L. Teoria da cultura política: vícios e virtude. *Revista Brasileira de Informação Bibliográfica em Ciências Sociais*, n. 45, jan./jun. 1998.

TAVARES, Alessandra Schettino. *Federalismo Cooperativo no Brasil. O perfil do Estado Brasileiro segundo a Constituição Federal de 1988*. Monografia (especialização) – Centro de Formação, Treinamento e Aperfeiçoamento (Cefor), da Câmara dos Deputados, Curso de Especialização em Instituições e Processos Políticos do Legislativo, 2009.

TAVARES, André Ramos. *Curso de Direito Constitucional*. 10. ed. rev. e atual. São Paulo: Saraiva, 2012.

ZIMMERMANN, Augusto. *Teoria Geral do Federalismo Democrático*. 2. ed. Rio de Janeiro: Editora Lumen Juris.

A Lei de Anistia Brasileira e o Caso da Guerrilha do Araguaia Diante das Decisões do Supremo Tribunal Federal e da Corte Internacional de Direitos Humanos

Marcia Rabelo

Graduada em Licenciatura em Matemática (UFMT). Bacharel em Direito (2010) e Especialização em Negociação, Mediação, Conciliação e Arbitragem (2011) pelo Centro Universitário de Goiás (uni-Anhanguera). Curso de Maestría en Seguridad Pública no Instituto Universitário de Policía Federal Argentina (2013). Aluna do Programa de Doctorado Intensivo en Derecho Constitucional na Universidade de Buenos Aires (UBA). É Policial Rodoviário Federal (PRF) e Instrutora de Direitos Humanos e Cidadania da Academia da PRF. Tem experiência na área de direito e docência.

INTRODUÇÃO

Vários países da América do Sul e, recentemente, o Brasil enfrentaram o embate judicial interno e externo sobre a possibilidade de processar e julgar os agentes públicos, que praticaram violações graves e sistemáticas dos Direitos Humanos durante o período de ditadura militar.

Nos últimos anos, no Brasil, buscou-se a responsabilização, civil ou criminal, de alguns dos protagonistas da política de repressão patrocinada pela ditadura militar brasileira (1964-1985). No âmbito interno, temos duas ações judiciais importantes, que questionaram a Lei de Anistia (Lei n. 6.683/1979), que foi criada ainda no período da ditadura. São elas: o Caso Gomes Lund e outros, contra o Brasil, também conhecida como Guerrilha do Araguaia, também julgado no âmbito internacional perante a Corte Interamericana de Direitos Humanos (CIDH).

A outra é a ação de Arguição de Descumprimento de Preceito Fundamental (ADPF) n. 153, proposta pelo Conselho da Ordem dos Advogados do Brasil (OAB), junto ao Supremo Tribunal Federal (STF), em sede de controle abstrato de constitucionalidade.

Antes de adentrar ao caso da Guerrilha do Araguaia, cabe ressaltar que, em relação ao Direito Internacional dos Direitos Humanos no Brasil, a Constituição Federal de 1988 foi omissa a respeito da posição hierárquica dos tratados e convenções internacionais.

No ano de 2004, com o advento da Emenda Constitucional (EC) n. 45, se previu que os tratados e convenções internacionais sobre Direitos Humanos, que forem aprovados em cada casa do Congresso Nacional, em dois turnos por três quintos dos votos dos respectivos membros, serão equivalentes às emendas constitucionais (art. 5º, § 3º). Como exemplo, o tratado introduzido nos moldes da EC n. 45/2004 é a Convenção Internacional sobre os Direitos das Pessoas com Deficiência e seu Protocolo Facultativo, assinados em Nova York, em 2007, e promulgados pelo Decreto n. 6.949/2009.

No entanto, não se normatizou como ficariam os tratados e convenções de Direitos Humanos anteriores à EC n. 45/2004 e que já foram ratificados pelo Brasil, ou seja, não passaram por esse procedimento de *status* de Emenda Constitucional, cabendo, assim, ao Supremo Tribunal Federal manisfestar, a exemplo do Pacto de São José da Costa Rica[1], para saber se esses tratados e convenções serão considerados de hierarquia constitucional, infraconstitucionais ou até mesmo supraconstitucional.

O plenário do STF julgou em 2008 três processos concernentes à prisão do depositário infiel, prevista no art. 5º, inciso LXVII, da Constituição Federal[2], pelas ações: *Habeas Corpus* (HC) 87.585/TO, publicado no DJe n. 118, Recurso Extraordinário (RE) n. 349.703/RS e RE 466.343-1/SP publicados no DJe n. 104, relativo à compatibilidade entre a ordem brasileira e o Pacto de São José da Costa Rica.

O STF firma o entendimento jurisprudencial de que os tratados de Direitos Humanos que não forem abrangidos pela EC n. 45/2004 encontram-se em posição supralegal, mas infraconstitucional, ou seja, acima da lei, todavia, abaixo da Constituição.

Contudo, o STF, nos julgados acima mencionados, considerou ilegal a prisão civil para o depositário infiel, mantendo-a nos casos de não pagamento de pensão alimentícia, visualizando, assim, a contradição ao seu próprio argumento de que, para esses casos, os tratados e convenções de Direitos Humanos seriam infraconstitucionais, visto que considerou ilegal uma prisão civil, cuja previsão se encontra no texto Constitucional, e não em lei ordinária, o que demonstra, nesse caso, em particular, a supraconstitucionalidade dos tratados internacionais de Direitos Humanos.

Existe corrente que advoga nesse sentido, onde os tratados internacionais de Direitos Humanos, uma vez incorporados no sistema jurídico brasileiro, são dotados de hierarquia supraconstitucional. Um dos defensores dessa corrente e o brasileiro Celso Albuquerque de Mello (2000, p. 123), onde explicita que o Estado é sujeito de Direito Interno e de Direito Internacional, não se pode conceber que ele esteja submetido a duas ordens jurídicas que se chocam, devendo o Estado sujeito de direito das duas ordens jurídicas dar primazia ao Direito Internacional.

Observa-se que a Corte Suprema Brasileira (STF) tem proferido decisões confusas e controversas no tocante aos Direitos Humanos e, em consequência, tem recebido condenações no âmbito do Direito Internacional, comprometendo a imagem do Brasil no plano externo.

1. O DIREITO INTERNACIONAL

1.1. *Relação entre Direito Interno e Internacional*

O direito como um todo se subdivide em direito interno e direito internacional, onde temos o primeiro tratando das relações jurídicas no interior do sistema jurídico nacional e o segundo, as relações entre diferentes sistemas internacionais.

Questão bastante complexa é o que diz espeito ao conflito entre normas internacionais e o direito interno de cada Estado. Há grandes debates entre as posições monistas e dualistas.

Segundo Caparroz (2012, p. 50/51), a corrente monista defende que o Direito Internacional e o direito interno são manifestações do mesmo sistema jurídico, portanto, pertencentes a um modelo unificado, no qual o conflito de normas deve ser resolvido com a aplicação das regras interpretativas clássicas.

O monismo, em suas várias facetas, pode nos conduzir a três possibilidades: a) prevalência do Direito Internacional sobre direito interno (monismo radical) – é a posição adotada pela Convenção de Viena, ao estabelecer, no art. 27, que um país não poderá invocar as disposições de seu direito interno para justificar o inadimplemento de um tratado; b) primado do direito interno sobre o internacional: posição minoritária, se aproxima do dualismo, pois reconhece que as normas internacionais se submeteriam à força do direito nacional, o que seria equivalente a reconhecer, na prática, duas ordens jurídicas distintas; c) equivalência entre as normas internas e internacionais (monismo moderado ou estruturado): posição adotada pelo Supremo Tribunal Federal (STF) no Brasil, no Recurso Extraordinário (RE) n. 80.004 em 1977.

O dualismo se baseava em duas premissas: a) que o Direito Internacional e o Direito dos Estados possuem fontes distintas; e b) que o Direito Inter-

---

[1] A convenção Americana de Direitos Humanos, adotada em 22.11.1969, foi incorporada no Brasil pelo Decreto n. 678/1992.

[2] Art. 5º, LXVII – não haverá prisão civil por dívida, salvo a do responsável pelo inadimplemento voluntário e inescusável da obrigação alimentícia e a do depositário infiel.

nacional cuida das relações entre os Estados, enquanto o direito interno regeria as condutas entre os Estados e seus súditos. A doutrina dualista (ou pluralista) pressupõe a existência de duas esferas jurídicas distintas, de forma que haveria um processo de transformação do texto do tratado em lei interna, para que os comandos pudessem ser incorporados ao direito nacional.

1.2. Direito Internacional e Direito Internacional Público

De forma sintetizada, pode-se dizer que o Direito Internacional é o conjunto de normas que regula as relações externas dos atores que compõem a sociedade internacional. Estes atores, chamados sujeitos de direito internacional, são, principalmente, os Estados Nacionais.

Na sociedade internacional, os atores são Estados soberanos que se encontram horizontalmente dispostos, em condições de igualdade, não existindo uma autoridade superior, capaz de condicionar a vontade.

Assim, na igualdade soberana das nações, as obrigações são normalmente respeitadas e cumpridas com base na boa-fé dos envolvidos.

A boa-fé no Direito Internacional foi alçada ao *status* de norma jurídica, conforme consta no art. 2º da Carta das Nações Unidas[3].

Originalmente composta de Estados soberanos, a sociedade internacional atual observou, nas últimas décadas, o surgimento e a proliferação das Organizações Internacionais, que, ao lado daqueles, figuram como titulares de personalidade jurídica, ou seja, podem ser considerados como sujeitos do Direito Internacional Público. (CAPARROZ, 2012, p. 2.)

O Direito Internacional Público é um ramo do Direito destinado a construir um arcabouço jurídico de orientação a todas as nações e organizações no âmbito internacional, procurando estabelecer uma ordem e uma lei comum que regule todo o comportamento que extrapole a esfera da soberania.

O direito internacional trata destas relações e deste âmbito normativo, que pode ser positivado ou costumeiro. Denomina-se Direito internacional público quando tratar das relações jurídicas (direitos e deveres) entre Estados, ao passo que o Direito internacional privado trata da aplicação de leis civis, comerciais ou penais de um Estado sobre particulares (pessoas físicas ou jurídicas) de outro Estado.

2. SISTEMA GLOBAL E INTERAMERICANO DE DIREITOS HUMANOS

A Segunda Guerra Mundial[4] trouxe aos olhos da humanidade as atrocidades em detrimento das pessoas, vivenciado situações de total desprezo à dignidade da pessoa humana. Milhões e milhões de pessoas mortas, muitas de maneira bárbara, a exemplo dos campos de concentração. A comunidade internacional foi confrontada; convulsionou, por sua vez, a estrutura jurídica reinante, provocando, uma mudança de pensamentos jamais vista e desaguando no surgimento da Carta da Organização das Nações Unidas, assinada em São Francisco, nos Estados Unidos da América, a 26 de junho de 1945, mudando o rumo da História, evitando que tamanha degradação voltasse a ocorrer.

Iniciando esse novo cenário, diversos países se uniram e criaram a Organização das Nações Unidas (ONU), entidade voltada para a preservação da paz e segurança internacional, para o desenvolvimento das nações e para a promoção dos direitos humanos.

A ONU difere da Sociedade das Nações, na mesma medida em que a 2ª Guerra Mundial se distingue da 1ª. Enquanto em 1919 a preocupação única era a criação de uma instância de arbitragem e regulação dos conflitos bélicos, em 1945 objetivou-se colocar a guerra definitivamente fora da lei. Por outro lado, o horror engendrado pelo surgimento dos Estados totalitários, verdadeiras máquinas de des-

---

(3) Conhecida também como Carta de São Francisco. Trata-se do documento básico do Direito Internacional moderno, que estabeleceu a criação da ONU e foi assinada por 51 países fundadores, em 26 de junho de 1945, em decorrência da Segunda Guerra Mundial.

(4) A Segunda Guerra Mundial foi o confronto militar mais arrasador de todos os tempos. Há divergências quanto ao número total de pessoas que perderam a vida entre 1939 e 1945, em decorrência do conflito. Alguns autores falam em quarenta milhões de mortos. Mas o historiador estadunidense James Gormly eleva esse número para cinquenta milhões, entre os quais cerca de vinte e cinco milhões de civis. Vastas regiões e um número enorme de cidades foram totalmente destruídas.

truição de povos inteiros, suscitou em toda parte a consciência de que, sem o respeito aos direitos humanos, a convivência pacífica das nações tornava-se impossível. (COMPARATO, 2004, p. 210.)

A declaração Universal dos Direitos Humanos (DUDH), elaborada em 1948, é o principal instrumento do sistema global de direitos humanos. A Organização dos Estados Americanos (OEA) é órgão que coordena o sistema interamericano de proteção de direitos humanos, é o mais antigo organismo regional do mundo.

Com isto, pode-se inferir que a Carta fundadora da ONU iniciou o processo de proteção internacional aos direitos humanos, despertando o seu reconhecimento como tema de preocupação mundial.

Na visão de Thomas Buergenthal, a Carta das Nações Unidas "internacionalizou" os direitos humanos. Ao aderir à Carta, que é um tratado multilateral, os Estados-partes reconhecem que os "direitos humanos", a que ela faz menção, são objeto de legítima preocupação internacional e, nesta medida, não mais de sua exclusiva jurisdição doméstica. (PIOVESAN, 2013, p. 201.)

Vale dizer, no âmbito do Direito Internacional, começa a ser delineado o sistema normativo internacional de projetar-se a vertente de um constitucionalismo global, vocacionado a proteger direitos fundamentais e a limitar o poder do Estado, mediante a criação de um aparato internacional de proteção de direito. (PIOVESAN, 2015, p. 47.)

2.1. A Convenção Americana sobre Direitos Humanos

A Convenção Americana sobre Direitos Humanos (pacto de São José da Costa Rica), assinada em 22 de novembro de 1969, é o principal documento do sistema interamericano. A convenção foi ratificada pelo Brasil em 25 de setembro de 1992 e promulgada na ordem interna no mesmo ano, pelo Decreto Presidencial n. 678, de 6 de novembro de 1992.

O art. 33 da Convenção estabelece dois órgãos competentes para conhecer dos assuntos relacionados com o cumprimento dos compromissos assumidos pelos Estados, que são a Comissão Interamericana de Direitos Humanos e a Corte Interamericana de Direitos Humanos.

2.2. Comissão Interamericana de Direitos Humanos

O art. 1º do Estatuto da Comissão Interamericana de Direitos Humanos (aprovado pela Resolução AG/RES. n. 447 (IX-O/79), adotada pela Assembleia Geral da OEA, em seu Nono Período Ordinário de Sessões, realizado em La Paz, Bolívia, em outubro de 1979) traz que a Comissão Interamericana de Direitos Humanos é um órgão da Organização dos Estados Americanos criado para promover a observância e a defesa dos direitos humanos e para servir como órgão consultivo da Organização nesta matéria.

A Comissão é competente para receber petições individuais e comunicações interestatais.

A Comissão comparecerá em todos os casos perante a Corte Interamericana de Direitos Humanos, seja como autora da ação judicial, seja como uma fiscal das normas, assemelhando-se, nesse ponto, ao Ministério Público.

2.3. Corte Interamericana de Direitos Humanos (CIDH)

A Corte é o órgão jurisdicional do sistema interamericano e ela desempenha um papel fundamental na afirmação dos direitos humanos no âmbito americano, constituindo uma alternativa para quem busca reparação de direitos humanos violados pelos Estados.

A competência contenciosa da CIDH deve ser expressamente reconhecida pelo Estado, aceitando assim as decisões proferidas que surgirem nas ações em que são partes.

Los Estados Partes asumen el compromiso de cumplir la decisión de la Corte en todo caso en que sean parte y aquella que determine daños y perjuicios, será ejecutable en el derecho interno, conforme el trámite reservado para la ejecución de las sentencias contra el Estado.

(...)

Al respecto ha señalado que en el casa en la Corte Interamericana ha ordenado en su sentencia definitiva el deber de investigar los hechos y sancionar a los responsables de la violación de derechos humanos, su cumplimiento no puede verse impedido por ninguna disposición o instituto del derecho interno, como la prescripción. (WLASIC, p. 439.)

A legitimidade para submeter um caso à Corte é apenas dos Estados e da Comissão (art. 61). Indivíduos, grupos ou entidades não podem entrar com uma ação na Corte, devem acionar a Comissão para que instaure um procedimento e, se entender pertinente, submeter o caso à Corte.

No art. 63.2 da Convenção, permite-se que pessoas possam peticionar diretamente à Corte para requererem medidas liminares em ações que já estejam tramitando no tribunal.

Assim, vítimas de violação de direitos humanos que não tiveram seus casos solucionados satisfatoriamente no âmbito interno têm conseguido obter a tutela da Corte Interamericana, que inclusive já condenou o Brasil a indenizar pessoas cujos direitos foram violados pelas autoridades brasileiras.

A CIDH já julgou os seguintes casos envolvendo o Brasil: a) Caso Ximenes Lopes em 04.07.2006; b) Caso Escher em 06.07.2009; c) Caso Garibaldi em 23.09.2009; e d) Caso Gomes Lund (Guerrilha do Araguaia) em 24.11.2010.

De todos os casos envolvendo o Brasil, o caso Gomes Lund é o de maior repercussão, em especial pelo fato de que a Corte decidiu pela responsabilização do Brasil e pela inviabilidade da Lei Brasileira de Anistia, diferentemente do que foi julgado pelo Supremo Tribunal Federal (STF) na Arguição de Descumprimento de Preceito Fundamental (ADPF) n. 153, que veremos a seguir;

3. AÇÃO DE ARGUIÇÃO DE DESCUMPRIMENTO DE PRECEITO FUNDAMENTAL (ADPF) N. 153 E OS DIVERSOS ACORDOS, PACTOS E CONVENÇÃO DE DIREITOS HUMANOS ASSINADOS PELO BRASIL

O Conselho Federal da OAB pretendia restringir a amplitude da anistia concedida pela Lei n. 6.683/1979, para que dela restassem excluídos os crimes conexos com os crimes políticos, aduzindo que a referida Lei não teria sido recebida pela Constituição Federal Brasileira de 1988, que é considerada a Constituição Cidadã, tendo em vista as garantias fundamentais previstas nos incisos I a LXXVIII do art. 5º, bem como reputa o crime de tortura como insusceptível de anistia ou graça (art. 5º, XLIII, CF/88).

Assim, peticiona ao STF uma interpretação conforme a Constituição, de modo a declarar, à luz dos seus preceitos fundamentais, que a anistia concedida pela citada lei aos crimes políticos ou conexos não se estende aos crimes comuns praticados pelos agentes da repressão contra opositores políticos durante o regime militar, sendo que o alvo da demanda é o § 1º do art. 1º da Lei n. 6.683/1979, que traz:

> Art. 1º É concedida anistia a todos quantos, no período compreendido entre 02 de setembro de 1961 e 15 de agosto de 1979, cometeram crimes políticos ou conexo com estes, crimes eleitorais, aos que tiveram seus direitos políticos suspensos e aos servidores da Administração Direta e Indireta, de fundações vinculadas ao poder público, aos Servidores dos Poderes Legislativo e Judiciário, aos Militares e aos dirigentes e representantes sindicais, punidos com fundamento em Atos Institucionais e Complementares.
>
> **§ 1º Consideram-se conexos, para efeito deste artigo, os crimes de qualquer natureza relacionados com crimes políticos ou praticados por motivação política.** (grifo nosso)

A lei foi responsável por conceder anistia política a todos que houvessem praticado crimes políticos e conexos entre 02 de setembro de 1961 e 15 de agosto de 1979.

Para o Conselho da OAB, a nova ordem constitucional não havia recepcionado a interpretação da lei que estendia a anistia aos agentes do Estado que, na repressão aos adversários políticos, promoveram torturas, assassinatos e desaparecimentos.

O Conselho da OAB trouxe em sua petição que:

> O derradeiro argumento dos que justificam, a todo custo, a encoberta inclusão na Lei da Anistia dos crimes cometidos por funcionários do Estado contra presos políticos é o de que houve, no caso, um acordo para permitir a transição do regime militar ao Estado de Direito. Afirma-o para inicialmente questionar a existência desse acordo, indaga: "quem foram as partes nesse acordo"? Em seguida afirmar que, tendo ele existido, "força é reconhecer que o Estado instituído com a liquidação do regime militar nasceu em condições de grave desrespeito à pessoa humana, contrariamente ao texto expresso da nova Constituição Federal (...).Trata-se, também neste ponto, de argumentação exclusivamente política, não jurídica, argumentação que entra em testilhas com a História e com o tem-

po. Pois a dignidade da pessoa humana precede a Constituição de 1988 e esta não poderia ter sido contrariada, em seu artigo 1º, III, anteriormente a sua vigência. A Arguente desqualifica fatos históricos que antecederam a aprovação, pelo Congresso Nacional, da Lei n. 6.683/79. Diz mesmo que "no suposto acordo político, jamais revelado à opinião pública, a anistia aos responsáveis por delitos de opinião serviu de biombo para encobrir a concessão de impunidade aos criminosos oficiais, que agiam em nome do Estado, ou seja, por conta de todo o povo brasileiro" e que a dignidade das pessoas e do povo foi usada como "moeda de troca em um acordo político". (Trecho contida na Decisão do STF no ADPF 153, Relatório § 20.)

No centro das discussões, estava a transição política da ditadura à democracia, em específico, sobre a possibilidade de responsabilizar penalmente agentes estatais que praticaram violações a direitos humanos durante o regime militar.

> O Brasil é um país, dentre diversos países latino-americanos, cuja Lei de Anistia foi promulgada, sob pressão dos próprios ditadores, com o evidente desígnio de garantir uma transferência pacífica do poder. Ao se autoanistiarem, os dirigentes e agentes do regime predecessor garantiram o retorno à democracia, isentos de punição e, muitas vezes, inclusive mantiveram-se no exercício de suas funções, perpetuando estruturas autoritárias de poder. (WOJCIECHOWSKI, 2014, p. 349.)

Segundo o relator da ADPF n. 153, Ministro Eros Graus, o objetivo era "saber se houve ou não anistia dos agentes públicos responsáveis, entre outros crimes, pela prática de homicídio, desaparecimento forçado, abuso de autoridade, lesões corporais, estupro e atentado violento ao pudor contra opositores políticos ao regime militar". Os preceitos tidos como violados, conforme a autora da demanda, seria dignidade humana, princípios democrático e republicano. Para o relator, no entanto, houve um acordo político, uma transição conciliada e, ainda, que a Lei de Anistia deveria ser revogada por lei, e não pelo Poder Judiciário.

Na decisão, traz uma citação feita pelo Ministro Relator Eros Grau de Nilo Batista:

> "... em primeiro lugar, instrumentos normativos constitucionais só adquirem força vinculante após o processo constitucional de internalização, e o Brasil não subscreveu Convenção sobre Imprescritibilidade dos Crimes de Guerra e dos Crimes contra a Humanidade de 1968 nem qualquer outro documento que contivesse cláusula similar; em segundo lugar, 'o costume internacional não pode ser fonte de direito penal' sem violação de uma função básica do princípio da legalidade; e, em terceiro lugar, conjurando o fantasma da condenação pela Corte Interamericana, a exemplo do precedente Arellano x Chile, a autoridade de seus arestos foi por nós reconhecida plenamente em 2002 (Dec. n. 4.463, de 8 de novembro de 2002), porém apenas 'para fatos posteriores a 10 de dezembro de 1998'". (Trecho contido na Decisão do STF no ADPF 153, Relatório § 42.)

Com base em tais fundamentos, a ação foi conhecida, mas julgada improcedente, vencidos os Ministros Ricardo Lewandowski e Ayres Britto, que a julgavam parcialmente procedente. O Brasil, por intermédio do STF quando do julgamento dessa ação, deixou de realizar o Controle de Convencionalidade[5], e agiu diferentemente da Comunidade Internacional, onde outros países tiveram normas semelhantes revogadas, a exemplo de Argentina e do Chile.

Em outros países sul-americanos, a democratização foi diferente da nossa. Na Argentina e no Chile, houve julgamentos até de ex-presidentes, que cumpriram pena por violar direitos humanos e convenções internacionais – desde o final da Segunda Guerra, a tortura de prisioneiros, o assassinato de adversários políticos e o desrespeito ao corpo do inimigo são considerados crimes.

Nesses Países, os arquivos da repressão foram abertos, e os militares chegaram a pedir desculpas pelos excessos. "Eles passaram a História a limpo", resume a jornalista Glenda Mezarobba, que estuda as compensações que o Brasil deu às vítimas dos órgãos de seguran-

---

[5] Verifica-se a compatibilidade do texto legal com os Tratados ou Convenções em que o País faz parte, e qualquer juiz ou tribunal podem manifestar a respeito.

ça. O Combate à subversão foi até mais duro nos vizinhos. Calcula-se que na Argentina desapareceram entre 15 mil e 20 mil opositores do regime. No Chile, a estimativa é de 3 mil. (SCHLEGEL, 2014, p. 126.)

A criação dessa lei, em 1979, já foi uma afronta ao Direito Internacional positivado relativo aos Direitos Humanos, pois, já naquela época e antes mesmo da Constituição Federal de 1988, estavam em vigor diversos acordos, pactos ou convenções ligadas a Direitos Humanos, em que o Brasil já fazia parte, conforme quadro abaixo no período de 1964 a 1985 no âmbito dos Direitos Humanos, segundo dispõe o Ministério das Relações Exteriores. Entre elas, a Declaração Universal dos Direitos do Homem, adotada e proclamada pela Resolução n. 217A, da III Assembleia Geral das Nações Unidas de 10 de dezembro de 1948 e assinada pelo Brasil na mesma data.

Título	Data Assinatura	Promulgação Decreto N.	Promulgação Data
Convenção sobre a Escravatura	25/09/1926	66	14/07/1965
Convenção sobre o Instituto Indigenista Interamericano	24/02/1940	36098	19/08/1954
Acordo Relativo a Concessão de Título de Viagem para Refugiados sob Jurisdição do Comitê Intergovernamental de Refugiados	15/10/1946	38018	07/10/1955
Convenção Interamericana sobre a Concessão dos Direitos Civis à Mulher	02/05/1948	31643	23/10/1952
Convenção Interamericana sobre a Concessão dos Direitos Políticos à Mulher	02/05/1948	28011	19/04/1950
Convenção para a Prevenção e a Repressão do Crime de Genocídio	09/12/1948	30822	06/05/1952
Declaração Universal dos Direitos Humanos	10/12/1948		
Convenção para Melhoria da Sorte de Feridos e Enfermos dos Exércitos em Campanha (I)	12/08/1949	42121	21/08/1957
Convenção para Melhoria da Sorte dos Feridos, Enfermos e Náufragos das Forças Armadas no Mar (II)	12/08/1949	42121	21/08/1957
Convenção Relativa ao Tratamento dos Prisioneiros de Guerra (III)	12/08/1949	42121	21/08/1957
Convenção Relativa à Proteção dos Civis em Tempo de Guerra (IV)	12/08/1949	42121	21/08/1957
Convenção Relativa ao Estatuto dos Refugiados	02/07/1951	50215	28/01/1961
Convenção sobre os Direitos Políticos da Mulher	31/03/1953	52476	12/09/1963
Convenção Rel. à Escravatura de 1926, em. pelo Protocolo aberto à assinatura na ONU	07/12/1953	58563	01/06/1966
Convenção Suplementar sobre a Abolição da Escravatura, do Tráfico de Escravos e das Instituições e Práticas Análogas à Escravatura	07/09/1956	58563	01/06/1966
Convenção Internacional sobre a Eliminação de Todas as Formas de Discriminação Racial	07/03/1966	65810	08/12/1969
Protocolo sobre o Estatuto dos Refugiados	31/01/1967	70946	07/08/1972

Fonte: Ministério das Relações Exteriores, Divisão de Atos Internacionais. Disponível em: <www2. mre.gov.br/dai>.

Essa decisão só contribui para uma permissividade em relação a abusos e violações de direitos humanos, que muito prejudica a democracia, não permitindo ainda que a história seja contada, lembrada e jamais repetida.

Por 7 votos a 2, o STF rejeitou uma ação da OAB nacional, mas ainda não se decidiu sobre os embargos declaratórios impetrados pela própria entidade. A OAB aposta na nova composição do Supremo, com a inclusão de ministros com formação mais progressista.

O Partido Socialismo e Liberdade (PSOL) protocolou em 15.05.2014 no Supremo Tribunal Federal (STF) ação na qual pleiteia a revisão da Lei da Anistia, editada em 1979 e que perdoou crimes políticos ou conexos cometidos entre 2 de setembro de 1961 e 15 de agosto de 1979, período que precede e inclui a fase mais repressiva da ditadura no Brasil.

Assim, além dos recursos da OAB que ainda aguardam julgamento no STF, o assunto pode ser analisado na ação proposta pelo partido PSOL com o mesmo objetivo.

A nova Ação de Descumprimento de Preceito Fundamental (ADPF) é assinada por quatro advogados. Entre eles, o jurista Fábio Konder Comparato. Os dois processos têm como relator o ministro Luiz Fux, que ainda não se manifestou publicamente quando irá liberá-los para votação no plenário do tribunal.

No processo, o PSOL argumenta que o Supremo deve reanalisar o tema porque, em novembro de 2010, depois do julgamento no plenário do STF, a Corte Interamericana de Direitos Humanos condenou o Brasil por conta de desaparecimento forçado na Guerrilha do Araguaia. Os embargos de declaração apresentados pela OAB têm o mesmo argumento, de que a decisão do Supremo de manter o texto descumpre tratados internacionais dos quais o Brasil é signatário sobre violação de direitos humanos.

Dos sete ministros que votaram "contra" em 2010, três se aposentaram (Eros Grau, Cesar Peluso e Ellen Gracie) e foram substituídos por nomes de perfis diferentes (Luiz Fux, Teori Zavascki e Rosa Weber). O mais novo ministro, Luís Roberto Barroso, entrou no lugar de Ayres Britto, que foi a favor da mudança. É provável que um novo debate resultasse em um posicionamento diferente.

Ressalta-se ainda o Projeto de Lei n. 237/2013 que revisa a Lei da Anistia e que atualmente se encontra na Comissão de Constituição, Justiça e Cidadania do Senado Federal[6], aguardando Relator, cuja alteração traz que:

> Altera o art. 1º, § 1º da Lei n. 6.683/1979, que concede anistia, para dispor que não se incluem entre os crimes conexos aqueles cometidos por agentes públicos, militares ou civis, contra pessoas que, de qualquer forma, se opunham ao regime de governo vigente no período por ela abrangido. Dispõe que a prescrição, bem como qualquer outra causa de extinção da punibilidade, não é aplicável aos crimes a que se refere o art. 1º.

4. O CASO GOMES LUND E OUTROS (GUERRILHA DO ARAGUAIA)

Para melhor entender o caso Gomes Lund e a decisão do STF, precisamos entender o contexto histórico, econômico e político desse conflito.

A "Guerrilha do Araguaia" foi um movimento armado existente nas proximidades da região amazônica brasileira, ao longo das margens do rio Araguaia, onde se deram os combates entre a guerrilha e as forças armadas, daí o nome "Guerrilha do Araguaia" entre fins da década de 1960 e a primeira metade da década de 1970. A área onde operou as forças guerrilheiras se situa em uma zona limítrofe de três Estados: Maranhão, Goiás e Pará. Estas regiões eram cobertas de matas e, portanto, bastante favoráveis ao início e desenvolvimento da guerrilha.

Criada pelo Partido Comunista do Brasil (PCdoB) uma dissidência armada do Partido Comunista Brasileiro (PCB).

O PCdoB tinha como o objetivo fomentar uma revolução socialista, a ser iniciada no campo, baseada nas experiências vitoriosas da Revolução Cubana com Fidel Castro e Che Guevara, e da Revolução Chinesa, com Mao Tse Tung.

A presença dos guerrilheiros fez a ditadura olhar para aquela região abandonada pelo Governo, com uma população ribeirinha desprovida de serviços públicos e de grande miséria, mas muito rica em minérios, e com grande extensão de florestas e rios. Continha, ainda, em seu subsolo, uma alta incidência de cristais, despertando interesses internos e externos, basta lembrar que no sul do Estado do Pará, existiu, nos anos 80, o maior garimpo do mundo "Serra Pelada".

Havia alguns oficiais mais violentos, a exemplo de Sebastião Rodrigues de Moura (codinome: Curió)[7]. Era capitão do Exército que coordenou algumas operações na região. Todo guerrilheiro capturado vivo pelas equipes eram levados para a base de Bacaba, onde eram submetidos a interrogatórios preliminares, com a finalidade de dar sequência às missões, que se baseavam nas informações que eles passavam, e só depois eram levados para o Quartel General das Operações de Comando, onde seriam interrogados por militares do CIE (Centro de Informações do Exército).

Segundo Jiménez (2007, p. 56), as técnicas de interrogatório a que eram submetidos os guerrilheiros em Bacaba consistiam em: choques com corrente elétrica gerada por baterias de telefones de campanha portáteis, telefones (consistiam em dar tapas com força simultaneamente nos dois ouvidos com as mãos abertas), colocá-los em pé, descalços em cima de duas latas de leite condensado se apoiando somente com um dedo na parede, socos em pontos vitais como no fígado, rins, estômago, pescoço, rosto e na cabeça, além de fazê-los passar fome e sede.

---

(6) Disponível em: <http://www25.senado.leg.br/web/atividade/materias/-/materia/113220>.

(7) Curió permaneceu no Araguaia durante toda a fase da guerrilha. Continuou na região e recebeu o garimpo de Serra Pelada para administrar. Fundou a cidade de Curionópolis, da qual foi prefeito por três vezes. Elegeu-se deputado. Em fevereiro de 1993, foi indiciado por matar um adolescente em Brasília. Continua com poder e recusa-se a ajudar os familiares na busca dos corpos dos desaparecidos.

Esclarece também esse autor (2007, p. 64) que houve um interrogatório feito na selva, juntamente com Curió, de um camponês que foi feito prisioneiro, sendo que, interrogado pelos métodos convencionais, o mesmo recusou-se a falar, segundo Jiménez (codinome: Chico Dólar): "(...) recebemos ordens para mudar a tática do interrogatório. Foi então amarrado nu, num pau viveiro de formigas (pau de arara) e seu corpo todo lambuzado com açúcar e sua boca cheia de sal."

Os militantes do PCdoB no Araguaia, quando do confronto com as forças armadas, também usaram de coação, gerando o medo e o pavor por meio de ameaças à integridade física e moral, assassinatos (justiçamentos), sequestros, assaltos, sabotagens, delações e ações diversas e, assim, foram capazes de manter a população num estado de permanente terror.

Segundo o oficial José Vargas Jiménez, no seu destacamento, fizeram um pacto, "(...) *jamais nos entregaríamos ou deixaríamos que nos capturassem vivos, lutaríamos até a morte, pois sabíamos que se fôssemos capturados, seríamos torturados pelos guerrilheiros, até a morte*". Assim, por mais de três décadas, ficou guardado um dos chocantes episódios da História do Brasil, na memória dos sobreviventes do conflito e dos documentos produzidos pelos serviços secretos do Governo.

Mais de cinquenta deles são considerados ainda hoje como desaparecidos, segundo a obra Dossiê dos Mortos e Desaparecidos Políticos a partir de 1964 (CEPE – Companhia Editora de Pernambuco Governo do Estado de Pernambuco, Recife 1995).

Em 1982, foi movido um Processo por familiares dos ex-militantes do Partido Comunista do Brasil, combatentes da guerrilha, na 1ª Vara de Justiça Federal de Brasília (AC n. 2003.01.00.041033-5/DF), com o objetivo de requerer a indicação das ossadas, além da exibição de documentos e a emissão de atestados de óbito dos mortos na Guerrilha.

Em 22 de julho de 2003, o Diário da Justiça publicou a decisão da juíza Solange Salgado, da 1ª Vara Federal do Distrito Federal, ordenando a quebra de sigilo das informações militares sobre a Guerrilha do Araguaia, dando um prazo de 120 dias à União para que fosse informado onde se encontravam sepultados os restos mortais dos familiares dos autores do processo, assim como rigorosa investigação no âmbito das Forças Armadas brasileiras.

A utilização de identidades e nomes falsos pelos guerrilheiros é um dos fatores que dificultaram a localização de desaparecidos e documentos comprobatórios dos óbitos, pelo simples fato de não se ter certeza se estavam ou não na região à época.

Pressionado, o governo federal criou em 2002 a Comissão de Anistia, com a competência para realizar diligências, requerer informações e documentos, ouvir testemunhas e emitir pareceres técnicos com o objetivo de instruir os processos e requerimentos, bem como arbitrar, com base nas provas obtidas, o valor das indenizações.

As indenizações trouxeram à baila as críticas, principalmente pelos militares, muitos alegam "indústria das indenizações".

As primeiras medidas de reparação foram implementadas pelo governo Fernando Henrique Cardoso. De natureza essencialmente econômica, estas medidas vieram com a edição das Leis ns. 9140/95 e 10559/02. A primeira delas, conhecida como Lei dos Desaparecidos Políticos, volta-se aos familiares das vítimas do regime, concedendo-lhes o direito de requerer atestado de óbito e perceber indenizações. A lei também instituiu a Comissão Especial de Mortos e Desaparecidos Políticos, vinculada à Secretaria Especial de Direitos Humanos. Ao final de suas atividades, a Comissão destinou, a título de indenização, cerca de 40 milhões de reais aos familiares de 353 mortos políticos em atividades políticas entre os anos de 1961 e 1988. Cabe ressaltar que competiu à Comissão analisar e não investigar as mortes.

Em agosto de 2010, o Tribunal de Contas da União decidiu rever as indenizações pagas pelo Governo Federal aos perseguidos pelo regime civil-militar. Aprovando a representação do Ministério Público, os Ministros do TCU entenderam que compete ao Tribunal supervisionar as mais de 9 mil reparações econômicas concedidas pela Comissão da Anistia, equiparando-as à condição de aposentadoria e pensão do poder público. O Ministério da Justiça, mediante um pedido de reexame, arguiu que as reparações são de naturezas indenizatórias, não cabendo ao TCU revisá-las.

Esta comissão de Anistia, nomeada pelo Governo está recompensando com grandes fortunas, sem cerimônia nem critério jurídico, aos familiares dos terroristas que traíram o Brasil, como também promovendo a General, "*post-mortem*" o ex-capitão que desertou do Exército, roubando armas e matando militares, aliando-se aos comunistas, por sua livre e espontânea vontade. Já os familiares dos militares que morreram na Guerrilha do Araguaia, defendendo a Pátria, bem como os que ainda estão vivos como eu, não estão recebendo o mesmo tratamento por essa Comissão de Anistia. Em outras palavras, não estamos recebendo recompensas (grandes fortunas), por termos lutado contra o comunismo, arriscando nossas vidas para deixar o Brasil neste regime democrático (JIMÉNEZ, 2007, p. 93).

O movimento pela revisão da Lei da Anistia, gestado por anistiados revanchistas inclusive os de dentro do governo já começa a trazer consequências nocivas ao erário e até à paz nacional. Quase duas centenas de ex-militares já entraram e outros 400 preparam ações pedindo indenização por sequelas físicas, psicológicas e sociais resultantes da atuação no combate à guerrilha do Araguaia, liquidada em 1976. Se tiverem sucesso, quem vai pagar a conta é a União, com o dinheiro dos impostos arrecadados de toda a população. Argumentam os ex-militares que foram levados à revelia e sem preparo a participar da repressão por ordem de seus superiores, que agiam em nome do Estado. Lembram que, mesmo estando no outro lado (o lado oficial) e de acordo com a ordem vigente na época, participaram da mesma luta que os guerrilheiros já indenizados regiamente. Se o governo paga aos ex-guerrilheiros, deve fazer o mesmo a quem atuou em seu nome, raciocinam. A Lei da Anistia possibilitou a volta do país à normalidade, a partir de 1979. Libertou os presos políticos, permitiu a volta dos exilados e reintegrou da melhor maneira os que foram prejudicados no serviço público. Mas não deixou satisfeitos os participantes diretos da luta armada e nem os que tiveram a missão de combatê-los. Todos foram anistiados pelo que fizeram em nome da lei ou da ideologia de então, mas apesar de receber o perdão, ficaram com o sentimento de que o benefício não deveria se estender aos seus adversários. Ex-guerrilheiros aceitaram o perdão, mas continuaram a pedir a punição dos militares que, por sua vez, também criticaram a descriminalização dos atos subversivos do período. Esse inconformismo foi o responsável por uma série de incidentes e constrangimentos até durante viagens presidenciais. Mesmo deixando insatisfeitos, a Lei da Anistia buscou o sentido amplo do termo, o "esquecimento". Todos os envolvidos, independente do lado em que estiveram, receberam o perdão oficial. Acabadas as contendas, iniciou-se a reconciliação nacional. O estabelecimento de indenizações muitas delas com valores escandalosamente altos para os ex-guerrilheiros e seus familiares reabriu feridas que voltaram a sangrar, apesar da Lei da Anistia e dos prazos prescricionais de crimes supostamente cometidos. Está na hora dessas pessoas colocarem a mão na consciência e lembrar que, embora a União de hoje seja a mesma daquela época, tudo tem um limite. A grande maioria dos contribuintes de hoje não é os daquele tempo, mas é o seu dinheiro que paga as indenizações em vez de ser aplicada em saúde, educação, moradia e outras obrigações do Estado. Indenização jamais deveria ter existido para esses casos; o máximo tolerável é pensão alimentícia e humanitária para aqueles que, em função do passado, não tenham conseguido meios próprios de subsistência. Todo o resto é indevido, (...) (Dirceu Cardoso Gonçalves Tenente, diretor da Associação de Assistência Social dos Policiais Militares de São Paulo.)[8]

Indenizar as classes médias e altas (principalmente advindo dos conflitos urbanos) não é bem vista pelo restante da população, principalmente, sem um procedimento transparente que justifique esse pagamento.

Uma pesquisa do instituto Datafolha publicada no dia 31 de 2014 afirma que a maioria dos brasileiros (54%) acredita que tanto os guerrilheiros que enfrentaram a ditadura quanto os agentes do Estado, que torturaram e assassinaram devem ser igualmente julgados pelo que "os dois lados" fizeram atrocidades naquela época.

No entanto, uma coisa é certa, a Guerrilha do Araguaia trouxe muito sofrimento às pessoas que dela participaram e, independente de que lado esteja, deve-se respeitar a dignidade da pessoa humana.

Numa guerra, os únicos inocentes foram as populações que lutavam pela sua sobrevivência e conviviam com as coações dos dois lados: guerrilheiros e militares e, que ainda hoje, a região Norte do Brasil continua esquecida pelo Governo, principalmente nas questões sociais.

Em abril de 2009, a Comissão Interamericana de Direitos Humanos (CIDH), abriu uma ação con-

---

(8) Disponível em: <http://ftp.gcn.net.br/mobile/noticia/33320/opiniao/2008/08/a-indeniza-ccedil-atilde0-da-guerilha-33320>.

tra o governo brasileiro por detenção arbitrária, tortura e desaparecimento de 70 pessoas – entre guerrilheiros, moradores da região e camponeses ligados à Guerrilha do Araguaia durante a ditadura militar brasileira.

5. DA CONDENAÇÃO BRASILEIRA NA CORTE INTERAMERICANA DE DIREITOS HUMANOS NO CASO GOMES LUND E OUTROS

O "*Caso Araguaia*" foi a mais recente condenação do Brasil pela Corte Interamericana de Direitos Humanos. Implicou no reconhecimento de que o Brasil foi omisso ao não apurar os desaparecimentos forçados durante a "Guerrilha do Araguaia".

Na audiência pública, o Brasil afirmou sua responsabilidade pelas violações de direitos humanos ocorridos durante a Guerrilha do Araguaia. Por outro lado, mencionou diversas medidas adotadas, inclusive extrajudiciais, como a Lei n. 9.140/95, mediante a qual o Estado reconheceu sua responsabilidade pelos desaparecimentos forçados de opositores políticos no período de 2 de setembro de 1961 a 15 de agosto de 1979, determinando a possibilidade de concessão de uma reparação pecuniária aos familiares de mortos e desaparecidos políticos, e instituiu a Comissão Especial sobre Mortos e Desaparecidos Políticos (CEMDP), cujos trabalhos resultaram na publicação do relatório "Direito à Memória e à Verdade"[9], em 2007.

No que concerne ao mérito, arguiu que já houve responsabilização pelo pagamento das indenizações e as medidas de resgate à memória das vítimas acima arguidas. Quanto à punição dos responsáveis mediante medidas penais, incide a vedação da Lei n. 6.683/1979, aprovada pelo Congresso Nacional em 28 de agosto de 1979, depois de debate democrático.

Assim, fez objeções à aplicação da doutrina de crimes contra a humanidade ao caso, em função dos princípios de legalidade e da anterioridade da lei penal. Destacou que, para que o costume internacional possa criar um tipo penal, "seria necessário que estivesse devidamente consolidado no momento dos fatos (1972-1974)", e que a "universalização da tipificação do crime de lesa-humanidade no plano internacional ocorreu apenas com o Estatuto de Roma (do Tribunal Penal Internacional), em 1998". Por fim, referiu quanto à prescrição de eventual pretensão punitiva[10].

A fim de determinar se tem ou não competência para conhecer um caso, de acordo com o artigo 62.1 da Convenção Americana, a Corte levou em consideração a data de reconhecimento da competência pelo Estado, os termos em que se deu essa submissão e o princípio de irretroatividade disposto no artigo 28 da Convenção de Viena sobre o Direito dos Tratados de 1969. Nesse sentido, como o Brasil reconheceu a competência contenciosa da Corte Interamericana em 10 de dezembro de 1998 e, em sua declaração, indicou que o Tribunal teria competência para os "fatos posteriores", ficou excluída da ingerência do Tribunal na alegada execução extrajudicial da senhora Maria Lúcia Petit da Silva, cujos restos mortais foram identificados em 1996. No entanto, em relação aos demais, considerando que os atos de caráter contínuo ou permanente perduram durante todo o tempo em que o fato continua, reconheceu sua competência para analisar os alegados desaparecimentos forçados das supostas vítimas.

Concluiu pela necessidade da reconstrução da memória das vítimas da Ditadura Militar brasileira; pela punição dos autores dos desaparecimentos forçados e assassinatos; pela reparação civil mediante indenização por danos morais e materiais; e pela necessidade de medidas de prevenção a atos violadores aos direitos humanos.

> É preciso mostrar que a Justiça age de forma igualitária na punição de quem quer que pratique graves crimes contra a humanidade, de modo que a imperatividade do Direito e da Justiça sirvam sempre para mostrar que práticas tão cruéis e desumanas jamais podem se repetir, jamais serão esquecidas e a qualquer tempo serão punidas.[11] (Roberto de Figueiredo Caldas)

---

(9) Brasil. Secretaria Especial dos Direitos Humanos. Comissão Especial sobre Mortos e Desaparecidos Políticos. Direito à verdade e à memória: Comissão Especial sobre Mortos e Desaparecidos Políticos/Comissão Especial sobre Mortos e Desaparecidos Políticos – Brasília: Secretaria Especial dos Direitos Humanos, 2007. Disponível em: <http://portal.mj.gov.br/sedh/biblioteca/livro_direito_memoria_verdade/livro_direito_memoria_verdade_sem_a_marca.pdf>. Acesso em: 20 ago. 2014.

(10) Sentença do "Caso Araguaia", p. 30.

(11) Sentença do "Caso Araguaia", voto do juiz *ad hoc* Roberto de Figueiredo Caldas

Com essa decisão, verifica-se que a CIDH realizou controle de convencionalidade da legislação interna brasileira, concluindo que a Lei de Anistia é incompatível com a Convenção Americana de Direitos Humanos.

> (...) o controle de convencionalidade poderá ser efetuado tanto na esfera internacional quanto no âmbito nacional. Na esfera internacional, *in casu*, o órgão que terá competência jurisdicional para realizá-lo será a Corte Interamericana de Direitos Humanos e se apresenta como uma sentença judicial proveniente de um caso concreto, seus efeitos geram modificação, revogação ou reforma das normas ou práticas internas em benefício dos direitos da pessoa humana. (GUERRA, 2013, p. 177.)

Esse controle corresponde a um princípio básico do direito sobre a responsabilidade internacional dos Estados, segundo o qual aqueles devem acatar suas obrigações convencionais internacionais de boa-fé (*pacta sunt servanda*).

Segundo Resek (2005, p. 269), responsabilidade internacional consiste na determinação de reparação adequada por um Estado ou uma organização internacional que tenha praticado um ato ilícito segundo o direito internacional, causando danos. Cuida-se, portanto, de uma relação entre sujeitos de direito das gentes.

> Racionalidade adotada pela Corte Interamericana é clara: as leis de anistia violam parâmetros protetivos internacionais; constituem um ilícito internacional; e não obstam o dever do Estado de investigar, julgar e reparar as graves violações cometidas, assegurando às vítimas os direitos à justiça e à verdade. (PIOVESAN, 2014, p. 455.)

Essa situação permite perceber uma tendência que vem se consolidando em matéria de direitos humanos quanto à atuação dos tribunais, de que não são mais os tribunais nacionais quem darão a última palavra sobre a violação de direitos humanos.

Na Argentina, Bidart Campos defende que:

> Si para nuestro tema atendemos al derecho internacional de los derechos humanos (tratados, pactos, convenciones, etc., con un plexo global, o con normativa sobre un fragmento o parcialidad) decimos que en tal supuesto el derecho internacional contractual está por encima de la Constitución. (CAMPOS, 2015, p. 353.)

As normas constitucionais não possuem poder revogatório em relação às normas internacionais em temas de direitos humanos, ou seja, nem mesmo Emenda Constitucional suprimiria a normativa internacional.

CONCLUSÃO

Assim, resultaram incompatíveis a decisão do Supremo Tribunal Federal na Arguição de Descumprimento de Preceito Fundamental n. 153 e a decisão da CIDH, vez que a Suprema Corte Brasileira julgou constitucional a anistia aos agentes estatais responsáveis por graves violações aos direitos humanos durante a ditadura militar.

Em virtude disso, resta aferir qual será a posição do Brasil diante de tal condenação, principalmente no que concerne à punição dos responsáveis pelos desaparecimentos forçados.

O Estado brasileiro, portanto, mostra-se ambíguo. Se, por um lado, cria comissões para pesquisas, busca de ossadas, elaboração de relatórios e indenizações, por outro, não atua na principal questão: a punição.

Muito embora a proteção da dignidade humana no campo internacional tenha evoluído, ainda são inúmeras as dificuldades para sua efetivação, uma vez que os desafios não são poucos quando se encontram em pauta questões tão controversas como a aceitação dos direitos humanos como algo universal a todos os povos, e o intervencionismo como instrumento de garantia e restabelecimento dos direitos de seus próprios concidadãos, quando violados. A decisão da CIDH foi a confirmação da jurisprudência de julgamentos semelhantes sobre outros países.

O Ministério Público Federal tem investigado os crimes da ditadura, em especial, o desaparecimento forçado – alegando que se trata de um crime continuado, pois os cadáveres nunca foram descobertos. Estes crimes, portanto, não estariam cobertos pela Lei da Anistia. Esse esforço esbarra no Poder Judiciário, que se recusa a aceitar as denúncias, pois se optar pela reafirmação da anistia dos agentes estatais, continuará descumprindo uma sentença internacional, o que possibilitará a responsabilização na ordem externa. No entanto, se iniciar a abertura de inquéritos policiais e ações penais em face dos autores, como o Supremo Tribunal Federal julgará as Reclamações Constitucionais para garantir a eficácia de suas decisões?

A melhor opção é uma nova análise por parte do STF nas ações que foram impetradas pela OAB e PSOL para a revisão da inconstitucionalidade da Lei de Anistia, mantendo o mesmo entendimento da CIDH, conforme fizeram os outros países que também tiveram suas leis de anistia consideradas inválidas, garantindo assim a proteção aos direitos humanos, diante da violência que ocorreu naquele período.

Esse tema demonstra a importância do aprofundamento dos estudos da ordem jurídica internacional e da relação com a ordem interna, principalmente no tocante aos direitos humanos.

REFERÊNCIAS BIBLIOGRÁFICAS

BRASIL, Supremo Tribunal Federal. *Arguição de Descumprimento de Preceito Fundamental n. 153,* Acórdão de 29.04.2010, publicado em 06.08.2010 DJe 145. Disponível em: <http://www.stf.jus.br/arquivo/cms/noticianoticiastf/anexo/adpf153.pdf>. Acesso em: 25 set. 2014.

CAMPOS, Germán J. Birdar. *Teoría general de los derechos humanos.* 2. reimp. Buenos Aires: Astrea, 2015.

CAPARROZ, Roberto. *Direito Internacional.* vol. 11. Niterói/RJ: Editora Impetus, 2012.

CARTA DAS NAÇÕES UNIDAS. Disponível em: <http://www.onu-brasil.org.br/doc1.php>. Acesso em: 31 ago. 2014.

COMPARATO, Fábio Konder. *A afirmação histórica dos Direitos Humanos.* 3. ed. 2. tir. São Paulo: Saraiva, 2004.

GUERRA, Sidney. *Direitos Humanos*: curso elementar. São Paulo: Saraiva, 2013.

JIMÉNEZ, José Vargas. *BACABA:* Memórias de um Guerreiro de Selva da Guerrilha do Araguaia. Campo Grande, 2007.

MELLO, Celso D. de Albuquerque. *Curso de Direito Internacional Público.* Rio de Janeiro: Renovar, 2000.

PIOVESAN, Flávia. *Direitos Humanos e o Direito Constitucional Internacional.* 14. ed. São Paulo: Saraiva, 2013.

PIOVESAN, Flávia. Direito à verdade e à justiça: o caso brasileiro. In: PIOVESAN, Flávia; SOARES, Inês Virgínia Prado Soares (Cood.). *Coletânea Direitos Humanos Atual.* Rio de Janeiro: Elsevier, 2014.

PIOVESAN, Flávia. *Direitos Humanos e Justiça Internacional.* 6. ed. São Paulo: Saraiva, 2015.

SCHLEGEL, Rogerio. *A História em Prateleira:* o que existe nos arquivos dos militares. Artigo do livro "50 anos do golpe: a ditadura militar no Brasil". São Paulo: Ed. Abril, 2014 (Aventuras na História).

WLASIC, Juan Carlos. *Manual Crítico de Derechos Humanos.* 2. edición actualizada y ampliada. Buenos Aires: La Ley, 2011.

WOJCIECHOWSKI, Paola Bianchi. O impacto do Sistema Interamericano de Proteção dos Direitos Humanos e dos ditames da justiça transicional na interpretação e aplicação da Lei de Anistia Brasileira: a fragilização do Estado Democrático de Direitos frente à denegação do direito à justiça. In: Piovesan, Flávia e Soares, Inês Virgínia Prado Soares (Coods.). *Coletânea Direitos Humanos Atual.* Rio de Janeiro: Elsevier, 2014.

LIMITAÇÕES PRÉ-CONSTITUINTE: CAUSA DE ILEGITIMIDADE?

Mariana Gasbarra Daniel
Aluna regular do curso de Doutorado em Direito Constitucional na Universidad de Buenos Aires,
Facultad de Derecho – UBA (desde 2014). *E-mail*: <gasbarra335@gra.derecho.uba.ar>.

1. INTRODUÇÃO

O presente trabalho trata-se de artigo científico original, ao qual se busca, por meio de relatos de caso, chegar às conclusões necessárias e adequadas. Diante desse quadro, constata-se a relevância hermenêutica desta pesquisa que se pauta na crescente preocupação de resolução dos conflitos sociais de forma construtiva, com o intuito de alcançar os escopos da pacificação social e a realização dos direitos materiais.

Assim, a importância do estudo e aplicação do novo modelo de Estado contemporâneo sob o viés da Teoria do Poder Constituinte se percebem graves sequelas na concretização e efetivação da própria democracia. Bem como, ainda, de proporcionar soluções céleres, justas e legítimas do ponto de vista democrático, vez que reside na sua inegável contribuição para o incremento de procedimentos que possibilitem a preservação de valores coletivos. Ademais, se perfaz a evidência de que o objeto de pesquisa não se reduz ao tema ou assunto, vez que este se constitui na reciprocidade indissociável entre o contexto temático delimitado pelo problema que dele emerge e correspondente hipótese.

Importando como hipótese norteadora da pesquisa, se procura fazer uma retomada da figuração da legitimidade da soberania nacional com fim de que venham a regrar e controlar de forma legítima e democrática a instrumentalização do poder constituinte originário. Para tanto, discute-se a questão da atuação estatal e os representantes abordando a importância de positivar valores e regras destinados às partes envolvidas como forma de proporcionar maior prestígio e credibilidade às ações do próprio Estado. Nesse contexto, o propósito da investigação advém da importância de se delimitar parâmetros medianos de comportamento e procedimento para a atuação legítima do Estado a partir da leitura do real Estado contemporâneo transformado pela crise do Estado-nação e pela crise constituinte.

Nesse contexto, o objetivo geral pode ser constatado a partir da importância de se delimitar parâmetros medianos de comportamento e procedimento para instrumentalização do poder constituinte originário a começar da leitura do real Estado contemporâneo, do novo direito e até mesmo de novas concepções de democracia, poder constituinte, que proporcionarão uma adequada e legítima atuação estatal. Dentre os objetivos específicos, desdobramentos do objetivo genérico, tem-se, preambularmente, a elaboração de um estudo acerca da atuação do Estado contemporâneo diante dos problemas do Estado liberal e o Estado de bem-

-estar-social buscando sempre como núcleo diretivo a legitimidade democrática.

Posteriormente, outro objetivo seria no sentido de identificar as possíveis causas de ilegitimidade que podem decorrer da inobservância dos elementos estabelecidos pela teoria do poder constituinte. Por derradeiro, tem-se, ainda, como objetivo específico, a apreciação das perspectivas de utilização das experiências estrangeiras com relação ao Estado contemporâneo e sua legitimidade democrática e por meio de um estudo comparativo com a justiça brasileira. O procedimento utilizado na coleta de dados foi mediante pesquisa de fontes bibliográficas, busca na legislação brasileira e estrangeira. Realizando uma leitura das referências encontradas, com consequente fichamento dos livros, teses, periódicos científicos e notícias, sendo todas as informações atentamente analisadas quanto à sua idoneidade para permitirem seu uso nesta pesquisa.

Foi implementada a partir de operações dedutivas, chegando-se às conclusões mediante a apreciação de premissas gerais concernentes à temática proposta, utilizando eventualmente as operações dialéticas e comparativas visando à complementação da pesquisa com o intuito de torná-la o mais completa e confiável possível. Quanto ao procedimento, foi baseado em pesquisa bibliográfica sobre o tema, fundada em doutrina. A fundamentação teórica divide-se em três momentos, a saber: num primeiro momento, é proposto um estudo histórico voltado para a análise da evolução da teoria do poder constituinte originário a partir do final do século XVIII e, de forma paralela, a evolução e transformação da teoria do poder constituinte.

Cabe, neste particular, avaliar também a necessidade de harmonização da teoria paradigma entre valores e princípios inseridos na Constituição brasileira de 1988 (CAMBI, 2015), destacando a crescente relevância destinada aos princípios da autonomia da vontade, da busca pelo bem comum, preservação da dignidade da pessoa humana, entre outros. O segundo momento da pesquisa refere-se à identificação das características no novo paradigma do poder constituinte originário e os fatores que ensejaram a ilegitimidade da Assembleia Nacional Constituinte.

Por fim, realizado um estudo comparado, merece especial atenção os apontamentos e a contribuição de doutrinadores como Jürgen Habermas, José Afonso da Silva, Paulo Bonavides, Raúl Gustavo Ferreyra e Zulmar Fachin. Busca-se encontrar por meio da fundamentação teórica instrumentos que permitam a aplicação de procedimentos que tornem possíveis ações normativas aptas a preservar valores perdidos depois da Constituinte de 1988, uma vez que a teoria discursiva de Jürgen Habermas, baseada na construção de uma democracia por meio de procedimentos, permite a garantia da legitimação normativa, preservando o Estado de Direito, neste caso, pela preservação da teoria do poder constituinte e de seu elementos essenciais. As normas por esse mecanismo procedimental preservam a legitimidade normativa e reforça a ideia de Estado, permitindo uma nova leitura de seus conceitos, funções e atribuições.

2. O PARADIGMA DE SIEYÈS E AS NOVAS CONCEPÇÕES SOBRE O PODER CONSTITUINTE ORIGINÁRIO

Nos últimos trinta anos, todos os Estados da América do Sul se afirmaram como Estados Constitucionais (FERREYRA, 2013). Uma constituição conjectura, antes de tudo, um poder constituinte (SIEYÈS, 1990, p. 100), cujos reflexos desse poder soberano incidem diretamente na origem do Estado, nas regras do regime e transformações políticas, na reforma do Estado, na criação e recriação da constituição. O tema se converte, na atualidade, em uma problemática central não só do Direito Constitucional senão de todo o Direito. Assim, deve ser questionado quais são os elementos imprescindíveis para a criação de uma nova Constituição, tanto ao produzir normas constitucionais quanto para alterá-la (FACHIN, 2008).

Diante das inúmeras e complexas questões que envolvem a teoria, se delimita esta análise à denominada especificidade constitucional da problemática do poder constituinte (CANOTILHO, 1983, p. 89) que concentra os aspectos pertinentes à natureza, às características e aos limites do poder constituinte originário; a teoria do poder constituinte nada mais é do que uma teoria sobre a legitimidade, que se desenvolve a partir de um novo poder consubstanciado no conceito de soberania nacional e soberania popular (BONAVIDES, 2014, p. 143). Idealizado por Sieyès e inspirado por Rousseau, a ideia de a Constituição se originar do poder constituinte acaba por liquidar a teoria do poder divino dos reis, e dá lugar a uma nova filosofia política no mundo.

A partir de uma perspectiva ontológica juspositivista, o poder constituinte originário possui natureza política ou de fato. É essencialmente político ou extrajurídico por não se prender a limites formais e é tratado como uma questão de fato quando associado a um princípio de legitimidade dos titulares desse poder, a Nação (BONAVIDES, 2014, p. 148-150). A Nação seria o único titular legítimo do poder constituinte originário que serve de expressão técnica ou instrumento de efetivação da sua vontade soberana e tem o poder absoluto de criar ou modificar a Constituição, governar as coletividades humanas ou reger o destino dos povos.

De forma genuína, a concepção política pode ser interpretada como sinônimo de vontade da Nação. Nesta senda, como um poder político ou de fato, se lê três distintas características essenciais no poder constituinte originário. Primeira: trata-se de um poder que tudo pode, não se autolimita de nenhuma forma (DA SILVA, 2013, p. 91). Não está subordinada a nenhuma norma do direito positivo nem mesmo a nenhuma espécie de limitação material ou limitação formal tendo em vista se tratar de um poder incondicionado, um poder *supra legem* ou um poder *legibus solutus*. Segunda: se tudo pode, não poderá estar involuntariamente vinculado à nenhuma ideologia política, filosófica, religiosa ou jurídica tendo em vista se tratar de um poder autônomo.

A terceira característica do poder constituinte originário[1] esta, tem uma função capital (BONAVIDES, 2014, p. 163) de fazer a Nação ser sujeito da soberania com o objetivo nuclear de iniciar uma nova ordem jurídica, criar um novo Estado e uma nova Constituição. Portanto, é considerado um poder inicial, que dará origem a uma nova ordem constitucional de um novo Estado, ou seja, nasce um novo organismo político legitimado pela titularidade do poder soberano e confere expressão jurídica aos conceitos de soberania nacional e soberania popular. É um poder inicial que pode não somente iniciar uma nova ordem jurídica como também ser utilizado para restabelecer uma ordem jurídica constitucional decadente.

No que tange aos limites que devem ser observados pelo poder constituinte originário, assinala-se somente aqueles cuja compatibilidade é inerente às perspectivas ontológicas aqui admitidas. A princípio, o poder constituinte originário é identificado como um poder incondicionado em relação à observância obrigatória de normas do Direito positivo, por fatores sócio-históricos – que serão desenvolvidos em trabalho autônomo –, pacificou-se no campo da doutrina, transformando a dogmática da teoria do poder constituinte, 3 (três) limitações materiais cujo poder constituinte originário deve obediência obrigatória, a saber: respeito aos valores éticos e sociais; princípios de direito internacional (FACHIN, 2008); e os direitos fundamentais diretamente relacionados com a dignidade da pessoa humana.

Em suma, os elementos imprescindíveis para a criação de uma nova Constituição se encontram no desenvolvimento de sua natureza como um poder político ou de fato não se prendendo a limites formais em relação à pré-constituinte ou em relação à nova constituição. Necessariamente, observar suas características, de natureza cumulativa, tais como ser um poder inicial, ter autonomia e ser incondicionado. Não se olvidando das novas limitações materiais estabelecidas pela doutrina em relação aos valores éticos e do trabalho, às normas de Direito Fundamental intrinsecamente conectadas com a Dignidade da Pessoa Humana e as normas de Direito Internacional. Afirma-se que estas últimas causam uma alteração na teoria francesa original.

3. LIMITAÇÕES PRÉ-CONSTITUINTE: CAUSA DE ILEGITIMIDADA NA ASSEMBLEIA CONSTITUINTE BRASILEIRA DE 1987-1988?

A fundamentação teórica divide-se em três momentos, a saber: num primeiro momento, é proposto um estudo histórico voltado para a análise da evolução da teoria do poder constituinte originário a partir do final do século XVIII e, de forma paralela, a evolução e a transformação da teoria do poder constituinte.

Cabe, neste particular, avaliar também a necessidade de harmonização à teoria paradigma e entre valores e princípios inseridos na Constituição Federal de 1988 (CAMBI, 2015), destacando a crescente relevância destinada aos princípios da autonomia da vontade, da busca pelo bem comum, da preservação da dignidade da pessoa humana, entre outros. O segundo momento da pesquisa refere-se a identificar as características no novo paradigma do poder constituinte originário e os fatores que ensejaram a ilegitimidade da Assembleia Nacional Constituinte[2].

---

(1) Embora existam outras características, não serão analisadas neste trabalho.

(2) A abordagem histórica – com um viés jurídico –, do período de transição do regime de exceção para o governo civil até a promulgação da Constituição brasileira de 1988 é abordado de forma categórica, completa e imparcial no trabalho "Poder Constituinte Originário da República Federativa do Brasil de 1988?" de Carolina Machado Cyrillo da Silva.

Por fim, realizado um estudo comparado, merece especial atenção os apontamentos e a contribuição de doutrinadores como Jürgen Habermas, José Afonso da Silva, Paulo Bonavides, Raúl Gustavo Ferreyra e Zulmar Fachin. Busca-se encontrar por meio da fundamentação teórica instrumentos que permitam a aplicação de procedimentos que tornem possíveis ações normativas aptas a preservar valores perdidos depois da Constituinte de 1988, uma vez que, a teoria discursiva de Jürgen Habermas, baseada na construção de uma democracia por meio de procedimentos, permite a garantia da legitimação normativa, preservando o Estado de Direito, neste caso, pela preservação da teoria do poder constituinte e de seu elementos essenciais. As normas por meio desse mecanismo procedimental preservam a legitimidade normativa e reforça a ideia de Estado, permitindo uma nova leitura de seus conceitos, funções e atribuições.

O problema de Hegel – as diferenças percebidas entre o conceito e a realidade presente do Estado – retorna de outra maneira, quando consideramos aquelas sociedades em que o teor imaculado do texto constitucional não é mais do que a fachada simbólica de uma ordem jurídica imposta de forma altamente seletiva (HABERMAS, 2004, p. 222). Uma vez superada parte da análise dogmática da Teoria do Poder Constituinte originário, se faz necessário analisá-la sob o enfoque da Assembleia Nacional Constituinte de 1987-1988. É sabido da história do presidencialismo brasileiro a falsa revolução instaurada pelo governo militar em 1964 que se estende até 15 de março de 1985.

Depois de 21 (vinte e um) anos sob o regime de exceção e de frustradas tentativas de reconstitucionalização da país, assume José Saney – como vice-presidente do falecido Tancredo Neves –, num ato de restituição do governo militar ao governo civil restabelecendo (simbolicamente) a ordem e mantendo os compromissos políticos assumidos por Tancredo perante a Nação (como a exemplo da convocatória de uma constituinte nacional) (DA SILVA, 2007, p. 67). Os fatores histórico-políticos vão dar ensejo a uma transplantação democrática e falsa criação de uma nova ordem jurídica, vez que, a partir dessa análise paralela entre contesto histórico--político e teoria do poder constituinte, se constata a inobservância dos elementos essenciais à instrumentalização da legitimidade do titular da vontade soberana – a Nação.

3.1. Dos Atos Ilegítimos

Diversos são pontos de atrito entre realidade e teoria que materializam a irregularidade no processo e, consequentemente, vir a gerar suscitação de ilegitimidade da Assembleia Nacional Constituinte de 1987-1988. O poder constituinte originário, por causa de sua natureza política ou de fato, não deve sofrer qualquer espécie de limitação no momento de seu exercício ou constituição; José Sarney, na continuidade da política populista de Tancredo, e sob orientação de reconhecidos publicistas (DA SILVA, 2007, p. 69), edita a Emenda Constitucional ou Lei Constitucional (assim denominada por José Afonso da Silva) n. 26, de 1985, consagrando, formalmente, a convocatória aos parlamentares à Assembleia Nacional Constituinte[3].

No que tange à edição da Emenda de chamamento, estabelecendo, de forma consensual com o titular do poder constituinte, os parâmetros básicos sob os quais a Assembleia Constituinte deveria observar, não gera, por si só, nenhum atrito relevante à Nação, mas, de fato, o panorama se inverte se, deste ato convocatório, simultaneamente, o atual presidente da república à época, José Sarney, insere limitações materiais substanciais ao qual vincularia diretamente o exercício do poder constituinte na Assembleia Nacional de 1987-1988. No caso sob análise, o art. 4º e parágrafos[4] da EC n. 26, de 1985, concede anistia a todos os servi-

---

(3) Para fins de esclarecimento, cabe deixar claro que neste trabalho não se acusa efetivamente a falta de consolidação de democracia constitucional, mas se busca tecer uma crítica e demonstrar a inadequação do tratamento dogmático dado à Constituinte de 1987-1988 em face da Teoria do Poder Constituinte. Pertinentes são as palavras de Carolina Machado Cyrillo da Silva, que segue o mesmo posicionamento do professor José Afonso da Silva: *"Não restam dúvidas que do ponto de vista da consolidação da democracia constitucional a Constituição de 1988 merece ser festejada, assim como não resta dúvida que a constituição, nesses mais de 25 anos, passou por um processo de legitimação, que lhe garante um verdadeiro status de Constituição. Por outro lado, seu processo de criação como poder constituinte originário, livre, ilimitado, soberano, político, pré-normativo e essencialmente democrático padece de vício de legitimidade* (...). (Grifamos) *In: op. cit. s/n.*

(4) EC n. 26, de 27 de novembro de 1985. Art. 4º É concedida anistia a todos os servidores públicos civis da Administração direta e indireta e militares, punidos por atos de exceção, institucionais ou complementares. § 1º É concedida, igualmente,

dores públicos civis da Administração direita e indireta e militares. Aproveita-se do ato não só os militares e servidores que sofreram opressão mas também aqueles que causaram, que foram motivo de opressão injusta e infundada.

Segue, ainda, nesta senda, outro fator agranvante, que fere diretamente a própria legitimidade democrática do titular do poder constituinte originário, a ato *crux* que consagra e finaliza toda a teoria idealizada por Sieyès e perfectibilizada pelos publicitas contemporaneos: a submissão do produto da Assembleia Constituinte – e de acordo com o Professor José Afonso da Silva até mesmo os projetos de emenda constitucional (DA SILVA, 2007, p. 47) –, devem ser submetidos, por meio de consulta popular, à aprovação da vontade soberana, da Nação, do Povo. Verdadeiro titular do poder constituinte originário.

Nesta mesma lógica, entendem os consagrados publicistas Paulo Bonavides e José Afonso da Silva – posição a qual mostra-se mais adequada e sensata –, que as cartas constitucionais, ou seja, as Constituições como produto de uma Assembleia Constituinte, estas, têm o dever de submeter à aprovação popular (não somente questões isoladas) todo o texto constitucional aprovado pelos constituintes em Assembleia Nacional, ou seja, submeter à consulta popular por meio de referendo para não só constatar se aquela Nação está de acordo com o que fora aprovado, mas como ato final e imprescindível de legitimação da titularidade e da soberania do povo em tema de poder constituinte.

A história constitucional brasileira revela formas procedimentais diretamente usurpadoras da vontade constituinte do povo, o que ocorreu desde a convocatória até a promulgação da Constituição brasileira de 1988, gerando o mesmo grau, ou o mesmo nível de ilegitimidade pelos fatos geracionais de ilegitimidade das Constituições anteriores[5].

4. METODOLOGIA

O procedimento utilizado na coleta de dados foi por meio da pesquisa de fontes bibliográficas, busca na legislação brasileira e estrangeira. Realizando uma leitura das referências encontradas, com consequente fichamento dos livros, teses, periódicos científicos e notícias, devendo todas as informações ser atentamente analisadas quanto à sua idoneidade para permitirem seu uso na pesquisa.

Foi esta implementada a partir de operações dedutivas, chegando-se às conclusões mediante a apreciação de premissas gerais concernentes à temática proposta, utilizando eventualmente as operações dialéticas e comparativas visando à complementação da pesquisa com o intuito de torná-la o mais completa e confiável possível. Quanto ao procedimento, foi baseado em pesquisa bibliográfica sobre o tema, fundada em doutrina. Buscaram-se subsídios em livros e periódicos científicos especializados, para obter elementos úteis. Legislação e julgados de Tribunais também foram utilizados para a melhor compreensão do tema. Cada ponto abordado neste projeto foi pormenorizadamente estudado, possibilitando o enriquecimento do trabalho e permitindo extrair do estudo doutrinário e jurisprudencial prováveis e eficientes soluções às questões ventiladas em consonância com a realidade atual.

A análise do tema busca o estudo sobre a evolução e transformação da Teoria do Poder constituinte no Estado contemporâneo em razão da perda de substância democrática pela violação da legitimidade de seus titulares. Neste contexto, a pesquisa voltou-se para o exame das questões éticas e da necessidade de se delimitar parâmetros medianos de comportamento e procedimento da intervenção estatal a partir da leitura do real Estado contemporâneo, do novo Direito e de democracia.

Apreciadas a legislação, a doutrina pátria e os elementos de direito estrangeiro, confrontando as

---

anistia aos autores de crimes políticos ou conexos, e aos dirigentes e representantes de organizações sindicais e estudantis, bem como aos servidores civis ou empregados que hajam sido demitidos ou dispensados por motivação exclusivamente política, com base em outros diplomas legais. § 2º A anistia abrange os que foram punidos ou processados pelos atos imputáveis previstos no "caput" deste artigo, praticados no período compreendido entre 2 de setembro de 1961 e 15 de agosto de 1979. Disponível em: <http://www.planalto.gov.br/ccivil_03/Constituicao/Emendas/Emc_anterior1988/emc26-85.htm>. Acesso em: 20 ago. 2015.

(5) Ainda, outro argumento abordado pelo professor Ives Granda da Silva Martins. In: MARTINS, Ives Granda da Silva. Cláusulas Pétreas. In: MIRANDA, Jorge. *Perspectivas constitucionais nos 20 anos da Constituição de 1976*. Vol. I, Coimbra: Coimbra, 1996, p. 145-166. Seriam as limitações materiains impostas pelas cláusulas pétreas dispostas no art. 47 da Constituição de 1967. Contudo, tal tema merece atenção exclusiva, a ser tratado em um outro momento.

opiniões dos estudiosos, chegou-se às conclusões abalizadas e inovadoras sobre a específica problemática em debate.

CONCLUSÃO

Com isso, a figuração da legitimidade da soberania nacional pode vir a regrar e controlar de forma legítima e democrática a instrumentalização do poder constituinte originário, ou seja, pode se delimitar parâmetros medianos de comportamento e procedimento para instrumentalização do poder constituinte originário a partir da leitura do real Estado Contemporâneo, do novo direito e até mesmo de novas concepções sobre o poder constituinte, proporcionando uma adequada e legítima atuação estatal.

Dentre os objetivos específicos, desdobramentos do objetivo genérico, têm-se, preambularmente, a elaboração de um estudo acerca da atuação do Estado contemporâneo diante dos problemas do Estado liberal e do Estado de Bem-estar Social, buscando sempre como núcleo diretivo a legitimidade democrática. A identificação de possíveis causas de ilegitimidade podem decorrer da inobservância dos elementos estabelecidos pela teoria do poder constituinte estabelecidos tanto pela doutrina clássica, como bem, de forma complementar, pela doutrina moderna. A apreciação da utilização das experiências estrangeiras com relação ao exercício do poder constituinte no Estado brasileiro atual e sua legitimidade democrática possibilitou denotar os principais problemas jurídicos – ou naturais –, basilares que agonizam o Povo.

Em suma, os elementos imprescindíveis para a criação de uma nova Constituição se encontram no desenvolvimento de sua natureza como um poder político ou de fato não se prendendo a limites formais em relação à pré-constituinte ou em relação à nova constituição. Necessariamente, observar suas características, de natureza cumulativa, tais como ser um poder inicial, ter autonomia e ser incondicionado. Não se olvidando das novas limitações materiais estabelecidas pela doutrina em relação aos valores éticos e do trabalho, às normas de Direito Fundamental intrinsecamente conectadas com a Dignidade da Pessoa Humana e as normas de Direito Internacional. Afirma-se que estas últimas causam uma alteração na teoria francesa original.

A história constitucional brasileira revela formas procedimentais diretamente usurpadoras da vontade constituinte do povo, o que ocorreu desde a convocatória até a promulgação da Constituição brasileira de 1988, gerando o mesmo grau, ou o mesmo nível de ilegitimidade pelos fatos geracionais de ilegitimidade das Constituições anteriores. No entanto, como se propôs no início do trabalho de buscar mecanismos supressores dessas ilegitimidades (mas sem qualquer intenção de esgotar o tema), pode-se dizer que o poder constituinte instituído em 1987-1988 não se trata de poder constituinte originário e, sim, de poder constituinte derivado.

Um poder constituinte derivado globoso, que faz e promulga a Constituição, um poder com mais amplitude e com alcance, mais extenso que aquele poder constituinte derivado que emenda e reforma a Constituição. Entende-se ser mais adequada esta abordagem tendo em vista que, logo, será insustentável a tese de que a Assembleia Nacional Constituinte de 1987-1988 trata-se de Poder Constituinte Originário pelos inúmeros fatores mencionados neste trabalho e dentre outros fatores existentes aqui não abordados.

REFERÊNCIAS

ALBUQUERQUE SILVA, André Luiz. *Seminário sobre fundamentos constitucionais. A ponderação de Valores e os Direitos Fundamentais* (Leandro Vergara). Palestra proferida em 19 de junho de 2015 no Salão do Júri da UNISAL – Lorena.

_____. A Constituinte de 1987-1988 e a Restauração do Estado de Direito. In: CANOTILHO, J. J. Gomes; MENDES, Gilmar F; Ingo W.; STRECK, Lenio (Coords.). *Comentários à Constituição do Brasil*. São Paulo: Saraiva/Almedina, 2013. p. 53-59.

ANAIS. Brasília: Senado Federal – Subsecretaria de Anais, 1988, v. 2.

BONAVIDES, Paulo. A Constituinte de 1987-1988 e a Restauração do Estado de Direito. In: CANOTILHO, J. J. Gomes; MENDES, Gilmar F; Ingo W.; STRECK, Lenio L. (Coords.). *Comentários à Constituição do Brasil*. São Paulo: Saraiva/Almedina, 2013. p. 53-59.

_____. *Curso de direito constitucional*. 29. ed. atual. São Paulo: Malheiros, 2014.

BIDART CAMPOS, German J. *Filosofia del derecho constitucional*. Buenos Aires: Sociedad Anónima Editora, 1969.

CENCI, Elve Miguel. Direito e globalização: o posicionamento de Habermas diante da proposta de uma constituição para a União Européia. In: DUTRA, Delamar Volpato & PINZANI, Alessandro (Org). *Habermas em discussão*: anais do colóquio Habermas. Florianópolis: NEFITO, 2005.

_____. A relação entre direito e moral nas Tanner Lectures de Habermas. In: Müller, Maria Cristina & Cenci, Elve Miguel (org). *Ética, política e linguagem*: confluências. Londrina: Edições Cefil, 2004.

CYRILLO DA SILVA, Carolina Machado. *Poder constituinte originário da Constituição da República Federativa do Brasil de 1988?* Arquivo digital.

_____. DA SILVA, David Leal; FELIX, Yuri. Considerações sobre a condenação do Brasil no caso Araguaia: Kant com Sade – Paradoxos da lei. *Revista Crítica do Direito* n. 5, vol. 65, abr. jul. de 2015.

DA SILVA, José Afonso. *Poder constituinte e poder popular:* estudos sobre a Constituição. 1. ed. 3. tir. São Paulo: Malheiros Editores, 2007.

DÍAZ RICCI, Sergio Miguel. *Teoria de la reforma constitucional.* 1. ed. Buenos Aires: Ediar, 2004.

FACHIN, Zulmar. *Curso de direito constitucional.* São Paulo: Editora Método, 2008.

FERRARESI, Camilo Stangherlim. *O direito ao lazer.* 1. ed. Porto de Idéias, 2010.

FERREYRA, Raúl Gustavo. Derecho constitucional del ciudadano y derecho constitucional del poder del Estado. Academia. *Revista sobre enseñanza del Derecho.* Año 8, numero 15, p. 83-122, 2010.

_____. *Fundamentos Constitucionales.* 1. edición. Ciudad Autónoma de Buenos Aires: Ediar, 2013.

_____. *Basic aspects of the Constitucional Law:* System: freedom, equality and solidarity: Theory. Archivo digital.

_____. *Notas sobre Derecho Constitucional y Garantías.* 2. reimp. Buenos Aires: Ediar, 2008.

_____. *Reforma constitucional y control de constitucionalidad. Límites a la judiciabilidad de la enmienda.* 1. edición Buenos Aires: Ediar, 2007.

GARGARELLA, Roberto. *As teorias da justiça depois de Rawls.* Tradução de Alonso Reis Freire. Martins Fontes: 2008.

GOMES CANOTILHO, José Joaquim. *Direito Constitucional.* 3. ed. Coimbra: Livraria Almedina, 1983.

HABELERLE, Peter. *Os problemas da vontade no estado constitucional.* Tradução Urbano Carvelli. Porto Alegre: Sérgio Antonio Fabris; Ed. 2008.

HABERMAS, Jurgen. Nos limites do Estado. Trad. José Marcos Macedo. *Folha de São Paulo*, São Paulo, 18 Julho de 1999.

_____. *Verdade e justificação: ensaios filosóficos.* São Paulo: Loyola, 2004.

JUNKES, Rodrigo Visotto. *Seminário sobre fundamentos constitucionais. Do Estado Liberal ao Estado Social (Paulo Bonavides).* Palestra proferida em 08 de julho de 2015 no Salão Vermelho da Universidade de Buenos, Faculdade de Direito.

MARTINS, Ives Granda da Silva. Cláusulas Pétreas. In: MIRANDA, Jorge. *Perspectivas constitucionais nos 20 anos da Constituição de 1976.* vol. I, Coimbra: Coimbra, 1996. p. 145-166.

PLANALTO. Emenda Constitucional n. 25, de 27 de novembr de 1985. Disponível em: <http://www.planalto.gov.br/ccivil_03/Constituicao/Emendas/Emc_anterior1988/emc26-85.htm>. Acesso em: 20 ago. 2015.

SCHUH, José Eduardo. *Seminário sobre fundamentos constitucionais. El orden jurídico (Julio B. Maier).* Palestra proferida em 15 de abril de 2015 no Salão Vermelho da Universidade de Buenos, Faculdade de Direito.

SIEYÈS, Enmanuel Joseph. *¿Que és el tercer estado?* Traducción de José Rico Godoy, Centro de Estúdios Constitucionales. Madrid, 1998.

_____. *Escritos y discursos de la revolución.* Traducción de Ramon Máiz, Centro de Estudios Constitucionales. Madrid, 1990.

TREVISAN, Oswaldo; DANIEL, Mariana. *Poder constituinte:* teoria e realidade. Palestra proferida em 01 de junho de 2015 no I Ciclo de Estudo de Direito do Norte do Paraná.

CONTROLE DE CONSTITUCIONALIDADE JURISDICIONAL NA AMÉRICA LATINA

Rafaela Azevedo Dourado

Graduada em Direito pela Universidade Católica de Pernambuco (2007), especialista em Direito Público pelo Centro Universitário Maurício de Nassau (2012). Servidora pública integrante do quadro permanente da Secretaria de Administração do Estado de Pernambuco, na carreira de Gestora Governamental do Estado. Aluna no curso de Doutorado em Direito Constitucional pela Universidad de Buenos Aires (UBA), com início em Janeiro/2014.

INTRODUÇÃO

Se o Direito é concebido como uma ordem normativa, como um sistema de normas que regulam a conduta de homens, surge a questão: O que é que fundamenta a unidade de uma pluralidade de normas, por que é que uma norma determinada pertence a uma determinada ordem? E esta questão está intimamente relacionada com esta outra: Por que é que uma norma vale, o que é que constitui o seu fundamento de validade?[1]

O presente artigo aborda o controle de constitucionalidade, adentrando sua razão de ser, sua base kelsiana, comparando a normativa brasileira acerca do tema com as disposições presentes em alguns dos países da América Latina. Busca-se, assim, demonstrar a existência de certa unidade nas legislações dos países citados, dentre os quais encontram-se Brasil, Argentina, Chile e Bolívia, quanto aos sistemas de controle.

I. CONCEITO DE CONSTITUIÇÃO

Toda coletividade de pessoas, politicamente organizada, possui uma constituição que estabelece direitos e garantias fundamentais do ser humano, além de fundamentos e objetivos do Estado, forma e regime de governo, sistema político e eleitoral, estrutura e organização dos poderes. Atualmente, os Estados democráticos possuem constituições democráticas, assim consideradas as promulgadas pelo poder constituinte, que se originam e emanam tão somente do povo, sendo esta a fonte legítima da soberania.

Sobre a imprescindibilidade de uma organização constitucional, sábias as palavras do professor Raul Ferreyra:

Toda comunidad de ciudadanos que alcanza cierto grado de convivencia se encuentra inclinada a la organización constitucional. Hasta podría conjeturase: todos los hombres se encuentran organizados o desorganizados constitucionalmente; no existiria un tercer estádio.

---

(1) KELSEN, Hans. *Teoria Pura do Direito*. Tradução de João Baptista Machado. 6. ed. São Paulo: Martins Forense, 1991.

En forma liminar, por constitucional se entiende fundamental; no es necesario que la constituición, e nel sentido advertido, sea escrita ni codificada.[2]

Para o Jurista Canotilho[3], existiria um "conceito ideal" de Constituição, em sentido jurídico, imposto a partir do constitucionalismo moderno. Esse conceito reconhece como elementos de uma Constituição os seguintes elementos materiais: a) a constituição deve consagrar um sistema de garantias da liberdade; b) a constituição contém o princípio da divisão de poderes, no sentido de garantia orgânica contra os abusos dos poderes estatais; e c) a constituição deve ser escrita.

Um conceito bastante profundo, que atinge as raízes do regramento constitucional, é trazido por Jellinek, em sua obra *Teoria Geral do Estado*, que discorre da seguinte forma sobre Constituição:

> Toda asociación permanente necesita de un principio de ordenación conforme al cual se constituya y desenvuelva su voluntat. Este principio de ordenación será el que límite la situación de sus miembros dentro de la asociación y en relación con ella. Una ordenación o estatuto de esta naturaleza, es lo que se llama una Constitución. Todo Estado, pues, necesariamente ha menester de una Constitución. Un Estado que no latuviera, sería una anarquía. El propio Estado arbitrario, en el antiguo sentido, tiene necesidad de ella, tanto cuando se trata de un Estado despótico, como cuando se trata de un comité de salvación pública de índole democrática, del tipo francés de 1793.[4]

Para o ilustre professor Paulo Bonavides, analisando a nova ordem constitucional brasileira, apresenta considerações relevantes sobre o sentido da norma constitucional:

> A Constituinte e a Constituição significam passos fundamentais no processo de legitimação do poder em cada sociedade democrática. Todo o problema de uma nova Constituição será o de pôr termo a esse abismo entre a lei a realidade, entre a forma e o conteúdo, entre o que a nação pensa e sente e o que apenas pensam as suas elites, as quais, no passado, sempre fizeram nossas Constituições debruçando-se sobre modelos estrangeiros. Um processo constituinte legítimo não pode discriminar coletividades, pessoas e esferas de opinião, não pode ignorar a vontade política de 10 milhões de analfabetos da área rural do Nordeste, não pode mutilar a participação política do povo brasileiro, não pode ser o egoísmo das elites nem o instrumento da espoliação dos direitos políticos, não pode tampouco se fazer sem audiência daqueles que, à míngua de benefícios materiais e de cumprimento de um dever social da parte do Estado."[5]

Fazendo a leitura do livro *El Estado y La Emergencia Permanente*, tendo à frente da organização Jorge Bercholc, encontra-se o texto "Sobre la Reforma Constitucional", de autoria do professor Raúl Gustavo Ferreyra, do qual podemos destacar o seguinte:

> La Constitución federal no escapa a la regla: es un texto finito, porque finita es la cantidad de interpretaciones que de él pueden realizarse. Finito significa que el texto constitucional argentino – cualquier texto constitucional – es agotable, no tiene partes fuera de sí. Por ello, en este sentido puede especularse, muy seriamente, que hay un mundo constitucionalmente posible que viene predeterminado fuertemente por el sistema constitucional originario.[6]

Ao conceituar as Constituições, estabelecemos as bases para discorrer sobre o controle de constitucionalidade e, em que termos o texto constitucional e as regras nele dispostas afetam todo o sistema jurídico de um Estado. Balizando o sistema normativo,

---

(2) FERREYRA, Raúl Gustavo. *Fundamentos Constitucionales*. 1. ed. Buenos Aires: Ediar, 2013.

(3 CANOTILHO, José Joaquim Gomes. *Direito Constitucional e Teoria da Constituição*. 3. ed. (reimpressão). Coimbra: Almedina, 1999.

(4) JELLINEK, Georg. *Teoria General del Estado*. Traducción y prólogo por Fernando de Los Rios. Buenos Aires: Editorial Albatros, 1954.

(5) BONAVIDES, Paulo. *Curso de direito constitucional*. 24. ed. São Paulo: Malheiros, 2009.

(6) FERREYRA, Raúl Gustavo. In: BERCHOLC, Jorge. *El Estado y la Emergencia Permanente*. 1. ed. Buenos Aires: Lajouane, 2007.

fazemos da Constituição a norma fundamental de uma organização social, tendo por base o princípio da supremacia da Constituição.

II. O CONTROLE DE CONSTITUCIONALIDADE: CONTROLE DE CONSTITUCIONALIDADE NO BRASIL

O princípio da supremacia constitucional constitui alicerce em que se assenta o Estado Democrático de Direito, daí decorrendo o próprio controle de constitucionalidade. As Constituições, sejam escritas ou costumeiras, rígidas ou flexíveis, são dotadas de superioridade sobre as demais normas jurídicas de determinado sistema posto.

Assentando a base desta teoria – sistema piramidal que confere superioridade às chamadas normas constitucionais –, não podemos olvidar de Hans Kelsen que, em sua obra *Teoria Pura do Direito*, apresenta o conceito de "norma fundamental", norma esta por meio da qual todo o ordenamento jurídico estaria balizado, estando no vértice do sistema normativo. Analisada em seu contexto dinâmico – que trata, essencialmente, do fenômeno de produção das normas jurídicas, e não do seu conteúdo –, esta teoria nos dá os fundamentos para um controle formal da constitucionalidade. Assim dispõe Kelsen:

> Todas as normas cuja validade pode ser reconduzida a uma e mesma norma fundamental formam um sistema de normas, uma ordem normativa. A norma fundamental é a fonte comum da validade de todas as normas pertencentes a uma e mesma ordem normativa, o seu fundamento de validade comum. O fato de uma norma pertencer a uma determinada ordem normativa baseia-se em que o seu último fundamento de validade é a norma fundamental desta ordem. É a norma fundamental que constitui a unidade de uma pluralidade de normas enquanto representa o fundamento da validade de todas as normas pertencentes a essa ordem normativa.[7]

Informa o autor austríaco, ainda, existir uma distinção entre Constituição em sentido formal e em sentido material, pois que em seu texto haveria normas que regulamentariam o próprio funcionamento da ordem jurídica posta, mas também normas que somente se referem a outros assuntos politicamente relevantes, muito embora essas últimas – a par de não possuírem conteúdo relevante à existência da ordem jurídica posta, somente mediante processo especial, submetido a requisitos mais severos, poderiam sofrer alteração. Neste sentido, e analisando o conteúdo da norma fundamental, assim dispõe:

> A norma fundamental de uma ordem jurídica não é uma norma material que, por seu conteúdo ser havido como imediatamente evidente, seja pressuposta como a norma mais elevada da qual possam ser deduzidas – como o particular do geral – normas de conduta humana através de uma operação lógica. As normas de uma ordem jurídica têm de ser produzidas através de um ato especial de criação.(...) A sua validade só pode, em última análise, ser fundamentada através de uma norma pressuposta por força da qual nos devemos conduzir em harmonia com os comandos da autoridade que a estabelece ou em conformidade com as normas criadas através do costume. Esta norma apenas pode fornecer o fundamento de validade, não o conteúdo de validade das normas sobre ela fundadas. Estas formam um sistema dinâmico de normas. O princípio segundo o qual se opera a fundamentação da validade das normas deste sistema é um princípio dinâmico.[8]

Assentadas as bases kelsianas para o chamado controle de constitucionalidade, relevante apresentar conceituações doutrinárias sobre a matéria.

Informa José Afonso da Silva, "que a constituição se coloca no vértice do sistema jurídico do país, (...). É, enfim, a lei suprema do Estado, pois é nela que se encontram a própria estruturação deste e a organização dos seus órgãos: é nela que se acham as normas fundamentais do Estado, e só nisso se notará sua superioridade em relação às demais normas jurídicas"[9].

Sobre o tema, conceitua Manoel Gonçalves Ferreira Filho:

---

(7) KELSEN, Hans. *Teoria Pura do Direito*. Tradução de João Baptista Machado. 6. ed. São Paulo: Martins Forense, 1991.
(8) *Idem*.
(9) SILVA, José Afonso da. *Curso de direito constitucional positivo*. 15. ed. São Paulo: Revista dos Tribunais, 1998.

Controle de constitucionalidade é, pois, a verificação da adequação de um ato jurídico (particularmente da lei) à Constituição. Envolve a verificação tanto dos requisitos formais – subjetivos, como a competência do órgão que o editou – objetivos, como a forma, os prazos, o rito, observados em sua edição – quanto dos requisitos substanciais – respeito aos direitos e às garantias consagrados na Constituição – de constitucionalidade do ato jurídico.[10]

Na mesma linha, informa o constitucionalista Uadi Lammêgo Bulos, afirmando que o controle de constitucionalidade "é o instrumento de garantia da supremacia constitucional. Serve para defender a constituição das investidas praticadas pelos poderes públicos, e, também, dos atos privados atentatórios à magnitude de seus preceitos"[11].

Percebe-se, portanto, que a ideia de controle de constitucionalidade possui requisitos essenciais, quais sejam, a existência de uma constituição rígida e a atribuição de competência a um órgão para resolver os problemas de constitucionalidade, órgão este que variará de acordo com o sistema adotado, bem como de acordo com o sistema jurídico do país.

Sobre a rigidez constitucional, leciona o professor Pedro Lenza:

> Constituição rígida aquela que possui um processo de alteração mais dificultoso, mais árduo, mais solene do que o processo legislativo de alteração das normas não constitucionais. (...) A ideia de controle, então, emana da rigidez, pressupõe a noção de um escalonamento normativo, ocupando a Constituição o grau máximo na aludida relação hierárquica, caracterizando-se como norma de validade para os demais atos normativos do sistema.[12]

Acerca do princípio da supremacia constitucional, Sylvio Motta e William Douglas, em estudo sobre o controle constitucional, assim lecionam:

Este princípio é próprio de constituições escritas e rígidas (ou semi-rígidas), consistindo em elevar a Constituição ao ponto mais alto do ordenamento jurídico nacional, dotando-a de caráter soberano. Na concepção douta de Gerges Burdeau, a superioridade do Poder Constituinte confere à superfície jurídica estatal dupla categoria de normas: constitucional e ordinária. É precisamente dessa superioridade da função constituinte em relação à função de revisão que surge a certeza de rigidez constitucional. Sem essa distinção hierárquica não seria possível um eficaz sistema de controle de constitucionalidade. Nunca será demais lembrar: o problema do controle de constitucionalidade só existe diante de constituições rígidas ou semi-rígidas, já que apenas nelas se considera que a constituição é superior, não podendo as demais normas contraporem suas determinações.[13]

Corroborando o posicionamento da doutrina majoritária, destacam-se as palavras de Ronaldo Poletti, o qual enfatiza com maestria a respeito do tema abordado:

> Assim, sendo, o tema do controle de constitucionalidade das leis, baseado no princípio da supremacia da Constituição, implica colocar a Carta Magna acima de todas as outras manifestações de Direito, as quais, ou são com ela compatíveis ou nenhum efeito devem produzir. Se a lei ordinária, o estatuto privado, a sentença judicial, o contrato, o ato administrativo etc. não se conformarem com a Constituição, devem ser fulminados por uma nulidade incomum, qual seja, aquela proveniente da Lei Maior, com base no princípio da Supremacia da Constituição.[14]

É possível afirmar, analisando a doutrina posta, que a norma fundamental, estabelecida por relações postas de poder, estabelece as bases que regulamentam a vida em sociedade, ao mesmo tempo que es-

---

(10) FERREIRA FILHO, Manoel Gonçalves. *Constituição e governabilidade:* ensaios sobre a (in)governabilidade brasileira. 31. ed. São Paulo: Saraiva, 2005.

(11) BULOS, Uadi Lammêgo. *Direito constitucional ao alcance de todos*. 2. ed. São Paulo: Saraiva, 2010.

(12) LENZA, Pedro. *Direito Constitucional Esquematizado*. 16. ed. São Paulo: Saraiva, 2013.

(13) MOTTA, Sylvio; DOUGLAS, William. *Controle de constitucionalidade*: uma abordagem teórica e jurisprudencial. 3. ed. Rio de Janeiro: Impetus Ltda., 2004.

(14) POLETTI, Ronaldo. *Controle da constitucionalidade das leis*. 2. ed. Rio de Janeiro: Forense, 1998.

tabelece o modo pelo qual os cidadãos, por meio do sistema representativo, irão influenciar de forma legítima as alterações normativas.

Discorrendo sobre a relação entre a norma fundamental e o exercício do poder, Raul Ferreyra assim dispõe:

> Enesta pieza hay una Idea directriz que sirve como marco de referencia: solo el poder constituyente del pueblo – siempre que se entienda que el "pueblo", como tal, nada decide, en rigor de verdad, las decisiones son adoptadas, en definitiva, individualmente por los ciudadanos que lo componen – debe crear El Derecho Constitucional que organiza al Estado democrático. Hacer referencia a las virtudes de la discusión y participación públicas, según entiendo, no es exactamente lo mismo que defender o, peor aún, asegurar El rumbo de los resultados de la deliberación. La Ley Fundametal juega un papel central en la vida comunitaria porque es el mayor esfuerzo conocido para disciplinar el poder democrático, proveyendo su cauce. Es, en tal sentido, aun debilmente, la razón que reglamenta a la furza.[15]

Depois de assentar as bases, importante estabelecer o momento e a forma em que o controle de constitucionalidade se dará – se será preventivo ou repressivo. O chamado controle prévio ou preventivo impede que a norma inconstitucional seja inserida no sistema de normas postas. Já o chamado sistema repressivo ou posterior será realizado sobre a lei já vigente, e não mais sobre o projeto de lei, posto que esta norma já adentrou o sistema vigente.

Percebe-se, portanto, que no controle preventivo ataca-se o projeto de lei. Assim, temos que este será realizado durante o chamado processo legislativo. As bases do controle dinâmico de constitucionalidade – assim como disposto em Kelsen, pressupõe a existência de um processo legislativo mais dificultoso. E é neste processo legislativo que irá incidir o chamado controle prévio. No Brasil, temos que esta espécie de controle poderá ser realizado pelos poderes Legislativo, Executivo e Judiciário. Importante apontar, ainda, que este controle prévio, em razão da não inserção do projeto de norma ao corpo normativo vigente, é um controle eminentemente formal. Tal posicionamento encontra-se disposto no julgamento do Mandado de Segurança n. 32033, do Supremo Tribunal Federal, cuja ementa encontra-se descrita abaixo:

> CONSTITUCIONAL. MANDADO DE SEGURANÇA. CONTROLE PREVENTIVO DE CONSTITUCIONALIDADE MATERIAL DE PROJETO DE LEI. INVIABILIDADE.
>
> 1. _Não se admite, no sistema brasileiro, o controle jurisdicional de constitucionalidade material de projetos de lei (controle preventivo de normas em curso de formação)_. O que a jurisprudência do STF tem admitido, como exceção, é a legitimidade do parlamentar – e somente do parlamentar – para impetrar mandado de segurança com a finalidade de coibir atos praticados no processo de aprovação de lei ou emenda constitucional incompatíveis com disposições constitucionais que disciplinam o processo legislativo (MS 24.667, Pleno, Min. Carlos Velloso, DJ de 23.04.04). Nessas excepcionais situações, em que o vício de inconstitucionalidade está diretamente relacionado a aspectos formais e procedimentais da atuação legislativa, a impetração de segurança é admissível, segundo a jurisprudência do STF, porque visa a corrigir vício já efetivamente concretizado no próprio curso do processo de formação da norma, antes mesmo e independentemente de sua final aprovação ou não.
>
> 2. Sendo inadmissível o controle preventivo da constitucionalidade material das normas em curso de formação, não cabe atribuir a parlamentar, a quem a Constituição nega habilitação para provocar o controle abstrato repressivo, a prerrogativa, sob todos os aspectos mais abrangente e mais eficiente, de provocar esse mesmo controle antecipadamente, por via de mandado de segurança.[16]

Além deste controle prévio, temos o chamado controle repressivo ou posterior, incidindo este sobre uma lei promulgada, que já produz efeitos no mundo jurídico. Neste tipo de controle, a norma não está apenas na iminência de violar a Constituição, já havendo lesão, sendo seu principal objetivo expurgar do ordenamento esta norma que se encontra contrária ao sistema constitucional – seja esta dis-

---

(15) FERREYRA, Raúl Gustavo. _Reforma Constitucional y control de constitucionalidad_. 1. ed. Buenos Aires: Ediar, 2014.

(16) Mandado de Segurança n. 32033. Supremo Tribunal Federal. Disponível em: <http://jus.com.br/artigos/24916/o-controle-preventivo-de-constitucionalidade-pelo-supremo-tribunal-federal-no-julgamento-do-mandado-de-seguranca-n-32-033#ixzz3ku0tx45t>. Acesso em: 5 set. 2015.

cordância formal – vício produzido durante o processo de formação da norma – ou material, quando incide sobre seu conteúdo.

Este controle repressivo será executado pelos chamados órgãos de controle, podendo ser político – exercido por um órgão distinto dos três poderes, órgão este garantidor da Supremacia da Constituição[17], jurisdicional ou híbrido, a depender do sistema de controle adotado pelo país.

Sobre o controle jurisdicional, bastante didáticas as palavras do professor Pedro Lenza:

> O sistema de controle jurisdicional dos atos normativos é realizado pelo Poder Judiciário, tanto por um único órgão (controle concentrado) – no caso do direito brasileiro, pelo STF e pelo TJ – como por qualquer juiz ou tribunal (controle difuso). (...) O Brasil adotou o sistema jurisdicional misto, porque realizado pelo Poder Judiciário – daí ser jurisdicional –, tanto de forma concentrada (controle concentrado) como por qualquer juiz ou tribunal (controle difuso). Importante anotar que os controles difuso e concentrado são realizados com autonomia, não podendo um condicionar a sua admissibilidade à inviolabilidade do outro.[18]

Ainda sobre o controle jurisdicional, partindo de um critério formal, o sistema poderá se dar pela via incidental – quando a inconstitucionalidade da norma é levantada como questão prejudicial ao pleito – ou pela via principal, quando a inconstitucionalidade da norma será o objeto principal e exclusivo da causa.

No Brasil, verifica-se que, regra geral, o sistema difuso é exercido pela via incidental, tendo como influência direta o sistema norte-americano de controle de constitucionalidade, surgido nos Estados Unidos, no caso Marbury x Madison (1803). Possui como principais características o fato de ser um controle *ex tunc* e *inter partes*, produzindo efeitos retroativos, mas somente às partes litigantes do processo.

No controle difuso, pede-se algo ao juízo, fundamentando-se o pleito na inconstitucionalidade de uma lei ou ato normativo, ou seja, a inconstitucionalidade representa a causa de pedir processual. Tal controle pode ser exercido por qualquer juiz ou tribunal e, ainda, pelo Supremo Tribunal Federal, via recurso extraordinário, havendo neste caso a possibilidade de ampliação dos efeitos da decisão – previsão do art. 52, inciso X, da Constituição Federal. Nestes casos, o Supremo, depois do trânsito em julgado da decisão, irá oficiar o Senado Federal, para que suspenda a execução da lei ou ato normativo declarado inconstitucional. Esta suspensão é realizada pela edição de resolução, a partir da qual os efeitos se operam *erga omnes* e *ex nunc*. Esta competência do Supremo Tribunal Federal de declarar, em recurso extraordinário, a inconstitucionalidade de lei ou ato normativo, encontra-se prescrita na Constituição Federal de 1988, *in verbis*:

> Art. 102. Compete ao Supremo Tribunal Federal, precipuamente, a guarda da Constituição, cabendo-lhe: [...]
>
> III – julgar, mediante recurso extraordinário, as causas decididas em única ou última instância, quando a decisão recorrida:
>
> a) contrariar dispositivo desta Constituição;
>
> b) *declarar a inconstitucionalidade de tratado ou lei federal;*
>
> c) julgar válida lei ou ato de governo local contestado em face desta Constituição.

A respeito da suspensão do ato normativo pelo Senado, debatem doutrina e jurisprudência sobre a possível vinculação do Senado à decisão do STF. Percebe-se que doutrina majoritária, STF e Senado convergem na ideia de que o Senado não está obrigado a suspender os efeitos da lei declarada inconstitucional pelo Supremo, tratando-se de decisão discricionária do órgão. Tal entendimento baseia-se no princípio da separação dos poderes[19].

Visando garantir maior segurança jurídica às questões decididas em sede de controle de constitucionalidade, exige-se *quorum* especial para a declaração de inconstitucionalidade realizada pelos tribunais, de forma incidental. No Brasil, em sua Carta Magna de 1988, esta previsão encontra-se redigida no art. 97, *o qual preconiza que* "Somente pelo voto da maioria absoluta de seus membros ou dos

---

(17) TEMER, Michel. *Elementos de direito constitucional*. 14. ed. São Paulo: Malheiros, 1998.

(18) LENZA, Pedro. *Direito Constitucional esquematizado*. 19. ed. São Paulo: Saraiva, 2015.

(19) CLÉVE, Clémerson Merlin. *A fiscalização abstrata de constitucionalidade no direito brasileiro*. São Paulo: Revista dos Tribunais, 1995.

membros do respectivo órgão especial, poderão os tribunais declarar a inconstitucionalidade de lei ou ato normativo do Poder Público".

Trata-se da chamada "cláusula de reserva de plenário", também chamada de regra do *"full bench"*. Caso seja inobservada, a declaração incidental de inconstitucionalidade gerará a nulidade absoluta da decisão judicial colegiada.

Aprofundando a análise do controle difuso, especificamente no Brasil, imprescindível citar a Súmula Vinculante n. 10 do Supremo Tribunal Federal, in verbis:

> Viola a cláusula de reserva de plenário (CF, art. 97) a decisão de órgão fracionário de tribunal que, embora não declare expressamente a inconstitucionalidade de lei ou ato normativo do Poder Público, afasta sua incidência, no todo ou em parte.

Afastando a incidência da referida Súmula Vinculante, no julgamento do Recurso Extraordinário n. 190.725-8/PR, assim dispõe o Ministro Ilmar Galvão:

> Declarada a constitucionalidade ou inconstitucionalidade de determinada lei, pela maioria absoluta dos membros de certo Tribunal, soaria como verdadeiro despropósito, notadamente nos tempos atuais, quando se verifica, de maneira inusitada, a repetência desmensurada de causas versantes da mesma questão jurídica, vinculadas à interpretação da mesma norma, que, se exigisse, em cada recurso apreciado, a renovação da instância incidental da argüição de inconstitucionalidade, levando as sessões da Corte a uma monótona e interminável repetição de julgados da mesma natureza.[20]

Por fim, sobre a forma de implementação do controle difuso, importante citar Gilmar Mendes:

> Ao contrário de outros modelos do direito comparado, o sistema brasileiro não reserva a um único tipo de ação ou de recurso a função primordial de proteção de direitos fundamentais, estando a cargo desse mister, principalmente, as ações constitucionais do habeas *corpus*, o *habeas data*, o mandado de segurança, o mandado de injunção, a ação civil pública e a ação popular.[21]

Já o controle de constitucionalidade abstrato dá-se pela via principal, tendo como influência direta o sistema de controle de constitucionalidade europeu, idealizado por Hans Kelsen e positivado na Constituição Austríaca de 1920[22].

Busca-se, no controle concentrado, expurgar do sistema posto lei ou ato normativo que contraria a Constituição, sendo este o objeto principal da lide.

Este tipo de controle é implementado mediante a promoção das chamadas ações constitucionais, dispostas nos arts. 102 e 103, ambos da Constituição Federal de 1988, quais sejam, a Ação Direta de Inconstitucionalidade (ADI), a Ação Declaratória de Constitucionalidade (ADC), a Ação Direta de Inconstitucionalidade por Omissão (ADO) e a Arguição de Descumprimento de Preceito Fundamental (ADPF). Importante citar o artigo, *in verbis*:

> Art. 102. Compete ao Supremo Tribunal Federal, precipuamente, a guarda da Constituição, cabendo-lhe:
>
> I – processar e julgar, originariamente:
>
> a) a ação direta de inconstitucionalidade de lei ou ato normativo federal ou estadual e a ação declaratória de constitucionalidade de lei ou ato normativo federal;
>
> § 1º A argüição de descumprimento de preceito fundamental, decorrente desta Constituição, será apreciada pelo Supremo Tribunal Federal, na forma da lei.
>
> Art. 103. Podem propor a ação direta de inconstitucionalidade e a ação declaratória de constitucionalidade:
>
> § 2º Declarada a inconstitucionalidade por omissão de medida para tornar efetiva norma constitucional, será dada ciência ao Poder competente para a adoção das providências necessárias e, em se tratando de órgão administrativo, para fazê-lo em trinta dias.

---

(20) Recurso Extraordinário n. 190.725-8/PR. Disponível em: <http://www.stf.jus.br/portal/jurisprudencia>. Acesso em: 5 set. 2015.

(21) MENDES, Gilmar. *O Controle da Constitucionalidade no Brasil*. Disponível em: <http://www.stf.jus.br/repositorio/cms/portalStfInternacional/portalStfAgenda_pt_br/anexo/Controle_de_Constitucionalidade_v__Port1.pdf>. Acesso em: 4 set. 2015.

(22) KELSEN, Hans, 1881-1973. *Jurisdição Constitucional*/Hans Kelsen. Introdução e revisão técnica Sérgio Sérvulo da Cunha. São Paulo: Martins Fontes, 2003.

Na ADI (Ação Declaratória de Inconstitucionalidade), busca-se declarar a inconstitucionalidade da lei ou ato normativo impugnado, partindo de uma análise da lei em tese, estando, portanto, marcada pela generalidade, impessoalidade e abstração. O vício a ser declarado poderá ser tanto formal quanto material. O objeto da ação é a lei ou ato normativo. Ressalte-se que resoluções administrativas de tribunais, emendas constitucionais, medidas provisórias, decretos e tratados internacionais podem ser objeto da ADI. Já as chamadas súmulas vinculantes não se encontram sujeitas a este tipo de controle, tendo em vista que não são marcadas por generalidade e abstração.

Conforme dispõe a Lei n. 9868/1999, as decisões proferidas em ação direta de inconstitucionalidade possuem eficácia *ex tunc*, *erga omnes* e efeito vinculante para todo o Poder Judiciário e para todos os órgãos da Administração Pública, direta e indireta – não abrangendo o Poder Legislativo, evitando assim o fenômeno denominado "fossilização da Constituição"[23].

Importante salientar, também, que a legislação que regulamenta a ação direta de inconstitucionalidade prevê a possibilidade do Plenário do Tribunal modular os efeitos das decisões no âmbito do controle abstrato de normas, permitindo ao STF declarar a inconstitucionalidade da norma: a) a partir do trânsito em julgado da decisão (declaração de inconstitucionalidade *ex nunc*); b) a partir de algum momento posterior ao trânsito em julgado, a ser fixado pelo Tribunal (declaração de inconstitucionalidade com eficácia *pro futuro*); c) sem a pronúncia da nulidade da norma; e d) com efeitos retroativos, mas preservando determinadas situações, tudo isso por razões de segurança jurídica ou excepcional interesse social.

Quanto aos legitimados para propor a ação, encontram-se dispostos, de forma taxativa, no art. 103 da Carta Magna, que descrevemos abaixo:

> Art. 103. Podem propor a ação direta de inconstitucionalidade e a ação declaratória de constitucionalidade:
>
> I – o Presidente da República;
>
> II – a Mesa do Senado Federal;
>
> III – a Mesa da Câmara dos Deputados;
>
> IV – a Mesa de Assembléia Legislativa ou da Câmara Legislativa do Distrito Federal;
>
> V – o Governador de Estado ou do Distrito Federal
>
> VI – o Procurador-Geral da República;
>
> VII – o Conselho Federal da Ordem dos Advogados do Brasil;
>
> VIII – partido político com representação no Congresso Nacional;
>
> IX – confederação sindical ou entidade de classe de âmbito nacional.

Relevante citar que, dentre os legitimados, alguns são considerados universais, quando possuem, em razão de sua finalidade institucional, legitimidade para propor a ação, independente da demonstração da pertinência temática. Já os legitimados dos incisos IV, V e IX devem demonstrar pertinência temática.

Tratando-se de ação direta de inconstitucionalidade, fundamental trazer à baila a chamada ADO – Ação Direta de Inconstitucionalidade por Omissão, cujo objeto representa a "omissão de medida" para tornar efetiva norma constitucional em razão da omissão de qualquer dos Poderes ou de órgãos administrativos, podendo a omissão partir dos Poderes Legislativo, Executivo ou Judiciário.

Sobre seus efeitos, assim dispõe Gilmar Mendes:

> Inicialmente, o Supremo Tribunal Federal adotou o entendimento de que a decisão que declara a inconstitucionalidade por omissão autorizaria o Tribunal apenas a cientificar o órgão inadimplente para que este adotasse as providências necessárias à superação do estado de omissão inconstitucional. Assim, reconhecida a procedência da ação, deve o órgão legislativo competente ser informado da decisão, para as providências cabíveis. Se se tratar de órgão administrativo, está ele obrigado a colmatar a lacuna dentro do prazo de 30 dias. Entretanto, em recentes decisões, o Plenário do Tribunal passou a adotar o entendimento de que, diante da prolongada duração do estado de omissão, é possível que a decisão proferida pelo STF adote providências aptas a regular a matéria objeto da omissão por prazo determinado ou até que o

---

(23) MENDES, Gilmar. *O Controle da Constitucionalidade no Brasil*. Disponível em: <http://www.stf.jus.br/repositorio/cms/portalStfInternacional/portalStfAgenda_pt_br/anexo/Controle_de_Constitucionalidade_v__Port1.pdf>. Acesso em: 4 set. 2015.

legislador edite norma apta a preencher a lacuna. Ressalte-se que, nesses casos, o Tribunal, sem assumir compromisso com o exercício de uma típica função legislativa, passou a aceitar a possibilidade de uma regulação provisória do tema pelo próprio Judiciário. O Tribunal adotou, portanto, uma moderada sentença de perfil aditivo, introduzindo modificação substancial na técnica de decisão da ação direta de inconstitucionalidade por omissão.[24]

A Ação Declaratória de Constitucionalidade – a ADC, foi introduzida no ordenamento jurídico brasileiro pela Emenda Constitucional n. 3/93, estando regulamentada nos arts. 102 e 103 da Carta Magna, bem como pela Lei n. 9.869/1999. Seu objeto é a declaração de constitucionalidade de uma lei ou ato normativo.

Busca-se, assim, transformar uma presunção relativa de constitucionalidade em presunção absoluta. Sobre seu objetivo, dispõe o professor Pedro Lenza:

> O objetivo da ADC é transformar uma presunção relativa de constitucionalidade em absoluta (*jure et de jure*), não mais se admitindo prova em contrário. Ou seja, julgada procedente a ADC, tal decisão vinculará os órgãos do Poder Judiciário e a Administração Pública, que não mais poderão declarar a inconstitucionalidade da aludida lei, ou agir em desconformidade com a decisão do STF.[25]

Os legitimados para a ação, conforme dispõe o art. 103 da CF/88, são os mesmos da ação de inconstitucionalidade; seus efeitos são *erga omnes*, *ex tunc* e vinculantes.

Sobre o cabimento da ação, importante citar Gilmar Mendes:

> O cabimento da ação declaratória de constitucionalidade pressupõe a existência de situação hábil a afetar a presunção de constitucionalidade da lei, não se afigurando admissível a propositura de ação declaratória de constitucionalidade se não houver controvérsia ou dúvida relevante quanto à legitimidade da norma.[26]

Já a ação denominada ADPF – Arguição de Descumprimento de Preceito Fundamental, conforme dispõe o art. 102, § 1º, regulamentada pela Lei n. 9.882/1999, possui como objeto evitar ou reparar lesão a preceito fundamental, resultante de ato do poder público. Assim dispõe a lei:

> Art. 1º A argüição prevista no § 1º do art. 102 da Constituição Federal será proposta perante o Supremo Tribunal Federal, e terá por objeto evitar ou reparar lesão a preceito fundamental, resultante de ato do Poder Público.
>
> Parágrafo único. Caberá também argüição de descumprimento de preceito fundamental:
>
> I – quando for relevante o fundamento da controvérsia constitucional sobre lei ou ato normativo federal, estadual ou municipal, incluídos os anteriores à Constituição;

Esta ação pressupõe nexo de causalidade entre a lesão ao preceito fundamental e o ato do poder público ensejador da lesão, podendo o ato ser originário de qualquer esfera, de qualquer ato normativo, inclusive decretos regulamentares. Trata-se também de importante instrumento de análise em abstrato da recepção de leis anteriores à Constituição posta.

O art. 2º da Lei n. 9.882/1999 aponta como legitimados para propor a ação de descumprimento de preceito fundamental os mesmos sujeitos aptos a propor a ação direta de inconstitucionalidade. Assim como no caso da Ação Declaratória de Constitucionalidade, é pressuposto para o ajuizamento da Arguição de Descumprimento de Preceito Fundamental a existência de controvérsia judicial ou jurídica relativa à constitucionalidade da lei ou à legitimidade do ato questionado. Portanto, também, na Arguição de Descumprimento de Preceito Fundamental, há de se cogitar de uma legitimação para agir *in concreto*, que se relaciona com a existência de

---

(24) MENDES, Gilmar. *O Controle da Constitucionalidade no Brasil*. Disponível em: <http://www.stf.jus.br/repositorio/cms/portalStfInternacional/portalStfAgenda_pt_br/anexo/Controle_de_Constitucionalidade_v__Port1.pdf>. Acesso em: 4 set. 2015.

(25) LENZA. Pedro. *Direito Constitucional esquematizado*. 19. ed. São Paulo: Saraiva, 2015.

(26) MENDES, Gilmar. *O Controle da Constitucionalidade no Brasil*. Disponível em: <http://www.stf.jus.br/repositorio/cms/portalStfInternacional/portalStfAgenda_pt_br/anexo/Controle_de_Constitucionalidade_v__Port1.pdf>. Acesso em: 4 set. 2015.

um estado de incerteza, gerado por dúvidas ou controvérsias sobre a legitimidade da lei. É necessário que se configure, portanto, situação hábil a afetar a presunção de constitucionalidade ou de legitimidade do ato questionado[27].

A competência para apreciação, nos termos ditados pela Carta Magna de 88, é do Supremo Tribunal Federal, assim como nos casos da ADI e ADC. A decisão em ADPF terá efeitos *erga omnes* e *ex tunc*, além de efeito vinculante aos demais órgãos do Poder Público.

III. CONTROLE DE CONSTITUCIONALIDADE NOS PAÍSES DA AMÉRICA LATINA

Depois de assentar as bases do controle de constitucionalidade, demonstrando a existência de controle político, jurisdicional e misto, importa ressaltar que no presente estudo visamos ao controle dito jurisdicional, realizado por órgãos do Poder Judiciário, agindo por provocação ou *ex lege*, conforme os ditames constitucionais. Dito controle subdivide-se, como vimos, em difuso e concentrado.

Nota interessante sobre o estudo do direito comparado, relativo ao controle de constitucionalidade nos países da América Latina, é da lavra de Gisela María Bester, citando Paulo Napoleão Nogueira:

> Apesar de haver grandes diferenças quanto à natureza e à estrutura do Poder Judiciário, bem como quanto aos sistemas de distribuição da justiça entre os países integrantes do Mercosul, duas notas comuns destacam-se. A primeira delas diz respeito à atribuição de monopólio da jurisdição às autoridades judiciais. Já a segunda nota que identifica os sistemas jurídicos de tais países e os diferenciam daqueles que são herdeiros da tradição do *common Law*, é o regime *secundum legem*, pelo qual os órgãos judiciários são intérpretes e aplicadores de leis existentes, não podendo os magistrados criarem normas para decidir uma questão (a não ser em hipóteses como a do Mandado de Injunção brasileiro).[28]

1. Argentina

Pela interpretação sistemática dos arts. 116 e 117, ambos da *Constituicion de la Nación Argentina*[29], depreende-se ter o país adotado o controle de constitucionalidade de modo difuso, com caráter repressivo. O órgão responsável pela aferição do controle de constitucionalidade das leis argentinas é a *Corte Suprema de Justicia de la Nación*. Não há que se falar em controle concentrado no país[30].

Sobre o controle de constitucionalidade na Argentina, importante citar as palavras de Zeno Veloso:

> Criado pretorianamente pela Corte Suprema de Justicia de La Nación, o controle de constitucionalidade argentino é judicial e difuso, podendo ser exercido por qualquer juiz ou tribunal – federal ou provincial, tendo a decisão eficácia *inter partes* e não *erga omnes*, podendo a Corte Suprema resolver definitivamente a controvérsia, através de recurso extraordinário, mas a sentença só declara a inconstitucionalidade da lei – e sua respectiva inaplicação, com relação à questão *sub judice*, não tendo efeito geral, nem força vinculante.[31]

Percebe-se, portanto, ser imprescindível a existência de um fato concreto para que se possa acionar o Judiciário a fim de se manifestar sobre a constitucionalidade ou não de determinada lei. Ressalte-se ainda que, na Argentina, qualquer tribunal pode se manifestar acerca da inconstitucionalidade das leis, não se concentrando o controle em um determinado órgão.

Gisela Benetiz, citando Bidart Campos, aprofunda o tema, explicitando as ações constitucionais argentinas:

---

(27) MENDES, Gilmar. *O Controle da Constitucionalidade no Brasil*. Disponível em: <http://www.stf.jus.br/repositorio/cms/portalStfInternacional/portalStfAgenda_pt_br/anexo/Controle_de_Constitucionalidade_v__Port1.pdf>. Acesso em: 4 set. 2015.

(28) BENETIZ, Gisela. *O controle de constitucionalidade jurisdicional nos países do Mercosul e a amplitude democrática do acesso à justiça constitucional*. Disponível em: <http://www.juridicas.unam.mx/publica/librev/rev/dconstla/cont/2003/pr/pr13.pdf>. Acesso em: 5 set. 2015.

(29) Constituición de la Nación Argentina. Disponível em: <http://www.constitution.org/cons/argentin.htm>. Acesso em: 12 ago. 2014.

(30) BIDART CAMPOS, German Jorge. *Manual de la Constituición reformada*. Tomo I. Buenos Aires: Ediar, 1996.

(31) VELOSO, Zeno. *Controle Jurisdicional de Constitucionalidade*. 1. ed. Belém: Cejup, 1999.

Teoricamente fala-se na via de ação direta para o controle, mas tal via não está prevista constitucionalmente. (...) Com efeito, até mesmo na atual jurisprudência da Corte afirma-se que há na ordem federal "ações de inconstitucionalidade", sendo estas exemplificadas do seguinte modo: a) ação de amparo e de *habeas corpus*; b) ação declarativa de certeza do art. 322; c) juízo sumário de inconstitucionalidade; d) o incidente de inconstitucionalidade.

Ainda, sobre a jurisdição constitucional da Argentina, esclarece Norbert Losing, em sua obra *La Jurisdiccionalidad Constitucional en Latinoamérica*:

> Tanto los demandantes como también los demandados pueden denunciar en cualquier proceso la inconstitucionalidad de una norma, una actuación o una omisión. Si el juez acoge la correspondiente solicitud, podrá declarar la inconstitucionalidad de la correspondiente norma, actuación u omisión y en consecuencia decidir. Esa decisión tendrá entonces efecto *inter partes*. A pesar de esta posibilidad general de control constitucional en Argentina también existen determinados procesos para el cumplimiento de los derechos fundamentales y para la determinación de la inconstitucionalidad o constitucionalidad de las normas.[32]

2. Bolívia

Na Bolívia, coexistem controle judicial difuso – decisões com efeitos *inter partes* – e controle concentrado no Tribunal Constitucional, onde as decisões são *erga omnes*[33]. A Bolívia, juntamente com o Chile, possui um Tribunal Constitucional, o Tribunal Constitucional Plurinacional, criado pela reforma constitucional do início da década de 90. Nos mesmos moldes, apresenta-se o Chile.

Gisele Benites esclarece que o Tribunal Constitucional realiza controle preventivo sobre projetos de reforma constitucional, sobre tratados ou convenções internacionais e preceitos legais. Realiza ainda o controle repressivo pela via difusa nos tribunais ordinários e, pela via concentrada no Tribunal Constitucional, "neste último caso o controle repressivo de caráter abstrato sobre normas jurídicas vem autorizado pelo art. 120 da Constituição e no caso de a norma impugnada ser declarada constitucional"[34].

Marilia Montenegro Silva, por sua vez, aborda as ditas ações constitucionais existentes no direito bolivariano:

> A Constituição boliviana cuida dos remédios constitucionais, garantindo certos direitos assegurados pela constituição. A Ação de Liberdade (art. 127) se aplica contra violação ou ameaça ilegal ao direito à liberdade. Tem-se ainda a ação de cumprimento, que visa o cumprimento pelos servidores públicos dos dispositivos constitucionais, de modo a garantir a aplicação de seus direitos; e a ação popular. A Constituição Boliviana apresenta, ainda, a ação de amparo Constitucional, contra atos ou omissões ilegais ou indevidos dos servidores públicos ou de qualquer pessoa, que restrinjam, suprimam ou ameacem restringir ou suprimir os direitos reconhecidos pela Constituição. Todas estas ações podem ser apreciadas por qualquer juiz ou tribunal competente. [...] O Tribunal Constitucional Plurinacional, por sua vez, cuida do controle abstrato de constitucionalidade, de forma concentrada, além de decidir sobre recursos interpostos contra decisões proferidas em ações referentes aos remédios constitucionais, bem como os conflitos de competência.[35]

3. Chile

No Chile, predomina o sistema de controle misto. No que se refere ao modelo abstrato, ressalte-se a existência de um Tribunal Constitucional exclusivo, onde é exercido, inclusive, o controle preventivo, realizando, ainda, controle preventi-

---

(32) LOSING, Norbert. *La Jurisdiccionalidad Constitucional en Latinoamérica*. Madrid: Editora Dykson, 2002.

(33) LOSING, Norbert. *La Jurisdiccionalidad Constitucional en Latinoamérica*. Madrid: Editora Dykson, 2002.

(34) BENETIZ, Gisela. *O controle de constitucionalidade jurisdicional nos países do Mercosul e a amplitude democrática do acesso à justiça constitucional*. Disponível em: <http://www.juridicas.unam.mx/publica/librev/rev/dconstla/cont/2003/pr/pr13.pdf>. Acesso em: 5 set. 2015.

(35) SILVA, Marilia Montenegro. *Jurisdição Constitucional no MERCOSUL*. Observatório da Jurisdição Constitucional, Brasília: IDP, Ano 4, p. 1-19, 2010/2011.

vo sobre os projetos de reformas constitucionais, quanto ao aspecto substantivo-material.

Gisele Benites resume o controle de constitucionalidade chileno nas seguintes palavras:

> Deste modo, tem-se no Chile, a partir de 1980, o controle preventivo por parte do Tribunal Constitucional, pelo qual a lei simplesmente não nasce, e o controle repressivo desde a Constituição de 1925, realizado pela Corte Suprema, com efeitos relativos, *inter partes* (o art. 80 da Constituição se refere à "declaração de inaplicabilidade para os casos concretos"), que geralmente são acatados pelo Tribunal Constitucional, o qual os transforma em *erga omnes*. (...) Quanto ao controle repressivo, no caso chileno o Tribunal Constitucional não conhece de recursos ou incidentes de inconstitucionalidade de normas jurídicas, "já que dita competência está entregue em forma de controle difuso ou concentrado a tribunais ordinários de justiça, o que pode gerar o inconveniente da vigência de dois parâmetros de constitucionalidade diferentes, um do Tribunal Constitucional, outro dos tribunais superiores de justiça ou Corte Suprema, gerando insegurança jurídica.[36]

É por essa razão que o modelo chileno recebe severas críticas de autores renomados, como Losing. Trata-se de anomalia jurídica, que gera potencial dano à ordem posta, na medida em que tanto o Tribunal Constitucional como a Corte Suprema realizam controle abstrato, sem que nenhum deles profira decisões *erga omnes* e de efeito vinculante.

Conforme dispõe Humberto Alcalá:

> No caso chileno o projeto de reforma constitucional que ora tramita no Congresso Nacional elimina o recurso de inaplicabilidade por inconstitucionalidade de preceitos legais concentrado na Corte Suprema para transpassá-lo ao Tribunal Constitucional, com o que se passaria de um sistema ou modelo de duplo controle concentrado a um modelo de controle concentrado de constitucionalidade no Tribunal Constitucional, aproximando-se do modelo europeu.[37]

IV. CONCLUSÃO

Para a sobrevivência de um estado politicamente organizado, temos que o controle de constitucionalidade é instrumento fundamental, pois por meio dele se cria uma verdadeira muralha de proteção em torno da Constituição, onde estão consubstanciadas as bases de um sistema jurídico organizado, voltado à democracia.

Para tanto, necessário se faz garantir à Constituição sua posição no vértice do sistema jurídico, a posição de norma superior, tendo-se como princípio basilar a supremacia da Constituição. Este princípio garante um verdadeiro sistema de defesa ao texto posto, sendo fundamental para assegurar a unicidade do direito nacional e o cumprimento da vontade do poder político constituinte, assegurando à nação a máxima efetividade da vontade política original.

Sendo assim, qualquer norma que não estiver em sintonia com a Constituição poderá ser rechaçada do sistema pelo controle de constitucionalidade, pois tais normas são dotadas apenas de uma validade provisória, uma presunção de constitucionalidade relativa, que poderá ser derrubada com a análise do caso concreto, ou pelo controle concentrado.

Por fim, fundamental registrar que os modelos de jurisdição constitucional na América Latina indicam uma tendência de concentração e de objetivação do controle da constitucionalidade, favorecendo o controle da norma em tese, em detrimento da análise do caso concreto. Tem-se, portanto, um progressivo afastamento do modelo de inspiração norte-americana, e uma aproximação com o modelo europeu.

BIBLIOGRAFIA

ALMEIDA FILHO, Agassiz. Racionalidade democrática e decisionismo político: o papel de Carl Schmitt na construção

---

(36) BENETIZ, Gisela. *O controle de constitucionalidade jurisdicional nos países do Mercosul e a amplitude democrática do acesso à justiça constitucional*. Disponível em: <http://www.juridicas.unam.mx/publica/librev/rev/dconstla/cont/2003/pr/pr13.pdf>. Acesso em: 5 set. 2015.

(37) NOGUEIRA ALCALÁ, Humberto. *Las competencias de los Tribunales Constitucionales de América del Sul*. Montevideo: Fundación Konrad Adenauer, Programa Estado de Derecho, 2002.

de um Estado de Direito pós-liberal. In: *Estado de Direito e Direitos Fundamentais*. Rio de Janeiro: Forense, 2005.

BARROSO, Luís Roberto. *Curso de Direito Constitucional Contemporâneo*. São Paulo: Saraiva, 2009.

BENETIZ, Gisela. *O controle de constitucionalidade jurisdicional nos países do Mercosul e a amplitude democrática do acesso à justiça constitucional*. Disponível em:< http://www.juridicas.unam.mx/publica/librev/rev/dconstla/cont/2003/pr/pr13.pdf>. Acesso em: 5 set. 2015.

BIDART CAMPOS, German Jorge. *Manual de la Constituición reformada*. Tomo I. Buenos Aires: Ediar, 1996.

BONAVIDES, Paulo. *Curso de direito constitucional*. 24. ed. São Paulo: Malheiros, 2009.

CANOTILHO, José Joaquim Gomes. *Direito Constitucional e Teoria da Constituição*. 3. ed. (reimpressão). Coimbra: Almedina, 1999.

FERREIRA, Aurélio Buarque de Holanda. *Dicionário Aurélio eletrônico*: século XXI. Rio de Janeiro: Nova Fronteira/Lexicon Informática, 1999.

FERREYRA, Raúl Gustavo. In: BERCHOLC, Jorge. *El Estado y la Emergencia Permanente*. 1. ed. Buenos Aires: Lajouane, 2007.

FERREYRA, Raúl Gustavo. *Reforma constitucional y control de constitucionalidade*. Límites a la judiciabilidad de la enmienda. 1. ed. Buenos Aires: Ediar, 2007.

HESSE, Konrad. *A Força Normativa da Constituição*. Tradução de Gilmar Ferreira Mendes. Porto Alegre: Sérgio Antonio Fabris, 1991. p. 9.

HESSE, Konrad. *Escritos de Derecho Constitucional*. Selección, traducción e introducción por Pedro Cruz Villalon. Madrid: Centro de Estudios Constitucionales, 1992.

JELLINEK, Georg (1954). *Teoría General del Estado*. Traducción y prólogo por Fernando de Los Rios. Buenos Aires: Editorial Albatros.

KELSEN, Hans. *Teoría Pura del Derecho*. Traducción del original en alemán por Roberto J. Vernengo. Décima edición. México: Editorial Porrúa, 1998.

KELSEN, Hans. *Teoria Geral das Normas*. Tradução de José Florentino Duarte. Porto Alegre: Sérgio Antonio Fabris, 1986.

KELSEN, Hans. *¿Que es justicia?* Traducción del original en alemán por Albert Calsamiglia. Buenos Aires: Planeta-Agostini, 1993.

LOSING, Norbert. *La Jurisdiccionalidad Constitucional em Latinoamerica*. Madrid: Editora Dykson, 2002.

MORAES, Alexandre. *Direito Constitucional*. 18 ed. São Paulo: Atlas, 2005.

NOGUEIRA ALCALÁ, Humberto. *Las competencias de los Tribunales Constitucionales de América del Sul*. Montevideo, Fundación Konrad Adenauer. Programa Estado de derecho, 2002.

PAINE, Thomas. *Derechos del Hombre*. Tradução de Fernando Santos Fontenla. Madrid: Alianza Editorial, 1984.

POPPER, Karl R. *A Vida é Aprendizagem – Epistemologia Evolutiva e Sociedade Aberta*. Trad. Paula Taipas. Lisboa: Edições 70, 2001.

_____. *A Sociedade Aberta e seus Inimigos*. Tomo I. Trad. Milton Amado. Belo Horizonte/São Paulo: Itatiaia/USP, 1987.

RADBRUCH, Gustav. *Rechts philosophie*. Leipzig. 3. edic. alemana (trad. cast., Filosofía del Derecho, Editorial *Revista de Derecho Privado*, Madrid, 2. edic. 1944.

SCHMITT, Carl. Teoría de la Constitución. Tradução de Francisco Ayala. *Revista de Derecho Privado*. Madrid, 1928.

SILVA, Marilia Montenegro. *Jurisdição Constitucional no Mercosul*. Observatório da Jurisdição Constitucional, Brasília: IDP, Ano 4, 2010/2011.

A Natureza Jurídica dos Tribunais de Contas no Brasil

Renato Luís Bordin de Azeredo
Possui graduação em Direito pela Pontifícia Universidade Católica do Rio Grande do Sul (1995). Realizou o Curso da Fundação da Escola da Magistratura do Trabalho com 720 horas, obtendo certificação (1996). Cursou Especialização em Advocacia Municipal pela Escola Superior de Advocacia Municipal e Universidade Federal do Rio Grande do Sul (2001). É especialista em Direito Civil e Processo Civil pelo Instituto de Desenvolvimento Cultural (2007) e especialista em Direito Público pela Pontifícia Universidade Católica do Rio Grande do Sul (2009). É Mestre em Direito Ambiental pela Universidade de Caxias do Sul (2012). Aluno regular do curso válido para Doutorado na Facultad de Derecho de la Universidad de Buenos Aires – área de concentração Constitucional – Argentina, desde 2014. Atualmente, é Conselheiro Substituto do Tribunal de Contas do Rio Grande do Sul.

INTRODUÇÃO

O presente artigo tem por objetivo demonstrar a evolução jurídico-constitucional acerca da natureza jurídica dos Tribunais de Contas no Brasil, imprescindíveis órgãos de controle externo das contas públicas. Nesse sentido, pretende-se realizar um exame dos dispositivos da Constituição Federal do Brasil interpretados pelo Supremo Tribunal Federal. Também será realizado, *en passant*, um exame da jurisprudência do Tribunal de Justiça do Rio Grande do Sul e do Superior Tribunal de Justiça. Ademais, será realizada uma breve abordagem a respeito do sistema de controle na Argentina, tanto em nível federal, como nas províncias.

A divisão horizontal do Poder, na atual sociedade, não se ajusta mais à doutrina aperfeiçoada no século XVIII, por Locke e Montesquieu, que se refletiu na origem do constitucionalismo.

Quando de sua elaboração, a sociedade sequer cogitava dos direitos de segunda dimensão, que vieram a transformar radicalmente a atuação do Estado, em especial, do Poder Executivo, que, de garantidor das liberdades, passou a ser ator principal na realização de políticas públicas a fim de realizar as novas tarefas que passaram a ser do Estado.

A partir de então, surgiram os direitos de terceira e quarta dimensões, ou até mesmo de quinta, como sustentam alguns autores. O que importa neste momento é perceber que os fundamentos da teoria que levou àquela conformação estatal e de divisão horizontal do Poder não mais permitem que sejam atendidos os anseios sociais de liberdades e garantias ante o abuso do Poder.

É por isso que as Constituições modernas, apesar de manter em seus textos, de forma formal, aqueles preceitos, criam uma série de órgãos que passam a executar tarefas primordiais de defesa e realização dos direitos fundamentais, com todas as garantias e prerrogativas dos Poderes até então constituídos, sem qualquer relação de subordinação ou submissão a qualquer dos tradicionais Poderes conhecidos.

Uma dessas Instituições, no Brasil, são os Tribunais de Contas, que, assim como se deu com o Ministério Público, tiveram uma ressignificação a partir da Constituição Federal de 1988, com um grande incremento de atribuições, passando a uma posição sobranceira na nossa Federação, como se verá adiante.

1. UMA BREVE ABORDAGEM A RESPEITO DA SEPARAÇÃO DE PODERES E SUA RESSIGNIFICAÇÃO DIANTE DAS TRANSFORMAÇÕES SOCIAIS, CULTURAIS, POLÍTICAS E TEÓRICAS A PARTIR DE SUA FORMULAÇÃO INICIAL

O contexto em que foi formulada a Teoria da Separação de Poderes modificou-se ao longo dos anos. Na sua origem, se voltava contra o absolutismo. O que visava inicialmente era garantir a liberdade por uma divisão horizontal do Poder, de suas funções, a fim de assegurar uma maior liberdade.

Com o passar dos anos, o Estado se modificou completamente. Enquanto na sua origem pretendia-se que fossem asseguradas as liberdades, os direitos civis, com uma abstenção do Estado de participar de áreas onde não devia, deixando prevalecer a liberdade entre os indivíduos, percebeu-se que esta liberdade entre desiguais causava profundas injustiças, a ponto de ser cunhada uma frase por Lacordaire: *"Entre os fortes e fracos, entre ricos e pobres, entre senhor e servo é a liberdade que oprime e a lei que liberta."*[1]

A toda evidência que o desenvolvimento industrial, somado a uma série de outras mudanças sociais, passou a exigir cada vez mais a participação do Estado, mudando radicalmente a sua conformação. Agora, com o advento dos direitos de segunda dimensão, que sequer eram cogitados quando da formulação inicial da teoria da separação de poderes, o Executivo passa a ter um papel preponderante, de executor de tarefas públicas essenciais.

Pode-se se perceber melhor essa modificação do Estado na seguinte passagem de artigo de Couto e Silva[2]:

> Ainda nesse quadro, dominado pelas concepções liberais, não seria demasiada ousadia afirmar que o direito público exerce um papel puramente instrumental com relação ao direito privado, do mesmo modo como o Estado é um instrumento para garantir o bem-estar da sociedade como um todo e, consequentemente, propiciar a felicidade dos indivíduos.
>
> O Estado Social, entratanto, rompeu com a rígida dicotomia entre Estado e Sociedade ao atribuir ao Poder Público o papel de cooperar na formação do próprio corpo social, intervindo nas relações econômicas e sociais para aproximá-las o mais possível da Justiça material.

Há um rompimento com todas as bases que ensejaram a formulação inicial da teoria da separação dos poderes só com o advento dos direitos de segunda dimensão. O que se dirá então com as demais dimensões ou gerações que decorreram do curso da história? Por esta razão, a teoria deve ser reformulada.

O que se visa com a teoria da separação de poderes é o impedimento do seu abuso. Não é uma teoria fechada, portanto. Os seres humanos tendem a abusar do Poder. As mudanças sociais ensejam que seja reformulada esta teoria para que se ajuste às novas realidades, aos novos desafios que tem a enfrentar. A matéria foi objeto de profunda análise por Häberle, como pode se aferir na seguinte passagem de sua obra:

> El principio de la división de poderes es tanto "texto clásico" desde Montesquieu (1748), como también principio constitutivo en la tríada del Legislativo, el Ejecutivo y el Judicial del tipo del Estado constitucional, y viene a ser derecho constitucional positivo en todos los ejemplos y variantes nacionales. Entre los tres planos y formas de manifestación hau múltiples traslapes y fecundaciones mutuas. El derecho constitucional positivo de muchos países ha creado en la atualidad algunos órganos constitucionales nuevos (como el comisionado ciudadano o el *ombudsman*), que deben ser incorporados en el cuadro conjunto del equilibrio de poderes, del mesmo modo que la jurisdición constitucional, que se ha fortalecido, ha encontrado paulatinamente su "lugar correcto" en el cuadro conjunto de un Estado Constitucional. El texto clásico inspirador sigue siendo la obra de Montesquieu, De l'espirit des lois, en cuyo libro XI, cap. 4, se lee: 'La experiencia eterna enseña, sin embargo, que todo hombre que tiene poder se ve impulsado a abusar de él.'
>
> Esta imagen realista del ser humano en relación con el agudo peligro permanente de que los hombres abusen del poder, no sólo en

---

(1) LACORDAIRE, Henri. *Conférences de Notre-Dame de Pari*. Éd. Sagnieret Bray, 1848. p. 246. Fonte: wikipédia.

(2) COUTO E SILVA, Almiro do. O Indivíduo e o Estado na realização de tarefas públicas. *Revista da PGE – Cadernos de Direito Público*, n. 57, ed. especial, p. 171-197, dez./2003.

los cargos políticos o del Estado, conduce actualmente a la lucha constitucional por una división óptima de los poderes, y el renovado retorno creador al 'texto original' de Montesquiel (y de Locke) puede reconocer y combatir nuevas zonas de peligro del abuso de poder. Dicho en otras palabras: la división de poderes es un principio relativamente abierto, con constantes e variantes.(3)

É dentro desta concepção de Häberle que devem ser vistos os novos órgãos autônomos constitucionalmente criados a fim de exercer parcelas da soberania nessa nova concepção de divisão do Poder decorrente dos desafios da sociedade moderna. Como asseverado pelo autor, a divisão de poderes, dentro de sua lógica concebida, é um princípio relativamente aberto e que deve se ajustar às exigências de cada sociedade.

Os Constituintes, sensíveis a isto, criaram uma série de instituições no texto constitucional, assegurando-lhes as garantias e as prerrogativas que até então eram atribuídas aos clássicos poderes concebidos. Isto se deu com os Tribunais de Contas e o Ministério Público no Brasil, que possuem as mesmas prerrogativas e garantias de membros do Poder Judiciário, a fim de conformar essa nova forma de combater as tentativas de abuso do Poder e criar uma sociedade justa e solidária.

A confirmação desta afirmação pode ser verificada na seguinte passagem da obra citada:

> Debe hacerse notar que se ha multiplicado el número de poderes en el marco de los procesos sociales de crecimiento del Estado social. Así, en numerosos Estados constitucionales *hay tribunales de cuentas* (también el Banco Federal Alemán, actualmente el Banco Central Europeo), que se aproximan a los tribunales en su *status* independiente (cfr. El art. 100, incs. 1 y 2, Const. de Italia); así se han desarrollado "ombudsman" o formas próximas, como los comisionados para las fuerzas armadas (wehrbeauftragte; art. 45 b, LF) [...]

Portanto, há uma multiplicação de poderes decorrentes do marco dos processos de crescimento do Estado social.

Ademais, os Tribunais de Contas, dentro de suas atribuições, além da emissão de decisões, auxiliam sobremaneira à sociedade no exercício do controle social, disponibilizando os dados que são obrigatoriamente fornecidos pelos órgãos fiscalizados.

Bercholc demonstra que a ausência de transparência afeta diretamente a democracia e a igualdade de oportunidade, conforme se afere a seguir:

> 9. El control y la transparencia de la financiación de la actividad política
>
> Los mecanismos de control de la financiación de la actividad política resultan vitales para el control del poder. Así se provee a la democracia y a la igualdad de oportunidades pues sino, la opacidad en este rubro, promueve la corrupción, clientelismos diversos, fenómenos plutocráticos y otros desmadres para la calidad institucional y el control de la actividad política.(4)

Por conseguinte, resta claro a importância dessa instituição no exercício de um controle direto sobre as contas públicas, bem como em auxílio ao exercício do controle social, possibilitando aos cidadãos acesso imediato a um banco de informações.

2. A ADEQUADA CONFIGURAÇÃO JURÍDICO--CONSTITUCIONAL DOS TRIBUNAIS DE CONTAS NA INTERPRETAÇÃO DO SUPREMO TRIBUNAL FEDERAL

No Brasil, muito se discutiu e se tem discutido a respeito da natureza e da posição constitucional dos Tribunais de Contas, especialmente em razão do disposto no *caput* do art. 71, da Constituição Fe-

---

(3) HÄBERLE, Peter. *El Estado Constitucional*. Buenos Aires: Ed. Astrea, 2007. p. 329-330.

(4) BERCHOLC, Jorge O. *Temas de Teoría del Estado*. 2. edición. Ciudad Autónoma de Buenos Aires: La Ley. 2014. p. 320. E segue o autor: 2. La difusa delimitación de roles y funciones de los poderes del Estado – Esta cuestión implica una superposición de estructuras burocráticas con poder normativo. Es necesario sistematizar mejor el entramado normativo del Estado, tanto desde su estructura formal como desde la perspectiva de una mejor calidad en la formalización del tipo de norma adecuada para la regulación de finalidades concretas. Una organización estatal del poder, con la complejidad a la que ha llegado, necesita reflexionar acerca de cómo organizar mejor su sistema normativo para adecuarlo a sus actuales necesidades. Esas necesidades abarcan desde perspectivas politológicas y sociológicas a la superación del déficit democrático, la cuestión de la legitimación, la publicidad y el control (*accountability*) y la participación.

deral, que refere o seguinte: "O controle externo, a cargo do Congresso Nacional, será exercido com o auxílio do Tribunal de Contas da União, ao qual compete [...]."

A partir do enunciado acima, alguns autores, como se verá no decorrer do trabalho, concluíram que o Tribunal de Contas está atrelado ao Poder Legislativo, é órgão auxiliar desse Poder, passando a ideia de se tratar de um órgão subordinado. No entanto, não é esta a sua verdadeira natureza. A sua essência é outra: *"O que há em um nome? Aquilo que chamamos de rosa, tivesse qualquer outro nome, teria o mesmo perfume."* (Shakespeare, *Romeu e Julieta*, 2º ato.)

Impende que se verifique a essência e os atributos deste órgão, fixados ao longo da sua evolução constitucional. O Tribunal de Contas constitui um *tertium genus* na organização política brasileira, em razão da natureza das decisões que exara. Suas decisões não se caracterizam como mero ato administrativo e também fogem às características das decisões judiciais. Possuem uma natureza *judicialiforme*.

A doutrina pátria, assim como a estrangeira, na sua grande maioria, como se demonstrará, tem se posicionado no sentido de enquadrar este órgão de forma independente, sem qualquer vinculação ou subordinação a qualquer outro órgão integrante do nosso sistema constitucional, quer seja o Judiciário, o Executivo ou o Legislativo, em que pesem posicionamentos divergentes, mas que, no nosso sentir, sem a devida abordagem lógico-jurídica para as conclusões havidas.

Este órgão de matriz constitucional desempenha funções políticas próprias, como expressões imediatas da soberania, ao lado das funções exercidas pelos demais poderes clássicos. A expressão *"auxílio"*, inserta no *caput* do art. 71, não tem o condão de defini-lo. O conjunto das prerrogativas e garantias, somadas às atribuições que lhe são conferidas, é que lhe dá a devida configuração.

No mesmo sentido, é a conclusão de Rizzo Junior para quem o verbo auxiliar não implica de maneira alguma subordinação. A Carta Federal não utiliza a expressão órgão auxiliar, apenas prescreve que o controle externo, a cargo do Congresso Nacional, será exercido com o auxílio do Tribunal de Contas da União. Em verdade, o TCU é órgão da União, autônomo, e não pertence a qualquer dos três Poderes[5].

O perfil constitucional deste órgão e a sua posição diante dos demais Poderes do Estado dão-lhe características singulares. Aliás, o Auditor Substituto de Conselheiro do Tribunal de Contas do Estado do Rio Grande do Sul, Dr. Alexandre Mariotti, ao abordar o tema, assim se manifesta a respeito da sua *singularidade*:

> Por certo, essa singularidade muitas vezes não foi – e continua não sendo – bem compreendida por doutrinadores que, ainda presos a uma concepção rígida e ultrapassada da separação dos poderes, procuram encaixar a martelo a instituição e suas funções em um dos clássicos três poderes preconizados em "Do espírito das leis" – obra publicada em 1748.[6]

É preciso que se tenha uma adequada percepção da separação de poderes do Estado. Esta ideia foi idealizada por Locke e Montesquieu com a finalidade prática, bem definida, de evitar que o Estado exerça de forma arbitrária o poder conferido pelos indivíduos, garantindo-se a liberdade política dos cidadãos[7].

Numa dimensão positiva, o princípio da divisão dos poderes visa a assegurar uma adequada ordenação das funções do Estado. Trata-se de um esquema relacional de competências, tarefas, funções e responsabilidades dos órgãos constitucionais de soberania[8].

É dentro desta ótica que devem ser vislumbrados os Tribunais de Contas, como os demais órgãos constitucionais de mesma estatura (Ministério Público, Defensoria Pública, dentre outros), possuindo uma gama de competências próprias.

Tão importante é hoje, para a teoria constitucional, a estruturação do Poder Estatal, assim entendida como a distribuição de seu exercício por vários centros de imputação, todos e cada um, com

---

(5) RIZZO JUNIOR, Ovídio. *Controle Social Efetivo das Políticas Públicas*. Tese de Doutorado, USP, São Paulo: 2009. Disponível no banco de dissertações e teses do IBICT. Acesso em: 8 jun. 2011. p. 140.

(6) Parecer n. 25/2006 da Auditoria do Tribunal de Contas do Estado do Rio Grande do Sul. Disponível em: <www.tce.rs.gov.br>. Acesso em: 25 maio 2011.

(7) MAURÍCIO JUNIOR, Alceu. *A revisão judicial das escolhas orçamentárias*. Belo Horizonte: Fórum, 2009. p. 147-148.

(8) CANOTILHO, J. J. Gomes. *Direito Constitucional e Teoria da Constituição*. 5. ed. Coimbra: Almedina, 2001. p. 250.

suas múltiplas funções públicas a executar, que alguns autores, como J. J. Gomes Canotilho, a eles dedicam oportunos estudos voltados a uma melhor "compreensão material das estruturas organizatório-funcionais" do Estado, o que leva ao conceito de "constituição de direitos fundamentais, materialmente legitimada", e implica, ainda, "na articulação das normas de competência com a ideia de responsabilidade constitucional dos órgãos constitucionais (sobretudo dos órgãos de soberania) aos quais é confiada a prossecução autônoma de tarefas"[9].

Tribunais de Contas, para Moreira Neto[10], são estruturas políticas da soberania, no desempenho de diversas funções de proteção de direitos fundamentais de sede constitucional. É órgão garantidor dos valores políticos constitucionais do Estado Democrático de Direito, ou seja, porque exerce funções indispensáveis ao funcionamento dos princípios republicano e democrático, no tocante a um dos mais delicados aspectos de qualquer complexo juspolítico, que é, desde a Magna Carta, a gestão fiscal, como a disposição político-administrativa dos recursos retirados impositivamente dos contribuintes.

O processo organizativo do poder, com os seus limites pela sua distribuição, é dinâmico e se estrutura e reestrutura de forma permanente.

Na perspectiva do estabelecimento da posição dos TCs, Aliomar Baleeiro ressalta o fato de que à primeira vista pode parecer que se trate de simples órgãos administrativos. Todavia, segundo o autor, "[...] a análise da Constituição mostra que existe algo de mais importante e profundo nesse órgão imediato da Constituição: é a sua função essencialmente política que decorre do papel de órgãos de fiscalização do Congresso"[11].

Os Tribunais de Contas possuem autonomia. O autor cita outros órgãos dotados das mesmas prerrogativas como o Ministério Público, a Advocacia-Geral da União a Defensoria Pública e, em vias de atingir estas prerrogativas, o Banco Central (BACEN) como ocorre em vários outros países[12].

Nesse sentido, preleciona Moreira Neto:

[...] A Constituição instituiu uma distinção estrutural de cunho político entre o Poder Legislativo e o Tribunal de Contas; e o fez, não só por estar a mencioná-los separadamente, o que seria um dado puramente formal, como, e principalmente, porque quis estabelecer entre ambos uma relação, que não sendo paritária nem, tampouco, de hierarquia, ou de subordinação, só pode ser de cooperação, o que claramente se expressa na voz auxílio (art. 71, *caput*).

Odete Medauar[13], ao fazer uma abordagem sobre a natureza dos Tribunais de Contas, ressalta o fato de ser muito comum a menção do Tribunal de Contas como órgão auxiliar do Poder Legislativo, o que acarreta a ideia de subordinação. Para a autora, "confunde-se, desse modo, a função com a natureza do órgão. A Constituição Federal, em artigo algum, utiliza a expressão 'órgão auxiliar'; dispõe que o controle externo do Congresso Nacional será exercido com o auxílio do Tribunal de Contas". Conclui que este órgão não é subordinado ao Poder Legislativo. Refere que a própria Constituição assegura as mesmas garantias de independência do Poder Judiciário. Comunga-se do mesmo pensamento. Numa análise sistemática dos dispositivos da Constituição Federal, de forma a considerar a plenitude de seu conteúdo, não há como concluir diferente. É assegurada total independência ao Tribunal de Contas para o exercício do seu *munus* público.

Tem-se que se ater à essência deste órgão, considerando o conjunto dos dispositivos constitucionais que lhe dão a configuração orgânica. Atuar em colaboração, em auxílio, não significa ser órgão auxiliar.

Conforme Canotilho[14], o que importa num Estado Constitucional de Direito não será tanto saber se o legislador, o governo ou o juiz fazem atos legislativos, executivos ou jurisdicionais, mas se o que eles fazem pode ser feito e é feito de forma legítima.

---

(9) MOREIRA NETO, Diogo de Figueiredo. Algumas notas sobre órgãos constitucionalmente autônomos – um estudo de caso sobre os Tribunais de Contas no Brasil. *RDA* 223/1-24.

(10) *Idem*.

(11) BALEEIRO, Aliomar. *Uma Introdução à Ciência das Finanças*. 14. ed. Rio de Janeiro: Forense, 1992. p. 426.

(12) MOREIRA NETO, Diogo de Figueiredo. Algumas notas sobre órgãos constitucionalmente autônomos – um estudo de caso sobre os Tribunais de Contas no Brasil. *RDA* 223/1-24.

(13) MEDAUAR, Odete. Controle da Administração Pública pelo Tribunal de Contas. *R. Inf. Legislativa*, n. 108, Brasília, p. 124, 1990.

(14) CANOTILHO, Gomes. *Direito Constitucional e Teoria da Constituição*. Coimbra: Almedina, s/d. p. 245.

Ainda, segundo o mestre:

> As mudanças verificadas na evolução das finanças públicas têm refrações inevitáveis no entendimento do papel dos Tribunais de Contas. Basta olhar para o que se passa em alguns ordenamentos culturalmente próximos do nosso. Na Itália, numa notável obra colectiva sobre os valores e princípios do regime republicano, o Tribunal de Contas é elevado a "órgão independente ao serviço do Estado-comunidade" que assegura e garante os valores do regime republicano. Na França, no n. 100 da Revue Française de Finances Publiques, dedicado ao bicentenário da La Cours des Comptes, encontram-se importantes referências ao papel actual deste Tribunal: "La Cour vigie des finances publiques", La Courgardienne de labonne finance", "La Cour, aiguillon de labonne politique".[15]

Na mesma orientação Schmitt, valendo-se do escólio de Odete Medauar, quando consigna que apesar de a maioria dos ordenamentos jurídicos manterem o princípio da separação dos poderes, a formula clássica original não se apresenta adequada à atual realidade política e institucional dos Estados, daí resultando "supremacia real do Executivo em todos os países na atualidade", além de anotar que se verifica hodiernamente maior complexidade para manter a separação original de Montesquieu, adequada a sua época, mas não para os dias de hoje, porque, neles, várias instituições não se enquadram em nenhum dos poderes clássicos, caso do "Ministério Público e do Tribunal de Contas"[16].

Na concepção de Valdecir Pascoal[17], o Tribunal de Contas possui autonomia administrativa e financeira sem qualquer relação de subordinação com os Poderes Legislativos, Executivo e Judiciário. Refere que, embora as competências dos TCs estejam constitucionalmente inseridas no Capítulo I, do Título IV, dedicado ao Poder Legislativo, este fato não enseja uma interpretação no sentido de que haja qualquer subordinação administrativa. Qualifica-o como órgão de permeio, agindo ora numa posição de colaboração com o Legislativo, ora no exercício de competências próprias.

Francisco Eduardo Carrilho Chaves[18] o vê como órgão independente e autônomo, "característica que é decorrência da exigência de que suas decisões não sofram influências externas e sejam imparciais". O Texto Magno não o subordina ao Poder Legislativo ou expressamente o inclui entre os órgãos desse Poder.

Segundo o autor: "O Tribunal de Contas não é preposto do Legislativo. A função que exerce recebe-a diretamente da Constituição, que lhe define as atribuições."[19]

A Constituição Federal não deixa dúvidas acerca da autonomia dos Tribunais de Contas ao assinalar, em seu art. 71, que o controle externo, a cargo do Congresso Nacional, será exercido com o auxílio do Tribunal de Contas da União. O titular do Controle Externo é o Parlamento, mas a própria Constituição Federal de 1988 – CF/88 – delegou a maior parte do poder controlador aos Tribunais de Contas. Aqui se insere a competência atribuída pelo inciso II, do art. 71, distinguindo-se do estabelecido no inciso I, do mesmo artigo, por revestir-se de decisão definitiva, *ao menos na via administrativa*. Ambos dispositivos se complementam no sistema de controle externo. Não há, no caso do inciso II do art. 71, participação do Legislativo no *iter* procedimental de formação da decisão. A autonomia fica evidenciada quando a Constituição Federal preceitua, no art. 73, que o Tribunal de Contas tem quadro próprio de pessoal, fica mais uma vez ressaltada a partir da leitura combinada dos arts. 73 e 96 da CF/88. O art. 96 estatui atribuições atinentes à auto-organização do Poder Judiciário e o art. 73 estende, no que couber, essa regra ao Tribunal de Contas.

Na mesma linha de pensamento, a lição de Dias Costa[20] para quem o TC não integra a estrutu-

---

(15) CANOTILHO, José Joaquim Gomes. Tribunal de Contas como instância dinamizadora do princípio republicano. *Revista do TCE de Santa Catarina*, Florianópolis, Ano V, n. 6, p. 17-30, Setembro de 2008.
(16) SCHMITT, Rosane Heineck. *Tribunais de Contas no Brasil e Controle de Constitucionalidade*. Tese de Doutorado apresentada na UFRGS. Disponível no banco de dissertações e teses do IBICT. Acesso em: 3 jun. 2011. p. 99.
(17) PASCOAL, Valdecir. *Direito Financeiro e Controle Externo*. Rio de Janeiro: Elsevir, 2008. p. 126-129.
(18) CHAVES, Francisco Eduardo Carrilho. *Controle Externo da Gestão Pública*. Niterói-Rio de Janeiro: Impetus, 2007. p. 49-54.
(19) Idem.
(20) DIAS COSTA, Luiz Bernardo. Tribunal de Contas: Evolução e principais características no ordenamento jurídico brasileiro. In: FREITAS, Ney José de (Coord.). *Tribunais de Contas*: Aspectos polêmicos: estudos em homenagem ao Conselheiro João Féder. Belo Horizonte: Fórum, 2009. p. 147-170.

ra administrativa do Legislativo, nem de qualquer outro Poder constituído, sendo considerado órgão constitucionalmente independente e autônomo.

Dal Pozzo também se posiciona no sentido de que os Tribunais de Contas são órgãos independentes e não se vinculam a nenhum dos poderes instituídos[21].

Estes órgãos constituem um conjunto autônomo, refratário à inclusão em quaisquer dos clássicos três blocos orgânicos normalmente designados como poderes[22].

Luciano Ferraz[23] faz referência à controvérsia a respeito da natureza dos Tribunais de Contas que, segundo ao autor, vem desde a sua criação. Posiciona-se no sentido da total independência dos Tribunais de Contas, órgão que não se subordina a nenhum outro Poder. No que pertine à inserção dos TCs no âmbito dos Poderes de Estado, entende que o seu posicionamento na estrutura do Estado Brasileiro é, desde a sua criação, matéria controvertida. Já em 1891, a redação do dispositivo constitucional (art. 89) deixava ver que o TC era órgão administrativo auxiliar do Poder Legislativo; como preposto, o Tribunal exerce as funções de fiscal da administração financeira. A evolução histórico-constitucional dos TCs demonstraria a dificuldade de sua inserção na estrutura do Estado Brasileiro.

Pontes de Miranda[24], fazendo escorço histórico a respeito da sua evolução, constata a partir da análise da Constituição de 1934, tratar-se de órgão *sui generis*: "[...] em parte, auxiliar do Poder Legislativo e, doutra parte, auxiliar do Poder judiciário."

Castro Nunes[25], em 1943, com propriedade, defendeu a exclusão do Tribunal de Contas no âmbito do Poder Judiciário:

No Brasil, o Tribunal de Contas não está e jamais esteve articulado com o Supremo Tribunal. É instituto *sui generis*, posto de permeio entre os poderes políticos da Nação, o Legislativo e o Executivo, sem sujeição, porém, a qualquer deles: [...] As Cortes de Contas não são delegações do Parlamento, são órgãos autônomos e independentes.

O TC não pode ser considerado propriamente quarto Poder na compreensão de Frederico Pardini[26]:

[...] o Tribunal não pode ser considerado um quarto Poder, como alguns pretendem. Os Poderes são órgãos constitucionais, independentes e autônomos, encarregados das funções básicas e essenciais do Estado, enquanto que, o Tribunal de Contas, apesar de seu realce, e de sua importância, desempenha funções e atividades complementares, melhor dizendo, atividades-meio, tendo como finalidade propiciar a correta atividade administrativa dos Poderes em sua administração direta e indireta.

Compete ao Tribunal de Contas exercer suas *competências exclusivas*, bem como auxiliar o Poder Legislativo no momento em que este realizar o controle parlamentar indireto da Administração Pública[27].

---

(21) DAL POZZO, Gabriela Tomaselli Bresser Pereira. *As Funções do Tribunal de Contas e o Estado de Direito*. Belo Horizonte: Ed. Fórum, 2010. p. 106.

(22) MELLO, Celso Antônio Bandeira de. O enquadramento constitucional do Tribunal de Contas. In: FREITAS, Ney José de (Coord.). *Tribunais de Contas*: Aspectos polêmicos: estudos em homenagem ao Conselheiro João Féder. Belo Horizonte: Fórum, 2009. p. 63-72.

(23) FERRAZ, Luciano. *Controle da Administração Pública*. Belo Horizonte: Mandamentos, 1999. p. 138-142.

(24) MIRANDA, Pontes de. *Comentários à Constituição de 1967*, com a Emenda n. 1, de 1969. t. III, 2. ed. São Paulo: Revista dos Tribunais, 1970. p. 248.

(25) NUNES, Castro. *Teoria e prática do Poder Judiciário*. Rio de Janeiro: Forense, 1943. p. 25-26.

(26) PARDINI, apud FERRAZ, *Controle da Administração Pública*, p. 140.

(27) Preleciona Ferraz: O Tribunal de Contas, sem embargo de não se constituir em quarto Poder, é independente no exercício de suas funções, fiscalizando os Poderes Legislativo, Executivo e Judiciário. Busca na própria Constituição sua identidade e suas competências, as quais não poderão ser mitigadas por legislação infraconstitucional, embora possam ser ampliadas por esta via. Insere-se na estrutura do Estado como "órgão de ligação" (Dalmo Dallari), "órgão de destaque constitucional" (Pardini), ou "organi a rilevanza costituzionali" (Pietro Virga), definições que lhe asseguram a qualificação de órgão de auxílio ao Poder Legislativo, cuja "criação posterior à teoria da separação dos poderes e fruto da prática, destoava das linhas rígidas da tripartição. (grifou-se) FERRAZ, *Controle da Administração Pública*, p. 142-143.

Este é o entendimento que tem prevalecido atualmente a respeito posição jurídica ocupada por este órgão. Um dos fortes argumentos a demonstrar a independência do Tribunal de Contas em relação ao Legislativo é o fato de o Tribunal "julgar" as contas do Presidente das Casas Legislativas.

Bem lançada a definição que se encontra no texto de Elke Andrade Soares de Moura Silva[28] quando refere que o TC trata-se de uma "instituição autônoma, com independência financeira e administrativa, não integrando nenhum dos poderes, *uma vez que a todos fiscaliza*, sendo indispensável que não esteja à mercê de qualquer pressão advinda daqueles sujeitos a sua fiscalização". Para a autora citada, o que tem levado muitos à falsa ideia de que o Tribunal de Contas seja um órgão do Poder Legislativo, consiste no fato de ter sido tratado, desde a Constituição de 1946, dentro do capítulo reservado a esse Poder. Entretanto, obtempera que a razão disso se prende à questão de que a titularidade do controle externo foi atribuída ao Poder Legislativo – representante do povo, incumbido de canalizar os melhores argumentos extraídos em meio ao discurso intersubjetivo – pois é ele que autoriza a arrecadação de receita e a realização da despesa, consubstanciadas nas leis orçamentárias, cabendo-lhe, portanto, verificar o cumprimento das metas estabelecidas. E, ao Egrégio TC, órgão técnico especializado, ficou reservado prestar auxílio àquele poder no exercício da referida competência. Isto se dá em razão do Controle Externo ser realizado sob dois enfoques: o político, atribuído aos órgãos do Poder Legislativo, mediante a aferição da concretização das políticas públicas (programas e projetos de governo) consagradas nas metas estabelecidas pelas leis orçamentárias, e o técnico, que compreende a fiscalização contábil, financeira, orçamentária, operacional e patrimonial, de responsabilidade do órgão especializado, TC, o qual, apesar de também se ocupar da verificação do cumprimento de projetos e programas de governo, não se limita à análise de resultados, restando-lhe perquirir o *iter* legal de realização de cada ato administrativo de arrecadação de receita e de desembolso. É neste campo que se inserem as contas de gestão, como adiante se verá com maior profundidade.

Aqui está clara a diferenciação estabelecida nos incisos I e II, ambos do art. 71 da Constituição Federal de 1988. São estes dispositivos *substancialmente distintos*. Enquanto o inciso I volta-se às contas sob os aspectos políticos, globais, de resultado, o inciso II abrange um julgamento técnico, de conformidade, de adequação.

Para corroborar a independência dos Tribunais de Contas em relação aos demais poderes do Estado, basta uma leitura dos arts. 44, 76 e 92 da Constituição de 1988, que informam os órgãos que compõem os Poderes Legislativo, Executivo e Judiciário, onde não está incluído em nenhum destes poderes. Ademais, tem este órgão a incumbência de fiscalizar todos os poderes, *na função administrativa*.

Ora, a toda evidência que um órgão subordinado não poderia realizar este mister, pois o TC o realiza com independência, conforme se verifica no texto constitucional.

O Supremo Tribunal Federal já se manifestou a respeito da posição institucional deste órgão, na ADI n. 849/MT, no sentido da inconstitucionalidade de subtração ao TC da competência do julgamento das contas da Mesa de Assembleia Legislativa, demonstrando a sua total independência[29].

---

(28) SILVA, Elke Andrade Soares de Moura. Os Tribunais de Contas e o Controle de Constitucionalidade das Leis. *Revista do Tribunal de Contas do Estado de Minas Gerais*, v. 52, n. 3, Belo Horizonte, p. 67-120, 2004.

(29) ADI n. 849/MT – Mato Grosso – STF. EMENTA: Tribunal de Contas dos Estados: competência: observância compulsória do modelo federal: inconstitucionalidade de subtração ao Tribunal de Contas da competência do julgamento das contas da Mesa da Assembléia Legislativa – compreendidas na previsão do art. 71, II, da Constituição Federal, para submetê-las ao regime do art. 71, c/c. art. 49, IX, que é exclusivo da prestação de contas do Chefe do Poder Executivo. I. O art. 75, da Constituição Federal, ao incluir as normas federais relativas à "fiscalização" nas que se aplicariam aos Tribunais de Contas dos Estados, entre essas compreendeu as atinentes às competências institucionais do TCU, nas quais é clara a distinção entre a do art. 71, I – de apreciar e emitir parecer prévio sobre as contas do Chefe do Poder Executivo, a serem julgadas pelo Legislativo – e a do art. 71, II – de julgar as contas dos demais administradores e responsáveis, entre eles, os dos órgãos do Poder Legislativo e do Poder Judiciário. II. A diversidade entre as duas competências, além de manifesta, é tradicional, sempre restrita a competência do Poder Legislativo para o julgamento às contas gerais da responsabilidade do Chefe do Poder Executivo, precedidas de parecer prévio do Tribunal de Contas: cuida-se de sistema especial adstrito às contas do Chefe do Governo, que não as presta unicamente como chefe de um dos Poderes, mas como responsável geral pela execução orçamentária: tanto assim que a aprovação política das contas presidenciais não libera do julgamento de suas contas específicas os responsáveis diretos pela gestão financeira das inúmeras unidades orçamentárias do próprio Poder Executivo, entregue a decisão definitiva ao Tribunal de Contas. (grifou-se)

Na mesma linha de entendimento que vem sendo dada pelo Excelso Pretório ao longo dos anos, tem-se recente decisão cautelar na ADIn n. 4.190-8 Rio de Janeiro, decisão proferida em 01 de julho de 2009, da lavra do eminente Ministro Celso de Mello, para quem os TC são órgãos investidos de autonomia, inexistindo qualquer vínculo de subordinação institucional ao Poder Legislativo. As atribuições do TC traduzem direta emanação da própria Constituição da República[30].

Salienta-se que a liminar deferida na ADIn n. 4.190 foi referendada pelo pleno, por unanimidade, em 10 de março de 2010.

Em recente decisão, o Supremo Tribunal Federal[31] rechaçou a pretensão de restrição à competência destes órgãos.

---

[30] MED. CAUT. EM AÇÃO DIRETA DE INCONSTITUCIONALIDADE N. 4.190-8 – RIO DE JANEIRO
EMENTA: CONSELHEIROS DO TRIBUNAL DE CONTAS ESTADUAL. A QUESTÃO DAS INFRAÇÕES POLÍTICO-ADMINISTRATIVAS E DOS CRIMES DE RESPONSABILIDADE. COMPETÊNCIA LEGISLATIVA PARA TIPIFICÁ-LOS E PARA ESTABELECER O RESPECTIVO PROCEDIMENTO RITUAL (SÚMULA 722/STF). DOUTRINA. JURISPRUDÊNCIA. PRERROGATIVA DE FORO DOS CONSELHEIROS DO TRIBUNAL DE CONTAS ESTADUAL, PERANTE O SUPERIOR TRIBUNAL DE JUSTIÇA, NAS INFRAÇÕES PENAIS COMUNS E NOS CRIMES DE RESPONSABILIDADE (CF, ART. 105, I, "A"). EQUIPARAÇÃO CONSTITUCIONAL DOS MEMBROS DOS TRIBUNAIS DE CONTAS À MAGISTRATURA. GARANTIA DA VITALICIEDADE: IMPOSSIBILIDADE DE PERDA DO CARGO DE CONSELHEIRO DO TRIBUNAL DE CONTAS LOCAL, EXCETO MEDIANTE DECISÃO EMANADA DO PODER JUDICIÁRIO. A POSIÇÃO CONSTITUCIONAL DOS TRIBUNAIS DE CONTAS. ÓRGÃOS INVESTIDOS DE AUTONOMIA. INEXISTÊNCIA DE QUALQUER VÍNCULO DE SUBORDINAÇÃO INSTITUCIONAL AO PODER LEGISLATIVO. ATRIBUIÇÕES DO TRIBUNAL DE CONTAS QUE TRADUZEM DIRETA EMANAÇÃO DA PRÓPRIA CONSTITUIÇÃO DA REPÚBLICA. PROMULGAÇÃO, PELA ASSEMBLÉIA LEGISLATIVA DO ESTADO DO RIO DE JANEIRO, DA EC N. 40/2009. ALEGADA TRANSGRESSÃO, POR ESSA EMENDA CONSTITUCIONAL, AO ESTATUTO JURÍDICO-INSTITUCIONAL DO TRIBUNAL DE CONTAS ESTADUAL E ÀS PRERROGATIVAS CONSTITUCIONAIS DOS CONSELHEIROS QUE O INTEGRAM. SUSPENSÃO CAUTELAR DA EFICÁCIA DA EC N. 40/2009. DECISÃO DO RELATOR QUE, PROFERIDA "AD REFERENDUM" DO PLENÁRIO DO SUPREMO TRIBUNAL FEDERAL, TEM PLENA EFICÁCIA E APLICABILIDADE IMEDIATA. LIMINAR DEFERIDA. Brasília, 1º de julho de 2009 (22:30 h).

E, no corpo da decisão, refutando qualquer entendimento em contrário, encontra-se a seguinte passagem:

Cabe enfatizar, neste ponto, uma vez mais, na linha da jurisprudência do Supremo Tribunal Federal – considerado o teor da Emenda Constitucional estadual 40/2009 –, que inexiste qualquer vínculo de subordinação institucional dos Tribunais de Contas ao respectivo Poder Legislativo, eis que esses órgãos que auxiliam o Congresso Nacional, as Assembléias Legislativas, a Câmara Legislativa do Distrito Federal e as Câmaras Municipais possuem, por expressa outorga constitucional, autonomia que lhes assegura o autogoverno, dispondo, ainda, os membros que os integram, de prerrogativas próprias, como os predicamentos inerentes à magistratura.

Revela-se inteiramente falsa e completamente destituída de fundamento constitucional a idéia, de todo equivocada, de que os Tribunais de Contas seriam meros órgãos auxiliares do Poder Legislativo.

[...] Essa visão em torno da autonomia institucional dos Tribunais de Contas, dos predicamentos e garantias reconhecidos aos membros que os integram e da inexistência de qualquer vínculo hierárquico dessas mesmas Cortes de Contas ao respectivo Poder Legislativo tem sido constante na jurisprudência constitucional do Supremo Tribunal Federal, como resulta claro do voto que o eminente Ministro OCTAVIO GALLOTTI proferiu no julgamento, por esta Suprema Corte, da Representação n. 1.002/SP: "O Tribunal de Contas da União, padrão obrigatório das Cortes estaduais correspondentes, composto de Ministros investidos das mesmas garantias da magistratura e dotado da prerrogativa de autogoverno conferida aos Tribunais do Poder Judiciário, tem sua esfera própria de atuação direta, estabelecida na Constituição. A despeito da ambigüidade da expressão 'auxílio do Tribunal de Contas', utilizada, pela Constituição, ao estabelecer o modo de exercício do controle externo, pelo Poder Legislativo, é patente, no sistema, a autonomia do Tribunal, que não guarda vínculo algum de subordinação para com o Congresso, nem deve ser entendido como mera assessoria deste." (grifou-se)

[31] EMENTA: AÇÃO DIRETA DE INCONSTITUCIONALIDADE. LEGITIMIDADE DA REQUERENTE E PERTINÊNCIA TEMÁTICA. RESTRIÇÃO DAS COMPETÊNCIAS CONSTITUCIONAIS DO TRIBUNAL DE CONTAS. SOBRESTAMENTO DA AÇÃO DIRETA NO ÂMBITO ESTADUAL ATÉ O JULGAMENTO DO MÉRITO DA QUE TRAMITA PERANTE O STF. COMPETÊNCIA DESTE. Legitimidade da requerente já reconhecida. Precedentes. Ocorrência de pertinência temática. 2. Verificada a reprodução obrigatória pela Carta Estadual (art. 76, incisos I, II, IV, V e VI) das disposições constantes dos incisos I, II, IV, V e VI do art. 71 da Constituição Federal, é do STF a competência para julgar a ação. Precedentes. 3. O controle externo das contas do Estado-membro é do Tribunal de Contas, como órgão auxiliar da Assembléia Legislativa, na forma do art. 71 da Constituição Federal, por força do princípio da simetria. 4. Constitui ato atentatório à efetiva atuação das Cortes de Contas disposição que restrinja de seu controle fiscalizador quaisquer das competências constitucionais a elas outorgadas como agentes desse munus (CF, art. 71). 5. Se a ADI é proposta inicialmente perante o Tribunal de Justiça local e a violação suscitada diz respeito a preceitos da Carta da República, de reprodução obrigatória pelos Estados-membros, deve o Supremo Tribunal Federal, nesta parte, julgar a ação, suspendendo-se a de lá; se além das disposições constitucionais federais há outros fundamentos envolvendo dispositivos da Constituição do Estado, a ação ali em curso deverá ser sobrestada até que esta Corte julgue em definitivo o mérito da controvérsia. Precedente. 6. Cautelar

Interessante alusão faz Sylo da Silva Costa[32] para quem "Os Tribunais de Contas e o Ministério Público, que surgem então na constelação, não são estrelas nem planetas, são satélites. Não dependem nem de uns, nem de outros, mas são necessários para manter o equilíbrio".

Aliás, o entendimento a que se chega, a respeito da natureza jurídica dos TC e à posição Constitucional que ocupam (órgãos de matriz constitucional que protegem valores constitucionais fundamentais, estruturantes do Estado, participando da parcela de distribuição do Poder na sua face moderna) é dividido com o eminente prof. Diogo Figueiredo de Moreira Neto, o que se constata pela palestra proferida no Congresso dos Tribunais de Contas do Brasil, ocorrido na sede do Tribunal de Contas do Município do Rio de Janeiro, em 30 de março de 2001[33].

No mesmo sentido, as palavras do eminente Ministro do Supremo Tribunal Federal Carlos Ayres Britto[34] quando enfatiza que foi o legislador constituinte que traçou por inteiro o modo de ser normativo dos TC.

Com a lição acima, afasta-se, por definitivo, entendimentos no sentido de que as decisões dos TC são meramente administrativas, como se fosse qualquer ato administrativo. De forma alguma, podem ser assim consideradas. As suas decisões, mesmo para aqueles que não admitem sejam definitivas, possuem caráter sobranceiro sobre os demais órgãos incumbidos de executar a função administrativa e submetidos a sua jurisdição.

Pontes de Miranda[35], ao comentar a Constituição de 1934, que traz dispositivo similar à de 1988, conforme já se teve a oportunidade de demonstrar, quando se refere ao poder de julgar, se manifesta no sentido de que o alcance e culpa dos depositários de dinheiros e bens públicos se davam em toda a sua extensão, ou seja, *na plenitude da jurisdição*. O autor

---

deferida para suspender a vigência do § 3º do art. 47 da Lei 12.509, de 6 de dezembro de 1995, acrescentado pelo art. 2º da Lei 13.037, de 30 de junho de 2000, do Estado do Ceará. (ADI 2361 MC, Relator(a): Min. MAURÍCIO CORRÊA, Tribunal Pleno, julgado em 11/10/2001, DJ 01-08-2003 PP-00100 EMENT VOL-02117-34 PP-07182.) Decisão: O Tribunal, por unanimidade e nos termos do voto do Relator, julgou procedente a ação com a declaração de inconstitucionalidade do § 3º do art. 47 da Lei n. 12.509/1995, alterado pelo art. 2º da Lei n. 13.037/2000, ambas do Estado do Ceará. Ausente, justificadamente, o Ministro Ricardo Lewandowski (Presidente), no exercício da Presidência da República. Presidiu o julgamento a Ministra Cármen Lúcia, Vice-Presidente no exercício da Presidência. Plenário, 24.09.2014.

(32) COSTA, Sylo da Silva. *Revista do TCMG*, 1997, p. 46, Revista 4/97, *apud* SILVA, Elke Andrade Soares de Moura.

(33) Disponível em: <http://www.tcm.rj.gov.br/Noticias/232/Encontro.pdf>. Acesso em: 10 ago. 2011.

(34) Nas palavras de Brito: Efetivamente, Prof. Diogo de Figueiredo Moreira Neto, o Tribunal de Contas não é órgão do Congresso Nacional, não é órgão do Poder Legislativo e quem diz isso é a Constituição, com todas as letras, no art. 44. O Poder Legislativo é exercido pelo Congresso Nacional que se compõe da Câmara dos Deputados e do Senado Federal. Logo não se compõe do Tribunal de Contas. O Tribunal de Contas não integra a estrutura formal ouorgânica do Congresso Nacional. Não se acantona na intimidade estrutural do Congresso Nacional. Estou falando do Tribunal de Contas da União, mas é evidente que o êmulo serve para os Tribunais de Contas dos Municípios, perante as Câmaras de Vereadores e dos Tribunais de Contas Estaduais, perante as Assembléias Legislativas e diga-se o mesmo do Tribunal de Contas do Distrito Federal, perante a Câmara Distrital. Além de não ser órgão do Poder Legislativo, o Tribunal de Contas não é órgão auxiliar, naquele sentido de subalternidade, de linha hierárquica. O Prof. Diogo, ainda uma vez com proficiência mostrou que é preciso buscar na Constituição a autonomia dos órgãos para aferir a essencialidade, a necessariedade desse órgão na ossatura estatal e no desempenho das funções essenciais do Estado. Quando a Constituição diz que o Congresso Nacional exercerá o controle externo com o auxílio do Tribunal de Contas da União, evidente que está a falar de auxílio do mesmo modo como a Constituição fala do Ministério Público perante o Poder Judiciário. O Ministério Público não desempenha uma função essencial à Justiça, Justiça enquanto jurisdição? É dizer, não se pode exercer a jurisdição senão com a participação obrigatória, com o auxílio do Ministério Público. O paradigma é absolutamente igual. Não se pode exercer a função estatal de controle externo senão com o necessário concurso ou o *contributo* obrigatório dos Tribunais de Contas. Mas essa auxiliaridade nada tem de subalternidade. Significa o não-descarte do Tribunal de Contas no exercício do controle externo a cargo do Congresso Nacional. A idéia de subalternidade, de dependência hierárquica, portanto, está definitivamente afastada.

Por outra parte o Tribunal de Contas não é tribunal administrativo, como se diz amiudamente. Não pode ser um tribunal administrativo, um órgão cujo regime jurídico é diretamente constitucional. O perfil do Tribunal de Contas normativo está inserido todo na Constituição. O recorte da silhueta do Tribunal de Contas nasce das pranchetas da Constituição. Foi o legislador constituinte que traçou por inteiro o modo de ser normativo dos Tribunais de Contas. E a Constituição, como diz Canotilho, é o estatuto jurídico do fenômeno político. A lei é que é o estatuto jurídico do fenômeno administrativo. A Administração está para a lei, assim como o Governo está para a Constituição. (grifou-se)

Idem ibidem.

(35) MIRANDA, Pontes de. *Comentários à Constituição de 1967*, p. 245.

refere expressamente que a inserção, em 1934, feita no art. 99: "julgar as contas dos responsáveis por bens e dinheiros públicos", acentuou o elemento judiciário que ele já tinha.

E dirime qualquer possibilidade de dúvidas a respeito da natureza das decisões dos Tribunais de Contas com a seguinte passagem[36]:

> [...] Desde 1934, a função de julgar as contas estava, claríssima, no texto constitucional. Não havíamos de interpretar que o Tribunal de Contas julgasse, e outro juiz as rejulgasse depois. Tratar-se-ia de absurdo *bis in idem*. Ou o Tribunal de Contas julgava, ou não julgava. O art. 114 da Constituição de 1937 também dizia, insofismavelmente: 'julgar as contas dos responsáveis por dinheiros ou bens públicos.' A de 1946 estendeu a competência às contas dos administradores das entidades autárquicas e atribuiu-lhes julgar da legalidade dos contratos e das aposentadorias, reformas e pensões. Tal jurisdição excluía a intromissão de qualquer juiz na apreciação da situação em que se acham, *exhypothesi* (sic), tais responsáveis para com a Fazenda Pública.

Ao que se acrescenta, os sistemas de dualidade de jurisdição estão aí sendo aplicados em vários países, dos quais faz-se referência à França, à Itália e a Portugal.

Não bastassem os argumentos expendidos, a doutrina, ao classificar os elementos essenciais para a caracterização da jurisdição, faz uma série de críticas, a demonstrar que o tema é controvertido. Ademais, mesmo aqueles elementos que parecem pacíficos não são infensos a ataques, como se pode observar da obra de José Maria Tesheiner[37].

Hely Lopes Meirelles[38], na sua clássica obra, classifica os órgãos em independentes, autônomos, superiores e subalternos. Para o consagrado autor, os órgãos superiores são os originários da Constituição e representativos dos Poderes de Estado – Legislativo, Executivo e Judiciário –, colocados no ápice da pirâmide governamental, sem qualquer subor-

---

(36) MIRANDA, Pontes de. *Comentários à Constituição de 1967*, p. 250.

(37) TESHEINER, José Maria da Rosa. *Elementos para uma Teoria Geral do Processo*. Disponível em <www.tex.pro.br>. Acesso em: 27 jul. 2011. Assim se posiciona o autor: Tem-se procurado definir a atividade jurisdicional contrapondo-a, de um lado, à atividade legislativa do Poder Legislativo e, de outro, à atividade administrativa, própria do Poder Executivo.
Nessa linha de pensamento, todo ato estatal de exercício de poder se classificará como legislativo, administrativo ou jurisdicional. Não há quarta espécie.
Várias têm sido as tentativas de conceituar a jurisdição. Nenhuma é imune à crítica:
a) Caracterizada a jurisdição como atividade de aplicação de sanções, ficam fora as sentenças declaratórias.
b) Dito que importa em atividade de julgamento, sobre a execução.
c) Apontada a coisa julgada como nota diferenciadora, restam excluídas a execução e a cautela.
d) Exigida a presença de um juiz, órgão do Estado, fica sem explicação o juízo arbitral. (Observe-se, porém, que não tem sentido incluir-se o juízo arbitral, atividade privada, numa divisão das funções do Estado.)
e) Exigindo-se que o juiz seja órgão do Poder Judiciário, desconsidera-se o processo de *impeachment*.
j) Ao se afirmar que o juiz regula relação entre o autor e o réu, ignora-se a substituição processual, em que não há coincidência entre as partes em sentido material e as partes em sentido formal.
g) Ao se exigir um autor, deixa-se de lado o processo inquisitório.
h) A característica de uma lide falta ou pode faltar nas ações constitutivas necessárias.
i) A caracterização do juiz como terceiro imparcial tem seu ponto fraco no processo penal, especialmente quando o único ofendido é o Estado, de que ele é órgão.
J) A assertiva de que o juiz aplica lei anterior tropeça na jurisdição de equidade e em todos os casos em que o juiz supre lacuna da lei.
k) Por fim, a jurisdição como norma concreta cai em face da competência normativa da Justiça do Trabalho e da ação direta de declaração de inconstitucionalidade.
Não se dê importância demasiada a imperfeição de qualquer conceito de jurisdição. A busca obsessiva da "essência" da jurisdição vincula-se ao conceptualismo que, no campo do direito, conduz a indesejável distanciamento da realidade.
Na verdade, o conceito de jurisdição varia, conforme se queira ou não incluir a atividade judicial executiva e a cautelar; conforme se pretenda ou não abranger, além da jurisdição civil, a penal; conforme se queira ou não abarcar a jurisdição voluntária; conforme se intente ou não incluir a competência normativa dos tribunais.

(38) MEIRELLES, Hely Lopes. *Direito Administrativo Brasileiro*. 30. ed. São Paulo: Malheiros, 2005. p. 73.

dinação hierárquica ou funcional, e só sujeitos aos controles constitucionais de um Poder pelo outro. Por isso, são também chamados de órgãos primários do Estado. *Esses órgãos detêm e exercem precipuamente as funções políticas, judiciais e quase judiciais outorgadas diretamente pela Constituição, para serem desempenhadas pessoalmente por seus membros (agentes políticos, distintos de seus servidores, que são agentes administrativos), segundo normas especiais e regimentais.* É nesta categoria que o autor classifica os TC; classificação esta da qual se partilha por se entender que eles extraem diretamente da Constituição as suas prerrogativas e atribuições.

A autonomia dos TC fica mais evidente a partir da distinção feita pelo STF das competências estabelecidas nos incisos I e II do art. 71, tornando clara a independência deste órgão em relação às Casas Legislativas, como se verifica na seguinte passagem da decisão cautelar na ADI-MC n. 3.715: "*[...] 5. Na segunda hipótese [do inciso II, do art. 71 da CF/88], o exercício da competência de julgamento pelo Tribunal de Contas não fica subordinado ao crivo posterior do Poder Legislativo. Precedentes.*"[39]

Carlos Ayres Britto[40], em outra passagem, refere que não pode ser um Tribunal tão somente administrativo, um órgão cujo regime jurídico é centralmente constitucional. Os Tribunais de Contas têm quase todo o seu arcabouço normativo montado pelo próprio poder constituinte. Neste sentido, as suas competências e atribuições estão completamente definidas no arquétipo constitucional.

Ao enfrentar o tema, Luiz Henrique Lima[41] faz um apanhado geral da natureza jurídica das Cortes de Contas, trazendo a lição de inúmeros doutrina-

---

(39) ADI-MC n. 3.715/TO-Tocantins. MEDIDA CAUTELAR NA AÇÃO DIRETA DE INCONSTITUCIONALIDADE. Relator(a): Min. GILMAR MENDES. EMENTA: Medida Cautelar em Ação Direta de Inconstitucionalidade. 2. Constituição do Estado do Tocantins. Emenda Constitucional n. 16/2006, que criou a possibilidade de recurso, dotado de efeito suspensivo, para o Plenário da Assembléia Legislativa, das decisões tomadas pelo Tribunal de Contas do Estado com base em sua competência de julgamento de contas (§ 5º do art. 33) e atribuiu à Assembléia Legislativa a competência para sustar não apenas os contratos, mas também as licitações e eventuais casos de dispensa e inexigibilidade de licitação (art. 19, inciso XXVIII, e art. 33, inciso IX e § 1º). 3. A Constituição Federal é clara ao determinar, em seu art. 75, que as normas constitucionais que conformam o modelo federal de organização do Tribunal de Contas da União são de observância compulsória pelas Constituições dos Estados-membros. Precedentes. 4. No âmbito das competências institucionais do Tribunal de Contas, o Supremo Tribunal Federal tem reconhecido a clara distinção entre: 1) a competência para apreciar e emitir parecer prévio sobre as contas prestadas anualmente pelo Chefe do Poder Executivo, especificada no art. 71, inciso I, CF/88; 2) e a competência para julgar as contas dos demais administradores e responsáveis, definida no art. 71, inciso II, CF/88. Precedentes. 5. Na segunda hipótese, o exercício da competência de julgamento pelo Tribunal de Contas não fica subordinado ao crivo posterior do Poder Legislativo. Precedentes. 6. A Constituição Federal dispõe que apenas no caso de contratos o ato de sustação será adotado diretamente pelo Congresso Nacional (art. 71, § 1º, CF/88). 7. As circunstâncias específicas do caso, assim como o curto período de vigência dos dispositivos constitucionais impugnados, justificam a concessão da liminar com eficácia *ex tunc*. 8. Medida cautelar deferida, por unanimidade de votos. (grifou-se)

Referida Ação teve o mérito julgado em 21.08.2014, conforme segue: Decisão: O Tribunal, por unanimidade e nos termos do voto do Relator, julgou procedente a ação direta. Ausentes, justificadamente, os Ministros Celso de Mello e Cármen Lúcia. Presidiu o julgamento o Ministro Ricardo Lewandowski, Vice-Presidente no exercício da Presidência. Plenário, 21.08.2014.

(40) BRITTO, Carlos Ayres. *O Regime Constitucional dos Tribunais de Contas*. Porto Alegre: Revista de Interesse Público, n. 13, 2002. p. 184.

(41) LIMA, Luiz Henrique. *Controle Externo*. Rio de Janeiro: Elsevier, 2008. p. 114 e seguintes. Nas palavras do autor: Natureza jurídica das Cortes de Contas

O Tribunal de Contas tem o nome de Tribunal e possui a competência, conferida pela Carta Magna, de julgar contas e aplicar sanções, mas não pertence ao Poder Judiciário. Vincula-se, para efeitos orçamentários e de responsabilidade fiscal, ao Poder Legislativo, mas possui total independência em relação ao Congresso e às suas Casas, inclusive realizando fiscalizações e julgando as contas de seus gestores. Como classificar e interpretar a sua natureza jurídica? Há muito tem sido questionada a interpretação rígida da teoria da tripartição de poder formulada por Montesquieu, superada já, em muitos aspectos, por sucessivas alterações na organização estatal. No *caput* do art. 1º da LOTCU, a Corte de Contas é referida como 'órgão de controle externo'. Sua missão institucional é assim definida: assegurar a efetiva e regular gestão dos recursos públicos em benefício da sociedade. A expressão auxílio, presente no *caput* do art. 71 da CF – "O controle externo, a cargo do Congresso Nacional, será exercido com o auxílio do TCU..." – tem provocado extenso debate doutrinário. De modo geral, os principais autores rejeitam a interpretação de que a Corte de Contas seria um órgão auxiliar do Congresso Nacional. Neste sentido, pronunciou-se o STF na ADIn n. 1.140-5, Rel. Min. Sydney Sanches: Não são, entretanto, as Cortes de Contas órgãos subordinados ou dependentes do Poder Legislativo, tendo em vista que dispõem de autonomia administrativa e financeira, nos termos do art. 73, *caput*, da Constituição Federal, que lhes confere as atribuições previstas em seu art. 96, relativas ao Poder Judiciário. Como observa Jarbas Maranhão: O mais adequado seria dizer-se, como preferem aliás a legislação Francesa e outras, que, ao invés de auxiliarem elas assistem o parlamento e o governo, para deixar claro a sua exata posição em face dos Poderes, pois, tendo em vista a própria natureza das tarefas que lhes cabem cumprir, haveria a Constituição de assegurar-lhes a necessária independência.

dores pátrios. Verifica-se, das lições citadas, que a referência feita no art. 71 da Constituição Federal, de que o controle externo, a cargo do Congresso Nacional, será exercido com o auxílio do TCU, não significa tratar-se de órgão subalterno ou subordinado a qualquer outro órgão ou Poder.

Celso de Mello qualifica a função dos TC como forma de dar atendimento aos princípios republicanos e ao Estado de Direito[42].

Régis Fernandes de Oliveira partilha do mesmo pensamento:

> Modernamente, diante da relevância que adquire o Tribunal de Contas como órgão essencial à república e à democracia, tem-se analisado a sua natureza jurídica, não mais da ótica de mero órgão auxiliar do Poder Legislativo, mas de órgão com estatura constitucional. Ressalte-se, em primeiro lugar, que o Tribunal de Contas da União não é órgão do Poder Legislativo. O que o art. 71 atribuiu foi o controle externo ao Congresso Nacional *com o auxílio* do Tribunal de Contas, órgão com dignidade constitucional.[43]

Assevera, na linha de pensamento exposto, que a teoria da tripartição dos poderes não mais existe "na pureza concebida por Montesquieu"[44]. Diante da complexidade da sociedade moderna, diante das exigências sociais que se impõe ao Estado, não há como conceber a estruturação do poder na forma como ele preconizou. Veja-se que a sua teoria era um contraponto ao absolutismo. Mas, na sua época, jamais se cogitava da transformação social advinda das Revoluções Industriais que muito transformaram a forma de Estado. Isso sem falar nas novas dimensões de direitos posteriores, como os de terceira e quarta dimensões.

É nessa perspectiva que os TC possuem competências próprias e exclusivas que não estão ao alcance da revisão de nenhum outro órgão, inclusive do Judiciário. A competência exclusiva dos TC é restrita. Caso o Judiciário constate algum vício nas decisões desses órgãos, não poderá proferir decisão substitutiva. Em anulando alguma decisão dos TC, a matéria tem que retornar para o exame do próprio Tribunal. Portanto, o conteúdo da decisão é exclusivo

3. BREVES CONSIDERAÇÕES A RESPEITO DO SISTEMA DE CONTROLE NA ARGENTINA

A Argentina optou, em nível federal, por outro sistema que é o sistema de Auditoria Geral[45]. Referido sistema é empregado, via de regra, em países de origem anglo-saxônica. Todavia, percebe-se que na quase totalidade das províncias adotou-se o sistema de *Tribunales de Cuentas*. A toda evidência que o controle deve ser exercido pelas Casas Legislativas, com os auxílios desses importantes órgãos técnicos.

Inobstante a forma de controle adotada, o que se pode extrair é que, tendo independência para a sua atuação, os conceitos adotados no Brasil também servem para a Argentina, na medida em que, a partir de uma adequada estrutura e autonomia, o controle pode ser exercido de forma eficaz.

Todavia, em países com uma forte tendência a um presidencialismo exacerbado, pode-se verificar uma debilidade nas formas de controle.

Na oportuna análise de Costa: (...) este auxílio não é de subalternidade, mas de necessariedade. Não há como exercer o controle externo sem a indispensável participação das Cortes de Contas que são órgãos tecnicamente preparados para essa atividade estatal. (grifo nosso) *Idem*.

(42) MELLO, Celso Antônio Bandeira de. *Funções do Tribunal de Contas*, RDP 72/133.

(43) OLIVEIRA, Régis Fernandes de. *Curso de Direito Financeiro*. 3. ed. São Paulo: RT, 2010. p. 556.

(44) *Idem*, p. 557.

(45) De laAuditoría General de la Nación

Art. 85. El control externo del sector público nacional en sus aspectos patrimoniales, económicos, financieros y operativos, será una atribución propia del Poder Legislativo. El examen y la opinión del Poder Legislativo sobre el desempeño y situación general de la administración pública estarán sustentados en los dictámenes de la Auditoría General de la Nación. Este organismo de asistencia técnica del Congreso, con autonomía funcional, se integrará del modo que establezca la ley que reglamenta su creación y funcionamiento, que deberá ser aprobada por mayoría absoluta de los miembros de cada Cámara. El presidente del organismo será designado a propuesta del partido político de oposición con mayor número de legisladores en el Congreso.Tendrá a su cargo el control de legalidad, gestión y auditoría de toda la actividad de la administración pública centralizada y descentralizada, cualquiera fuera su modalidad de organización, y las demás funciones que la ley le otorgue. Intervendrá necesariamente en el trámite de aprobación o rechazo de las cuentas de percepción e inversión de los fondos públicos.

Aliás, não é por outra razão que Santiago Nino[46] fala no "El debilitamiento del Congreso Argentino" tanto na função de orientação política, como a que hora nos interessa, de controle. Para o autor, isto decorre do hiperpresidencialismo argentino.

Nesse sentido, percebe-se que o controle, de um modo geral, possui um sistema próximo de regras para a sua realização, voltados para a consecução do bem comum.

CONCLUSÃO

O que se pretendeu com o desenvolvimento do presente artigo é demonstrar a atual posição jurídico-constitucional dos Tribunais de Contas no Brasil, instituições que são de grande valia para a implementação dos direitos fundamentais da sociedade. Exercem diretamente as suas competências, bem como auxiliam sobremaneira o controle social. Também se fez uma breve incursão sobre a forma de controle exercida na Argentina.

Ademais se verificou que a Teoria da Separação dos Poderes apresenta nos dias atuais uma ressignificação, não sendo mais possível a divisão do Poder na forma clássica, necessitando-se que seja distribuído a uma série de outros órgãos, a fim que de possa se garantir a liberdade, os direitos fundamentais dos cidadãos, com o desenvolvimento de outras esferas de competência do seu exercício, como é o caso dos Tribunais de Contas e do Ministério Público, que citamos por todos.

REFERÊNCIAS BIBLIOGRÁFICAS

BALEEIRO, Aliomar. *Uma Introdução à Ciência das Finanças*. 14. ed. Rio de Janeiro: Forense, 1992.

BERCHOLC, Jorge O. *Temas de Teoría del Estado*. 2. ed. Ciudad Autónoma de Buenos Aires: La Ley, 2014.

BRITTO, Carlos Ayres. O regime Constitucional dos Tribunais de Contas. In: FIGUEIREDO, Carlos Maurício & NOBREGA, Marcos (coords). *Administração Pública*: direitos administrativo, financeiro e gestão pública: práticas, inovações e polêmicas. São Paulo: Revista dos Tribunais, 2002.

CANOTILHO, J. J. Gomes. *Direito Constitucional e Teoria da Constituição*. 5. ed. Coimbra: Almedina, 2001.

_____. Tribunal de Contas como instância dinamizadora do princípio republicano. *Revista do TCE de Santa Catarina*, Florianópolis, Ano V, n. 6, Setembro de 2008.

CHAVES, Francisco Eduardo Carrilho. *Controle Externo da Gestão Pública*. Niterói-Rio de Janeiro: Impetus, 2007.

COUTO E SILVA, Almiro do. O Indivíduo e o Estado na realização de tarefas públicas. *Revista da PGE – Cadernos de Direito Público*, n. 57, ed. especial, dez./2003.

DIAS COSTA, Luiz Bernardo. Tribunal de Contas: Evolução e principais características no ordenamento jurídico brasileiro. In: FREITAS, Ney José de (Coord.). *Tribunais de Contas*: Aspectos polêmicos: estudos em homenagem ao Conselheiro João Féder. Belo Horizonte: Fórum, 2009.

FERRAZ, Luciano. *Controle da Administração Pública*. Belo Horizonte: Mandamentos, 1999.

HÄBERLE, Peter. *El Estado Constitucional*. Buenos Aires: Ed. Astrea, 2007.

LACORDAIRE, Henri. *Conférences de Notre-Dame de Pari*. Éd. Sagnieret Bray, 1848. Fonte: wikipédia.

LIMA, Luiz Henrique. *Controle Externo*. Rio de Janeiro: Elsevier, 2008.

MAURÍCIO JUNIOR, Alceu. *A revisão judicial das escolhas orçamentárias*. Belo Horizonte: Fórum, 2009.

MEDAUAR, Odete. Controle da Administração Pública pelo Tribunal de Contas. *R. Inf. Legislativa*, n. 108, Brasília, 1990.

MEIRELLES, Hely Lopes. *Direito Administrativo Brasileiro*. 28. ed. São Paulo: Malheiros, 2003.

MELLO, Celso Antônio Bandeira de. O enquadramento constitucional do Tribunal de Contas. In: FREITAS, Ney José de (Coord.). *Tribunais de Contas*: Aspectos polêmicos: estudos em homenagem ao Conselheiro João Féder. Belo Horizonte: Fórum, 2009.

_____. Funções do Tribunal de Contas. *RDP* 72/133.

MIRANDA, Pontes de. *Comentários à Constituição de 1967, com a Emenda n. 1, de 1969*. t. III, 2. ed. São Paulo: Revista dos Tribunais, 1970.

MOREIRA NETO, Diogo de Figueiredo. Algumas notas sobre órgãos constitucionalmente autônomos – um estudo de caso sobre os Tribunais de Contas no Brasil, *RDA* 223/1-24.

NUNES, Castro. *Teoria e prática do Poder Judiciário*. Rio de Janeiro: Forense, 1943.

OLIVEIRA, Régis Fernandes de. *Curso de Direito Financeiro*. 3. ed. São Paulo: RT, 2010.

Parecer n. 25/2006 da Auditoria do Tribunal de Contas do Estado do Rio Grande do Sul. Disponível em <www.tce.rs.gov.br>. Acesso em: 25 maio 2011.

PARDINI, *apud* FERRAZ. *Controle da Administração Pública*.

PASCOAL Valdecir. *Direito Financeiro e Controle Externo*. Rio de Janeiro: Elsevir. 2008.

---

(46) SANTIAGO NINO, Carlos. *Fundamentos de Derecho Constitucional*. 4. ed. Editora Astrea. p. 531.

RIZZO JUNIOR, Ovídio. *Controle Social Efetivo das Políticas Públicas*. Tese de Doutorado. USP. São Paulo: 2009. Disponível no banco de dissertações e teses do IBICT. Acesso em: 8 jun. 2011.

SANTIAGO NINO, Carlos. *Fundamentos de Derecho Constitucional*. 4. ed. Editora Astrea.

SCHMITT. Rosane Heineck. *Tribunais de Contas no Brasil e Controle de Constitucionalidade*. Tese de Doutorado apresentada na UFRGS. Disponível no banco de dissertações e teses do IBICT. Acesso em: 3 jun. 2011.

SILVA, Elke Andrade Soares de Moura. Os Tribunais de Contas e o Controle de Constitucionalidade das Leis. *Revista do Tribunal de Contas do Estado de Minas Gerais*, v. 52, n. 3, Belo Horizonte, 2004.

SYLO DA SILVA. *Revista do TCMG*, 1997, p. 46, Revista 4/97, apud SILVA, Elke Andrade Soares de Moura.

TESHEINER, José Maria da Rosa. *Elementos para uma Teoria Geral do Processo*. Disponível em: <www.tex.pro.br>. Acesso em: 27 jul. 2011.

A Integração da América Latina e a Defesa dos Direitos Humanos Via Bloco de Constitucionalidade e Controle de Convencionalidade

Rinaldo Jorge da Silva

Possui graduação em Direito pela Universidade Católica de Pernambuco (1994). Pós-graduação em Processo Civil pela UNISUL. Foi Delegado de Polícia do Estado de Pernambuco. Atualmente, é Promotor de Justiça – Procuradoria-Geral de Justiça do Estado de Pernambuco. Coautor do livro *Processo Civil – tutelas de urgência*. Professor convidado da Escola Superior do Ministério Público de Pernambuco. Aluno do curso Intensivo de Ingresso ao Doutorado da Universidade de Buenos Aires – Argentina.

INTRODUÇÃO

O grande desafio dos juristas do século XXI é acompanhar as transformações da sociedade, em especial a transformação gerada pela possibilidade de comunicação quase que instantânea das pessoas e dos povos. As problemáticas do direito contemporâneo exigem dos defensores dos direitos humanos uma resposta à altura e eficaz. Parte da doutrina defende que, por meio de uma Constituição de normas abertas, podemos resolver a aplicação dos direitos humanos pelo chamado "*bloque del constitucionalidad*". Porém, este instituto, isoladamente não resolve, a meu ver, todas as deficiências de aplicabilidade da proteção dos direitos humanos, posto que já temos várias constituições que preveem os tratados e acordos internacionais de Direitos Humanos com *status* de norma constitucional derivada, e não tem ele um parâmetro definido para a sua aplicação, em especial, o vazio de normas ou decisões que o integram, estando mais para o conceito de técnica jurídica. A grande parte dos países latino-americanos são signatários do Pacto de San José, logo, entendo que a esses direitos também serão melhor protegidos e defendidos pela convencionalidade, agindo ambos inclusive como forma de integração da América Latina e formação de uma *ius commune*. Embora alguns autores os tenham como contrastantes, entendo compatíveis, pois, partindo de um conceito simplista do que seja direitos humanos, são então a todos aplicáveis, independentemente de sua subordinação jurídica constitucional.

1. REFLEXÕES ACERCA DO DESENVOLVIMENTO DO ESTADO DE BEM-ESTAR SOCIAL NA AMÉRICA LATINA

Para o novo constitucionalismo, o poder estatal não é a única fonte do direito, a realidade – ou constituição real – proposta por Hesse, deverá levar em conta em sua formação a pluralidade sociológica, política e cultural do povo. Neste caso, o chamado constitucionalismo *criollo*, deverá ser abandonado, pois representa fonte de opressão a esses setores antes excluídos. A participação efetiva desses setores antes ausentes na formação da Constituição deve abrir caminho para uma pluralidade de garantias visando sempre o bem-estar social daqueles que por muitos anos ficaram à margem da produção do direito.

Acrescenta o professor Dalmau que o modelo europeu, o qual teve seu ápice de sua formação na idade média, cujo ordenamento jurídico recebeu forte influência dos direitos romano e canônico, além do costumeiro, pode ser a saída para a América Latina, e esta é senão a criação de uma comunidade jurídica das Américas.

Vários movimentos têm surgido como forma de ratificar uma tendência de mudança, troca de época e uma necessidade de uma nova compreensão jurídica, ante a crise da modernidade contemporânea, uma nova Teoria Global do Direito.

Uma nova epistemologia, o saber em contraposição do saber como, e as razões dessa quebra de paradigma. O desemprego e a pobreza continuam crescentes, não sendo alcançados pela promessa de evolução e progresso pregadas no pós-modernismo.

Houve uma ruptura com o modo de produção e aquisição de riqueza. Se, na idade média, havia o senhor feudal como detentor do poder e riqueza, surgiu a burguesia, que, sem-terra, buscou sua ascensão financeira no comércio. Hoje, moderna e comparativamente, os "sem comércio", "sem poder", "sem riqueza", mas detentores do conhecimento e da informação tecnológica, contrapõem-se ao capital financeiro e econômico. Ex.: fundadores das grandes Multinacionais *Apple, Microsoft, Google*, entre vários outros, mundo afora.

Um dos instrumentos que podemos utilizar capazes de modificar, substituir e converter uma dogmática em outra é uma nova metodologia jurídica.

Tudo é fruto e tem sua gênese na tradição jurídica ocidental, onde a jurisprudência romana, o direito comum europeu e o direito codificado servem de pilar. Porém, estão sendo revistos. O direito codificado vem mitigando-o, reduzindo-o ao que o Estado produz, a chamada dogmática legalista positivista ou legalista formalista. Se não resolve mais os problemas das comunidades, aponta-a como esgotada.

Também merece destaque a via global que prega a relação entre o homem e a natureza. O progresso evolutivo da humanidade dependerá das decisões que forem tomadas – a liberdade humana com responsabilidade. Desenvolvimento sustentável entre o homem e a natureza, e não o homem sobre a natureza.

Essa crise da tradição jurídica ocidental da modernidade e a transição para uma nova construção têm feito surgir vários mecanismos e instrumentos entre eles: a criação de uma comunidade latino-americana supranacional; a ciência nova, proposta por A. Vico, com uma verdadeira democracia, respeito aos direitos humanos, economia aberta e inclusiva; elementos jurídicos comuns nos países envolvidos; e reconhecimento da supremacia do direito internacional.

Este último, o direito internacional, também conhecido o direito das gentes, teve seu marco inicial de maior referência aceito a partir do século XVII, precisamente depois da guerra dos 30 anos (1948), com o tratado Paz Westfalia e o surgimento dos Estados-Nação, dotados de soberania. Logo, conclui-se que sem Estados livres e independentes, não é possível a existência de tal ramo do direito, e a teoria monista ou a monista moderada como forma de integração.

Com o surgimento da união europeia, a soberania absoluta não é mais compatível com a realidade moderna, urge a criação de uma ordem internacional que tenha supremacia sobre os Estados, Nações, onde os Tratados bilaterais sejam cumpridos e sujeitos à ordem, com coercitividade e sanção quando não efetivados.

A sociabilidade e solidariedade existentes na sociedade internacional, onde o avanço tecnológico estreitou vários laços, também fez surgir o desinteresse pelos nacionais do aspecto e sentimento de soberania, relegando-a segundo plano. Um exemplo vivo é a criação de instituições e organismos, com o objetivo da criação de um Estado Islâmico. Nacionais de vários países estão se agrupando em torno de uma ideologia, em certo território, com um governo que exerce o poder. A liberdade individual parece estar se sobrepondo aos princípios normativos internos, como previsto pela Doutrina nacional-liberal da liberdade individual.

Estará a América Latina sujeita a isso? Cremos que a aplicação do bloco de constitucionalidade e a convencionalidade são instrumentos para a sua efetiva integração, em especial, quando o país é membro da Organização dos Estados Americanos – OEA, mesmo que implique afronta à sua legislação interna.

2. BLOCO DE CONSTITUCIONALIDADE E CONTROLE DE CONVENCIONALIDADE

Segundo Góngora Mera, *"En términos generales, la doctrina del bloque de constitucionalidad permi-*

te reconocer jerarquía constitucional a normas que no están incluidas en la Constitución nacional, usualmente con el fin de interpretarlas sistemáticamente con el texto de la Constitución".

Numa leitura mais singela, podemos dizer que é um atributo ou *status* que uma norma infraconstitucional ou internacional recebe e passa a integrar o arcabouço constitucional do Estado passando a ter preceito fundamental. Muitos nem estão escritos, como os princípios implícitos e outros, a maioria, mesmo por emendas, não integram o texto constitucional, como no caso de algumas emendas.

A doutrina do bloco teve sua origem na França em 1971, quando elevou à categoria de norma fundamental a lei que defendia a liberdade de associação, depois Espanha, Itália e outros. Na América Latina, foi utilizada primeiramente no Panamá, depois na Costa Rica, na Colômbia e no Peru. Porém, se na Europa esse instrumento é utilizado para confrontar uma norma interna perante a Constituição, nos países latino-americanos, ele é utilizado para confrontar uma norma de direito internacional, especialmente de direitos humanos, ante a Constituição. Inclusive os que não estão definidos pelo Pacto de San José, como os da Organização Internacional do Trabalho (OIT), sendo este um ponto que o diferencia da convencionalidade.

Cada Tribunal Constitucional aplica o bloco de acordo com o caso, levando em consideração aspectos socioeconômicos e políticos, servindo como técnica de controle de constitucionalidade. Deste modo, há uma ampliação do bloco, em defesa dos direitos humanos. Muitos tribunais pautam-se pela realidade e não pelo positivismo seco.

2.1. Da Convencionalidade

Na lição de Susana Albanese, podemos definir o controle de convencionalidade como uma garantia destinada a obter a aplicação harmônica do direito vigente. Um controle enraizado na efetiva vigência dos direitos e garantias[1].

Para Silvina Zimerman, a figura do controle de convencionalidade está ligada às obrigações que assumem os Estados ao firmar e ratificar tratados de direitos humanos, em especial, as que recaem sobre o Poder Judiciário[2].

No âmbito do sistema interamericano de proteção dos direitos humanos, a obrigação de controlar a convencionalidade foi declarada pela Corte Interamericana, quando do julgamento do caso "Almonacid Arellano e Outros x Governo do Chile", onde se afirmou que "o Poder Judiciário deve exercer uma espécie de 'controle de convencionalidade' entre as normas jurídicas internas que aplicam nos casos concretos e a Convenção Americana sobre Direitos Humanos"[3].

Além do mais, em palavras recentes da Corte Interamericana, "o Poder Judiciário deve ter em conta não somente o tratado, mas também a interpretação que do mesmo há feito na Corte Interamericana, intérprete última da Convenção Americana"[4].

Trata-se de formulações pretorianas, pelas quais os Estados signatários do Pacto de São José da Costa Rica, em sua produção legislativa, têm a obrigação de se adequar às obrigações internacionais pertinentes à proteção dos direitos humanos das quais sejam signatários, sob pena de responsabilidade internacional. Nestes casos, fala-se em convencionalidade porque o paradigma de controle não é a constituição nacional, mas o texto das convenções internacionais a que o Estado se obrigou a cumprir.

É de relevância o tema para o Direito Constitucional pois, embora se adotem os direitos humanos como paradigma de controle (e não o texto da própria Constituição), o fato é que se trata de uma espécie de controle de validade das normas do ordenamento jurídico, com fundamento no respeito aos direitos humanos. Portanto, para a sua aplicação, é imperiosa a existência, na Carta Constitucional, de autorização para esse exercício[5].

Por outro lado, há que se destacar que a Corte Interamericana de Direitos Humanos não é um órgão de revisão das decisões, mas sim um órgão consultivo, interpretando a Convenção e orientando os Estados signatários na aplicação dos direitos humanos. Como lecionado pelo Juiz Garcia Ramí-

---

(1) Susana Albanese, *La internacionalización del derecho constitucional*, 2008.

(2) Silvina Zimerman, *El caminho empreendido por los jueces hacia em control de convencionalidad. Los derechos económicos, sociales y culturales*. 2008.

(3) Corte IDH, *Caso Almonacid Arrellano e outros contra Governo do Chile*, 2006.

(4) Corte IDH, *Caso Trabalhadores demitidos do Congresso contra Governo do Perú*, 2006.

(5) Marcos Thadeu Leite, *Controle de convencionalidade:* os direitos humanos como parâmetro de validade das leis, 2013.

rez, ex-presidente da Corte Interamericana de Direitos Humanos – IDH, "a Corte Interamericana, que tem a seu encargo 'o controle de convencionalidade' fundado na confrontação entre o feito realizado e as normas da Convenção Americana, não pode, nem pretende – jamais o fez –, converter-se em uma nova e última instância para conhecer a controvérsia suscitada no ordenamento interno..."[6]. Afinal de contas, "ao aprovar estes tratados... os Estados se submetem a uma ordem legal dentro da qual eles assumem várias obrigações não em relação aos outros Estados, mas perante os indivíduos dentro da sua jurisdição"[7].

3. A INTEGRAÇÃO CONSTITUCIONAL DA AMÉRICA LATINA VIA BLOCO DE CONSTITUCIONALIDADE E CONTROLE DE CONVENCIONALIDADE

Segundo Flávia Piovesan[8], por mais de um século, a cultura jurídica latino-americana tem adotado um paradigma jurídico fundado em três características essenciais: 1) a pirâmide com a Constituição no ápice da ordem jurídica; 2) o hermetismo de um Direito purificado; e 3) o *State approach* (*State centered perspective*), sob um prisma que abarca como conceitos estruturais e fundantes a soberania do Estado no âmbito externo e a segurança nacional no âmbito interno.

Ainda, segundo a autora, nos últimos anos, percebe-se uma crise desse paradigma tradicional, surgindo um novo que adota três características distintas:

1) O trapézio com a Constituição e os tratados internacionais de direitos humanos no ápice da ordem jurídica, repudiando-se um sistema jurídico endógeno e autorreferencial.

As Constituições latino-americanas, em geral, estabelecem cláusulas constitucionais abertas, que permitem a integração entre a ordem constitucional e a ordem internacional, especialmente no campo dos direitos humanos, ampliando e expandindo o bloco de constitucionalidade, conjugando-se, desse modo, o processo de internacionalização do Direito Constitucional ao processo de constitucionalização do Direito Internacional.

Como exemplos, a Constituição da Argentina, depois da reforma constitucional de 1994, traz em seu art. 75, inciso 22, que, enquanto os tratados em geral têm hierarquia infraconstitucional, mas supralegal, os tratados de proteção dos direitos humanos têm hierarquia constitucional, complementando os direitos e garantias constitucionalmente reconhecidos. A Constituição Brasileira de 1988, no art. 5º, § 2º, consagra que os direitos e garantias expressos na Constituição não excluem os direitos decorrentes dos princípios e do regime a ela aplicável e os direitos enunciados em tratados internacionais ratificados pelo Brasil, permitindo, assim, a expansão do bloco de constitucionalidade[9].

2) A crescente abertura do Direito – agora "impuro" –, marcado pelo diálogo do ângulo interno com o ângulo externo.

No caso brasileiro, por exemplo, é crescente a realização de audiências públicas pelo Supremo Tribunal Federal, contando com os mais diversos atores sociais, para enfrentar temas complexos e de elevado impacto social. Para adotar a terminologia de Peter Haberle[10], há a abertura da Constituição a uma sociedade plural de intérpretes.

É a partir do diálogo a envolver saberes diversos e atores diversos que se verifica a democratização da interpretação constitucional a ressignificar o Direito.

3) O *human rights approach* (*human centered approach*), sob um prisma que abarca como conceitos estruturais e fundantes a soberania popular e a segurança cidadã no âmbito interno.

Para Luigi Ferrajoli: "*a dignidade humana é referência estrutural para o constitucionalismo mundial, a emprestar-lhe fundamento de validade, seja qual for*

---

(6) Juiz Sergio Garcia Ramírez, *Caso Vargas Areco contra Governo do Paraguai*, 2006.

(7) Corte IDH, Opinião Consultiva OC-1/82, 24 de setembro de 1982. *El efecto de las reservas sobre la entrada en vigencia de la Convención Americana sobre Derechos Humanos (artigos 74 e 75)*, § 29.

(8) Flávia Piovesan, *Direitos humanos e diálogo entre jurisdições*, 2012.

(9) Idem.

(10) Peter Haberle, *Hermenêutica Constitucional*, trad. Gilmar Ferreira Mendes, Porto Alegre, Sérgio Antonio Fabris editor, 1997.

o ordenamento, não apenas dentro, mas também fora e contra todos os Estados." Para o mesmo autor: *"A liberdade absoluta e selvagem do Estado se subordina a duas normas fundamentais: o imperativo da paz e a tutela dos direitos humanos."*[11]

Deste modo, a interpretação jurídica vê-se pautada pela força expansiva do princípio da dignidade humana e dos direitos humanos, conferindo prevalência ao *human rights approach* (*human centered approach*). Esta transição paradigmática, marcada pela crise do paradigma tradicional e pela emergência de um novo paradigma jurídico, surge como o contexto a fomentar o bloco de constitucionalidade e o controle de convencionalidade e o diálogo entre jurisdições no espaço interamericano – o que permite avançar para o horizonte de pavimentação de um *ius commune* latino-americano.

A relação político-jurídica que os direitos humanos implicam como tipo ideal define obrigações para os Estados e a titularidade dos direitos em todas as pessoas independentemente de seu estatuto jurídico-político, isto é, independentemente se se trata de nacionais, estrangeiros ou apátridas: poderia dizer-se, então, que os titulares dos direitos humanos são a "humanidade[12].

É assim que concebemos o Direito Internacional dos Direitos Humanos, como um *corpus iuris* de proteção do ser humano que se ergue sobre um novo sistema de valores superiores. A subjetividade internacional do indivíduo, dotado, ademais, de capacidade jurídico-processual internacional para fazer valer seus direitos, constitui, em última análise, a grande revolução jurídica operada pelo Direito Internacional do Direitos Humanos durante a segunda metade do século XX, e hoje consolidada de modo irreversível[13].

A aplicação dos instrumentos que reconhecem direitos econômicos, sociais e culturais por nossos tribunais, tão resistida em outras latitudes e tão discutida em nível doutrinário, pode ser vista como uma prova de ativismo de determinados sectores do Poder Judiciário a fim de realizar as obrigações estatais internacionais em matéria de direitos humanos[14].

O sistema regional interamericano simboliza a consolidação de um "constitucionalismo regional", que objetiva salvaguardar direitos humanos fundamentais no plano interamericano. A Convenção Americana, como um verdadeiro "código interamericano de direitos humanos", foi acolhida por 25 Estados, traduzindo a força de um consenso a respeito do piso protetivo mínimo e não do teto máximo de proteção. Serve a um duplo propósito: a) promover e encorajar avanços no plano interno dos Estados; e b) prevenir recuos e retrocessos no regime de proteção de direitos.

Neste contexto, o controle da convencionalidade pode ser compreendido sob uma dupla perspectiva: a) tendo como ponto de partida a Corte Interamericana e o impacto de sua jurisprudência no âmbito doméstico dos Estados latino-americanos; e b) tendo como ponto de partida as Cortes Latino-americanas e o grau de incorporação e incidência da jurisprudência, principiologia e normatividade protetiva internacional de direitos humanos no âmbito doméstico.

Já o bloco de constitucionalidade agiria supletivamente nos casos em que a convencionalidade não fosse possível ser aplicada.

CONCLUSÕES

Ante todo o visto, concluímos que, se quisermos avançar no diálogo jurisdicional regional e constitucional, possibilitando uma integração da América Latina e fortalecendo a proteção dos direitos humanos mediante o bloco de constitucionalidade e o controle da convencionalidade exercido tanto pela Corte Interamericana, como pelas Cortes Latino-americanas, se faz necessária a adoção de posturas que, cumulativamente:

1) promovam a ampla ratificação dos tratados internacionais de proteção dos direitos humanos da ONU e da OEA;

---

(11) Luigi Ferrajoli, *Diritti fondamentali – Un dibattito teórico*, a cura di Ermanno Vitale, Roma, Bari, Laterza, 2002, p. 338. Para Luigi Ferrajoli, os direitos humanos simbolizam a lei do mais fraco contra a lei do mais forte, na expressão de um contrapoder em face dos absolutismos, advenham do Estado, do setor privado ou mesmo da esfera doméstica.

(12) Marcelo Raffin, *La globalización de la efectiva vigencia de los DDHH*, 2008.

(13) *Idem*.

(14) Silvina Zimerman, *El camino empreendido por los jueces hacia en control de convencionalidad. Los derechos económicos, sociales y culturales,* 2008.

2) fortaleçam a incorporação dos tratados de direitos humanos com um *status* privilegiado na ordem jurídica doméstica de cada Estado;

3) fomentem uma cultura jurídica orientada pelo controle da convencionalidade;

4) fomentem programas de capacitação para que os Poderes Legislativo, Executivo e Judiciário apliquem os parâmetros protetivos internacionais em matéria de direitos humanos;

6) aprimorarem os mecanismos de implementação das decisões internacionais no âmbito interno; e

7) dinamizem o diálogo horizontal entre as jurisdições constitucionais, possibilitando que os sistemas latino-americanos enriqueçam-se mutuamente, por meio de empréstimos constitucionais e intercâmbio de experiências, argumentos, conceitos e princípios vocacionados à proteção dos direitos humanos.

Por fim, para a criação de um *ius commune*, fundamental é avançar na interação entre as esferas global, regional e local, potencializando o impacto entre elas, mediante o fortalecimento do bloco de constitucionalidade e controle da convencionalidade e do diálogo entre jurisdições, sob a perspectiva emancipatória dos direitos humanos.

BIBLIOGRAFIA

ALBANESE, Susana. La internacionalización del Derecho Constitucional y la constitucionalización del Derecho Internacional. *El control de convencionalidad* (2008).

ALVES, Marina Vitório. Neoconstitucionalismo e novo constitucionalismo latino-americano: características e distinções. *Revista SJRJ*, Rio de Janeiro, v. 19, n. 34, p. 133-145. Ago./2012.

BALIÑO, Juan Pablo Pampillo. *La integración jurídica americana: utopía y proyecto para la tradición jurídica occidental*. Convenit Internacional 16 dez. 2014 Cemoroc-Feusp/Ppgcr-Umesp/IJI – Univ. do Porto.

_____. *La integración americana – expressión de un novo derecho global*. México: Porrúa.

BONAVIDES, Paulo. *Ciência política*. 19. ed. São Paulo: Malheiros, 2012.

CANOTILHO, J. J. Gomes. *Direito Constitucional e Teoria da Constituição*. 7. ed. Coimbra: Almedina, 2003.

DALMAU, Rubén. O novo constitucionalismo americano. *Revista Crítica constitucional*, dezembro 2014. Disponível em: <http://www.criticaconstitucional.com/o-novo-constitucionalismo-latino-americano-entrevista-com-ruben-dalmau/>. Acesso em: 10 dez. 2014.

FAVOREAU, Louis; RUBIO LLORENTE, Francisco. *El bloque de la Constitucionalidad*. Espana: Civitas, 1991.

FERNANDES E PEIXOTO, Maurício Muriack. Do constitucionalismo social ao desconstitucionalismo neoliberal: uma análise da historicidade do movimento constitucional no início do século XXI sob uma perspectiva da reconstrução fraterna do humanismo. Revista *amicus curiae*, v. 8, n. 8, 2011.

HESSE, Conrad. *A força normativa da Constituição*. Tradução Gilmar Mendes Ferreira.

KELSEN, Hans. *Teoria pura do direito*. Tradução João Baptista Machado. 8. ed. São Paulo: Martins Fontes, 1998. Título original: *Reine Reehtslehre*.

LEITE, Marcos Thadeu. *Controle de convencionalidade*: os direitos humanos como parâmetro de validade das leis, Jus Navigandi, Teresina, ano 18, n. 3635, 14 jun. 2013. Disponível em: <http://jus.com.br/artigos/24711>. Acesso em: 11 dez. 2014.

MARINONI, Luiz Guilherme; MAZZUOLI, Valério de Oliveira. *Controle de convencionalidade – Um Panorama Latino-americano (Brasil Argentina, Chile, México, Peru, Uruguai)*. 1. ed. Brasília: Ed. Gazeta Jurídica, 2013.

PIOVESAN, Flávia. Direitos humanos e diálogo entre jurisdições. *Revista Brasileira de Direito Constitucional* – RBDC n. 19, jan./jun. 2012. Disponível em: <http://www.esdc.com.br/RBDC/RBDC-19/RBDC-19-067-Artigo_Flavia_Piovesan_(Direitos_Humanos_e_Dialogo_entre_Jurisdicoes).pdf>. Acesso em: 15 dez. 2014.

RAFFIN, Marcelo; ALBANESE, Susana. La globalización de la efectiva vigência de los DDHH. *El control de convencionalidad* (2008).

REZEK, J. F. *Direito Internacional Público*: curso elementar. 10. ed. São Paulo: Saraiva, 2005.

SCHIEFLER, Gustavo Henrique Carvalho. Disponível em: http://www.investidura.com.br/biblioteca-juridica/artigos/filosofia-do-direito/3050-breve-introducao-ao-estudo-da-dogmatica-juridica. Acesso em: 26 dez. 2014.

VON BOGDANDY, Armin; FIX FIERRO, Hector; ANTONIAZZI, Mariela Morales (coordenadores). *Ius constitutionale commune en América Latina – Rasgos, potencialidades y desafíos*. México: UNAM, 2014.

WOLKMER, Antônio Carlos; FAGUNDES, Lucas Machado. Tendências contemporâneas do constitucionalismo latino-americano: Estado plurinacional e pluralismo jurídico. *Revista Pensar*, Fortaleza, v. 16, n. 2, p. 371-408, jul./dez. 2011.

WUCHER, Gabi. *Minorias*: Proteção Internacional em Prol da Democracia. São Paulo: Editora Juarez de Oliveira, 2000.

ZIMERMAN, Silvina; ALBANESE, Susana. El camino empreendido por los jueces hacia en control de convencionalidad. Los derechos económicos, sociales y culturales. *El control de convencionalidad* (2008).

Controle de Constitucionalidade Preventivo

Silmar de Oliveira Lopes
Professor na Universidade Federal de Goiás – Professor na Rede Juris Brasil – Professor Especialista em Direito Público e Docência No Ensino Superior – Aluno Regular do Programa de Doutorado da Universidade Federal de Buenos Aires (UBA-Argentina) – Membro da Comissão dos Direitos Humanos da OAB-GO – Professor de Pós-graduação – Professor de cursos preparatórios para concursos públicos e exame da OAB – Advogado militante com registro na OAB-GO.

INTRODUÇÃO

Nosso objetivo é análise do instituto do Controle de Constitucionalidade, especificamente na sua modalidade PREVENTIVA. O controle de constitucionalidade e seu histórico no Estado Brasileiro, em sentido amplo, bem como o histórico do Controle Preventivo de Constitucionalidade, serão apontados de forma aprofundada, expondo os pontos principais e seus consectários secundários.

Neste contexto, são importantes as perspectivas de evolução do Controle de Constitucionalidade Preventivo, no Brasil e em outros Estados que estabelecem a Constituição como mandamento fundamental, pois, em Estados com estas características, obviamente, as normas infraconstitucionais devem obediência ao conteúdo explícito e implícito da Carta Fundamental.

1. O CONTROLE DE CONSTITUCIONALIDADE

Com a ideia de Supremacia Constitucional, que considera a Constituição como a *"pedra fundamental"* do sistema jurídico-político, pois confere legitimidade e validade aos poderes dentro dos limites estabelecidos, o legislador constituinte originário brasileiro, instituiu mecanismos para verificar a adequação dos demais atos normativos aos preceitos estabelecidos pela Constituição.

Como bem explicou o jurista austríaco Hans Kelsen, devemos observar a ordem jurídica como um sistema de normas perfeitamente válidas conforme aferição paradigmática de uma norma superior. Vejamos seus dizeres:

> O fundamento para a validade de uma norma não é, como o teste de veracidade de um enunciado de "ser", a sua conformidade à realidade. (...) O verdadeiro fundamento são normas pressupostas, pressupostas porque tidas como certas. O fundamento para a validade da norma "não matarás" é a norma geral "obedecerás aos mandamentos de Deus". (...) O fundamento para a validade de uma norma é sempre uma norma, não um fato. A procura do fundamento de validade de uma norma reporta-se, não à realidade, mas a outra norma da qual a primeira é derivável...[1]

No momento em que se institui o controle de constitucionalidade, emanada da característica de

---

(1) KELSEN, Hans. *Teoria Geral do Direito e do Estado*. São Paulo: Martins Fontes, 1998. p. 161-162.

rigidez da Constituição, pode-se presumir a necessidade de haver um escalonamento hierárquico normativo, onde a Constituição, necessariamente, deve ocupar seu ápice. É a chamada *aferição da compatibilidade vertical entre as normas*.

Para que haja controle de constitucionalidade, verifica-se a necessidade de se fazer presentes os seguintes pressupostos:

- Constituição rígida (que tem seu processo de alteração mais trabalhoso que a edição de uma lei ordinária);
- atribuição de competência a um órgão para "resolver" os problemas de constitucionalidade;
- Constituição como norma Suprema (esteja no ápice da pirâmide normativa);

1.1. Histórico do Controle de Constitucionalidade no Brasil

No Brasil, o controle de constitucionalidade surgiu com o advento de sua segunda Constituição, ou seja, no ano de 1891. A Constituição Imperial do ano de 1824 não trazia nenhuma previsão a respeito do controle de constitucionalidade. Em 1891, então, houve a previsão do controle de constitucionalidade *difuso*, não existindo nenhuma menção ao controle de constitucionalidade concentrado ou abstrato.

A Constituição de 1934 manteve a previsão do controle difuso de constitucionalidade com algumas inovações, tais quais:

- previu a ação direta de inconstitucionalidade interventiva;
- previu a cláusula de reserva de plenário; e
- previu a atribuição ao Senado Federal de competência para suspender a execução, no todo ou em parte, de lei ou ato declarado inconstitucional por decisão definitiva (esta previsão foi uma forma de compensar a inexistência do tão famoso instituto do "*stare decisis*" no direito constitucional brasileiro).

A Constituição Brasileira de 1937 pouco inovou a respeito do controle de constitucionalidade, pois apenas previu a possibilidade de o Presidente, em casos em que envolver o bem-estar do povo, a promoção ou a defesa de interesse nacional de alta monta, submeter a decisão que declarar a inconstitucionalidade de determinada lei ao reexame pelo Parlamento, que, por sua vez, pela decisão de 2/3 dos membros de cada uma das Casas, poderia tornar sem efeito a referida declaração proferida pelo Tribunal, confirmando, assim, a validade da lei.

Finalmente, a Constituição de 1946, mantendo o controle de constitucionalidade difuso originariamente previu, por meio de reforma, pela Emenda Constitucional 16/65, de forma inédita no Brasil, o controle concentrado, exercido pela representação de inconstitucionalidade (Ação Direta de Inconstitucionalidade – ADI), de competência originária do Supremo Tribunal Federal, proposta, exclusivamente, pelo Procurador-Geral da República.

Na Constituição de 1967, houve a manutenção dos dois modelos de controles (difuso e concreto), inovando, apenas, com a Emenda Constitucional n. 1/69, que previu o controle de constitucionalidade de lei municipal, em face da Constituição Estadual, para fins de intervenção no município.

Em 1988, tivemos a promulgação da Constituição da República Federativa do Brasil, intitulada por Ulysses Guimarães, membro da Assembleia Constituinte, que a denominou de "*Constituição Cidadã*". A Carta Magna inovou bastante no que diz respeito ao Controle de Constitucionalidade. Vejamos:

- ampliou o rol dos legitimados para a propositura de ação direta de inconstitucionalidade;
- previu o controle de constitucionalidade de omissões legislativas, seja de forma concentrada (Ação Direta de Inconstitucionalidade por omissão), seja de modo incidental, pelo controle difuso (Mandado de Injunção);
- permitiu o controle concentrado em âmbito estadual, pela instituição pelos Estados (Unidades da Federação – UF) de representação de inconstitucionalidade de leis ou atos normativos estaduais ou municipais em face da Constituição Estadual, vedando, contudo, a atribuição da legitimação para agir a um único órgão;
- previu a Ação de Arguição de Descumprimento de Preceito Fundamental (ADPF).

Em 1993, com o advento da Emenda Constitucional n. 3/1993, se estabeleceu a Ação Declaratória de Constitucionalidade (ADC).

A Emenda Constitucional n. 45/2004, considerada a emenda da Reforma do Poder Judiciário Brasileiro, por sua vez, igualou a legitimação ativa para o ajuizamento da ADC à da ADI, bem como estendeu o efeito vinculante, previsto expressamente para a Ação Direta de Constitucionalidade, para a Ação Direta de Inconstitucionalidade. O que podemos observar, como também já fora mencionado pela doutrina, é que se caminha para a consagração da ideia de *efeito dúplice* ou *ambivalente* entre essas duas ações, diferenciando-se apenas quanto ao objeto, posto que a Ação Direta de Inconstitucionalidade cabe para lei ou ato normativo federal ou estadual, enquanto a Ação Direta de Constitucionalidade somente ato normativo para federal.

Sendo assim, observa-se que hoje há no Brasil um sistema misto, que combina o critério difuso, por via de defesa em um processo comum, com o critério concentrado, por via de Ação Direta de Inconstitucionalidade.

Segundo Gilmar Mendes, a Constituição da República de 1988 reduziu o significado do controle de constitucionalidade incidental ou difuso ao ampliar, de forma marcante, a legitimação para a propositura da Ação Direta de Inconstitucionalidade, permitindo que, praticamente, todas as controvérsias constitucionais relevantes sejam submetidas ao crivo do Supremo Tribunal Federal, mediante processo de controle abstrato de normas.

2. CONTROLE DE CONSTITUCIONALIDADE PREVENTIVO

O controle de constitucionalidade preventivo, também chamado de controle político, teve sua origem na França e ficou assim conhecido, exatamente, por não se fazer presente a figura do Poder Judiciário.

A origem do controle de constitucionalidade preventivo político na França se deu em razão da desconfiança que havia na figura do próprio Poder Judiciário, ou seja, dos juízes que o integravam, pois eram diretamente ligados à nobreza e, como bem se sabe, a Revolução Francesa foi exatamente contra a monarquia e a nobreza. Outro ponto fundamental para fortalecer o controle preventivo político de constitucionalidade é o fato de o juiz não ser um agente eleito por meio de sufrágio universal, ou seja, não ser escolhido pelo povo e, com isso, não possuir legitimidade para declarar inválida uma lei que fora emanada do Parlamento, representantes diretos do povo.

O órgão responsável pelo controle de constitucionalidade prévio na França é o chamado Conselho Constitucional, que possui essencialmente as seguintes características

- exercer o controle político e preventivo de constitucionalidade das normas;
- atua no controle preventivo de forma obrigatória (quando se tratar de leis orgânicas e de regulamentos das Casas do Parlamento) ou de forma facultativa (demais normas);
- para o exercício do controle facultativo de constitucionalidade prévio, o Conselho deverá ser provocado;
- sua composição se dará por Membros indicados e vitalícios com mandato de 9 anos, sem admissibilidade de recondução, devendo ser renovado a cada 3 anos, na seguinte forma:
    a) 3 indicados pelo Presidente da República;
    b) 3 indicados pelo Presidente do Senado;
    c) 3 indicados pelo Presidente da Assembleia Nacional;
    d) Membros Vitalícios: ex-Presidentes da República.

Nessa percepção, a França possui além do *Conselho de Estado* que, no modelo francês, exerce a jurisdição administrativa e da *Corte de Cassação*, que exerce a jurisdição cível comum, o mencionado Conselho Constitucional.

Por muitos anos, o único meio de exercício do controle de constitucionalidade na França foi o controle preventivo político, porém, a L. Organique n. 2009-1523, de 10 de dezembro de 2009, com entrada em vigor em primeiro de março de 2010, possibilitou que o cidadão pudesse contestar a constitucionalidade de uma norma por meio da chamada "*question prioritaire de constitutionnalité*" – QPC. Vejamos os dispositivos constitucionais:

O **artigo 61-1**: Quando, num processo pendente num tribunal, for alegado que uma disposição legislativa atenta contra os direitos e liberdades garantidos pela Constituição, pode essa questão ser submetida ao *Conseil constitutionnel*, através de reenvio do *Conseil d'État* ou da *Cour de cassation*, que se pronuncia dentro de um prazo determinado. Uma lei orgânica determina as condições de aplicação do presente artigo.

O **artigo 62**, 2º e 3º parágrafos: Uma disposição que seja declarada inconstitucional com fundamento no artigo 61-1 é revogada a contar da publicação da decisão do *Conseil constitutionnel* ou de data posterior fixada nessa decisão. O *Conseil constitutionnel* determina as condições e os limites dentro dos quais os efeitos produzidos pela disposição podem ser postos em causa.

No Brasil, o controle prévio de constitucionalidade pode ser exercido comumente pelo Poder Legislativo, bem como pelo Poder Executivo. Em situação excepcional, poderá o Poder Judiciário exercer, de forma bastante restrita, o controle prévio de constitucionalidade das normas.

Se exercido pelos três poderes da República, não se pode falar necessariamente em *controle preventivo político*, posto que em alguns casos o controle se dá pela análise da legalidade e não por motivos políticos, portanto, o conceito se restringe ao *controle preventivo de constitucionalidade*.

3. O CONTROLE DE CONSTITUCIONALIADE PREVENTIVO POLÍTICO – PODER LEGISLATIVO

No âmbito do Poder Legislativo, no Brasil, o controle de constitucionalidade preventivo é exercido pelo Presidente da casa legislativa, pela Comissão de Constituição e Justiça, bem como pelo próprio plenário do Congresso Nacional.

O presidente da casa legislativa, Câmara dos Deputados ou Senado Federal realiza o controle de constitucionalidade preventivo, quando exerce a prerrogativa que lhe é concedida de devolver uma proposição de lei ao seu autor, sob a alegação de que tal proposição afronta a Constituição. Ainda que o autor da proposta de lei possa recorrer da decisão do Presidente ao plenário da Casa Legislativa, naquele momento, há o efetivo exercício de controle preventivo de constitucionalidade.

O controle de constitucionalidade preventivo exercido pela Comissão de Constituição e Justiça do Congresso Nacional Brasileiro, sem dúvida, é recorrente e muito importante dentro do processo legislativo brasileiro.

Como o Brasil adota o sistema bicameral (duas casas legislativas), teremos a Comissão de Constituição e Justiça em ambas as casas legislativas. No artigo 32, III, do Regimento Interno da Câmara dos Deputados do Brasil, criou-se a *"Comissão de Constituição e Justiça e de redação"*.

Neste dispositivo, estabeleceu-se "como" e "quando" a Comissão de Constituição e Justiça atuaria, especificamente no que dizia respeito a matérias Constitucionais, legais, jurídicas, regimentais e de técnicas legislativas de projeto, emendas ou substitutivos sujeitos à apreciação da Câmara ou de suas Comissões para efeito de admissibilidade e tramitação.

No Senado Federal, a *"Comissão de Constituição e Justiça e Cidadania"* está prevista no artigo 101 do seu Regimento Interno e prevê atribuição para emitir parecer a respeito da constitucionalidade dos atos normativos que lhes forem submetidos.

No momento em que um projeto de lei é submetido ao crivo da Comissão de Constituição e Justiça do Congresso Nacional, o controle de constitucionalidade é exercido na sua plenitude, de forma preventiva, pois, caso a Comissão rejeite o projeto de lei sob fundamento de que há colisão com os dispositivos constitucionais, o processo é encerrado naquele ato.

Observa-se que o parecer da Comissão de Constituição e Justiça, no que tange à constitucionalidade do projeto submetido, pode ser terminativo, ou seja, caso o projeto de lei não seja aprovado, também se findará naquela reunião a tramitação do projeto. Ainda que subsista recurso ao plenário, em desfavor do parecer da Comissão de Constituição e Justiça, manejado por um décimo dos membros da respectiva Casa Legislativa, o parecer pela inconstitucionalidade do projeto tem caráter terminativo.

Por fim, o controle preventivo de constitucionalidade é também exercido pelo Plenário do Congresso Nacional Brasileiro. Como instância máxima e superior de deliberação, o exercício pleno deste controle se dará no momento em que o plenário apreciar o recurso interposto em desfavor da decisão do presidente da Casa Legislativa, bem como ao apreciar recurso interposto em desfavor de parecer da Comissão de Constituição e Justiça.

4. O CONTROLE DE CONSTITUCIONALIADE PREVENTIVO POLÍTICO – PODER EXCECUTIVO

O controle de constitucionalidade preventivo, como já fora supramencionado, não é exercido de forma única ou privativa pelo Poder Legislativo, pois o chefe do Poder Executivo também tem o poder de exercer esta prerrogativa, conforme determina o art. 66, § 1º, da Constituição da República Federativa do Brasil. O chefe do Poder Executivo, por exemplo, poderá exercer esta função utilizando-se de sua faculdade de vetar lei.

A sanção de leis pelo chefe do Poder Executivo é fase essencial do processo legislativo brasileiro. Na situação em que o chefe do Poder Executivo entender que a lei aprovada pelo Congresso Nacional afronta a Constituição, pode este simplesmente inserir obstáculos e vetar a norma.

Como já fora se verificou, o veto do Chefe do Poder Executivo irá ocorrer quando este se deparar como um projeto de lei aprovado pelo Legislativo que, conforme seu entendimento, afronte a Constituição ou seja contrário ao interesse público. Quando o veto for motivado pela afronta do texto legal à Constituição da República, denominar-se-á de veto jurídico e, no segundo caso, será denominado de veto político.

Diante das colocações, observamos que no Brasil o exercício do controle preventivo de constitucionalidade político ocorrerá sempre dentro do processo legislativo, o exercendo tanto o Legislativo como o Executivo.

5. O CONTROLE DE CONSTITUCIONALIDADE PREVENTIVO JURISDICIONAL

Antes de adentrar ao estudo do controle de constitucionalidade preventivo jurisdicional, importante relembrarmos as lições do Professor Gomes Canotilho, que especifica os modelos de controle de constitucionalidade:

(a) quem controla (sujeito), dividido em controle político e jurisdicional; (b) como se controla (modo), podendo ocorrer por via incidental ou por via principal, ou pelo controle concentrado (impugnação da norma independentemente de qualquer litígio) ou concreto (realizado em um processo *inter partes*); (c) quando se controla (tempo), decomposto em preventivo e sucessivo; (d) e quem requer o controle (legitimidade ativa), podendo ser conferido a qualquer pessoa ou restrito a certas pessoas naturais ou jurídicas, ressalvando que não pode ser iniciada de ofício pelos órgãos competentes para exercê-lo.[2]

Já analisada acima a existência do controle de constitucionalidade preventivo realizado pelos Poderes Executivo e Legislativo, importante observar agora a existência do **controle de constitucionalidade preventivo jurisdicional de constitucionalidade**.

No Brasil, é possível que haja o exercício desta forma de controle pelo Poder Judiciário, de modo excepcional. Isto poderá se dar, em casos de vícios formais de constitucionalidade no processo legislativo, em que será possível e em alguns casos, imprescindível a intervenção do Poder Judiciário.

De constitucionalidade material, assim entendeu o próprio Supremo Tribunal Federal em 2013. Vejamos:

CONSTITUCIONAL. MANDADO DE SEGURANÇA. CONTROLE PREVENTIVO DE CONSTITUCIONALIDADE MATERIAL DE PROJETO DE LEI. INVIABILIDADE.

1. Não se admite, no sistema brasileiro, o controle jurisdicional de constitucionalidade material de projetos de lei (controle preventivo de normas em curso de formação). O que a jurisprudência do STF tem admitido, como exceção, é a legitimidade do parlamentar – e somente do parlamentar – para impetrar mandado de segurança com a finalidade de coibir atos praticados no processo de aprovação de lei ou emenda constitucional incompatíveis com disposições constitucionais que disciplinam o processo legislativo (MS 24.667, Pleno, Min. Carlos Velloso, DJ de 23.04.2004). Nessas excepcionais situações, em que o vício de inconstitucionalidade está diretamente relacionado a aspectos formais e procedimentais da atuação legislativa, a impetração de segurança é admissível, segundo a jurisprudência do STF, porque visa a corrigir vício já efetivamente concretizado no próprio curso do processo de formação da norma, antes mesmo e independentemente de sua final aprovação ou não.

2. Sendo inadmissível o controle preventivo da constitucionalidade material das normas em curso de formação, não cabe atribuir a parlamentar, a quem a Constituição nega habilitação para provocar o controle abstrato repressivo, a prerrogativa, sob todos os aspectos, mais abrangente e mais eficiente, de provocar esse mesmo controle antecipadamente, por via de mandado de segurança.

3. A prematura intervenção do Judiciário em domínio jurídico e político de formação dos atos normativos em curso no Parlamento, além de universalizar um sistema de controle preventivo não admitido pela Constituição, subtrairia dos outros Poderes da República, sem justificação plausível, a prerrogativa constitucional que detém de debater

---

(2) CANOTILHO, J. J. Gomes. *Direito constitucional*. 6. ed. Coimbra: Almedina, 1996. p. 962-969.

e aperfeiçoar os projetos, inclusive para sanar seus eventuais vícios de inconstitucionalidade. Quanto mais evidente e grotesca possa ser a inconstitucionalidade material de projetos de leis, menos ainda se deverá duvidar do exercício responsável do papel do Legislativo, de negar-lhe aprovação, e do Executivo, de apor-lhe veto, se for o caso. Partir da suposição contrária significaria menosprezar a seriedade e o senso de responsabilidade desses dois Poderes do Estado. E se, eventualmente, um projeto assim se transformar em lei, sempre haverá a possibilidade de provocar o controle repressivo pelo Judiciário, para negar-lhe validade, retirando-a do ordenamento jurídico.

4. Mandado de segurança indeferido.

Vejamos os excepcionais ensinamentos do Professor Moraes (2002, p. 584), que elucida o tema, com as seguintes informações:

> Apesar de o ordenamento jurídico brasileiro não consagrar um controle preventivo de Constitucionalidade abstrato, nos moldes dos realizados pelo Conselho Constitucional Francês e pelo Tribunal Constitucional Português, será possível a realização desse controle preventivo, incidentalmente, em sede de mandado de segurança, quando ajuizados por parlamentares contra ato do presidente da Casa ou de Comissão Legislativa Constitucional.
>
> O Supremo Tribunal Federal admite a possibilidade de Controle de Constitucionalidade durante o procedimento de feitura das espécies normativas, especialmente em relação a necessidade de fiel observância das normas constitucionais do referido Processo Legislativo (CF, arts. 59 e 69).

O Ministro Celso de Mello, do Supremo Tribunal Federal, em um julgado, proferiu entendimento no sentido de haver uma excepcional possibilidade de controle preventivo de constitucionalidade material pelo Poder Judiciário. Vejamos:

> Embora excepcional, o controle jurisdicional do processo de formação das espécies normativas não configura, quando instaurado, ofensa ao postulado básico da separação de poderes. Isso significa reconhecer que a prática do 'judicial review', sempre que se alegue suposta ofensa ao texto da constitucional, não pode ser considerada um gesto de indevida interferência na esfera orgânica do Poder Legislativo. (MS 33353 MC/DF)

> O parlamentar, fundado na sua condição de copartícipe do procedimento de formação das normas estatais, dispõe, por tal razão, da prerrogativa irrecusável de impugnar, em juízo, o eventual descumprimento, pela casa legislativa, das cláusulas constitucionais que lhe condicionam, no domínio material ou no plano formal, a atividade de positivação dos atos normativos. (MS 33353 MC/DF)

Em todo este contexto, podemos vislumbrar que, embora não haja ainda a possibilidade de ser praticado o controle preventivo de constitucionalidade material pelo Poder Judiciário, assim como é feito no Estado Francês pelo Conselho Constitucional, já existe precedente neste sentido no Brasil, e como a intepretação constitucional exercida pela Corte Suprema Brasileira não é estanque, poderemos, em futuro próximo, visualizar outras decisões neste sentido.

CONCLUSÃO

Com este estudo, podemos chegar à conclusão de que o controle preventivo de constitucionalidade exerce papel fundamental na garantia da força normativa da Constituição, bem como no impedimento de que normas tenham sua vigência e aplicabilidade, quando estejam em desacordo com a Constituição.

Ainda que seja empregado de formas diferentes ao seu modelo original, que surgiu no Estado Francês, com o controle feito pelo Conselho Constitucional (órgão jurisdicional), o controle preventivo de constitucionalidade vem sendo aplicado em diversos outros países e, em especial, no Brasil, que, mesmo adotando como regra o controle repressivo de constitucionalidade, excepcionalmente, cada poder dentro da sua legitimidade, pode exercer o controle preventivo das normas.

Portanto, é de suma importância que se observe de maneira atenta o instituto do controle preventivo de constitucionalidade como forma de manter a aplicabilidade e a força da Constituição, pois isso garante estabilidade institucional e segurança jurídica, uma das "vigas-mestra" de um Estado.

BIBLIOGRAFIA

BARROSO, Luís Roberto. *Interpretação e Aplicação da Constituição*: fundamentos de uma dogmática constitucional transformadora. São Paulo: Saraiva, 1996.

_____. *O Controle de Constitucionalidade no Direito Brasileiro*. 6 ed. São Paulo: Saraiva 2012.

BONAVIDES, Paulo. *Curso de Direito Constitucional*. 11. ed. São Paulo: Malheiros. 2001

_____. Jurisdição constitucional e legitimidade; algumas observações sobre o Brasil. In: FIGUEIREDO, Marcelo; PONTES FILHO, Valmir (organizadores). *Estudos de direito público em homenagem a Celso Antônio Bandeira de Mello*. São Paulo: Malheiros.

BRASIL. *Constituição da República Federativa do Brasil*. Brasília, DF, Senado, 1988.

CANOTILHO, J. J. Gomes. *Direito constitucional*. 6. ed. Coimbra: Almedina, 1996.

CAPPELLETTI, Mauro. *O controle judicial de constitucionalidade das Leis no direito comparado*. Trad. Aroldo Plínio Gonçalves. 2. ed. Porto Alegre: Sérgio Antonio Fabris, 1992.

CATTONI DE OLIVEIRA, Marcelo Andrade. *Devido processo legislativo*: uma justificação democrática do controle jurisdicional de constitucionalidade das leis e do processo legislativo. Belo Horizonte: Mandamentos, 2006.

FIÚZA, Ricardo Arnaldo Malheiros. *Direito constitucional comparado*. 3. ed. revista, atualizada e ampliada. Belo Horizonte: Del Rey, 1997.

FRANÇA. *Constituição da França*. Rio de Janeiro: Gráfica e Editora Dior, 1986.

KELSEN, Hans. *Jurisdição constitucional*. São Paulo: Martins Fontes, 2003.

_____. *Teoria pura do direito*. Trad. João Baptista Machado. 4. ed. Coimbra: Armênio Amado Editor. 1979.

_____. *Teoria geral do direito e do estado*. 3. ed. São Paulo: Martins Fontes. 1998.

MELLO, Celso Antônio Bandeira de. *Discricionariedade e controle jurisdicional*. 2. ed. São Paulo: Malheiros, 2000.

MENDES, Gilmar Ferreira. *Jurisdição Constitucional*. Ed. Saraiva.

MIRANDA, Jorge. *Teoria do Estado e da Constituição*. 1. ed. Rio de Janeiro: Forense, 2002.

MORAES, Alexandre de. *Direito Constitucional*. 17. ed. São Paulo: Atlas, 2005.

_____. *Jurisdição constitucional e tribunais constitucionais*. São Paulo: Atlas, 2000.

MORAES, Germana de Oliveira. *O controle jurisdicional da constitucionalidade do processo legislativo*. São Paulo: Dialética, 1998.

O Processo de Descentralização na Administração Pública

Silvio de Jesus Pereira

Advogado com atuação em Direito Civil, Direito do Trabalho e Direito Administrativo, militando no Segundo Grau e Tribunais Superiores. Advogado Público na Advocacia-Geral da União de 1999 a 2009. Graduado em Direito pelo Centro Universitário de Brasília – UNICEUB (1998). Pós-graduado em Direito Público, com ênfase em Direito Regulatório, pela Universidade de Brasília (UNB). Atualmente, é aluno do Curso Intensivo para Doutorado da *Facultad de Derecho de la Universidad* de Buenos Aires. Membro da Comissão de Arbitragem e Mediação da OAB/DF e Diretor-Adjunto em Ética da Rede Internacional de Excelência Jurídica. Proferiu a palestra "A Arbitragem como solução alternativa de conflitos" em diversas universidades de Brasília e a palestra "Aspectos polêmicos da Arbitragem no Brasil" na *Facultad de Derecho de la Universidad* de Buenos Aires. Publicou artigos em *sites* de direito, dentre eles, o artigo "Embargos de Declaração para efetuar prequestionamento" no *site* da AGU/PRU Primeira Região e "Lei Processual para os Tribunais de Contas" na Revista Digital da Consultoria Jurídica (Conjur).

INTRODUÇÃO

Uma coisa é certa: não há como falar de formação de Estado sem a divisão de poderes e, consequentemente, sem falar, de forma sintética ou ampla, de Administração Pública, o que nos remete ao Direito Administrativo como ramo do Direito que a estuda.

Por serem tais ramos do direito pertencentes ao Direito Público, não se pode olvidar que há afinidade de um em relação ao outro. No Direito brasileiro, a afinidade ficou delineada quando o constituinte incluiu em nossa Constituição Federal um capítulo específico para a Administração Pública (Capítulo VII) no Título que constitucionaliza a Organização do Estado (Título III).

A eficiência foi objeto da Emenda Constitucional n. 45/2004, que integrou o *caput* do art. 37 desse Capítulo VII da Constituição Brasileira na forma de Princípio Constitucional da Administração Pública.

É nesse sentido que desenvolvemos nossos estudos para demonstrar que a descentralização do Serviço Público pode ser um instrumento importante e até mesmo necessário para alcançar esse Princípio Constitucional.

A descentralização, processo de distribuição de atividades inerentes à administração pública direta para a administração pública indireta, não teve início com o administrador moderno. Segundo Diogo de Figueiredo Moreira Neto[1], a história da administração pública registra o processo de descentralização desde o Império Romano, quando o Estado se sujeitava a algumas normas jurídicas definidas.

A partir de então, as sucessivas revoluções técnico-políticas (Revolução Francesa, Revolução In-

---

(1) "A descentralização, embora conceito antigo, só foi timidamente experimentada em modelos políticos da Antiguidade, não se encontrando, com frequência nas organizações políticas arcaicas, com exceção do singular fenômeno histórico romano, por isso mesmo tido como o primeiro exemplo de organização complexa descentralizada sujeira a algumas normas jurídicas definidas." (*Curso de Direito Administrativo*, 2014, p. 134.)

dustrial, Revolução Americana e outras), as seguidas descobertas tecnológicas e o aumento da densidade demográfica exigiram dos gestores públicos novos procedimentos administrativos para desburocratizar a utilização do poder ou controlar o desenvolvimento das atividades do Estado.

Os gestores encontram na descentralização o meio de promover a separação entre atividade específica e atividades privadas desenvolvidas pelo Estado, tornando esse instrumento administrativo imprescindível para a Administração Pública.

No estudo da Teoria do Direito Constitucional, para Jorge Omar Bercholc[2], independentemente do Sistema de Governo ou Regime Socioeconômico, o método da descentralização somente pode ser utilizado com a definição precisa do que se entende por serviço público, posto que não há que se confundir esse com o exercício de atividades da iniciativa privada exercida pelo Estado, mesmo as atividades executadas para promover a intervenção ou a regulação. Com razão o sapiente doutrinador.

No absolutismo, todas as atividades, públicas e privadas, eram exercidas pelo Estado. Em contraponto ao Estado Absolutista o Estado Liberal, foram formados pelo processo de transferência à iniciativa privada todos os serviços, público e privado, passando a se preocupar apenas com os direitos fundamentais.

A ausência de controle ou regulação na execução das atividades executadas pela iniciativa privada impediu o estado de garantir aos cidadãos esses direitos fundamentais. Diante desse impedimento, o Estado então retira os serviços públicos da iniciativa privada, assume a execução desses serviços e inicia um processo de intervenção e regulação dos serviços industriais e comerciais, inclusive, por algumas vezes, exercendo suas atividades. O Estado também passa a adotar métodos de gestão privada no desenvolvimento de suas atividades e o Serviço Público passa a ser regido pelos Princípios da Supremacia e da Indisponibilidade do Interesse Público.

Nesse estudo, apresentaremos o surgimento da descentralização das atividades públicas que irá permitir aos novos paradigmas de Estado a utilização desse instrumento de administração de forma mais intensa a partir do surgimento do "Estado do Bem-Estar Social", quando aumenta a intervenção do Estado.

Para melhor demonstrar a importância da descentralização administrativa, demonstrar-se-ão neste trabalho sua classificação e os novos entendimentos sobre sua utilização, dentre eles, a necessidade de participação pública, que deixa de ser apenas um instrumento técnico como se verá adiante.

1. UM POUCO DA ADMINISTRAÇÃO PÚBLICA NOS DIVERSOS PARADIGMAS DE ESTADO PÓS-ABSOLUTISMO

A grande divergência entre o paradigma liberal e social consiste na determinação da igualdade entre as pessoas. No liberalismo, a autonomia da iniciativa privada contra ingerências estatais era suficiente para garantir a isonomia entre os cidadãos (livre acesso às camadas da pirâmide de estratificação social); o Estado Social, por sua vez, procurou equipará-los materialmente como condição da igualdade social e política.

Então, a relação entre a autonomia privada e a autonomia pública ficou desequilibrada: no paradigma liberal, em razão de uma esfera privada formalmente garantida e indiferente às desigualdades econômicas e sociais; e no paradigma social, em decorrência de uma administração provedora e autônoma, na medida em que, por um lado, procura compensar as desigualdades sociais e, por outro, retira dos cidadãos o poder decisório.

Diante desse posicionamento contraditório entre os paradigmas liberal e social, aparece a necessidade de estruturar a condução da Administração Pública, surgindo então o Direito Administrativo para efetuar o controle dos bens e do sistema financeiro do Estado, de forma a defender, monitorar e controlar o interesse público, bem como os exageros praticados pela classe economicamente dominante. A dimensão do Direito Administrativo, comportada dentro da noção de Estado Democrático de Direito, implica maior participação dos administrados na gestão das políticas públicas de saúde, educação, trabalho, etc. e implica também a inclusão dos admi-

---

[2] "Por ello, más allá de denominaciones y de las distintas perspectivas a través de las que se puede abordar el estudio de los fenómenos políticos, considero que una visión politológica y sociológica más general desde la Ciencia y Sociología Política (no limitada por el excesivo realce de algún aspecto en particular, por caso el Estado) es el mejor modo de encarar los distintos temas de estudio de esta disciplina." (*Temas de Teoría del Estado*, 2014, p. 3.)

nistrados no âmbito da esfera consultiva e decisória da administração pública (Constituição da República Federativa do Brasil de 1988).

A doutrina possui enorme dificuldade em estabelecer uma clara distinção entre o Estado Democrático de Direito e o Estado Social, afirmando alguns autores que o Estado de Direito é uma derivação do Estado Social, posto que, a partir desse paradigma, é que se iniciou a estruturação legal da Administração Pública tendo a participação do cidadão.

De fato, no início do Século XX, houve mudança na Administração Pública, quando o Estado deixou de ser um agente subsidiário da iniciativa privada passando a ter uma administração voltada para o interesse público; porém, apenas ao final desse Século XX é que o Estado se estruturou legalmente de forma a ter maior participação do cidadão, fortalecendo a legitimidade do exercício do poder, a retomada do conteúdo material das leis e a devolução da ideia de justiça. Essa participação efetiva popular começou a ocorrer, no final do Século XX, na Itália, Alemanha, Portugal, Espanha e em países da América Latina.

A Constituição alemã (1949), juntamente com a Constituição de Portugal (1976), e a Constituição da Espanha (1978) são consideradas inauguradoras do Estado Democrático de Direito. Denota-se nesse paradigma que a corrente naturalista dos princípios fundamentais passa a prevalecer sobre a corrente positivista, tendo os princípios do direito como fatores constituintes de fonte subsidiária do direito, já que os princípios são fundamentos da ordem jurídica por consagrarem valores supremos e servirem de base para a interpretação das leis.

O cidadão passa a ter maior participação social no controle e gestão do poder, pois nesse modelo de Estado deve-se observar o princípio da legalidade.

Passa-se, então, a ser difundida a ideia de maior participação social como forma de legitimação das atividades da Administração Pública. Consequentemente, implanta-se o modelo de descentralização das atividades administrativas e regulação dessas atividades por entidades públicas, porém, de direito privado, surgindo as Autarquias, Empresas Públicas e Fundações, ou seja, a chamada Administração Pública Indireta.

O surgimento do Estado Regulatório modifica a Administração Pública com o objetivo de impor um estado regulador e sem o poder executório das atividades privadas, ou seja, devolve à iniciativa privada a execução das atividades privadas, mantendo o controle que o faz por meio da regulação e o poder de intervenção para extirpar os abusos da iniciativa privada tais como o cartel e o truste.

2. CLASSIFICAÇÕES DA DESCENTRALIZAÇÃO

A classificação da descentralização não é pacífica entre os doutrinadores, contudo, em muitas obras, o que se vê é apenas uma questão de nomenclatura para diferenciar uma de outra, sendo que o resultado na aplicação de um método de descentralização é exatamente o mesmo. Exemplo disso é a chamada "descentralização territorial" de Maria Silvia Zanella Di Pietro[3]; a descentralização sistemática de Jorge O. Bercholc[4]; e a descentralização geográfica de Marcelo Alexandrino[5].

Para que possamos delinear a amplitude necessária aos nossos estudos, tomemos a classificação trazida pela doutrinadora Maria Sylvia Zanella Di Pietro que é mais detalhada e que abrange os entendimentos dos demais autores, fazendo ressalvas aos posicionamentos de Jorge Omar Bercholc[6], jurista argentino, que tem um entendimento diferente dos doutrinadores brasileiros quando coloca a descentralização como instrumento necessário para que os serviços públicos estejam mais próximos do cidadão sem prejuízo de sua utilização na forma de gestão

---

(3) "Descentralização territorial ou geográfica é a que se verifica quando uma entidade local, geograficamente delimitada, é dotada de personalidade jurídica própria, de direito público, com capacidade administrativa genérica." (*Direito Administrativo*, 2001, p. 343/344.)

(4) "Esto significó que la administración, la programación y la financiación de la educación pasaran de manos del gobierno federal a los gobiernos provinciales." (*Temas de Teoría del Estado*, 2014, p. 335.)

(5) "Nessa forma de descentralização, a União cria uma pessoa jurídica de direito público com limites territoriais determinados e competências administrativas genéricas." (*Direito Administrativo Descomplicado*, 2012, p. 25.)

(6) "No obstante, en general se acepta que lo intrínsecamente bueno de un proceso descentralizador es aquello prodemocrático que genera, a través de una mayor participación ciudadana, de una mayor cercanía y aproximación de la población con los dirigentes que directamente toman las decisiones, con el incentivo de que las demandas de la población con respecto a aquellos temas que más le preocupen lleguen más rápidamente y sin filtraciones ni deformaciones al corazón del sistema político (...)." (*Temas de Teoría del Estado*, 2014, p. 326.)

pública e da divisão do próprio Poder Executivo, o que pode ser visto como repartição do Poder entre os entes da Administração Pública.

Di Pietro apresenta as seguintes modalidades de descentralização: descentralização territorial, descentralização por colaboração e descentralização de serviços. Suas características são adiante especificadas.

2.1. Descentralização Territorial

A descentralização territorial ou geográfica transfere competência do Poder Central para uma entidade local de direito público, que seja criada com capacidade genérica sem que haja a transferência de poder, é dizer, a entidade local não tem autonomia decisória, posto que segue as normas emanadas do Poder Central.

Nas Federações, a descentralização territorial ocorre com a transferência de competência do Poder Central para Territórios Federais, enquanto, nos Estados Unitários, há transferência do Poder Central para suas províncias, Departamentos, Regiões, Comunas, de acordo com sua estruturação política e de Administração Pública. Nesse caso, há uma autonomia administrativa, porém, mais que uma vinculação, há uma dependência hierárquica.

Para Diogo Figueiredo[7], a descentralização territorial é mais abrangente, pois há também delegação constitucional de competência aos estados federados e aos municípios, mesmo sendo eles dotados de autonomia política e administrativa. No entanto, observa-se aqui uma confusão entre a descentralização e a fixação originária de competência. Quando o legislador constituinte estabelece as competências do Poder Central e as competências dos entes federados, há uma destinação originária da competência, não se confundindo com a descentralização que é a transferência da competência de uma entidade para outra. A reforma constitucional não pode ser confundida com o instrumento administrativo.

A doutrina divide essa modalidade de descentralização em política, administrativa e judiciária. A descentralização política é a própria repartição do poder público, ou competência, entre os entes federados (estados, municípios e Distrito Federal). A descentralização territorial administrativa é a divisão do poder entre o Poder Central e os Territórios (quando existentes). A descentralização territorial judiciária resulta na divisão do poder judicante entre jurisdições, comarcas, termos, zonas, circunscrições, seções e outras.

Trata-se este último caso de competência de foro não necessariamente de descentralização apesar de apresentar aspectos administrativos, pois o Poder Judicante é intransferível e indivisível.

2.2. Descentralização por Colaboração

A descentralização por colaboração, nominada também de descentralização por delegação, é a utilização da iniciativa privada para a realização de serviços públicos podendo ocorrer por contrato ou por ato unilateral. Ela ocorre quando o Poder Central transfere a execução de um serviço público à iniciativa privada mantendo para si a titularidade do serviço.

Reservando para si a titularidade, o Poder Central lhes permite dispor do serviço público de acordo com o interesse público, fazendo intervenção nas empresas prestadoras do serviço público alterando unilateralmente as condições da execução. Assim, o controle sobre a execução do serviço pela iniciativa privada é muito mais amplo e muito mais preciso.

Nessa modalidade, o objetivo da descentralização é a prestação do serviço público à sociedade sem que o Poder Central disponibilize qualquer ajuda financeira, ou seja, há a prestação do serviço público sem dispêndios de capital público.

A descentralização por colaboração ocorre nos casos de concessão e permissão, bem como a celebração de convênios e repasses de emendas parlamentares às associações, sendo as duas segundas formas por ato unilateral e a primeira por contrato. Esse entendimento não é pacífico na doutrina, pois alguns autores afirmam que somente a concessão pode ocorrer por contrato, pois a permissão é forma de descentralização por ato público, de acordo Di Pietro[8], enquanto outros entendem que tam-

---

(7) "A descentralização territorial política se define a partir da norma constitucional e se faz pela subdivisão geográfica do exercício do poder público, no caso do Brasil, dando origem a suas entidades federadas: os Estados, Municípios e Distrito Federal, todos dotados de autonomia política e administrativa." (*Curso de Direito Administrativo*, 2014, p. 135.)

(8) "A descentralização por colaboração é feita por contrato (concessão de serviço público) ou ato unilateral (permissão de serviço público), pelo qual se atribui a uma pessoa de direito privado a execução de serviço público, conservando o Poder Público sua titularidade." (*Direito Administrativo*, 2001, p. 346.).

bém a permissão é feita por contrato, conforme afirma Marcelo Alexandrino[9].

Nessa modalidade de descentralização, os contratos ou o ato público são sempre por prazo determinado, sendo também determinado o local da prestação dos serviços.

2.3. Descentralização por Serviços

Na descentralização por serviços, o Poder Central cria uma Autarquia ou Empresa Pública, ou Fundação, ou Sociedade de Economia Mista para executar o serviço público, sendo que, obrigatoriamente, a entidade deve ser criada por lei, no caso das Autarquias, ou apenas autorizadas pela lei, no caso das demais entidades, porém, sendo indispensável o Registro Público de seus estatutos.

No entanto, Di Pietro[10] afirma que os autores (sem referência específica) entendem que somente a autarquia é criada para a descentralização de serviço público em decorrência de que o serviço a ser descentralizado é um serviço especializado que se destaca do Poder Central e essa pessoa pública criada deve ter a mesma capacidade pública, com todos os privilégios e prerrogativas do ente instituidor.

Tal entendimento decorreu, no Brasil, do Decreto-lei de n. 200/1967 que especifica as atividades e em que situações poderiam ser criadas as entidades da administração indireta fixando suas finalidades. Diz a citada norma em seu art. 5º:

Art. 5º Para os fins desta lei, considera-se:

I – Autarquias – o serviço autônomo, criado por lei, com personalidade jurídica, patrimônio e receita próprios, **para executar atividades típicas da Administração Pública**, que requeiram, para seu melhor funcionamento, gestão administrativa e financeira descentralizada;

II – Empresa Pública – a entidade dotada de personalidade jurídica de direito privado, com patrimônio próprio e capital exclusivo da União, criada por lei **para a exploração de atividade econômica que o governo seja levado a exercer por força de contingência administrativa**, podendo revestir-se de qualquer das formas admitidas em direito;

III – Sociedade de Economia Mista – a entidade dotada de personalidade jurídica de direito privado, **criada por lei para a exploração de atividade econômica**, sob a forma de sociedade anônima, cujas ações com direito a voto pertençam em sua maioria à União ou a entidade da Administração Indireta.

IV – Fundação Pública – a entidade dotada de personalidade jurídica de direito privado, sem fins lucrativos, **criada em virtude de autorização legislativa, para o desenvolvimento de atividades que não exijam execução por órgão ou entidade de direito público**, com autonomia administrativa, patrimônio próprio gerido pelos respectivos órgãos de direção, e funcionamento custeado por recurso da União e de outras fontes. (destaque nosso)

Tomando apenas o citado Decreto-Lei n. 200/1967, em sua publicação original, razão assiste aos doutrinadores tradicionais, a exemplo de José Cretella Júnior e Celso Antônio Bandeira de Mello, pois essa norma, quando de sua publicação, reservava às Autarquias a execução de serviços próprios da Administração Pública, às Empresas Públicas e Sociedade de Economia Mista a intervenção e controle econômico dos exageros da iniciativa privada e às fundações as atividades que não eram exclusivas da Administração Pública.

Com o passar dos tempos, a norma foi modificada, pois a especialização e a economicidade operacional exigiram que as Empresas Públicas e as Sociedades de Economia Mista passassem a desenvolver atividades próprias do Estado.

Exemplo disso foi a extinção do Banco Nacional de Habitação (autarquia), responsável pelo controle, gestão e regulação do sistema habitacional brasileiro, transferindo para a Caixa Econômica Federal (Empresa Pública) suas atividades; a criação da Empresa de Correios e Telégrafos (Empresa Pública) em substituição ao Departamento de Correios e Telégrafos (órgão do Ministério das Comunicações); e a execução dos créditos rurais pelo Banco do Brasil S.A. (Sociedade de Economia Mista).

Portanto, os doutrinadores tradicionalistas, a exemplo daqueles citados anteriormente, firmaram um entendimento com base no Decreto-Lei

---

(9) "A descentralização efetivada mediante delegação, quando o Estado transfere, por contrato (concessão ou permissão de serviço público) ou ato unilateral (autorização de serviços públicos) unicamente a execução do serviço, para que a pessoa delegada o preste à população, em seu próprio nome e por sua conta e risco, sob fiscalização do Estado." (*Direito Administrativo Descomplicado*, 2012, p. 24).

(10) "Tradicionalmente, os autores indicam apenas a autarquia como forma de descentralização por serviço, definindo-a, por isso mesmo, como serviço público descentralizado." (*Direito Administrativo*, 2001, p. 344.)

n. 200/1967 cujas atualizações legislativas não o derrogou, apenas deu novas atividades àquelas entidades da administração indireta.

Por outro lado, seguindo a caracterização da descentralização por serviço, tomando-se o histórico da descentralização dos serviços públicos, percebe-se que, a partir de 1967, os entes criados para a execução de tais serviços sempre tiveram personalidade jurídica de direito privado, à exceção das Autarquias, e não se restringiram à execução dos serviços, mas receberam sua titularidade. Nessa forma, os entes apenas deixaram de receber as mesmas prerrogativas e os mesmos privilégios do Poder Central, ou seja, passaram a atuar da mesma maneira da iniciativa privada.

Ao receber a titularidade, a entidade, que foi criada para a execução do serviço, passa a desempenhá-lo de forma independente em relação ao Poder Central, permitindo-lhe opor-se a interferências políticas para que não se desvie dos fins para os quais fora criada.

Segundo Maria Sylvia Zanella Di Pietro[11], são características fundamentais das entidades criadas para a descentralização dos serviços públicos: personalidade jurídica, capacidade de autoadministração, patrimônio próprio, capacidade específica, controle ou tutela.

A personalidade jurídica própria desvincula a entidade do controle hierárquico permitindo-lhe independência funcional, porquanto a autoadministração lhe permite apenas a independência na execução de suas atividades e, somando-se à independência financeira e patrimonial, permitida pela existência de patrimônio próprio, forma-se um conjunto de independência que lhe permitirá atuação sem interferência do Poder Central.

Por sua vez, a capacidade específica obriga a entidade a somente executar serviços públicos para os quais fora instituída, não se permitindo o desvio de sua finalidade. A essa especificidade de atuação, a doutrina denominou de princípio da especialização.

Quanto à característica de controle ou tutela, a independência da entidade descentralizada sofre restrições como a submissão ao controle do Poder Central na execução dos serviços e a nomeação de seus dirigentes também pelo Poder Central. Isso permite que haja interferência política ou técnica na entidade. A interferência técnica dificultará o trabalho dos técnicos, colocando em risco a eficiência da entidade na execução dos serviços dificultando ou impedindo o alcance do interesse público; a interferência política prejudicial ocorrerá na nomeação ou substituição de pessoas desqualificadas, apenas por interesses partidários ou mesmo por interesses pessoais.

Ora, mesmo sendo criada com objetivos de utilização de métodos de gestão privada, não é cabível uma entidade pública sem qualquer tipo de controle. Para que esse controle seja eficiente e respeitando a independência da entidade, basta aquele controle administrativo feito pelo Legislativo por meio do Tribunal de Contas. Da mesma forma, não se admite a nomeação de seus dirigentes que, politicamente, estão submetidos aos dirigentes do Poder Central, em clara interferência do mesmo sob o risco de ser exonerado do cargo. Com a nomeação de tais dirigentes por seus pares ou mesmo por concurso público, a independência da entidade seria mantida.

Pois bem, com o advento de reforma do Estado em que se modificou o paradigma de estado passando do Estado do Bem-Estar Social para o Estado Regulador, ou Estado Gerencial, surgiu nova forma de descentralização, que é a descentralização por setores do serviço público e não mais por serviços.

Nessa modalidade, o objetivo da descentralização é reordenar o exercício do poder público especializando-o segundo os diferentes setores econômicos e sociais.

---

(11) Esse processo de descentralização envolve portanto:

1. reconhecimento de **personalidade jurídica** ao ente descentralizado;

2. existência de órgãos próprios, com **capacidade de auto-administração** exercida com certa independência em relação ao poder central;

3. **patrimônio próprio**, necessário à consecução de seus fins;

4. **capacidade específica**, ou seja, limitada à execução do serviço público determinado que lhe foi transferido, o que implica sujeição ao princípio da especialização, que impede o ente descentralizado de desviar-se dos fins que justificaram a sua criação;

5. sujeição a **controle** ou **tutela**, exercido nos limites da lei, pelo ente instituidor; esse controle tem que ser limitado pela lei precisamente para assegurar certa margem de independência ao ente descentralizado, sem o que não se justificaria a sua instituição. (*Direito Administrativo*, 2001, p. 345.)

Para tanto, criam-se entidades a fim de receber as competências do Poder Central com autonomia técnica para o desempenho de funções administrativas atribuídas constitucionalmente ou por lei aos órgãos máximos desses setores. A essas entidades, a lei atribuiu a denominação de "Agências Reguladoras" e de "Agências de Execuções". As primeiras são criadas para a regulação de atividades do Estado que passam a ser executadas por empresas privadas mediante a privatização. As segundas foram criadas para absorver as entidades públicas de direito privado integrantes da Administração Pública Indireta mediante condições e concessões; no entanto, pouco se avançou nessa modalidade, posto que os interesses políticos de dominação dessas entidades se sobrepuseram aos interesses técnicos.

Objetivando melhor entendimento dessa modalidade de descentralização, há necessidade de conhecimento prévio da mudança de paradigma do Estado do Bem-Estar Social para Estado Regulador e das funções e criação das Agências Reguladoras e Executivas.

3. ESTADO REGULADOR

Também denominado Estado Contemporâneo, Estado Pós-Moderno ou mesmo Estado Gerencial, tem-se a ideia de ser esse Estado um novo paradigma de Estado ao reunir elementos caracterizadores do Estado Liberal, do Estado Social e do Estado Democrático, tais como respeito à livre-iniciativa, acolhimento do Princípio da Legalidade, participação do cidadão no controle e gestão do poder, fortalecimento dos princípios e valores fundamentais, globalização, crises econômicas e supremacia do interesse público sobre o privado.

Como observado nos tópicos anteriores, até o final do século XIX, o Estado Liberal impôs a prevalência da iniciativa privada, tendo o Estado uma participação mínima na ordem econômica e social. A essa atuação, a doutrina passou a denominar de Estado Mínimo, ou seja, a administração pública não interferia na administração privada que exerce também atividades do Estado. Por outro lado, no Estado Social tudo se inverteu: a administração pública passou a prevalecer sobre a administração privada, inclusive efetuando intervenção direta, de forma a permitir a atuação estatal na ordem econômica em prol da ordem social e em busca do princípio da igualdade.

Observa-se que o Estado Regulador não é a retomada do Estado Liberal ou mesmo o nascimento de um novo Estado Liberal (Estado Neoliberal), posto que no Estado Regulador há prevalência de controle e intervenção do Estado, inclusive e principalmente na ordem econômica, suprindo as deficiências e exageros da iniciativa privada, ou seja, o papel do Estado nesse paradigma é de regulação das atividades e sua atuação é apenas complementar e subsidiária.

No Brasil, essa subsidiariedade foi elevada ao *status* de princípio constitucional; porém, tal princípio não é utilizado ou aplicado de forma absoluta, mas apenas na ordem econômica, como se deduz do art. 173 da Constituição Federal de 1988, com redação dada pela Emenda Constitucional n. 19, de 1998. Tal princípio pode e deve ser aplicado de forma a permitir a complementaridade da iniciativa privada pela administração pública desde que sejam respeitados os princípios da transparência e publicidade com a utilização da licitação.

Esses princípios, da subsidiariedade e da complementaridade, trouxeram à tona a principal característica do Estado Regulador: a desregulamentação (rerregulação) das atividades exclusivas do Estado. Essa característica permite que determinadas atividades sejam transferidas a pessoas jurídicas que gozam de maior liberdade em relação ao centro do poder. Dessa forma, a função normativa se desloca do Poder Legislativo para o Poder Administrativo sem que haja violação ao princípio da separação dos poderes, pois os princípios constitucionais e o fortalecimento do Direito Constitucional permitem ao Poder Judiciário suprir as deficiências do Poder Legislativo e tolher os excessos do Poder Executivo, permitindo o equilíbrio entre os poderes.

Para Ary Casagrande[12], a participação do Estado na regulação das atividades desenvolvidas pela

---

(12) "A amplitude da regulação varia na medida em que se aproxima mais ou menos do comando político. Sua incidência também irá gerar reflexo na maior ou menor prevalência do mercado. A intervenção do Estado na economia poderá, nesta hipótese, ocorrer de forma pontual ou ainda de maneira mais globalizada. Pontualmente, o Estado irá intervir para evitar abuso ou distorção em determinado setor de atividade ou hipótese que consagre um campo de atuação mais restrito. De caráter global, traduz-se a intervenção quando esta acaba por pré-condicionar decisões individuais, ou seja, quando a decisão tomada é destinada a um grupo generalizado, como, por exemplo, teme-se que a introdução de política econômica venha a encarecer ou baratear o patamar de juros a ser cobrado." (*Estado Regulador e Controle Judicial*, 2007, p. 44.)

iniciativa privada varia conforme a proximidade do comando político, gerando maior ou menor repercussão no mercado.

A existência de novo paradigma de Estado é contestada por alguns doutrinadores, sob o entendimento de que o que se alterou foram os instrumentos utilizados pelo Estado para que se implementassem as políticas sociais e econômicas de forma a alcançar os objetivos voltados ao interesse comum. Esses instrumentos são as Agências Reguladoras e Executivas.

4. AS AGÊNCIAS NO ESTADO REGULADOR

Agências são pessoas jurídicas de Direito Público utilizadas como instrumentos para promover a regulação das atividades de interesse público e o controle das atividades privadas pelo Estado. No Estado Regulador, às entidades da Administração indireta, que já exercem atividades da iniciativa privada, foi facultada a promoção à Agência Executiva, concedendo-lhes maiores poderes de gestão e maior autonomia política.

4.1. Agências Reguladoras

Como visto, a mudança de paradigma de Estado do Bem-estar Social para Estado Regulador não foi apenas político, mas a mudança principal ocorreu na nova forma de administrar o estado, efetuando a desregulamentação das atividades de competência exclusiva do Estado, passando-as para a iniciativa privada (privatização), porém, reservando para si o controle, regulação e fiscalização da atividade, ou seja, o Estado deixa de ser executor e passa a ser gerenciador da atividade.

Para efetuar esses trabalhos, foram criadas as Agências Reguladoras, cujas atribuições principais são aquelas definidas em lei, bem como as que foram acima mencionadas. Todavia, algumas Agências, fugindo da morosidade do Judiciário, ainda solucionam conflitos entre as empresas operacionalizadoras das atividades por meio da arbitragem e da mediação, evitando, assim, possível paralisação da atividade.

Todos os países estudados que adotaram o sistema regulador tiveram como solução na regulamentação a criação de Agências, tendo as Estadunidenses como parâmetro para sua formação por serem as primeiras que foram criadas em atendimento ao Estado Regulador, paradigma que persiste naquela Federação desde Abraham Lincoln. Exemplos disso são o Canadá, a Argentina, a Dinamarca, a Alemanha, dentre outros.

Em Portugal, as entidades reguladoras, independentes e fora da órbita do Governo, foram nominadas de autoridades administrativas. Desprezou-se o nome de Agência para receber o nome de Comissão, como relata Clarissa Sampaio Filho[13], contudo, mantendo todas as características e finalidades das entidades do Estado Regulador, sejam, as Agências Reguladoras.

Maria Sylvia Zanella Di Pietro, exercitando o direito comparativo com o direito português, tem o mesmo entendimento acima delineado[14], afirmando ainda que esse poder normativo pode decorrer de entidades privadas e que elas têm capacidade de autonomia ou independência quando a regulamentação não esteja prevista em lei. A descentralização da regulamentação em Portugal extrapola o Poder Público.

Por fim, no Direito brasileiro, exige-se que as Agências, assim com as Autarquias da Pública Indireta, sejam criadas por lei e nesta mesma lei são estabelecidas as finalidades, o objeto e as restrições do poder de regulamentar da entidade que está sendo criada.

4.2. Agências Executivas

As Agências Executivas não são novas entidades, são Autarquias e Fundações já existentes que desenvolviam atividades executivas que receberam título de qualificação e capacitação técnica. Assim,

---

(13) "Por sua vez, a Lei Constitucional n. 01/1997 consagrou expressamente a possibilidade de criação, por lei, de autoridades administrativas independentes, nos termos do art. 207 da Constituição da República Portuguesa. Após a revisão de 1997, cite-se a criação, mediante a Lei n. 67/1998, de 26 de outubro, da Comissão Nacional de Proteção de Dados Informatizados." (*Legalidade e Regulação*, Ed. Fórum, p. 33.)

(14) "Apenas a título comparativo nesse item estritamente dogmático, na doutrina portuguesa, Coutinho de Abreu anota que o regulamento administrativo emana de autoridade administrativa ou de entidade privada no desempenho de funções público-normativa. Como 'veículo de poder hierárquico', o regulamento tem capacidade de autonomia ou independência, porquanto pode prever situações não previstas em lei, embora não lhe cabendo dispor sobre relações entre particulares. As agências reguladoras, portanto, contam com a possibilidade de edição de regulamentos autônomos, devendo respeitar, contudo, a ordem legal e constitucional vigentes." (*Direito Regulatório* – Temas Polêmicos, 2009, p. 321.)

cumprindo as orientações postas nos contratos, alcança-se o Princípio da Eficiência comum ao Estado Regulador.

Para que as Autarquias e Fundações sejam elevadas à condição de Agência Executiva, é necessário que estas entidades, no uso das faculdades que a lei lhes confere, celebrem um contrato de gestão com o órgão do Poder Central.

Nesse contrato, serão firmadas as condições (lê-se exigências) para que a entidade receba a qualificação almejada, sendo elas:

- a definição de metas atingidas, os prazos de consecução, os indicadores de desempenho e os critérios de avaliação dessas metas;
- a compatibilidade dos planos de ação anuais com o orçamento da entidade;
- as medidas legais e administrativas a serem adotadas para assegurar maior autonomia de gestão orçamentária, financeira, operacional e administrativa e para assegurar a disponibilidade de recursos orçamentários e financeiros imprescindíveis ao cumprimento dos objetivos e das metas;
- as penalidades aplicáveis no caso de descumprimento das metas;
- as condições para revisão, renovação e rescisão do contrato;
- a vigência do contrato;

Depois da celebração do contrato, o Poder Executivo emitirá um Decreto firmando a qualificação da entidade como Agência Executiva, porém, o descumprimento de qualquer das cláusulas, principalmente das metas acordadas, ou mesmo do plano estratégico de reestruturação e desenvolvimento da entidade, acarretará a perda da qualificação.

Embora a disposição administrativa seja de grande teor gerencial, pouco efeito prático ocorreu. Primeiramente, por deixar como facultativa a contratação da entidade com o Poder Público. Ora, os ganhos com a Administração Pública esbarram nas pretensões políticas de seus dirigentes que não almejam um cargo de Executivo nas empresas privadas, mas um cargo administrativo mais elevado na Administração Pública, que ocorre por indicação ou interesse político, ou um cargo eletivo que, por certo, a ausência de intensa fiscalização e gerenciamento administrativo por parte do Poder Central inibe a utilização do cargo ou da entidade como ponte para se alcançar o objetivo político.

Somente pequena parte do universo de Autarquias e Fundações existentes no direito brasileiro tem a qualificação de Agência Executiva, mostrando que a decisão de qualificar essas entidades não teve êxito, ou seja, ao facultar às instituições a qualificação como Agência Executiva, a "vontade" política se sobrepôs à "vontade" de buscar a especialização e o cumprimento do Princípio Constitucional da Eficiência.

CONCLUSÃO

Em todo o estudo realizado, destacam-se dois doutrinadores: Diogo de Figueiredo Moreira Neto e Jorge Omar Bercholc. O primeiro por apresentar duas modalidades de descentralização que ainda não foram apresentadas por outros autores: a descentralização hierárquica e a descentralização social.

A descentralização hierárquica é a denominada desconcentração encontrada em outros doutrinadores, ou seja, é a distribuição de competência de um órgão superior para um órgão inferior.

A descentralização social é a delegação de competência para as entidades de direito privado sem fins lucrativos, sendo elas as associações, entidades de classes, entidades paraestatais e outras.

O segundo autor inova a classificação de descentralização trazendo à baila a descentralização democrática, a descentralização republicana e a descentralização sistêmica.

Enquanto a descentralização sistêmica reúne em uma única modalidade a maioria das modalidades constantes nas classificações dos demais autores, a descentralização democrática ensina que esse instituto, apesar de ser gerencial, busca a participação mais direta dos cidadãos no processo de tomada de decisões das Agências estatais. A descentralização republicana, por sua vez, busca a transparência nos atos do governo, no controle do exercício do Poder, na limitação, na cessão das competências e na fragmentação do Poder Central. Afirma o mestre jurista que, inexistindo essa transparência, a descentralização se torna demasiadamente extensa e, consequentemente, autoritária.

Em todas as modalidades, quer seja na participação da sociedade quer na transparência da descentralização, existe uma visão humanista do instrumento gerencial, fazendo com que cada uma das modalidades primeiramente atenda aos anseios da população para somente depois atender os fins gerenciais.

Eis aí o entendimento doutrinário que inova a interpretação sobre o instituto aqui dissertado: descentralização é mais que um instrumento gerencial, é a forma de aproximar o Poder Central do cidadão rompendo com a burocracia que os separa.

Quanto à descentralização apenas como meio de descentralizar as competências do Poder Central, é certo que há variações de entendimentos de um para outro doutrinador; no entanto, com relação às principais modalidades, como a descentralização de serviços, a maioria dos doutrinadores entende que há aplicação no mesmo modo pelos diversos Estados, sendo que as variações estão somente nas denominações da modalidade.

A principal divergência verificada em nosso estudo foi na descentralização por colaboração, quando uma autora afirma ser somente a concessão objeto de contrato, enquanto outro autor afirma que também é objeto de contrato a permissão.

Entretanto, a prática brasileira mostra que as concessões e permissões são realizadas mediante licitação e que, para seu exercício pela iniciativa privada, é necessária a celebração de contrato definindo o prazo contratual e as condições de exercício do serviço público que está sendo descentralizado.

Por fim, tem-se como convicção que não são as divergências de entendimento ou de nomenclatura que retiram desse instrumento administrativo sua importância na desburocratização e na aproximação do Poder Central do cidadão.

BIBLIOGRAFIA

ALEXANDRINO, Marcelo e PAULO, Vicente. *Direito Administrativo descomplicado*. 20. ed. São Paulo: Editora Método, 2012.

BERCHOLC, Jorge O. *Temas de Teoría del Estado*. 2. ed. Buenos Ayres-AR: Ed. La Ley.

CASA GRANDE FILHO, Ary. *Estado Regulador e Controle Judicial*. 1. ed. São Paulo: Ed. Quartier Latin, 2007.

DI PIETRO, Maria Sylvia Zanella. *Direito Administrativo*. 13. ed. São Paulo: Ed. Atlas, 2001.

_____. *Direito Regulatório – Temas Polêmicos*. 2. ed. Belo Horizonte: Ed. Fórum, 2009;

MOREIRA NETO, Diogo de Figueiredo. *Curso de Direito Administrativo*. 16. ed. Rio de Janeiro: Ed. Forense, 2014.

SILVA, Clarissa Sampaio. *Legalidade e Regulação*. Belo Horizonte: Editora Forum, 2005.

Comentários Contextuais das Regras de Concessão de Aposentadoria à Luz da Constituição

Tatiana Conceição Fiore de Almeida
Doutoranda em Direito Constitucional pela Universidade Federal de Buenos Aires, Especialista em Direito do Trabalho, com ênfase em Processo do Trabalho e Previdência pela Escola Superior de Advocacia, Bacharel em Direito pela Centro Universitário Metropolitano de São Paulo (FIG-UNIMESP), sócia-proprietária da Advocacia Tatiana C. Fiore de Almeida, Presidente na Comissão de Seguridade Social e Previdência Complementar na 57ª Subseção (OAB Guarulhos), Apresentadora do Programa Direitos e Deveres-Cidadania em Ação na TV Destaque, Colunista mensal no jornal 'Sanctuarium', Autora de diversos artigos jurídicos, Coordenadora Pedagógica da pós-graduação em Direito do Trabalho e Previdência da UNIMESP-FIG, Professora em cursos de graduação, pós-graduação e preparatórios para concurso, Diretora Executiva do Conselho Federal do Instituto dos Advogados Previdenciários (IAPE).

"Ó que lance extraordinário: aumentou o meu salário e o custo de vida, vário, muito acima do ordinário, por milagre monetário deu um salto planetário. Não entendo o noticiário. Sou um simples operário, escravo de ponto e horário, sou Caxias voluntário de rendimento precário, nível de vida sumário, para não dizer primário, e cerzido vestuário. Não sou nada perdulário, muito menos salafrário, é limpo meu prontuário, jamais avancei no Erário, não festejo aniversário e em meu sufoco diário de emudecido canário, navegante solitário, sob o peso tributário, me falta vocabulário para um triste comentário. Mas que lance extraordinário: com o aumento de salário, aumentou o meu calvário!" (Carlos Drummond de Andrade)

INTRODUÇÃO

O Benefício Previdenciário que embasa esse artigo, inicialmente, foi denominado de Aposentadoria Ordinária e logo foi renomeada para Aposentadoria por Tempo de Serviço, aos 35 anos para o homem e 30 para a mulher. Com o surgimento do neoliberalismo, em 1990, tentarám extinguir esse benefício alegando que tempo de serviço não representava um risco social para ser coberto pelo seguro, razão pela qual foi alterado para Aposentadoria por Tempo de Contribuição.

A Emenda Constitucional n. 20, de 15.12.1998, trouxe a inclusão do equilíbrio financeiro e atuarial, enquanto obrigação, e a idade mínima (60 anos para o homem e 55 para a mulher), que foi derrotada para o Regime Geral. O governo neoliberal de então aprovou em lei ordinária o Fator Previdenciário (FP), como regra obrigatória na Aposentadoria por Tempo de Contribuição, e regra facultativa na aposentadoria por idade, e indiretamente no cálculo da pensão por morte[1]. Além de não representar grande economia para a previdência, é um grave redutor das aposentadorias e uma insegurança jurídica, já que seu valor se modifica todo ano. A maior injustiça do limite mínimo de idade para a Aposentadoria por Tempo de Contribuição é a punição ao trabalhador que iniciou mais cedo a laborar.

---

(1) Se o segurado ao falecer já estivesse aposentado por Tempo de Contribuição ou por Idade e, no cálculo do seu benefício, foi inserido o Fator Previdenciário.

No Congresso Nacional, ainda tramita a votação sobre uma alternativa ao FP; não se discute a sua extinção, mas sim a isenção de sua aplicação para os trabalhadores que, no somatório tempo de contribuição e idade atingissem 95 os homens e 85 as mulheres. Recentemente, essa regra foi vetada na conversão da Medida Provisória n. 664/2014, na Lei n. 13.135/2015, criando pela Medida Provisória n. 676/2015 uma tabela progressiva, onde até o ano de 2022 os segurados para aposentarem por Tempo de Contribuição deverão ter a fórmula de pontos 90/100.

1. A PROTEÇÃO CONSTITUCIONAL DOS DIREITOS SOCIAIS E A CRISE DO ESTADO DE BEM-ESTAR

1.1. Direitos Sociais e Direitos Fundamentais

Os direitos fundamentais são os direitos relativos aos seres humanos, reconhecidos e positivados constitucionalmente por determinado Estado. Paulo Bonavides[2] foi um dos principais constitucionalistas que leu os direitos fundamentais a partir de um perfil histórico, agrupando os mesmos em gerações de direitos. Importante destacar que, ao fazer referência expressa ao termo gerações dos direitos fundamentais, é para explicar a inserção histórica deles nas constituições dos países, explica: *"os direitos fundamentais passaram na ordem institucional a manifestar-se em três gerações sucessivas, que traduzem sem dúvida um processo cumulativo e quantitativo..."* Afirma-se que esta divisão está amparada no surgimento histórico dos direitos fundamentais, sendo que parte da doutrina tem evitado o termo "geração", trocando-o por "dimensão". Isso porque a ideia de "geração" está diretamente ligada à de sucessão, substituição, enquanto que os direitos fundamentais não se sobrepõem, não são suplantados uns pelos outros.

Ingo W. Sarlet[3] adota o termo dimensões, assim como o próprio Bonavides ponderou com relação ao termo gerações, segundo nos relata Dimitri Dimoulis[4].

1.2. Direitos Fundamentais de Segunda Dimensão

Os direitos sociais, como os direitos fundamentais de segunda dimensão, são aqueles que reclamam do Estado um papel prestacional para a redução das disparidades sociais. Com o progresso do liberalismo político e econômico no início do século XX, depois da Primeira Guerra Mundial, o mundo assistiu à degradação do quadro social, sendo necessário atribuir ao Estado uma ação que possa proporcionar condições mínimas de vida com dignidade aos cidadãos, diminuir as desigualdades sociais, e proporcionar proteção aos mais "fracos".

---

(2) BONAVIDES, Paulo. *Curso de Direito Constitucional*. 19. ed. São Paulo: Editora Malheiros, 2006. p. 563. Vale lembrar que a expressão "gerações de direitos fundamentais" foi primeiramente utilizada por Karel Vasak, na aula inaugural de 1979 dos Cursos do Instituto Internacional dos Direitos do Homem, em Estrasburgo. Entretanto, afirma-se que, mais à frente, o próprio Vasak teria confessado a imprecisão da terminologia escolhida. Sobre tal questão, Raquel Honesko transcreve trecho de palestra ministrada por Cançado Trindade na V Conferência Nacional de Direitos Humanos, em maio de 2000, *in verbis*: "Essa teoria é fragmentadora, atomista e toma os direitos de maneira absolutamente dividida, o que não corresponde à realidade. Eu conversei com Karel Vasak e perguntei: 'Por que você formulou essa tese em 1979'. Ele respondeu: 'Ah, eu não tinha tempo de preparar uma exposição, então me ocorreu fazer alguma reflexão, e eu me lembrei da bandeira francesa' – ele nasceu na velha Tchecoslováquia. Ele mesmo não levou essa tese muito a sério, mas, como tudo que é palavra 'chavão', pegou." (HONESKO, Raquel Schlommer. Discussão Histórico-Jurídica sobre as Gerações de Direitos Fundamentais: a Paz como Direito Fundamental de Quinta Geração. In: *Direitos Fundamentais e Cidadania*. FACHIN, Zulmar (coordenador). São Paulo: Método, 2008. p. 189.)

(3) SARLET, Ingo Wolfgang. *A Eficácia dos Direitos Fundamentais*. 8. ed. Porto Alegre: Livraria do Advogado Ed., 2007. p. 55. "*Em que pese o dissídio na esfera terminológica, verifica-se crescente convergência de opiniões no que concerne à idéia que norteia a concepção das três (ou quatro, se assim preferirmos) dimensões dos direitos fundamentais, no sentido de que estes, tendo tido sua trajetória existencial inaugurada com o reconhecimento formal nas primeiras Constituições escritas dos clássicos direitos de matriz liberal-burguesa, se encontram em constante processo de transformação, culminando com a recepção, nos catálogos constitucionais e na seara do Direito Internacional, de múltiplas e diferenciadas posições jurídicas, cujo conteúdo é tão variável quanto as transformações ocorridas na realidade social, política, cultural e econômica ao longo dos tempos. Assim sendo, a teoria dimensional dos direitos fundamentais não aponta, tão-somente, para o caráter cumulativo do processo evolutivo e para a natureza complementar de todos os direitos fundamentais, mas afirma, para além disso, sua unidade e indivisibilidade no contexto do direito constitucional interno e, de modo especial, na esfera do moderno Direito Internacional dos Direitos Humanos.*"

(4) DIMOULIS, Dimitri; MARTINS, Leonardo. *Teoria Geral dos Direitos Fundamentais*. São Paulo: Editora Revista dos Tribunais, 2007. p. 34-35. "*Aliás, o próprio Bonavides, no desenrolar de seu texto, acaba reconhecendo a proeminência científica do termo "dimensões" em face do termo "gerações", caso este último venha a induzir apenas sucessão cronológica e, portanto, suposta caducidade dos direitos das gerações antecedentes, o que não é verdade.*"

É importante citar que os direitos de segunda dimensão não negam, tampouco excluem, os direitos de primeira geração, mas a estes se somam[5]. A primeira dimensão de direitos viu-se igualmente complementada historicamente pelo legado do socialismo, pelas reivindicações dos desprivilegiados a um direito de participar do "bem-estar social", entendido como os bens que os homens, mediante um processo coletivo, vão acumulando no tempo. Por isso, os direitos de segunda dimensão são direitos de crédito do indivíduo em relação à coletividade. Essa dimensão, demonstram os direitos sociais, culturais e econômicos, bem como os direitos coletivos ou da coletividade, satisfazendo aos direitos de igualdade (substancial, real e material e não meramente formal) – tem como sujeito passivo o Estado. Essa passividade justifica-se, pois na interação entre governantes e governados, foi a coletividade que assumiu a responsabilidade de atendê-los. Existe uma complementaridade, na perspectiva *ex parte populi*, entre os direitos de primeira e segunda dimensão, pois estes últimos buscam assegurar as condições para o pleno exercício dos primeiros, eliminando ou atenuando os impedimentos ao pleno uso das capacidades humanas[6].

Ressalta-se, como já visto, que, a partir da terceira década do século XX, os Estados antes liberais principiaram o processo de consagração dos direitos sociais, fundamentados na proteção da dignidade humana. O homem reclamava uma nova forma de proteção da sua dignidade e a satisfação das carências mínimas, imprescindíveis para a sua vida; nesse ínterim, o direito à seguridade social (saúde, previdência e assistência social), à subsistência e ao teto estabelecem reivindicações admitidas por todas as correntes políticas, ante as exigências repetidas pelas classes menos favorecidas no sentido de um maior nivelamento das condições econômicas e uma disciplina pelo Estado das atividades privadas, a fim de evitar a supremacia dos interesses dos economicamente mais fortes.

Os direitos sociais fizeram nascer a consciência de que tão importante quanto salvaguardar o indivíduo, conforme ocorria na concepção clássica dos direitos de liberdade, era proteger a instituição, uma realidade social muito mais rica e aberta à participação criativa e à valoração da personalidade que o quadro tradicional da solidão individualista, onde se formara o culto liberal do homem abstrato e insulado, sem a densidade dos valores existenciais, aqueles que unicamente o social proporciona em toda a plenitude[7], isto é, exigem a presença do Estado em ações voltadas à diminuição dos problemas sociais, visando à melhora de condições de vida dos hipossuficientes[8] e a concretização da igualdade social.

Segundo George Sarmento, a segunda dimensão caracterizou-se pela revelação de um longo catálogo de direitos subjetivos que conferem aos seus titulares a possibilidade de exigir do Estado prestações positivas relativas ao bem-estar do indivíduo e da sociedade[9]. Os Direitos Fundamentais Sociais não são direitos contra o Estado, mas sim direitos por intermédio do Estado, exigindo do poder público certas prestações materiais; são os direitos do homem-social dentro de um modelo de Estado que tende cada vez mais a ser social, dando prevalência aos interesses coletivos ante os individuais[10]; são prestações positivas acomodadas pelo Estado direta ou indiretamente, enunciadas em normas constitucionais, que possibilitam melhores condições de vida aos menos favorecidos; direitos que tendem a realizar a igualização de situações sociais desiguais, servindo como pressupostos individuais na medida em que criam condições materiais mais propícias à obtenção da igualdade real, o que, por sua vez, oferece condição mais compatível com o exercício efetivo da liberdade[11].

Os direitos sociais, por estarem profundamente ligados ao princípio da igualdade, estão vinculados

---

(5) FERREIRA FILHO, Manoel Gonçalves. *Curso de direito constitucional*. 32. ed. São Paulo: Saraiva, 2006, p. 41.

(6) LAFER, Celso. *A reconstrução dos direitos humanos*: um diálogo com o pensamento de Hannah Arendt. 6. ed. São Paulo: Companhia das Letras, 2006. p. 27.

(7) BONAVIDES, Paulo. *Curso de direito constitucional*. 4. ed. São Paulo: Malheiros, 1993. p. 477.

(8) Hipossuficiente é o estado daqueles que sobrevivem com o mínimo de condições financeiras e os miseráveis. Disponível em: <http://www.dicionarioinformal.com.br/hipossuficiente/>.

(9) SARMENTO, George. *Direitos Humanos. Liberdades Públicas. Ações Constitucionais. Recepção dos Tratados Internacionais*. Coleção curso e concurso, v. 36. Coordenação Edílson Mougenot Bonfim. São Paulo: Saraiva, 2011. p. 24.

(10) KRELL, Andréas. *Direitos sociais e controle judicial no Brasil e na Alemanha*: os descaminhos de um direito constitucional comparado. Porto Alegre: Sérgio Antonio Fabris Editor, 2002. p. 19.

(11) SILVA, José Afonso da. *Curso de direito constitucional positivo*. 20. ed. São Paulo: Malheiros, 2001. p. 285.

às tarefas de melhoria, distribuição e redistribuição dos recursos existentes, bem como à criação de bens essenciais não disponíveis para todos aqueles que deles necessitem, e são estes direitos a prestações positivas por parte do Estado, visto como necessários para o desenvolvimento de condições mínimas de vida digna para todos os seres humanos[12]. Portanto, o objeto do direito social é, tipicamente, uma contraprestação sob a forma da prestação de um serviço por parte do Estado e, neste caso, a prestação de benefícios previdenciários, incluídos neste rol a Aposentadoria por Tempo de Contribuição, aplicáveis aos trabalhadores urbanos e rurais que ingressaram no RGPS depois da EC 20/98, e que tenham tempo de contribuição pelo tempo de serviço e/ou trabalho no total de 420 contribuições mensais (35 anos) homem, e 360 contribuições mensais (30 anos) mulher.

1.3. Proteção dos Direitos Fundamentais Sociais e a Crise do Estado de Bem-Estar

Considerando a Seguridade Social como Direito Social, e sob a perspectiva da concepção contemporânea de direitos humanos, por este traduzir processos que abrem e consolidam espaços de luta pela dignidade humana, e invoca uma plataforma emancipatória voltada a essa proteção e à prevenção do sofrimento humano. À luz desse contexto de um ajuste de Direitos Fundamentais Sociais, ao patamar de proteção de direitos humanos, é importante lembrar-se de Hans Kelsen[13], ao afirmar que o ordenamento jurídico se apresenta como um conjunto hierarquizado de normas jurídicas estruturadas em forma de uma pirâmide abstrata, cuja norma mais importante, que subordina as demais normas jurídicas de hierarquia inferior é a norma fundamental da qual as demais retiram seu fundamento de validade, e é nesse aspecto que o nosso ordenamento jurídico brasileiro fere de morte o princípio absoluto de o Estado prover a dignidade da pessoa humana, posto que as normas sejam hierarquizadas, estando a CF no ápice da pirâmide, apenas em âmbito teórico; na prática, as leis que formam a base da pirâmide têm mais importância, mesmo sendo esta ilegal e inconstitucional.

Nesse aspecto, abordar a legalidade como valor, como princípio e como regra é caracterizar determinado direito como fundamental, é aplicar a ele determinadas qualidades e características próprias, que o identificarão como essencial para determinada ordem constituída, e pela análise da raiz antropológica constitucional reconduz o homem como pessoa, como cidadão, como trabalhador e como administrado. Nessa ótica, cabe ao Estado como maior provedor desses direitos salvaguardá-los, não os mitigar. Contudo, no final da década de 70, o modelo do Estado de Bem-Estar passa a sofrer séria contestação em virtude do crescimento insuportável da dívida pública, dos orçamentos repetidamente deficitários, da recessão econômica e do abuso na concessão de benefícios sociais. Com essa dimensão assistencialista, há uma condução ao incremento de despesas com a previdência e a seguridade social sem a contrapartida de ingressos compatíveis com o volume dos encargos e, não raro, com o seu custeio pela incidência exageradamente progressiva de impostos.

A crítica teórica de Jürgen Habermas[14] já denunciava na década de 60 a miscigenação do Estado e a Sociedade, diluindo-se o modelo da esfera burguesa apoiada na separação rígida entre o setor público e o privado, forçando uma interpretação entre esses setores, evidenciando problemas orçamentários como causa de déficit de legitimação do Estado de Bem-Estar.

---

(12) FERREIRA FILHO, Manoel Gonçalves. *Curso de direito constitucional*. 32. ed. São Paulo: Saraiva, 2006. p. 312.

(13) HANS KELSEN. *Teoria Geral do Estado*. 5. ed. São Paulo: Martins Fontes, 2005.

(14) HABERMAS, Jürgen. *A Crise de Legitimação no Capitalismo Tardio*. Rio de Janeiro: Tempo brasileiro, ano 1980. "O orçamento governamental é sobrecarregado com custos comuns de um processo mais e mais socializado. Suporta os custos de estratégias imperativas de mercado e custos de demandas de bem improdutivos (armazenamentos e viagens especiais). Suporta os custos infraestruturais diretamente relacionados à produção (transportes e sistema de comunicação, progresso científico-técnico, treinamento vocacional). Suporta custos de consumo social indiretamente relacionados à produção (construção de casas, transporte, assistência médica, lazer, educação e previdência social). Suporta custos de bem-estar social, principalmente desemprego. E, enfim, suporta os custos externalizados pelo esforço ambiental britando da produção privada. No fim, estas despesas têm que ser financiadas através de impostos. O aparelho do Estado, portanto, enfrenta simultaneamente duas tarefas. De um lado, supõe-se que eleve o nível necessário de impostos disponíveis racionalmente de modo que os distúrbios das crises de crescimentos possam ser evitados. Por outro lado, o soerguimento seletivo de impostos, o padrão discernível de prioridades de seu uso e os próprios desempenhos administrativos precisam ser constituídos de tal maneira que a necessidade de legitimação possa ser satisfeita. Se o Estado falha na anterior, já tem um déficit na racionalidade administrativa, se falha na primeira, resulta um déficit de legitimação." (HABERMAS, 1980, p. 82.)

A atual Constituição traz no preâmbulo que o Estado Democrático é destinado a assegurar o exercício dos direitos sociais e individuais e o Bem-Estar, e reitera com um capítulo próprio para tratar de Direitos Sociais, para tratar da Ordem Social, e na recorrente frase do Min. Eros Roberto Grau do STF *"A constituição não pode ser interpretada em tiras. Aos pedaços, porém em seu todo"*, que significa que os direitos sociais o bem-estar social estão esparramados por todo o texto constitucional.

No entanto, é importante destacar que o Estado de Bem-Estar sofreu restrições do seu intervencionismo, no que se refere ao equilíbrio orçamentário entre despesas e receitas, sendo que, na ótica da despesa, vemos ainda a preocupação com a distribuição de renda e com a garantia dos direitos humanos, porém, aqui, a responsabilidade estatal pela garantia dos direitos sociais se dá na medida da "reserva do possível"; referimo-nos aqui à doutrina adotada pelo Tribunal Constitucional Alemão onde os direitos sociais e a ação governamental vivem da arrecadação dos ingressos previstos nos planos anuais e plurianuais. E, nesse aspecto, retornamos a Habermas e às afirmações já expostas que correlacionam a crise orçamentária com o déficit de legitimação do capitalismo tardio, bem como a transformação dos direitos fundamentais sociais em um mínimo existencial, entregando prestações ínfimas para garantir um mínimo vital, mitigando direitos sociais, inclusive de *status* constitucional, que perdem sua característica fundamental e assim passam por um processo de deslegalização ou desconstitucionalização, tendo então o Estado que responder apenas pela parcela necessária à sobrevivência, o mínimo existencial, o piso social. Encestada nessa teoria, a Aposentadoria por Tempo de Contribuição vem sendo reduzida por taxas de equilíbrio atuarial e financeiro, e medidas provisórias como desincentivo à jubilação, e incentivo a um plano de previdência complementar (capitalizado), como complemento da prestação do Estado.

2. BREVE POSICIONAMENTO

Roberto Lyra Filho[15] afirma que *"A maior dificuldade, numa apresentação do Direito, não será mostrar o que ele é, mas dissolver as imagens falsas ou distorcidas que muita gente aceita como retrato fiel"*. Esse prólogo serve para justificar o porquê de não adotarmos nem o *jusnaturalismo*, nem o *juspositivismo*, depois da evolução histórica do benefício de Aposentadoria por Tempo de Contribuição, sob a ótica do Direito Fundamental Social e Humano da Seguridade Social, pois não podemos rejeitar a ideia do Direito Natural ao não admitir a preexistência de normas condicionantes das leis, e não aderir ao juspositivismo, admitindo um processo moral no processo de criação do direito.

Pela história, não podemos ignorar que a Seguridade Social se situa no primeiro plano dos direitos clássicos, como o direito à vida, à liberdade de consciência, à liberdade de expressão, à propriedade, entre outros, e que a esfera pública possui uma perspectiva comunitarista, priorizando as liberdades coletivas ou positivas, como a participação política, a autodeterminação, com as quais os cidadãos se integram à vida pública, participando das iniciativas de interesse comunitário. Porém, ao tratarmos de direitos que asseguram a Dignidade da Pessoa Humana devemos assumir uma posição conciliadora de equilíbrio entre essas tendências: conciliar o interesse da autonomia pública com a autonomia privada.

2.1. Momento Histórico

A Constituição de 1988 surgiu logo em seguida ao final da ditadura militar, um período conturbado da historia brasileira, em que militares tinham o comando do governo do país sendo necessária a transição do regime a um Estado Democrático de Direito. Tal transição se deu por meio da promulgação de uma nova constituição, esta, elaborada de forma democrática, conforme a configuração do Estado, preocupada em garantir os Direitos para que não ocorresse uma arbitrariedade por parte do Estado. É neste contexto que os direitos fundamentais sociais de segunda dimensão (dentre os quais, se inclui os direitos relativos à Previdência Social) serão estruturados. Eis que surge a discussão a respeito da eficácia de tais direitos, ou seja, se é possível se exigir do Estado prestações de cunho positivo a fim de que esses direitos sejam efetivamente garantidos.

É certo que há, sobre o tema ora em evidência, muita divergência doutrinária. No entanto, atualmente, já é majoritário o entendimento de que um mínimo de dignidade da pessoa humana deve ser garantido a todos os cidadãos, de maneira indiscutível; que o Estado possui um dever perante a sociedade

---

(15) FILHO, Roberto Lyra. *O que é Direito*, p. 01.

no sentido de garantir de forma efetiva que todos os cidadãos possam usufruir de seus direitos fundamentais sociais. Ademais, possuem uma proteção reforçada, constituindo-se como clausulas pétreas por força do disposto no art. 60, § 4º, II, da CF/1988, de modo que não podem ser suprimidos nem mesmo por meio de emenda constitucional.

Com o advento da Constituição, há o nascimento de um Sistema Nacional de Seguridade Social, o qual possui a finalidade precípua de assegurar o Bem-Estar e a justiça sociais, para que, desta forma, ninguém seja privado do mínimo existencial, ou seja, para que a todos os cidadãos seja assegurado o princípio da dignidade humana e é pautado por vários princípios, dentre eles, o princípio da universalidade de cobertura e de atendimento, o que demonstra que possui um caráter ideário.

Cumpre ressaltar que, dentro da Seguridade Social, os serviços de saúde e de assistência social não dependem de custeio; em contrapartida, os serviços de Previdência Social dependem da contraprestação para terem direito aos benefícios, e essa necessidade rompe com o mencionado ideário. Desta forma, podemos diferenciar os setores do sistema de seguridade social de acordo com a abrangência quantitativa e qualitativa da proteção. Por um lado, os serviços de saúde e de assistência social são garantidos a todos até o ponto em que não se fira o princípio da dignidade humana. Enquanto que o serviço de Previdência Social não é garantido a todos, porém, sua proteção não abrange tão somente o mínimo existencial, sendo qualitativamente mais abrangente que os serviços de saúde e de assistência social.

A principal diferença da Previdência Social para os demais integrantes do sistema de seguridade social está no custeio e, desta forma, observa-se que o ideário da universalidade de cobertura não foi efetivamente concretizado, tendo em vista que tão somente o trabalhador e seus dependentes usufruem da proteção social previdenciária, e só abrange a proteção do nível de vida do contribuinte, atentando-se, conforme já salientado, aos limites econômicos estabelecidos de forma prévia. Limitação reforçada pela EC n. 20/1998, a qual, além de ratificar o regime contributivo e limitado, também tratou de dispor sobre os Regimes de Previdência Social Complementar, os quais não possuem limite de cobertura e possuem um regime de vinculação facultativa. Outras Emendas Constitucionais trouxeram mudanças na concessão de benefícios, sejam de ordem técnica, política ou jurídica, para a diferenciação do Regime Geral de Previdência Social e o Regime Próprio dos Servidores Públicos.

A Regra do Fator Previdenciário não é o sistema ideal, pois incide nas aposentadorias por tempo de contribuição e achatam em média 40% o valor dos benefícios; foi instituído na gestão do ex-presidente Fernando Henrique Cardoso[16] (PSDB), em 1999. À época, não havia alternativa ao modelo, e na votação do projeto da EC 20/98, que previa idade e tempo mínimos para concessão da aposentadoria, em 1998, que Antônio Kandir, ex-ministro do Planejamento e deputado federal, que se dizia a favor da idade mínima de 60 anos para homens e 55 para mulheres, apertou o botão 'abstenção', errou seu voto, e configurou derrota ao governo por um voto. Foram 307 contra 308, por isso, foi adotado o fator. Alguém tinha que pagar o custo do aumento da expectativa de vida.

Em 2008, depois de longa discussão iniciada em 2003, foi aprovado no Senado Federal, por unanimidade, o fim do fator previdenciário. É claro que por meio de movimentos sociais e enorme pressão. É importante ainda ressaltar que o modelo ainda vigora, porque o ex-presidente Luiz Inácio Lula da Silva não vetou, quando pôde, essa fórmula, pois, sabia que não existia alternativa para o fim do fator previdenciário, de modo que quando o Congresso derrubou o fator previdenciário, ele vetou a decisão, isso em 2010.

Destacamos que para ter idade mínima para dar entrada no benefício, portanto, é preciso que as pessoas tenham seus empregos garantidos, e não é isso que acontece em nosso país que, para atender às exigências do mercado internacional, efetuou a desconstrução do Estado brasileiro via reformas, o que culminou na extinção de direitos conquistados pelos trabalhadores no processo histórico de lutas, ferindo princípios de cidadania, modificando itens da Constituição Federal; para dar suporte jurídico às novas normas instituídas, feriram o Estado de Bem--Estar e a reserva do possível, estabelecendo concepções "modernas" de políticas públicas focadas em interesses mercadológicos, de favorecimento de um quarto poder, pela abertura direcionada ao mercado para privatização das políticas públicas de cunho social, beneficiando principalmente os grandes empresários, e excluindo as populações de baixa renda, dificultando a elas o acesso aos serviços sociais já

---

(16) Fernando Henrique Cardoso governou o país como Presidente da República de 1995 a 2002.

precários. Entre as reformas realizadas, destaca-se a da Previdência Social que, até então fundamentada nos pressupostos de universalidade de cobertura e de atendimento, e de solidariedade entre as gerações, ao ser restringido de conteúdo social foi submetida às leis de mercado, em que o lucro é meta a ser alcançada e os números são mais importantes que a proteção social que deverá ser dada aos contribuintes.

Diante dessa crise econômico-política, em 30 de dezembro de 2014, a presidente lançou um pacotão de medidas arbitrárias, trazendo como justificativa o "suposto" déficit da Previdência Social Brasileira. A MP n. 664/2014 sofreu alteração pelo PLC n. 4, de 2015, autorizando de forma opcional na Aposentadoria por Tempo de Contribuição a aplicação da fórmula 85/95, ao invés do Fator Previdenciário, mitigando direitos dos trabalhadores. As políticas públicas instituídas, além de alienígenas e excludentes, foram esvaziadas de conteúdo social; a regra 85/95, objeto de veto, era fixa ao prever a soma de idade e tempo de contribuição. A MP n. 676/20145, para assegurar a sustentabilidade financeiro-orçamentária futura da Previdência Social, incluiu com vigência imediata a progressividade na 85/95, incorporando o impacto do envelhecimento da população e o aumento da expectativa de sobrevida.

2.2. Alegação de Déficit Previdenciário

A fórmula atuarial descumpre o que preceitua o art. 5º, § 1º, da CF, que compete ao poder público o ônus da comprovação da falta efetiva dos recursos indispensáveis à satisfação dos direitos a prestações, assim como da eficiente aplicação dos mesmos. O art. 195 diz que a base do financiamento da seguridade social, em suas três vertentes, foi diversificada, passando a ser financiada por toda a sociedade, compreendendo a União, os Estados, o Distrito Federal e os Municípios e, ainda, os empregadores, os trabalhadores, os concursos e prognósticos e o importador de bens e ou serviços do exterior e, nesse rol, inclui ainda a CSLL (Contribuição Social sobre o Lucro Líquido), a Cofins (Contribuição para o Financiamento da Seguridade Social), e todas deveriam ser destinadas ao Fundo do Regime Geral da Previdência.

A questão é tão complexa que, se analisarmos o art. 165, § 5º, incisos, da Constituição, estabelece que a Lei Orçamentária Anual (LOA) compreenda três orçamentos distintos, porém, a Controladoria Geral da União elabora apenas dois orçamentos, unificando o orçamento fiscal e o da seguridade social, tornando quase impossível isolá-los, e o montante é destinado para o pagamento de outras despesas, dentre elas, a dívida pública. Assim, a alegação de que não existem recursos nos cofres Públicos da Previdência Social não procede, pois a cada ano milhões de reais saem oficialmente da Seguridade Social para serem aplicados em outros fins.

O estudo da Associação Nacional dos Auditores Fiscais da Receita Federal do Brasil[17] (ANFIP), que é baseado no Sistema Integrado de Administração Financeira do Governo Federal (Siafi), é categórico em afirmar: não há déficit. E ainda relata que a Seguridade em 2013 registrou uma arrecadação de R$ 651 bilhões, o que representa 57% de toda a arrecadação da Receita Federal do Brasil, e efetuou despesas de R$ 575 bilhões. Dos R$ 76 bilhões de superávit, R$ 51 bilhões foram desvinculados por meio da Desvinculação das Receitas da União (DRU).

Os dados oficiais do Ministério do Planejamento informam que em 2013 houve déficit de mais de R$ 83 bilhões.

Afinal, existe déficit? A metodologia de cálculo usada pelo Executivo é diferente, justamente porque os valores das desonerações da folha de pagamentos não têm sido integralmente repostos ao caixa da Seguridade Social, que deveriam ser pagos com recursos do orçamento fiscal e não pela Seguridade Social[18], que têm seu orçamento integrado à LOA, com receitas próprias, que não podem ser destinadas a outras ações. Traduzindo em miúdos, utiliza em seu cálculo somente uma fonte de custeio - contribuição previdenciária sobre a folha de pagamento, e dela subtrai toda a despesa para pagar benefícios, ou seja, o déficit declarado pelo governo não passa de uma "manobra política".

Certo é que os resultados da seguridade poderiam ser ainda melhores se não fosse a sonegação[19] e a inadimplência. A quem interessa a mentira do

---

(17) ANFIP - Análise de Seguridade Social 2013. "Desde 2009, o superávit tem ficado em torno de R$ 50 bilhões. Em 2013, foi de R$ 76 bilhões; 2012, R$ 78 bilhões; 2011, R$ 77 bilhões; 2010, R$ 56 bilhões."

(18) Seguridade Social é, segundo o art. 194 da CF, um conjunto integrado de ações (Saúde, Assistência e Previdência).

(19) A sonegação foi de R$ 15 bilhões em 2013; R$ 13,6 bilhões, em 2012 e R$ 13,1 bilhões, em 2011, isso, sem contar a inadimplência: R$ 34,9 bilhões.

"rombo" nas contas da seguridade? A quem interessa o desgaste da imagem da Previdência? E por que o Congresso posterga a votação da Proposta de Emenda à Constituição (PEC) n. 24/2003, que determina que o dinheiro da seguridade não possa ser desviado para outros fins? Interesses? Um jogo que tem interesse chamado à previdência privada, advindo do quarto poder.

3. APOSENTADORIA POR TEMPO DE SERVIÇO

De forma bastante detalhista, a Constituição estabelecia que o valor da aposentadoria nos termos da lei era sobre a média dos últimos 36 salários de contribuição, corrigidos monetariamente mês a mês, e comprovada a regularidade dos reajustes dos salários de contribuição de modo a preservar seus valores reais. Antes da Lei n. 9.897/1999, vigorava a redação original da Lei n. 8.213/1991 que consistia na média aritmética simples dos últimos 36 salários de contribuição não superior a 48 meses e não inferior a 24 meses de período decorrido.

Com o desaparecimento da regra de cálculo estampada no texto constitucional, abriu-se espaço para disciplinar a questão "caráter contributivo" e de "filiação obrigatória", observando critérios que preservem o equilíbrio financeiro e atuarial pela legislação infraconstitucional. Destacamos que com o emprego da regra de cálculo do salário de benefício que repousa, ainda, na norma constitucional revogada, da média dos 36 últimos salários de contribuição corrigidos monetariamente, não é alcançado o equilíbrio almejado, suscitando deformidades, no planejamento previdenciário, pois apenas beneficiava aqueles que aumentavam sua contribuição no final da carreira, gerando benefícios de idêntico valor para segurados, com tempos diferentes de contribuição e expectativa de distintos períodos de recebimento da aposentadoria.

3.1. Aposentadoria por Tempo de Contribuição pela Lei n. 9.876/1999

Significante alteração trouxe a redação da Lei n. 9.876/1999 no Período Básico de Cálculo (PBC), e existem três situações a serem analisadas: a) os filiados até 28.11.1999, dia anterior à publicação da lei, que cumpriram todos os requisitos para aposentadoria, o período contributivo correspondia a todo o período contado a partir de julho de 1994, o que significava que as parcelas recolhidas antes dessa competência não seriam utilizadas no cálculo do salário de benefício; b) os que se filiaram antes, mas não preencheram todos os requisitos até a data de 28.11.1999; incidiu sobre o seu cálculo a regra de transição, onde já estava pacificado que não se aplicava o fator previdenciário; c) os que se filiaram depois de 28.11.1999 aos segurados filiados depois da Lei n. 9.876/1999, considerava-se todo o período contributivo do segurado para cálculo do salário de benefício.

3.2. Aposentadoria Proporcional - PEDÁGIO???

De acordo com as regras do Regime Geral de Previdência Social, era possível requerer a aposentadoria por tempo de contribuição proporcional, que permitia ao sexo masculino dar entrada no benefício do INSS com 53 anos de idade e 30 de contribuição e, ao feminino, com 48 de idade e 25 de contribuição, pagando um pedágio de 40% sobre o tempo que faltava para se aposentarem em 1998. Por exemplo, se faltassem 15 anos, aplicar-se-iam 40% sobre os 15 faltantes, o que geraria adicional de seis anos e reduziria em até 65% o valor da aposentadoria. Na prática, era um desestímulo ao segurado, pois essa aposentadoria proporcional tinha como coeficiente de cálculo da Renda Mensal Inicial 70% do Salário de Benefício, mais 5% a cada grupo de 12 contribuições implementados.

Essa significativa transformação trouxe consigo uma incerteza muito grande por parte dos segurados que já se encontravam no sistema previdenciário e até mesmo por parte daqueles que estavam ingressando, pois mudava nesse momento a regra de cálculo dos benefícios previdenciários, sem articular meios de reduzir as desigualdades regionais e sociais, pela busca do pleno emprego, de modo que o trabalho escapava dos princípios fundamentais do art. 1º, e dos direitos sociais esculpidos na forma Constituição, com a introdução do Fator Previdenciário.

3.3. O Fator Previdenciário

Em 26 de novembro de 1999, surgiu no ordenamento jurídico a Lei n. 9.876, que dispôs sobre a contribuição previdenciária do contribuinte individual, o cálculo do benefício, alterando dispositivos do Plano de Custeio (Lei n. 8.212/1991), e do Plano de Benefícios (Lei n. 8.213/1991), e produziu outras providências. Passou a ser obrigatório na aposentadoria por tempo de contribuição, facultativo na aposentadoria por idade, e indireto na pensão por morte[20].

Nos moldes do art. 29, §§ 7º, 8º e 9º, da Lei n. 8.212/1993, o valor do benefício considerava, além do tempo de contribuição, a idade na data de aquisição da aposentadoria, a expectativa de sobrevida a partir desta idade, com base no indicador médio contido na tábua de mortalidade do IBGE (Instituto Brasileiro de Geografia e Estatística), calculada anualmente; e uma taxa de juros implícita no cálculo, isto é, FP = [(Tc x a) : Es] x {1 + [(Id + Tc x a) : 100]}[21], e no que se referia a esta fórmula é importante questionar o "cálculo", por meio dos seus componentes:

a) Idade (Id): referia-se há quantos anos completos o segurado teria o segurado no momento do requerimento, introduzindo de maneira velada a idade mínima como critério para aposentadoria do Regime Geral. No Fórum Nacional de Previdência Social, instituído pelo Decreto n. 6.019, de 22 de janeiro de 2007, foi demonstrado de forma contundente que o Fator Previdenciário penalizava, sobretudo os trabalhadores mais pobres, que eram obrigados a começar a trabalhar muito jovens em serviços pesados.

b) Taxa de juros implícitos no cálculo (:100): Na segunda parte da fórmula do Fator Previdenciário, se introduzia uma taxa de juros implícita, diretamente relacionada ao tempo de contribuição e à idade no momento da aposentadoria. Taxa esta que, em nenhum momento, foi debatida com a sociedade e que foi subestimada. Portanto, esta era uma taxa de juros arbitrária subestimada. A taxa de juros implícita na fórmula estava subestimada em termos de mercado, e só podia ser desvendada a partir de estimativas baseadas em simulações. Verificou-se que a taxa de juros implícita aumentava quando a idade no momento da aposentadoria aumentava. Por outro lado, o tempo maior de contribuição reduzia a taxa de juros. Isso colocou em questão a própria lógica por trás do fator, ou seja, a de incentivar a permanência no mercado de trabalho contribuindo.

c) Tempo de Contribuição (Tc): condizia com os anos de serviço ou pagamento das contribuições previdenciárias. Nesse caso, o empregado e o trabalhador avulso eram beneficiados da presunção do desconto e do respectivo recolhimento, bastando a verificação dos dados no CNIS (Cadastro Nacional de Informações Sociais) ou da exibição da CTPS (Carteira de Trabalho e Previdência Social), devidamente anotada, comprovando o vínculo laboral; já para o contribuinte individual ou facultativo, o tempo era comprovado por documentos habituais, e o doméstico pela CTPS. Para efeito da aplicação do fator previdenciário, ao tempo de contribuição do segurado eram acrescidos de "tempos"[22] na forma do art. 29, § 9º, da Lei n. 8.213/1991, com redação dada pela Lei n. 9.876/1999, que o legislador disse ter adequado o cálculo ao preceito constitucional. O legislador afirmou que esses adicionais os igualavam, o que eu discordo na totalidade, por causa da dessemelhança de gênero, não sendo racional imaginar que homens e mulheres tivessem as mesmas expectativas de sobrevida; para completar, fazia-se necessário mencionar a discrepância econômico-social brasileira em âmbito regional.

d) Alíquota (a): correspondente a 0,31, que equivalia à soma da contribuição patronal de 20% e da alíquota máxima do empregado de 11%. O ponto a ser avaliado dizia respeito à sustentabilidade, pois o Fator Previdenciário não conseguiu resolver a "reserva do possível". O montante economizado na fórmula foi insuficiente, isso mesmo, não passou de uma tentativa de abranger a previdência sob uma ótica financista conservadora, dentro de uma ótica mais abrangente, no âmbito das políticas sociais construtivistas. Não podíamos almejar melhores rendas, estes demandaram ensino de qualidade e igualitário, uma conduta *sine qua non* da empregabilidade, se o país aparecia entre os piores no *ranking* internacional de ensino. Em algumas situações, raras, podemos dizer que Fator Previdenciário foi vantajoso, isto é, quando ficava superior à unidade; porém, em regra foi desvantajoso, inferior à unidade, chegando a reduzir

---

(20) Se o segurado ao falecer estivesse em gozo de benefício B-42 e B-41, com a transformação do benefício para B-21, os dependentes receberiam o mesmo valor daquela jubilação. Porém, se falecesse antes não haveria incidência de fator previdenciário, pois a pensão por morte era calculada como aposentadoria por invalidez (B-32).

(21) Itens que compunham a fórmula do Fator Previdenciário [f = fator previdenciário; Id = idade do contribuinte no momento da aposentadoria; Es = expectativa de vida; Tc = tempo de contribuição; a = alíquota no valor de 0,31].

(22) I – 05 anos, quando se tratar de mulher; II – 05 anos, quando se tratar de professor que comprove exclusivamente tempo de efetivo exercício das funções de magistério na educação infantil e no ensino fundamental médio; III – 10 anos, quando se tratar de professora que comprove exclusivamente tempo de efetivo exercício das funções de magistério na educação infantil e no ensino fundamental médio.

em até 40% do valor do benefício, o que demonstrou um desvirtuamento dos objetivos constitucionais arraigados no art. 194, VI, da CF/1998.

e) Expectativa de Sobrevida (Es): é uma tabela de quanto tempo de vida o segurado estima ter depois da concessão da aposentadora, que é alterada anualmente pelo IBGE – Instituto Brasileiro de Geografia e Estatística e que entra em vigor em dezembro de um ano e é válida até novembro do próximo ano. Essa tabela considera a média nacional única para ambos os sexos, isso mesmo, não importa se é homem ou mulher, também desconsidera localização e outros aspectos sociais. O que a meu ver, essa não individualização da tabela é uma inconstitucionalidade: um nordestino pode ter uma expectativa de vida menor que um sulista (ou vice-versa), uma mulher pode viver mais que um homem, e não observar tais aspectos, o cálculo pode ser mais nocivo, ferindo de morte o Estado Democrático destinado a assegurar a igualdade, que toma como fundamento a dignidade da pessoa humana, que constitui como seu objetivo a erradicação da pobreza e a marginalização e prima por reduzir as desigualdades sociais.

Um erro muito comum observado é na falta de celeridade para conceder um benefício pelo INSS, utilizando uma tabela mais recente e lesiva ao segurado; devemos sempre lembrar que a DIB (Data de Início do Benefício) é a do agendamento. Como estava baseada em um cálculo que era refeito anualmente, introduziu um elemento de forte indeterminação no valor da aposentadoria por tempo de contribuição. A pessoa que ia se aposentar não podia prever o valor do benefício, uma vez que o cálculo mudava a cada ano.

3.4. *Regra Opcional ao Fator Previdenciário – Fórmula Progressiva 85/95*

Segundo a Exposição de Motivos EMI n. 00023/2014 MPS MF MP, da MP n. 664/2014, o expressivo "déficit" financeiro e atuarial conclama medidas estruturantes, relevantes e urgentes, que venham a resguardar a melhora do equilíbrio financeiro e atuarial do ente federativo e garantir o pagamento dos benefícios previdenciários, tendo em vista o processo de envelhecimento populacional, decorrente da combinação de queda da fecundidade e aumento da expectativa de vida, haverá um aumento da participação dos idosos na população total (de 11,3%, em 2014, para 33,7%, em 2060) e uma piora da relação entre contribuintes e beneficiários.

Conforme dados da projeção demográfica do IBGE e com base nesses dados, o relatório de avaliação atuarial e financeira do RGPS, que faz parte dos anexos do Projeto de Lei de Diretrizes Orçamentárias (PLDO), estima o crescimento da despesa do PIB, de 7% para quase 13% em 2050.

A regra 85/95, objeto de veto, era fixa e permitia a opção de não incidência do FP no cálculo da Aposentadoria por Tempo de Contribuição, quando o total resultante da soma da idade e do tempo de contribuição do segurado fosse de, respectivamente, 95 e 85 pontos (soma da idade e tempo de contribuição) para o homem (60 + 35) e mulher (55 + 30).

Segundo os Ministros *Carlos Eduardo Gabas, Joaquim Vieira Ferreira Levy* e *Nelson Barbosa,* essa alternativa, desacompanhada da progressão da regra, levaria as despesas da Previdência Social a patamares insustentáveis no médio e longo prazo, por ignorar o processo de transição demográfica com o envelhecimento acelerado da população e o aumento crescente da expectativa de sobrevida. A Presidente acolheu as justificativas vetando a Regra 85/95 sem a progressão, ao converter a MP n. 664/2014, na Lei n. 13.135/2015.

A MP n. 676/2015 foi elaborada no dia seguinte do veto. O art. 29-C da Lei n. 8.213, de 1991, com a finalidade de manter a regra 85/95 aprovada pelo Congresso Nacional, com vigência imediata, mas com a inclusão da progressividade deste parâmetro de cálculo, incorporando o impacto do envelhecimento da população e o aumento da expectativa de sobrevida, bem como confere tratamento diferenciado para o professor e a professora que comprove exclusivamente tempo de efetivo exercício de magistério na educação infantil e no ensino fundamental e médio, acrescentando 5 anos para efeito de cálculo na fórmula. Sendo esta uma exigência para assegurar a sustentabilidade financeiro-orçamentária futura da Previdência Social, o que é um engodo aos trabalhadores. A majoração progressiva da regra 85/98 será todo primeiro dia do ano, e começará em 1º.01.2017 para 86/96, a segunda em 2019 para 87/97, e as demais em 2020 para 88/98, 2021 para 89/99 e 2022 para 90/100. Essa medida será debatida e deliberada pelo Congresso Nacional, e outras iniciativas que assegurem a sustentabilidade do Regime Geral de Previdência Social serão objeto de reflexão no Fórum de Debates sobre Políticas de Emprego, Trabalho e Renda e de Previdência Social, instituído pelo Decreto n. 8.443, de 30 de abril de 2015.

3.5. Da Inconstitucionalidade e Ilegalidade da MP n. 676, de 17.06.2015

O art. 62 da Constituição Federal diz que o Presidente da República poderá editar Medida Provisória se a matéria for reverstida e Urgência e Relevância. Ocorre que a justificativa exposta resvala no "suposto" déficit, quando diz que *"procura garantir a sustentabilidade financeira da Previdência Social, assegurando os direitos previdenciários com maior benefício e equilíbrio atuarial"*.

Eis uma das razões da insconstitucionalidade, é que os direitos sociais, assim como todos os demais direitos humanos expressamente conferidos aos povos de todas as nações do globo, pelas suas leis vigentes, revestem-se da cláusula da proibição do retrocesso – são cláusulas pétreas, segundo art. 60, inciso IV, da CF; assim, jamais será conferido ao Soberano e ao Parlamento a oportunidade ou licença para ir de encontro à histórica evolução social de seu povo; qualquer aliança política em sentido contrário traduz-se em crime de lesa-pátria. Ainda, nesse condão, já é pacificado que a relevância e urgência só podem ser objeto de controle jurisdicional em caráter excepcional, rechaçado de imprevisibilidade e urgência (art. 167, § 3º, da CF). Recebem densificação normativa da Constituição e constituem vetores para interpretação e aplicação os conceitos que representam realidades ou situações fáticas de extrema gravidade e de consequências imprevisíveis para a ordem pública e a paz social, e que dessa forma requerem, com a devida urgência, a adoção de medidas singulares e extraordinárias. A MP n. 676/2015 configura um patente desvirtuamento dos parâmetros constitucionais que permite a edição de medidas para a abertura de créditos extraordinários, e que da análise minuciosa de todos os conteúdos fáticos, históricos, econômicos e políticos, é para outras finalidades, e tem que ser vista com muito critério, já que a economia almejada pelo Governo Federal, mantendo incólumes os direitos sociais, deve, sim, perpassar unicamente pelo combate insistente e exitoso à corrupção, à sonegação de tributos, à improbidade administrativa, à evasão de divisas e a outros males que sangram o Tesouro Nacional.

No que tange à ilegalidade, a inclusão da progressividade para a concessão de benefício integral, a regra traz tratamento anti-isonômico entre segurados do Regime Geral e do Regime Próprio, posto os servidores públicos estarem sujeitos à regra sem a progressividade. Outra incoerência é o aumento de 5 anos na aposentadoria dos professores ou de quem exerce atividade pedagógica conforme decisão STF (*coordenação, direção e serviço de orientação aos alunos*), obrigando-os a trabalhar mais para se beneficiarem da fórmula.

CONCLUSÃO

Diante desses apontamentos, devemos dar tratamento equânime dos destinatários da norma legal, tamanha importância do sistema jurídico e das normas constitucionais analisadas como um todo. Cabe anotar que um princípio vale mais que uma regra e, nesse aspecto, o interpretamos como um conjunto de proposições que alicerçam ou embasam um sistema e lhes garantem validade. Contextualizar as regras de concessão da aposentadoria por tempo de contribuição à luz constitucional é reforçar a busca da isonomia dos desiguais pela outorga dos direitos sociais, é a certeza de que qualquer tipo de discriminação é injusto. Pior ainda, benefício previdenciário é questão alimentar, provido mediante a valoração do trabalho incluso como direito fundamental e direito social como mera questão econômica, é mais que retroceder à discriminação e minar por total o Estado Democrático, o bem estar-social e a justiça social. Tentar igualar por uma fórmula atuarial e financeira, denominada Fator Previdenciário, ou Regra 85/95, é ampliar as discrepâncias sociais, a miséria brasileira, as diferenças dos gêneros, a falta de valoração ao trabalho e outros problemas que fazem parte da política econômica; não significa combater desigualdades sociais, mas uma afirmação da incapacidade das gestões administrativas, uma confissão de desvio de finalidade das verbas, uma autorização ao quarto poder. E calha bem aqui o dito de que a Justiça, que é cega, para ser justiça social, deve tirar as vendas dos olhos para ver a realidade social e afastar as desigualdades que nela vê.

Por fim, a inversão da hierarquia das normas previdenciárias, contrariando o que preconiza Hans Kelsen na pirâmide que elucida a Teoria Pura do direito, não assegura a todos existência digna, conforme os ditames da justiça social. Esta é uma determinante essencial que impõe e obriga que todas as demais regras da constituição sejam entendidas e operadas em função dela. Só, assim, haverá a pressuposta combinação de igualdade e solidariedade na realização do bem comum, a que pelo nosso princípio democrático todos são iguais na dignidade.

REFERÊNCIAS BIBLIOGRÁFICAS

ANFIP, *Análise da Seguridade Social 2012*. Brasília: ANFIP, 2013.

BONAVIDES, Paulo. *Curso de Direito Constitucional*. 19. ed. São Paulo: Editora Malheiros, 2006.

CALCIOLARI, Ricardo Pires. *O orçamento da Seguridade Social e a Efetividade dos Direitos Sociais*. Curitiba: Juruá Editora. 1.reimpr. 2011.

DIMOULIS, Dimitri; MARTINS, Leonardo. *Teoria Geral dos Direitos Fundamentais*. São Paulo: Editora Revista dos Tribunais, 2007.

FERREIRA FILHO, Manoel Gonçalves. *Curso de direito constitucional*. 32. ed. São Paulo: Saraiva, 2006.

FILHO, Roberto Lyra. *O que é Direito*.

HABERMAS, Jürgen. *A Crise de Legitimação no Capitalismo Tardio*. Rio de Janeiro: Tempo brasileiro, 1980.

IPEA. *Avaliação de Resultados da Lei do Fator Previdenciário (1999-2004)*. Texto para discussão (TD) n. 1161. Brasília; IPEA, fevereiro de 2006.

KELSEN, Hans. *Teoria Geral do Estado*. 5. ed. São Paulo: Martins Fontes, 2005.

KRELL, Andréas. *Direitos sociais e controle judicial no Brasil e na Alemanha*: os descaminhos de um direito constitucional comparado. Porto Alegre: Sérgio Antonio Fabris Editor, 2002.

LAFER, Celso. *A reconstrução dos direitos humanos*: um diálogo com o pensamento de Hannah Arendt. 6. ed. São Paulo: Companhia das Letras, 2006.

LENZA, P. I. *Direito Constitucional Esquematizado*. 15. ed. rev. e ampl. São Paulo: Saraiva, 2011.

NADER, Paulo. *Filosofia do Direito*. 21. ed. Rio de Janeiro: Editora Forense – GEN. 2012.

Sarlet, I. W. *Dignidade da Pessoa Humana de Direitos Fundamentais na Constituição Federal de 1988*. Porto Alegre: Livraria do Advogado, 2006.

_____ *A Eficácia dos Direitos Fundamentais*. 8. ed. Porto Alegre: Livraria do Advogado Ed., 2001.

SARMENTO, George. *Direitos Humanos. Liberdades Públicas. Ações Constitucionais. Recepção dos Tratados Internacionais*. Coleção curso e concurso, v. 36. Coordenação Edílson Mougenot Bonfim. São Paulo: Saraiva, 2011.

SILVA, José Afonso da. *Curso de direito constitucional positivo*. 20. ed. São Paulo: Malheiros, 2001.

Aspectos Cognitivos Preliminares do Magistrado no Mandado de Segurança

Thales Veríssimo Lima

Advogado militante, Especialista em Direito Constitucional, Especialista em Direito Tributário, Especialista em Direito Trabalhista, Mestrando em Direito Constitucional pela Universidad Americana em Assunción, Paraguay, Aluno Regular do Programa de Doutorado pela Universidad Federal de Buenos Aires em Direito Constitucional.

INTRODUÇÃO

Partindo-se do modelo dialógico desenvolvido por Mikhail Bakhtin que se apresenta apto a justificar a solução dos conflitos por meio de uma sentença judicial terminativa, produzida por órgão judicial competente, que se apresentando como integrante do processo de comunicação, atuando de forma responsiva. Quando se estuda o mandado de segurança, verifica-se que a decisão judicial é prolatada com base na cognição percebida pelo julgador, ora magistrado, depois da análise trazida e sustentada de plano, com argumentos translúcidos, capazes de provar o direito perseguido de forma inquestionável, apesar do provimento de uma decisão liminar refletir a plena cognição sumária, o que normalmente é seguida por uma sentença de mérito procedente e exauriente, essa decisão pode não ser tão satisfativa a ponto de tornar o acórdão revisor imutável.

Isso acontece porque o modelo defendido pela doutrina majoritária, clássica, tem como ponto de partida a premissa de utilizar no direito as bases próprias das ciências naturais; quando observado sob o prisma dialógico, essa divergência não acontece, já que a sentença, por ser um enunciado que seja propenso a provocar embate de ideias e posicionamentos jurídicos, ainda assim goza do atributo da conclusividade e da exauribilidade, quando deve chegar a um fim decisivo e conclusivo, e deve findar, por exaurimento, toda a discussão sobre a matéria objeto da lide em apreço, mas ainda sim aberta à resposta na cadeia discursiva.

Assim, a decisão intercorrente que julgar um pedido de antecipação de tutela por meio de uma liminar *inaudita altera pars* é um enunciado completo, pleno de sentido, que se coloca para o outro, tal qual a sentença e o acórdão, mesmo que ainda seja de forma provisória e plenamente revisável, devendo ter o condão da reversibilidade.

No modelo de Mikhail Bakhtin, permite a possibilidade de modificação, não se podendo considerar um problema, posto que não é admitida a impossibilidade de revisão por meio do duplo grau de jurisdição, o que é inerente ao próprio processo e tramitação processual.

Na judicialização do Direito, há dois brocardos largamente utilizados ainda de expressões latinas. São no âmbito da atuação do Poder Judiciário e da prática forense com a finalidade de demonstrar a capacidade-dever do magistrado em apreciar a lide ao qual foi proposta e, consequentemente, prolatar uma sentença que ponha a termo a lide. Assim, ambas remetem à cognição prévia do magistrado, que são: "*da mihi factum, dabo tibi ius*" e "*iura novit curia*", que significam respectivamente: "dá-me os fatos, dar-te-ei o direito" e "o direito é conhecido dos tribunais". Com efeito, a primeira remete ao aspecto do antecedente da norma concreta a ser veiculada na decisão judicial, a qual deve ser previamente conhecida por todos e especialmente pelo magistrado, que utilizará a Lei na aplicação da solução prática; a segunda, com relação ao direito a ser aplicado ao caso, que não tem o condão de inovar a legislação nos tribunais, o que já deriva da norma prévia e já, anteriormente oposta ao caso, conhecida.

Quando o magistrado debruça-se sobre casos específicos de mandado de segurança deve, antes de qualquer aplicação de qualquer garantia legal, observar a presença dos dois aspectos acima dispostos, os quais devem, invariavelmente, vir demonstrados de forma cabal de plano, que são a direta e verossimilhança dos fatos e a comprovação probatória bastante para constituir o direito pretendido, de forma que o magistrado veja inquestionavelmente o direito alegado.

Nesse caminho, sendo o direito objetivo invariavelmente conhecido pelos tribunais, não haveria margem para pontos de variâncias vinculadas a mesma lide concreta apresentada em distintos tribunais, já que se trata, a judicialização, como ciência jurídica, e gozando desse *status* haveria previsibilidade de resultados, bastando assim ao magistrado compreender e julgar o pedido, sem margem para mudança que porventura viesse a influenciar no resultado da possível peleja judicial, por gozar do pressuposto de alto grau de probabilidade de confirmação da decisão ao final[1].

O que o presente trabalho pretende analisar é a forma como são montadas as teorias do direito processual no direito moderno, quando observam a cognição judicial, mais especialmente no momento que garante a segurança pretendida, ou seja, no procedimento do mandado de segurança, em decorrência da simplicidade da demonstração do conjunto probatório que deveria ser de forma a saltar aos olhos até do mais leigo, esperando que a sentença não seja molestada pela possibilidade de revisão do duplo grau jurisdicional conforme atualmente previsto no art. 5º, inciso, da CF/1988[2].

No entanto, o magistrado apenas poderá tangenciar-se desse grau de certeza vertendo-se sobre a prova verossímil[3], art. 273 do CPC, momento em que poderá vir a compreender a lide em sua completude por meio de um processo de cognição intrínseco em um plano fático-normativo bastante para garantir segurança e irreprovabilidade a sentença prolatada; nesse caminho, verifica-se que o juiz busca pautar sua decisão na previsibilidade legal, tanto defendida no modelo kelseniano.

Considerando a teoria dos níveis de cognição, o magistrado vai formando seu convencimento pelos elementos trazidos ao processo por meio de gradação cognitiva, onde se inicia marco zero do desconhecimento do fato anteriormente acontecido, até o momento final da sentença terminativa com o trânsito em julgado processual. Assim, não é difícil prever que quanto mais elementos trazidos ao processo maior a quantidade de variáveis que o magistrado poderá valorar ao formar seu convencimento levando, invariavelmente, a uma densidade cognitiva maior do problema.

Se a cognição é condição necessária para o julgamento preciso, e se se trata de um amadurecimento do conhecimento fático no trâmite processual, é possível deduzir que a cognição pode ser parcial (não exauriente) ou atingir seu estado de amadurecimento pleno (exauriente). Nesse estágio, até mesmo uma decisão antecipatória seria plena e imutável, quando a decisão estaria protegida por sua completude, e não poderia ser reformada nem por um acórdão superior. Ocorre que não há previsão processual para tal estágio de perfeição jurisdicional processual prematura, mesmo havendo a possibilidade de cognição exauriente *ad initio litis*.

O que deve ficar sempre claro é que as decisões proferidas por magistrados, via de regra, são passíveis de reapreciação, ora pela instância superior, ora pela apresentação de prova nova por meio de uma

---

(1) BUENO, Cassio Scarpinella. *Mandado de segurança*. 5. ed. São Paulo: Saraiva, 2009. p. 94-95.

(2) Art. 5º Todos são iguais perante a lei, sem distinção de qualquer natureza, garantindo-se aos brasileiros e aos estrangeiros residentes no País a inviolabilidade do direito à vida, à liberdade, à igualdade, à segurança e à propriedade, nos termos seguintes: (...) LV – aos litigantes, em processo judicial ou administrativo, e aos acusados em geral são assegurados o contraditório e ampla defesa, com os meios e recursos a ela inerentes;

(3) Art. 273. O juiz poderá, a requerimento da parte, antecipar, total ou parcialmente, os efeitos da tutela pretendida no pedido inicial, desde que, existindo prova inequívoca, se convença da verossimilhança da alegação e: I – haja fundado receio de dano irreparável ou de difícil reparação; ou II – fique caracterizado o abuso de direito de defesa ou o manifesto propósito protelatório do réu.

ação rescisória⁽⁴⁾ (art. 485 do CPC) mesmo depois do trânsito em julgado; contudo, em tramitação regular, as reformas das decisões terminativas, porém, sem caráter definitivo, podem, inclusive, alterar completamente o sentido do julgamento, em virtude da possibilidade do duplo e triplo grau de jurisdição, por via dos recursos, que são garantias legais e não é raro acontecer, especialmente para poder reapreciar possíveis *error in judicando* ou *error in procedendo*.

Logo, a via do mandado de segurança é garantia constitucional, que tem no bojo de seu provimento a possibilidade de concessão de medida liminar, *inaudita altera partes* e, conseguintemente, de sentença de mérito, momento em que termina a atuação jurisdicional de primeiro grau, prolatada, normalmente, depois do contraditório, podendo ser seguida pelas vias recursais com o reexame da matéria por meio da turma recursal que ao final publicará seu acórdão ou, ainda, por intermédio de um desembargador, juiz de segundo grau, que publicará sua decisão monocrática de tribunal, ambos em caráter definitivo⁽⁵⁾ (art. 557 do CPC).

1. DA ANÁLISE DO DISCURSO E UTILIZAÇÃO DA LINGUAGEM

Foi inicialmente apresentado por Mikhail Bakhtin, seguido de inúmeras discussões realizadas por estudiosos da teoria da linguagem, da filosofia, das ciências sociais e da análise do discurso, e obviamente com consequências nas reflexões do direito, situação em que, apesar de a linguagem já haver ingressado na pauta das discussões jurídicas atuais, por outros doutrinadores como Luis Alberto Warat, Paulo de Barros Carvalho e outros, considerando-se a teoria desenvolvida por Mikhail Bakhtin, em sua obra, o enunciado ingressa como categoria fundamental para o uso persuasivo da língua. Conforme observa o filósofo, "o emprego da língua efetua-se em forma de enunciados (orais e escritos) concretos e únicos, proferidos pelos integrantes desse ou daquele campo da atividade humana"⁽⁶⁾, assim como em outro momento da mesma obra o doutrinador afirma que a linguagem é "unidade real da comunicação discursiva"⁽⁷⁾. A verdade é que não há um entendimento padronizado para explicar de forma objetiva e homogênea o uso indutivo da língua, situação em que cada autor possui uma interpretação específica sobre o tema.

Mikhail Bakhtin passa a explicar de forma mais detalhada, afirmando que há diferença entre o enunciado concreto e o efeito real, quando no primeiro caso é a ideia hipotética, situação em que é diferente da possibilidade real da ideia e a verificação das consequências diferentes da prevista entre os participantes, conforme se segue:

> O enunciado concreto (e não a abstração linguística) nasce, vive e morre no processo da interação social entre os participantes da enunciação. Sua forma e significado são determinados basicamente pela forma e caráter desta interação. Quando cortamos o enunciado do solo real que o nutre, perdemos a chave tanto de sua forma quanto de seu conteúdo – tudo que nos resta é uma casca linguística abstrata ou um esquema semântico igualmente abstrato

---

(4) Art. 485. A sentença de mérito, transitada em julgado, pode ser rescindida quando: I – se verificar que foi dada por prevaricação, concussão ou corrupção do juiz; II – proferida por juiz impedido ou absolutamente incompetente; III – resultar de dolo da parte vencedora em detrimento da parte vencida, ou de colusão entre as partes, a fim de fraudar a lei; IV – ofender a coisa julgada; V – violar literal disposição de lei; VI – se fundar em prova, cuja falsidade tenha sido apurada em processo criminal ou seja provada na própria ação rescisória; VII – depois da sentença, o autor obtiver documento novo, cuja existência ignorava, ou de que não pôde fazer uso, capaz, por si só, de lhe assegurar pronunciamento favorável; VIII – houver fundamento para invalidar confissão, desistência ou transação, em que se baseou a sentença; IX – fundada em erro de fato, resultante de atos ou de documentos da causa. § 1º Há erro, quando a sentença admitir um fato inexistente, ou quando considerar inexistente um fato efetivamente ocorrido. § 2º É indispensável, num como noutro caso, que não tenha havido controvérsia, nem pronunciamento judicial sobre o fato.

(5) Art. 557. O relator negará seguimento a recurso manifestamente inadmissível, improcedente, prejudicado ou em confronto com súmula ou com jurisprudência dominante do respectivo tribunal, do Supremo Tribunal Federal, ou de Tribunal Superior. (Redação dada pela Lei n. 9.756, de 17.12.1998) § 1º-A. Se a decisão recorrida estiver em manifesto confronto com súmula ou com jurisprudência dominante do Supremo Tribunal Federal, ou de Tribunal Superior, o relator poderá dar provimento ao recurso (Incluído pela Lei n. 9.756, de 17.12.1998).

(6) BAKHTIN, Mikhail. Os gêneros do discurso. In: *Estética da criação verbal*. 4. ed. Tradução do russo por Paulo Bezerra. São Paulo: Martins Fontes. p. 261.

(7) BAKHTIN, Mikhail. Os gêneros do discurso. In: *op. cit.*, p. 269.

(a banal "ideia da obra", com a qual lidaram os primeiros teóricos e historiadores da literatura) – duas abstrações que não são passíveis de união mútua porque não há chão concreto para sua síntese orgânica.[8]

Assim, pode-se analisar o tema apresentado sob dois aspectos, ou correntes teóricas da filosofia linguística, quais sejam: a) subjetivismo individualista; e b) objetivismo abstrato, que serão pormenorizadas doravante.

1.1. Do Subjetivismo Individualista

A concepção do subjetivismo individualista é considerar a forma individual de expressão, onde cada pessoa tem uma característica própria e forma específica de se expressar, mesmo considerando as mais variadas formas de expressão, sejam as principais para as ciências jurídicas, a escrita e a oral, ora, linguagem falada.

Para compreender esses parâmetros, faz-se necessário o estudo da expressão fundada na psique individual, onde a linguagem manifesta-se fundada nos sentidos e experiências anteriores intrínsecas em um processo de criação quase automática, exteriorizado no mundo real por meio da fala[9]. O autor afirma que a linguagem falada é produto de outras variáveis individualizadas como a complexidade gramatical, a fonética e o léxico, que fazem da língua uma característica individualizada. Nessa mesma linha, seguem autores como Humboldt.

Logo, o objetivismo individualista, especialmente na fala, está indissociavelmente ligado ao agente interlocutor e suas experiências.

1.2. Do Subjetivismo Abstrato

No modelo objetivista abstrato, trata-se de um sistema normativo caracterizado pelas normas imanentes que surgem como decorrência da própria consciência social, situação em que o sujeito a elas não pode se opor as normas que a língua impõe, assim como a suas próprias regras, situação em que o agente apenas tem a faculdade de compreender, assim como é, sem interação maior.

Nesse sentido, a língua é um sistema estável, imutável, com formas linguísticas submetidas aos signos linguísticos no interior de um sistema fechado. As ligações linguísticas específicas nada têm a ver com valores ideológicos, situação que gera uma assincronia entre a palavra e seu sentido, o qual não existe vínculo natural e compreensível para a consciência.

Considerando por fim que a distinção entre língua e fala, situação em que na primeira verifica-se a condição de imutabilidade sincronia, e na fala predomina a diacronia da mutabilidade como aspecto determinante, assim, podemos concluir dizendo que a linguística sincrônica se ocupará das relações lógicas e psicológicas que unem termos coexistentes e formam sistema, tais como são percebidos pela consciência coletiva, enquanto a linguística diacrônica estudará as relações que unem termos sucessivos não percebidos por uma mesma consciência coletiva e que se substituem uns aos outros sem formar sistema entre si[10].

1.3. Diálogo do Discurso Jurídico entre Pontes de Miranda e Hans Kelsen

Para melhor compreender esse processo, será adotada a teoria jurídica de Pontes de Miranda, em que monta uma percepção objetivista quando analisa o evento jurídico, e percepção sociológica de Hans Kelsen, que toma como ponto de análise a opção subjetivista do discurso.

O entendimento desenvolvido por Pontes de Miranda teve como ponto fundador o fato jurídico que ficou entendido como o ponto de partida de toda a estrutura fundamental. No entendimento do pensador, o mundo jurídico está delimitado pela totalidade de fatos processuais conhecidos, mesmo sendo apenas uma fração fática do mundo social real; assim, os fatos jurídicos ou não, que aparecem na teoria pontiana, não são considerados de forma estática, uma vez que, para o autor, há dinâmica, vez que "todo fato é, pois, mudança no mundo"[11].

---

(8) BAKHTIN, Mikhail. *Discurso na vida e discurso na arte*: sobre poética sociológica. Tradução para fins didáticos, por Carlos Alberto Faraco e Cristovão Tezza, p. 13. Retirado da internet <http://www.4shared.com/document/_I38lf3q/M_Bakhtin_-_Discurso_na_vida_d.html>. Acesso em: 10.09.2014 às 23:59 horas.

(9) BAKHTIN, Mikhail (VOLOCHÍNOV), *op. cit.*, p. 74.

(10) SAUSSURE, Ferdinand de, *op. cit.*, p. 116.

(11) PONTES DE MIRANDA, Francisco Cavalcante. *Tratado de direito privado*. 4. ed. 2. tir. São Paulo: RT, 1983. p. 5.

O caminho adotado por Hans Kelsen toma a norma jurídica como estrutura fundamental do direito[12] e ponto central de sua teoria. Situação em que influencia uma legião de autores, por todo o mundo, inclusive nacionais, momento em que a influência kelseniana nas concepções linguísticas do direito se dá pelo fato de ele ter sido o primeiro autor a fazer uso de categorias da teoria da linguagem no direito, quando efetivou a distinção entre linguagem-objeto e metalinguagem.

A visão adotada será a perspectiva normativista sendo essa característica mais marcante do pensamento de Pontes de Miranda, pois, para o pensador, não se pode considerar fato jurídico sem que uma norma jurídica que o anteceda, sendo a norma o meio que conduz o fato social ao mundo jurídico por meio da judicialização ou melhor dizendo, ato jurídico[13]. A norma jurídica não nega a relevância do fato jurídico para o estudo do fenômeno jurídico, pelo contrário, é nele que a prova encontra sua importância, assim como é nesse exato momento em que o magistrado encontra a sua cognição judicial, que a toma como modo de qualificação.

A estrutura lógica demarca o lugar do fato jurídico nas diversas proposições que interferem no processamento e cognição da produção dialógica da formação da norma jurídica. Por óbvio, inicia-se com a indicação do lugar do fato social, possui repercussão direta na questão do papel da prova no enunciado normativo, situação em que a prova será aquilo que for produzido no curso de um processo que tenha utilidade de instruir a cognição do magistrado na solução do conflito jurídico a ele submetido.

1.4. Igualdades de Diferenças entre Lei e Norma

A primeira visão a ser adotada trata-se da corrente que não distingue Lei de Norma e, logicamente, se não há distinção, então o ponto de estudo versa sobre as igualdades, sendo certo que a Lei é produto da atividade do poder legiferante que, no sistema tripartite adotado pelo Brasil, em regra, é representado pelo Poder Legislativo, onde se trata de sua atividade-fim, e que muitas vezes sofre interferência dos outros poderes. A eficácia da lei independerá da atuação do homem, visto que o processamento goza de efeito de inércia, onde basta que o fato jurídico seja iniciado para que caminhe sem interferência; logo, a incidência, ou eficácia legal, dar-se-á no plano do pensamento, senão uma representação processual de uma realidade objetiva distinta dos sujeitos[14].

Nesse mesmo segmento, há o mundo sensitivo é representado pelas sombras e o mundo real independe do conhecimento e percepção, encontra fundamento ainda em pensadores como Karl Popper, Leibniz, Frege e outros, que consideram o mundo ideal como conhecimento objetivo ou terceiro mundo, que é formado de ideias objetivas, reais, concretas e previstas, as quais existem independentemente do pensamento e percepção.

Manuel Garcia Morente denomina esse ambiente, onde as ideias formam conceitos, como esfera dos objetos ideais que, embora sejam abstratos, existem[15]. O aludido mundo das ideias ou terceiro mundo é absolutamente autônomo, pertencendo ao domínio do engenho humano que é passível de alteração pelo próprio homem. Para ficar claro, a expressão de terceiro mundo, faz-se necessário dizer que o primeiro mundo é o mundo natural, onde percebem-se as coisas palpáveis e sensíveis; logo em seguida, tem-se o segundo mundo, onde se encontra o subjetivismo humano, balizado pelo pensamento, percepções e sentimentos, estando ligado à individualidade de cada personalidade.

No entendimento de Pontes de Miranda, a condição da possibilidade de exprimir o Direito por meio de pensamentos não habilita a norma, que é o objeto do direito, objeto pertencente à Psicologia do Direito, posto que, se assim fosse, não poderia causar expressões em fatos sociais, senão apenas em fatos psíquicos[16].

No âmbito jurídico, tem-se como principais características o preceito abstrato e o suporte fático teórico, pilares fundamentais para a formação das regras jurídicas, as quais pertencem ao mundo

---

(12) KELSEN, Hans. *Teoria pura do direito*. Trad. João Baptista Machado. 4. ed. São Paulo: Martins Fontes, 1995. p. 4.

(13) MELLO, Marcos Bernardes. *Teoria do fato jurídico*: plano da existência. 8. ed. São Paulo: Saraiva, 1998. p. 81.

(14) PONTES DE MIRANDA, Francisco Cavalcante, *op. cit.*, T. I. p. 10 e 12.

(15) MORENTE, Manuel Garcia. *Fundamentos de Filosofia – Lições Preliminares*. Tradução de Guilhermo de la Cruz Conorado. 8. ed. São Paulo: Mestre Jou, 1980. p. 281.

(16) PONTES DE MIRANDA, Francisco Cavalcante. *Comentários à Constituição de 1946*. Vol. I (art. 1-36). Rio de Janeiro: Henrique Cahen Editor – Distribuidora Livraria Boffoni, 1947. p. 31.

dos pensamentos e criações abstratas com reflexos sociais. No discurso de Pontes de Miranda, assim como dos que seguem sua corrente de pensamento, a lei possui atuação latente, estando em momento de aplicação automática, não necessitando atuação humana para sua eficácia, vez que acontecendo sua previsão legal anteriormente cominada por dispositivo normativo, implica necessariamente na aplicação de suas previsões[17] com repercussão como fato social.

O procedimento criador do direito é expresso por alguns conceitos tais que são o processo formador das regras jurídicas[18]. Assim, os conceitos, tanto os jurídicos, são formados por orações em vernáculo que são os componentes das regras jurídicas que, por sua vez são compostas por palavras com verbos, um ou mais, que exprimem a ação do dispositivo legal; contudo, entre a "Entre a palavra e o real está o conceito"[19]. Porém, o que de fato ocorre é que a formação legal é produzida em um plano cartesiano de espaço x tempo, onde o vetor espaço é balizado pelo escopo social, o que é previsível.

Para a teoria pontiana, afirma que a hipótese (conceito), que em sua teoria é classificado com o conceito, e a consequência (conceito), situação em que para Manoel Garcia Morente, que afirma que "valores não são, mas valem." ... "uma coisa é valor, e outra coisa é ser"[20], situação em que podemos diferenciar distintamente que uma coisa é o valor e outra coisa completamente diferente é o ser; assim, quando falamos sobre o valor da norma, não diretamente conceituamos ou fazemos qualquer juízo sobre sua essência, que permanece na esfera de seu ser.

Nesse sentido, reafirma seu pensamento sobre a função social do jurista, quando comenta com a seguinte conclusiva no que tange ao aspecto interpretativo:

> O que o jurista faz (e aqui usamos o termo jurista no mais simples sentido) é o mesmo que, com as pedras e o barro, faz o arquiteto: a construção. Nem a matéria das regras jurídicas, nem as das paredes do novo edifício deixaram de ser as mesmas coisas que a natureza produziu. O artifício humano pouco haverá de fazer, salvo a ilusão de criar.[21]

É essa a visão predominante do direito eminentemente mecanicista, que foi a base da manifestação do pensamento jurídico do século XIX, refletindo ainda no século XX, e sendo base para a fundamentação jurídica até os dias atuais, utilizando-se por diversos pensadores jurídicos que espelham-se na escola pontiana como é o caso de Marcos Bernardes de Mello, Arthur José Faveret Cavalcanti, Arruda Alvim, Marcus Orione G. Correia, entre tantos outros.

2. FORMAÇÃO LÓGICA DA NORMA JURÍDICA

A norma é percebida por Hans Kelsen como o significado que se confere determinada conduta adotado por um agente perceptível[22], sendo essa perspectiva observável do pondo de vista semântico. Em outra vertente, do ponto de vista sintático, a norma se apresenta como estrutura de hipótese condicional. Tais estruturas, como definidas, servem para norma de decisão, como delineado pela doutrina, ou, de outra forma, delimitam os demais enunciados veiculados na cadeia discursiva de uma mesma lide proposta em juízo, alternativamente?

Com a finalidade de responder a essa pergunta, que consequentemente tem o condão de encontrar um padrão de raciocínio lógico para as diversas formas de manifestação de proposições que se colocam na perspectiva jurídica que possui. Por essa razão, a demarcação da estrutura sintática da norma se faz necessária.

A norma jurídica enquanto apenas um dispositivo legal enunciado coloca-se no sistema como unidade de sentido, e só por abstração em seu estado latente prevendo a possibilidade de incidência por um fato concreto, destaca-se da sua forma material de manifestação, que, na linguagem bakhtiniana, é

---

(17) PONTES DE MIRANDA, Francisco Cavalcante. *Tratado de direito privado*. T. I. p. 16. MELLO, Marcos Bernardes de. *Teoria do fato jurídico*: plano da existência. p. 71-77.
(18) PONTES DE MIRANDA, Francisco Cavalcante. *Tratado de Direito Privado*, tomo I. p. X.
(19) PONTES DE MIRANDA, Francisco Cavalcante. *Sistema de Ciência Positiva do Direito*, tomo II. p. 114
(20) MORENTE, Manuel Garcia. *Fundamentos de Filosofia*. p. 300.
(21) PONTES DE MIRANDA, Francisco Cavalcante. *Sistema de ciência positiva do direito*. T. I. p. 122.
(22) KELSEN, Hans. *Teoria pura do direito*. p. 2-3.

denominada sinal[23]. Nesse campo previsto como sinalidade, encontram-se não só os indicativos materiais, que indicam a norma, como também as possíveis interpretações doutrinárias e suas posteriores evoluções interpretativas no aspecto semântico.

Na sinalidade, há ambivalência entre expressão e a significação que andam juntas, assim como é componente o aspecto lógico que também compõe a sinalidade. Mikhail Bakhtin, a respeito da análise lógica, irá afirmar que entre duas proposições pode haver correlações lógicas de identidade ou contradição, mas só no enunciado a expressão ganha densidade dialógica, ou seja, sentido. Nesse dicipasão, afirma assim que "as relações dialógicas são irredutíveis às relações lógicas ou às concreto-semânticas, que por si mesmas carecem de momento dialógico"[24].

Observando os fundamentos da matemática elementar, a lógica jurídica segue a mesma regra, com relação aos conectores lógicos, que, apesar de serem vários, apenas os dois, o que indica identidade e o que indica condição, são relevantes para o presente, já que a prova, no processo judicial, muitas vezes é tratada como instrumento da relação de identidade entre pensamento e realidade. O conector condicional será tomado, pois a norma, que se apresenta como estrutura condicional, como se segue quando o direito passa a valer-se de uma estipulação condicional ou implicacional, na condicional de modo "se..., então"[25], mas com uma diferença, sobre o conector que une a proposição da hipótese, momento em que descreve uma situação e a proposição tese quando determina uma consequência ou incide o modal deontológico, transformando a estrutura meramente lógica condicional em uma estrutura condicional jurídico-normativa.

Nesse contexto, pode-se criar qualquer premissa que é base para a formação legal prévia, a exemplo clássico: "se acontecer tal fato jurídico, então, a consequência será essa", o que de plano inclui-se o agente causador na aludida proposição e na imposição jurídica do dever ser.

3. FORMAÇÃO DA COGNIÇÃO PROCESSUAL

Quanto ao termo cognição, no que é pertinente ao processo, aparece como um dos processos elencados na vigente lei dos ritos, assim como também é a designação de uma técnica processual utilizada para se construir formas de procedimentos adequados de modo a transformar o processo em um instrumento apto de tutela específica do direito material perseguido. Nessa esteira, trata-se de uma forma de organizar e analisar os argumentos e provas veiculadas, trazidas aos autos processuais[26]. No direito nacional, a obra que é considerada como referência sobre os questionamentos da cognição é trazida por Kazuo Watanabe que identifica e trata a forma de ato emitido pelo magistrado em que a prevalência de ponto crítico é a formação da inteligência do problema pelo magistrado, consistindo em analisar e valorar as provas e argumentos difundidos pelas partes em sua apresentação do problema ao Poder Judiciário, situação em que na cognição ingressam não só os aspectos fáticos do litígio, assim como o somatório dos aspectos jurídicos e legais trazidos[27].

O que é pertinente ao primeiro enfoque, em que a cognição é a forma de qualificação do processo, a expressão cognição valora a categoria processo, identificando-o, em um conflito de interesse, ora lide, a quem pertence o bem da vida, qual seja, o objeto processual em questão, sem que se confunda com o conceito processual de execução, onde a parte é coagida a cumprir uma determinação judicial, que visa realizar coativamente o comando determinado no título judicial ou extrajudicial. [28] Decerto, não há que se confundir processo de conhecimento e de execução; o que é amplamente disseminado pela doutrina tradicional era criticada por autores como Pontes de Miranda, que demonstrava a possibilidade de haver cognição na execução, assim como também o contrário, e execução na cognição, em diversas hipóteses[29].

---

(23) BAKHTIN, Mikhail (VOLOCHÍNOV). *Marxismo e filosofia da linguagem*, p. 96-97.
(24) BAKHTIN, Mikhail. *Problemas da poética de Dostoiévski*. 4. ed. rev. e ampl. Trad. Paulo Bezerra. Rio de Janeiro: Forense Universitária, 2008, p. 209.
(25) VILANOVA, Lourival. *Estruturas lógicas e sistema de direito positivo*, p. 124.
(26) MADEIRA, Dhenis Cruz. *Processo de conhecimento e cognição*. Curitiba: Juruá, 2008. p. 47.
(27) WATANABE, Kazuo. *Da cognição no processo civil*, p. 58-59.
(28) MARQUES, José Frederico. *Manual de direito processual civil*. Vol I. 4. ed. São Paulo: Saraiva, 1976. p. 133.
(29) PONTES DE MIRANDA, Francisco Cavalcante. *Comentários ao Código de Processo Civil*. T. I. Rev. e atual. por Sérgio Bermudes. Rio de Janeiro: Forense, 1996. p. 70-71.

O enfoque sincrético da cognição indicado, uma vez que o direito pátrio, na sistemática atual do processo, generalizou a versão que vislumbra a cognição como técnica de realização efetiva do direito material, no processo de execução e do processo cautelar. Sob a ótica sincrética, o termo cognição também se coloca como técnica judicial para a prestação jurisdicional. Sendo essa técnica motivo para estipular a profundidade e a amplitude a qual o magistrado pode conhecer de um litígio trazido a juízo. Quanto ao plano vertical, verifica-se o nível de profundidade e densidade que o magistrado conhece da matéria trazida à sua análise; seccionando-se em plano horizontal, a análise verte sobre o objeto que verifica quais os aspectos do litígio que o magistrado pode conhecer[30].

3.1. Noções sobre o Objeto Cognitivo

São os parâmetros do direito processual quando se analisa a prova, a técnica, o método ou a operação lógica a qual é utilizada pelo magistrado para atribuir graduação de valor aos argumentos fáticos e jurídicos trazidos no processo[31]. É a partir desse ponto que o magistrado começa a construir a solução para a lide apresentada, já que a decisão, por se manifestar como norma jurídica, terá que possuir suas premissas antecedentes.

A atividade cognitiva é majoritariamente lógica, sendo um ato de inteligência que valora as provas e alegações produzidas pelas partes. É bem verdade que, em seguida, podemos afirmar que depois da análise das provas, que permanece sendo ato de intelecção, passa ao ato de decidir, situação em que ingressam outros elementos extralógicos, tais como o volitivo, o psicológico, o sensitivo, o vivencial e tantos outros que formaram a personalidade de julgador. Em outro momento processual, ao exemplificar a diferença de julgamento sobre um caso sob a tutela de um magistrado que tenha conhecimento de um determinado nível de experiência, e outro que não possui, o julgamento terá também caráter de interferência extralógica no campo da avaliação da prova, bem como no resultado final do julgamento[32].

O tipo de cognição, além de servir para determinar o fato, é um dos critérios para se estipular cada tipo de manejo sobre o processo. É esse critério que estabelece se o magistrado vai enfrentar um processo de conhecimento, cautelar ou de execução, quadro definido na sistemática processual vigente[33]; a cognição, no processo civil, dirige-se às questões no intuito compreender o problema e determinar-lhes soluções. No entanto, o magistrado ao se debruçar nos problemas enfrenta questões de fato como questão de direito, que necessitam de pronunciamento judicial; logo, por se tratarem de problemas referentes à dogmática a qual se refere o primeiro sentido, está estabelecida no art. 458, II, do CPC.

Questões incidentais e principais, que podem se apresentar nos processos, ambas devem ser submetidas à cognição do magistrado. Pode-se distinguir o que seria objeto do processo e objeto litigioso. O primeiro caso seria a totalidade das questões submetidas ao magistrado por meio de um processo, enquanto o objeto litigioso, seria a parcela, ou parte do objeto do processual, que, com efeito, deve cingir-se à própria questão principal[34].

Sobre o mandado de segurança, faz-se necessário a demonstração das questões da certeza e da liquidez, situação imprescindível em uma questão incidental referente à admissibilidade do procedimento; procedimento necessário é apreciação da tutela do direito violado por ato de autoridade coatora, que é pública, ou por agente de pessoa jurídica que exerça função pública.

3.2. Necessidade Legal de Fundamentação Jurídica

Como discorre o doutrinador Jorge Bercholc, sobre a validade da norma:

> Se presume la constitucionalidad de las leyes y normas administrativas hasta tanto no se declare judicialmente su inconstitucionalidad. El pronunciamiento de insconsititucionalidad es la *ultima ratio* des ordenamiento en vigor; en caso de duda, debe optarse por la consstitucionalidad de la norma cuestionada y no por su invalidez.[35]

---

(30) WATANABE, Kazuo. *Da cognição no processo civil*, p. 111-112.
(31) WATANABE, Kazuo. *Da cognição no processo civil*, p. 111-112.
(32) WATANABE, Kazuo. *Da cognição no processo civil*, p. 61.
(33) DIDIER JR., Fredie. *Pressupostos processuais e condições da ação:* o juízo de admissibilidade do processo. São Paulo: Saraiva, 2005. p. 52-53.
(34) DIDIER JR., Fredie. *Curso de direito processual*, vol. I, p. 307.
(35) BERCHOLC, Jorge. *La independencia de la Corte Suprema a través del control constitucional:* respecto de los otros poderes políticos. 1. ed. Buenos Aires: Ediar, 2004. p. 53.

Assim, como o ensinamento acima citado, podemos concluir que, para o magistrado fundamente sua sentença, deverá utilizar, acima de qualquer outro parâmetro, uma lei vigente no ordenamento jurídico ao qual esteja vinculado, preferencialmente, ou salvo dispositivo normativo *inter partes* anterior tenha sido pactuado.

Como defende ainda Belcholc, fazendo uma analogia com o tema:

> los límites epistemológicos y metodológicos propios de la adquisición del saber en su pretención avalorativa, habrá que aditarle las cuestiones fáticas que determinan las políticas presupuestarias en apoyo del desarrollo científico y técnico.[36]

Assim, podemos deduzir, utilizando-se uma via análoga, que a formação do consciente cognitivo é bastante influenciada pelos fáticos políticos, o que não se deveria esperar o contrário, vez que o magistrado não se é forjado em ambiente estéril aos anseios sociais, sendo o mesmo ente social influenciado pelas forças que determinam as questões formuladas na própria sociedade; logo, o entendimento e compreensão da problemática necessária para a resolução da lide passa necessariamente pelas amarras sociais, as quais não somente o juiz está imerso, como, também, o próprio Poder Judiciário.

Ainda, nesse contexto, a ciência deverá transformar os conceitos teóricos em sistemas operacionais (aplicáveis na resolução de problemas) onde deverá surgir a chance de desenvolvimento, factualidade de plausibilidade na solução de problemas concretos[37]. Operando-se na vertente da verificação empírica com a realidade, esse nível de objetividade tangencia o mais próximo de um conhecimento, ou seja, nível cognitivo, verdadeiro, do que seria a fiel realidade[38].

A teorias críticas chamam a atenção sobre o mecanismo de controle social gerado pelos meios de comunicação massivos, situação em que as massas agora se visualizam de forma inerte, passiva e manipulável, momento em que são apenas receptoras de mensagens que privam a consciência histórica, transformando cidadãos participativos e interessados em questões públicas em apenas receptores passivos e consumidores de informação[39], transmitida com interesse de manipular as massas.

Assim mesmo acontece com a consciência jurídica das pessoas, que são comandadas a não desenvolver qualquer interesse sobre a autocrítica jurídica, assim como desestimuladas a perceber as regras decorrentes de leis ordinárias que controlam sua vida, sendo apenas entes passivos incapazes de produzirem qualquer instrumento crítico modificativo capaz de influenciar inclusive novos ordenamentos jurisdicionais, ou mesmo interpretações jurídicas, hábeis e construtivas.

Quando se forma a opinião, devemos entender que é bem distinta do conhecimento, do saber, e requer minimamente que a subjetividade do poder político, situação em que a opinião está composta de interesses, valores, sendo uma mescla de informações recebidas com referências sociais adquiridas[40].

4. CONCLUSÕES

A análise de provas no plano cognitivo é decorrência da necessidade de se avaliar os fatos trazidos ao processo, já que o direito prévio nasce de fatos anteriores. Situação em que é a prova que o magistrado reconstitui os fatos e, com base nessa percepção organizada sob o prisma legal, é que poderá tomar sua decisão[41]. Pode-se ainda analisar o problema cognitivo sob duas óticas distintas, ora o prisma matemático e ora prisma jurídico, conforme pode-se ler: "na solução de qualquer problema, seja jurídico ou matemático, o fundamental é montar a equação corretamente."[42] Observa-se ainda que na cognição exauriente o magistrado terá maior segurança quanto à certeza do direito controvertido por se tratar de apenas de aspecto subjetivo.

A teoria da cognição utilizada pelo direito pátrio separa o ato de conhecimento do seu objeto, quais sejam, os fatos da lei, de sorte que para aprofundamento cognitivo do problema proposto, e mais acurado juízo da valor, faz-se necessário a de-

---

(36) BERCHOLC, Jorge O. *Temas de Teoría del Estado*. 2. ed. Cidad Autónoma de Buenos Aires: La Ley, 2014. p.10.
(37) BERCHOLC, Jorge O. *Temas de Teoría del Estado*, p. 11.
(38) BERCHOLC, Jorge O. *Temas de Teoría del Estado*, p. 11.
(39) BERCHOLC, Jorge O. *Temas de Teoría del Estado*, p. 107.
(40) BERCHOLC, Jorge O. *Temas de Teoría del Estado*, p. 110.
(41) WATANABE, Kazuo. *Da cognição no processo civil.*, p. 62-63.
(42) WATANABE, Kazuo. *Da cognição no processo civil*, p. 62.

monstração verossímil dos fatos que fundamentam a lide, tornando, assim, a cognição sobre o problema absolutamente exauriente, apto a suplantar aquele veiculado em cognição sumária a ser realizado prematuramente ao início do litígio. A mesma constatação pode ser feita com relação à lei. A superveniência da mudança, segundo os padrões da teoria dos níveis da cognição, decorre do aprofundamento legal em que o magistrado será necessário atribuir a correta solução do litígio por meio da tradução fática trazida pelas partes para o plano legal jurisdicional onde reside o justo direito sob pena de julgamento equivocado pelo julgador na maioria das vezes pela falha cognitiva decorrente de má interpretação do julgador ou, ainda pela desastrosa apresentação da ordem fática trazida pela parte ao magistrado.

Com base na teoria cognitiva, aquilo que foi considerado em um juízo de possibilidade teria maior chance de ser realizado. Isso se verifica de modo latente no mandado de segurança quando, para a concessão da liminar situação em que o juízo deve decidir com base na cognição sumária, haveria uma alta probabilidade de que a decisão final também seja favorável[43] sendo a prova do denominado direito líquido e certo equiparada ao título executivo bastante para satisfazer o convencimento do magistrado, que é um documento que atesta a existência de um fato jurídico apto a fundar a efetivação de um direito mediante atividade coercitiva do Estado-juiz.

5. REFERÊNCIAS BIBLIOGRÁFICAS

BAKHTIN, Mikhail. *Estética da criação verbal*. 4. ed. Tradução do russo por Paulo Bezerra. São Paulo: Martins Fontes, 2003.

_____. *Discurso na vida e discurso na arte*: sobre poética sociológica. Tradução para fins didáticos, por Carlos Alberto Faraco e Cristovão Tezza, p. 13. Capturado na internet no site <http://www.4shared.com/document/_I38lf3q/M_Bakhtin_-_Discurso_na_vida_d.html>. Acesso em: 05 jun. 2010.

_____. *Problemas da poética de Dostoievski*. 4. ed. rev. e ampl. Trad. Paulo Bezerra. Rio de Janeiro: Forense Universitária, 2008.

BAKHTIN, Mikhail (VOLOCHÍNOV). *Marxismo e filosofia da linguagem*. Trad. de Michel Lahud & Yara Frateschi Vieira. 12. ed. São Paulo: Hucitec, 2006.

BENVENISTE, Émile. *Problemas de linguística geral*. Vol. II. Trad. Marco Antônio Escobar *et al*. Campinas: Pontes, 1989.

BERCHOLC, Jorge. *La independencia de la Corte Suprema a través del control constitucional: respecto de los otros poderes políticos*. 1. ed. Buenos Aires: Ediar, 2004.

_____. *Temas de Teoría del Estado*. 2. ed. Cidad Autónoma de Buenos Aires: La Ley, 2014.

BRAIT, Beth. Bakhtin e a natureza constitutivamente dialógica da linguagem. In: BRAIT, Beth (organização). *Bakhtin*: dialogismo e construção de sentido. 2. ed. rev. Campinas: Editora Unicamp, 2005.

BUENO, Cassio Scarpinella. *Mandado de segurança*. 5. ed. São Paulo: Saraiva, 2009.

DIDIER JR., Fredie. *Pressupostos processuais e condições da ação*: o juízo de admissibilidade do processo. São Paulo: Saraiva, 2005.

_____. *Curso de direito processual civil*: teoria geral do processo e processo de conhecimento. Vol. 1. 12. ed. Salvador: Podivm, 2010.

KELSEN, Hans. *O problema da Justiça*. Trad. de João Baptista Machado. São Paulo: Martins Fontes, 1993.

_____. *Teoria pura do direito*. Trad. João Baptista Machado. 4. ed. São Paulo: Martins Fontes, 1995.

MADEIRA, Dhenis Cruz. *Processo de conhecimento e cognição*: uma inserção no Estado Democrático de Direito. Curitiba: Juruá, 2008.

MARINONI, Luiz Guilherme. *A antecipação de tutela*. 3. ed. rev. e ampl. São Paulo: Malheiros, 1997.

MARQUES, José Frederico. *Manual de direito processual civil*: teoria geral do processo. 4. ed. São Paulo: 1976.

MELLO, Marcos Bernardes de. *Teoria do fato jurídico*: plano da existência. 12. ed. São Paulo: Saraiva, 2003.

MORENTE, Manuel Garcia. *Fundamentos de Filosofia*: Lições Preliminares. Tradução de Guilhermo de la Cruz Conorado. 8. ed. São Paulo: Mestre Jou, 1980.

MOUTA, José Henrique. *Mandado de segurança*. 2. ed. 2. tir. rev., ampl. e atual. Salvador: Juspodivm, 2010.

PLATÃO. *A República*: Livro VII. Coleção Os Pensadores. Tradução: Enrico Corvisieri. São Paulo: Nova Cultura, 1997.

PONTES DE MIRANDA, Francisco Cavalcante. *Comentários à Constituição de 1946*. Vol. III (arts. 129-144). Rio de Janeiro: Henrique Cahen Editor, 1947.

_____. *Tratado de direito privado*. T. I. 4. ed. 2. tir. São Paulo: RT, 1983.

_____. *Tratado de Direito Privado*. T. IV. 4. ed. São Paulo: RT, 1983.

_____. *Sistema de Ciência Positiva do Direito*. T. II. Atualizado por Vilson Rodrigues Alves. 1. ed. Campinas: Bookseller, 2000.

_____. *O Problema Fundamental do Conhecimento*. Atualizado por Vilson Rodrigues.

ALVES. Campinas: Bookseller, 1999. VILANOVA, Lourival. A Teoria do Direito em Pontes de Miranda. In: *Escritos Jurídicos e Filosóficos*. Vol. 1. São Paulo: Axis Mvndi/IBET, 2003.

SAUSSURE, Ferdinand de. *Curso de linguística geral*. 25. ed. Trad. Antônio Chelini, José Paulo Paes e Izidoro Blikstein. São Paulo: Cultrix, 1999.

WATANABE, Kazuo. *Da cognição no processo civil*. 2. ed. atual. Campinas: Bookseller/CEBEPEJ, 2000.

---

(43) BUENO, Cassio Scarpinella. *Mandado de segurança*, p. 94-95.

Compras Públicas Verdes na Visão do Direito Constitucional

Valdinei Pereira Garcia
Graduado em Ciências Sociais Aplicadas, Bacharel em Direito pela Universidade Paulista, Especialista em Políticas e Gestão Pública pela Escola Paulista de Direito – EPD, Mestrando Europeu em Política e Gestão Governamental pela Universidade Lusófona de Humanidades e Tecnologia em Lisboa – Portugal, título ainda a ser obtido. Aluno regular do curso Intensivo para o Doutorando na Faculdade de Direito de Buenos Aires – UBA – em Direito Constitucional. Professor e Auxiliar de Coordenação no Curso de Direito, atuando como Professor, principalmente nas áreas do Direito Público e do Direito Privado, Direito do Consumidor, do Direito Administrativo, do Direito Constitucional, do Direito Internacional, do Direito Comercial, do Direito Tributário no curso de Graduação. Editor do *site* jurídico: <www.sapientiajus.com.br>.

1. INTRODUÇÃO

Compras Públicas Verdes: Conceito, Histórico e Fundamentos

Compras públicas são aquelas realizadas pelo Estado, ou seja, pelos órgãos públicos, mediante procedimentos adequados, como a licitação. Tudo o que é necessário para o uso pode ser comprado, desde produtos de limpeza, até veículos específicos.

De acordo com uma cartilha editada pela Secretaria do Meio Ambiente de São Paulo, o termo compras verdes insere em seu conceito:

> "Isso corresponde a assumirem o compromentimento com relação à proteção ao meio ambiente através da:
> - Adoção de **práticas**, em todas as suas estruturas de setores de negócios, indústria e comércio, desde o planejamento até a execução final, que tanto eliminem ou evitem provocar danos e geração de qualquer tipo de resíduo, como controlem impactos ambientais adversos, realizando consultas às comunidades locais e ao público em geral;
> - Introdução de **processos** que diminuam ao máximo o uso de matérias-primas e energia, como reduzam perdas através da prevenção à poluição;
> - Fabricação de **produtos** que sejam ambientalmente responsáveis, com impacto mínimo à saúde humana e ao meio ambiente."[1]

Assim, compras verdes não simbolizam apenas adquirir produtos ambientalmente sustentáveis, mas, além disso, constitui uma série de atitudes de responsabilidade com o meio ambiente.

As consequências, de acordo, ainda, com a mesma publicação, são o uso de tecnologias que não resultem em resíduos e a reciclagem constante destas impurezas, de modo que retornem ao mercado na forma de outros materiais.

Além disso, a publicação explica que as compras verdes resultam no aumento da vida útil dos produtos, na melhora de sua qualidade, na recupe-

---

(1) Fonte: <http://www.mundodakeka.com.br/MeioAmbiente/PoliticaDeComprasVerdes.pdf>.

ração daqueles que não possuem mais utilidade. O uso de produtos químicos tóxicos, neste contexto, deve ser adotado apenas em último caso e, ainda, a análise do ciclo de vida pode ser uma técnica para redução de impactos ambientais.

Desde 1996, as compras verdes vêm ganhando espaço e importância em discussões relacionadas ao meio ambiente e à gestão pública de recursos. O ICLEI[2], órgão relacionado a questões sustentáveis que atua na Europa, iniciou projetos de auxílio para implantação das compras verdes no Brasil.

De acordo com o ICLEI:

"**PLANO ESTRATÉGICO 2004-2009** (Plano de Atenas)

Função

O Plano Estratégico do ICLEI tem a função de estabelecer a direção das políticas e programas que os membros da associação devem adotar.

Este plano é elaborado a cada seis anos, adotado e revisado trianualmente na reunião do Conselho. O secretário-geral tem a tarefa de implementá-lo, enquanto o Comitê Executivo e os presidentes regionais apóiam politicamente a sua execução.

Missão

Construir e servir a um movimento mundial de governos locais, para alcançar melhorias tangíveis quanto à sustentabilidade global, com especial atenção às condições ambientais através de ações conjuntas.

Ações

– Atuar como representante internacional para seus membros e participantes de campanhas, intercedendo por um maior entendimento dos interesses locais e apoiando o desenvolvimento sustentável e a proteção ambiental frente aos governos nacionais, às agências e organizações internacionais e entidades multilaterais;

– Mobilizar e promover iniciativas locais;

– Ajudar a desenvolver e fortalecer aptidões;

– Apoiar redes de intercâmbio e trabalhar em sociedade para investigar, desenvolver e demonstrar iniciativas;

– Oferecer serviços de informação e capacitação em desenvolvimento sustentável;

– Promover, avaliar e documentar os impactos das ações locais;

– Promover o papel dos governos locais como um inovador necessário e buscar fundos para a implementação das ações locais."

As negociações para a formação de blocos comerciais, acordos de livre-comércio e integração econômica estão sendo tratadas e publicadas nos jornais com frequência. O tema Compras Públicas passou a ser um importante quesito nessas negociações e na comparação de normas e procedimentos governamentais entre países. Ele tem sido abordado e debatido por alguns blocos comerciais como é o caso da União Europeia, e em documentos como o Acordo de Compras Governamentais da Organização Mundial de Comércio (OMC) e o Acordo de Livre-Comércio da América do Norte (NAFTA).

Os acordos sobre compras governamentais surgem como fruto do movimento de integração entre países e da necessidade de tornar o país mais competitivo internacionalmente.

Tendo em vista uma busca por eficiência da Administração Pública, vem ocorrendo uma alteração do tipo de compra do governo, da aquisição de produtos, para cada vez mais adquirir serviços. Este é um movimento sendo percebido por diversos governos e que deve se aprofundar nas próximas décadas.

Assim, nota-se que o tema compras públicas está presente em diversos países e nas suas devidas legislações, gerando detalhamentos diferenciados mostrando suas particulariedades.

Nesse cenário, este estudo terá como temática a comparação entre as compras públicas VERDES no Brasil e na Argentina analisando pelo prisma do Direito Constitucional.

A problemática desse estudo situa-se na seguinte interrogação: com relação ao Direito Constitucional Argentino e Brasileiro qual o cenário das compras públicas?

O problema desse estudo está delimitado no Direito Constitucional Argentino e Direito Constitucional Brasileiro.

---

(2) *Website* do ICLEI para a América Latina e Caribe. Disponível em: <http://www3.iclei.org/lacs/compraverdes.htm>.

Tem-se como objetivo analisar o Direito Constitucional Argentino e Brasileiro no tocante às compras públicas.

Justifica-se o presente estudo diante da diversidade legislativa existente entre o Brasil e a Argentina no tocante ao tema compras públicas.

2. DIREITO CONSTITUCIONAL BRASILEIRO E AS COMPRAS PÚBLICAS

O Estado, segundo Azambuja[3], é a organização político-jurídica de uma sociedade para realizar o bem público, com governo próprio e território determinado, tendo como objetivo o atendimento ao interesse público[4]-[5].

Para atingir esse objetivo, muitas vezes, precisa contratar com terceiros para a realização de obras e serviços e aquisição de bens. No entanto, diversamente do que ocorre na iniciativa privada, o agente público não é livre para contratar com quem lhe aprouver, mas seus contratos dependem, via de regra, de um procedimento seletivo[6].

Assim, analisando o Direito Constitucional brasileiro elenca-se que as compras públicas estão embasadas no art. 37 da Constituição Federal de 1988[7].

Rego[8] faz uma análise do inciso XXI do art. 37, referindo-se ao fato de que as compras públicas estão inseridas dentro do instituto da licitação considerado procedimento administrativo formal, cuja finalidade é selecionar o melhor contratante para a Administração, para lhe prestar serviços, fornecer-lhe ou adquirir-lhe bens.

Assim, no Direito Constitucional brasileiro, a licitação pública foi concebida como procedimento prévio à celebração dos contratos pela Administração, em razão de dois princípios fundamentais:

a) indisponibilidade do interesse público, que obriga o administrador público a buscar sempre, de forma impessoal, a contratação mais vantajosa para a Administração; e

b) igualdade dos administrados, que obriga que o administrador ofereça iguais oportunidades aos concorrentes (potenciais ou concretos) de virem a ser contratados com a Administração[9].

A licitação, como se sabe, é um procedimento administrativo em que diversos atos são praticados com o escopo final de selecionar uma proposta que, conforme critérios objetivos previamente definidos no instrumento convocatório, possibilite a posterior celebração de um contrato com o proponente melhor situado no julgamento final em decorrência de haver ofertado as melhores e mais vantajosas condições. Impõe-se, para esse fim, que se garanta tratamento isonômico a todos os interessados, devendo estes demonstrar que atendem às condições de qualificação a todos impostas[10].

Percebe-se, pois, que o certame observará etapas predeterminadas, estando estas fixadas na Lei e no regulamento interno da licitação. Fixa-se, assim, a qualificação dos participantes para, em seguida, examinar as propostas daqueles que tiverem demonstrado condições de execução do objeto, avaliando-se e classificando-se, nesse instante, as propostas que foram por eles formuladas.

---

(3) *Apud* MILESKI, Helio Saul. *O Controle da Gestão Pública*. São Paulo: RT, 2003.

(4) Ver também MARQUARDT, Brend. *Los dos siglos del Estado Constitucional en América Latina (1810-2010). Historia Constitucional Comparada*. 2 tomos. Bogotá. Universidad Nacional de Colombia. 2011. GERMÁN J. BIDART CAMPOS; WALTER F. Carnota. *Derecho Constitucional Comparado*. 2 Tomos. Buenos Aires. Editorial Ediar. 2001.

(5) Ver também RABINOVICH-BERKMAN, Ricardo. *Principios generales del derecho latinoamericano*. Buenos Aires. Editorial Astrea. 2006.

(6) Ver também COLOMER VIADEL, Antonio. *Introducción al Constitucionalismo Iberoamericano*. México: Editorial Trillas, 2009.

(7) Segundo Rego (2003, 77-78), o inciso XXI do art. 37 da Constituição Federal de 1988 determina que a Administração Pública, aqui em sentido lato, somente poderá contratar obras, serviços, efetuar compras e alienações, mediante procedimento licitatório com vistas a obter a proposta mais vantajosa e proporcionar tratamento igualitário entre aqueles interessados em contratar com a Administração. [...] Assim, o particular pode contratar aquilo que desejar, desde que o objeto de contrato seja lícito. Desse modo, exsurge que a vontade livremente manifestada dos particulares, com algumas exceções, os vinculam aos termos do combinado, ou seja, obrigam-se mutuamente diante do pactuado, cabendo a cada um cumprir com a sua contraprestação. Todavia, diverso ocorre quando o particular contrata com a Administração Pública.

(8) REGO, Sílvio Roberto Seixas. *Processo licitatório*: contraditório e ampla defesa: doutrina e jurisprudência. São Paulo: Edipro, 2003.

(9) *Idem*.

(10) *Idem*.

O vencedor do certame será, desse modo, o licitante que vier a ofertar a melhor fórmula econômica para a execução do objeto contratual, passando ele, a partir do fomento da proclamação do resultado, à condição de adjudicatário, a quem se reserva à garantia insculpida no art. 50 da Lei n. 8.666/1993.

Hoje, a obrigatoriedade de licitar está expressa na Constituição Federativa do Brasil, de 05 de outubro de 1988, no art. 37, XXI. Portanto, a obrigatoriedade de licitar está consagrada em nossa Carta Magna, ficando estabelecido o procedimento licitatório como regra fundamental, admitindo-se a ausência somente em casos excepcionais e indicados em lei, como exceção.

Em São Paulo, o plano estratégico foi aprovado em 1996. Há, ainda, muitas alterações a serem feitas, inclusive em relação à legislação de licitações e alteração de procedimentos. As compras verdes vêm, portanto, de encontro à necessidade premente de proteção e conservação ambiental.

BIDERMAN (2007) explica que os fundamentos para as compras verdes são a agenda 21, em que as nações se comprometem a definir programas que visam analisar o consumo e a produção insustentáveis e definir alterações nestes hábitos; a Declaração do Rio, em seu princípio 8, determina, da mesma forma que a Agenda 21, a redução do padrão insustentável de consumo e produção; a Declaração de Johannesburg constitui um documento que determina que o desenvolvimento sustentável deve ser adotado.

Têm-se, portanto, diversos acordos internacionais em que os Estados se comprometem a alterar seus padrões objetivando o bem comum e o compromisso humano com a manutenção na qualidade de vida.

De acordo com a autora, os países deverão analisar quaisquer procedimentos insustentáveis, ou seja, que desrespeitem o meio ambiente e, posteriormente, alterar tais programas visando à inserção de procedimentos ambientalmente sustentáveis.

Para OLIVEIRA (2008):

"Atingir as metas ambientais compreende a atuação conjunta de vários instrumentos, dentre eles a licitação pública sustentável, que deve se integrar a outros meios como legislação, parcerias, educação, dentre outros.

Contudo, cada instrumento utilizado tem a função de atingir a vários objetivos, o que deve ser a 'abordagem padrão da deliberação política'. O emprego da licitação sustentável, por exemplo, pode contribuir para o melhoramento da cadeia produtiva da construção civil e para o desenvolvimento de novos produtos de melhor desempenho ambiental. Entretanto, também é possível agir na redução de custos do produto e ainda na maior qualidade de vida de uma população, que pode adquirir algo que não cause prejuízos à saúde humana e ainda usufruir de um espaço de maior conforto ambiental."

A licitação pública sustentável é, portanto, um meio que possibilitará que a Administração Pública adquira produtos que respeitem o meio ambiente e a necessidade de preservação. Além disso, há a possibilidade de benefício relacionado aos custos que, dependendo do produto, podem sofrer redução.

DOROCINSKI (2007) explica a respeito da adoção da licitação sustentável em Curitiba, cuja importância na mudança que as compras verdes podem inserir na Administração Pública e cumprimento da lei de licitações, n. 8.666/1993 e a Política Nacional do Meio Ambiente, Lei n. 6.938/1981 que deverão ser futuramente alteradas de forma que as compras verdes sejam priorizadas para cumprimento da intenção constante da Constituição Federal na manutenção pelo Meio Ambiente ecologicamente equilibrado mediante práticas sustentáveis em âmbito público.

A autora salienta que a obtenção de benefícios ambientais e financeiros deverá valer pela adoção de uma nova postura ambiental. Embora sejam salientados benefícios em nível municipal, sabe-se que a prática de ações de desenvolvimento sustentável possui vantagens ampliadas de forma geral a toda a humanidade.

A adoção das compras verdes, portanto, deverá ser realizada tendo por base diversas alterações legais. A conscientização que, em matéria ambiental, configura um dos maiores desafios a serem vencidos, também deve ser realizada na esfera pública.

"As compras governamentais — que no Brasil movimentam recursos estimados em 10% do PIB — mobilizam setores importantes da economia que se ajustam às demandas previstas nos editais de licitação. Nesse sentido, é enorme a responsabilidade do gestor público encarregado de definir as regras do jogo para assegurar a livre concorrência, sem perder de vista o interesse do governante em dispor do melhor produto/serviço, pelo menor preço. É justa a preocupação com o menor preço — principalmente num país em que os recursos públicos são invariavelmente escassos — mas já se foi o tempo em que o melhor edital era aquele que buscava apenas o menor preço. Embora o Brasil tenha avançado bastante na direção da transparência dos processos, ampliando o controle social e reduzindo o risco de fraudes, o modelo vigente que ainda inspira a maioria dos editais de licitação no país é absolutamente omisso em relação a uma premissa fundamental: ser sustentável." (ICLEI, 2008).

As compras públicas movimentam o PIB brasileiro e, portanto, podem ser consideradas importantes para a economia nacional. Fica claro que os padrões brasileiros de licitação estão sendo alterados com o tempo, não é apenas o menor preço que pode ser considerado um fator importante, mas, além disso, também, a qualidade ou a técnica.

No caso específico das compras verdes, o que se deve levar em conta, essencialmente, é o benefício ambiental que pode advir da aquisição destes produtos associado à diminuição de custo. A sustentabilidade é, portanto, o maior critério da licitação sustentável.

3. DIREITO CONSTITUCIONAL ARGENTINO E AS COMPRAS PÚBLICAS

No cenário do direito argentino, consta que regulam-se as compras públicas por meio de uma legislação variada que tenta abarcar as inúmeras possibilidades onde as compras públicas possam ser efetivadas[11].

A República Argentina possui diversos regimes jurídicos para contratação de serviços e compras públicas, com várias jurisdições que, segundo Salomoni[12], não significa que os regimes sejam incompatíveis, pelo contrário, a prática mostra uma similitude normativa.

Segue a Argentina a característica imperante do contrato público, devidamente regido por normas do direito comum[13]-[14].

O Direito Constitucional Argentino cita que a Constituição da Argentina, no artigo 75, inc. 18, delega ao Congresso Nacional a disposição sobre a exploração de serviços públicos por particulares[15]-[16].

---

(11) Ley n. 19.820 (Excepción. Adquisiciones realizadas por las representaciones de la República en el exterior) Resolución n. 287/2005 – Secretaría de Industria, Comercio y de la Pequeña y Mediana Empresa (Regímenes de "Compre Argentino" y "Contrate Nacional". Norma aclaratoria sobre la participación de Uniones Transitorias de Empresas en un proceso de selección de índole nacional). Disposición n. 1/2008 – Subsecretaría de Industria (Certificado de Verificación (CDV), previsto por el art. 4º del Anexo I del Decreto n. 1600/2002). Ley n. 18.875 (Régimen originario. Contrate Nacional). Ley n. 23.697 (Ley de Emergencia Económica – parte pertinente Capítulo VIII –) Ley n. 24.493 (Trabajo. Mano de Obra Nacional). Ley n. 25.551 (Compre Trabajo Argentino. Régimen de compras del Estado Nacional y concesionarios de Servicios Públicos. Alcances) Decreto – Ley n. 5340/1963 (Régimen originario. Compre Argentino). Decreto n. 2930/1970 (Reglamentación de la Ley n. 18.875). Decreto n. 1224/1989 (Reglamentación del art. 23 de la Ley n. 23.697). Decreto n. 2284/1991 (Modificación al Decreto n. 1224/1989. Artículo 21). Decreto n. 909/2000 (Compre Nacional. Régimen de Publicidad). Decreto n. 1600/2002 (Reglamentación de la Ley n. 25.551 – Compre Trabajo Argentino). Resolución n. 61/2001 – Secretaría de Industria (Implementación del Decreto n. 909/2000). Resolución n. 8/2003 – Ministerio de la Producción (Crea Comisión Asesora). Resolución n. 57/2003 – Secretaría de Industria, Comercio y de la Pequeña y Mediana Empresa (Tramitación y emisión de las solicitudes de los Certificados de Verificación previstos en art. 4º de la Ley n. 25.551 y en el art. 4º del Anexo del Decreto n. 1600/2002).

(12) SALOMONI, Jorge Luís, Contratos Administrativos y MERCOSUR. AeDP n. 9, Ed. AD-HOC, janeiro/abril de 1999, p. 176.

(13) FERREYRA, Raúl Gustavo. Notas sobre Derecho Constitucional y garantías, prólogo de Germán J. Bidart Campos. Buenos Aires: Editar, 414 p., julio de 2001.

(14) "Estimamos innecesario agregar, como lo hace Cassagne, que está sometido a un régimen exorbitante del derecho común, ya que el ejercicio de una función administrativa siempre se rige por el derecho público." (BERÇAITZ, Miguel Angel, Teoria General de los Contratos Administrativos. Buenos Aires: Depalma 1980, p. 5.

(15) FERREYRA, Raúl Gustavo. La Constitución de la Ciudad Autónoma de Buenos Aires (estudio de la Ley Fundamental porteña), prólogo de Germán J. Bidart Campos, Buenos Aires: Depalma, agosto de 1997.

(16) Proveer lo conducente a la prosperidad del país, al adelanto y bienestar de todas las provincias, y al progreso de la ilustración, dictando planes de instrucción general y universitaria, y promoviendo la industria, la inmigración, la construcción de ferrocarriles y canales navegables, la colonización de tierras de propiedad nacional, la introducción y establecimiento de nuevas industrias,

Assim, Direito Constitucional Argentino, ao estabelecer a possibilidade de doar privilégios temporários aos particulares, sublinhou que essa concessão é vinculada à consecução da prosperidade do país, bem-estar das províncias; não existindo boa qualidade, cessa-se o direito.

Prevalece no Direito Constitucional Argentino a obrigação de o Estado manter uma justiça distributiva gerando nas compras públicas uma igualdade por meio da concorrência de ofertas ou da licitação para a melhor contratação[17]-[18].

Esta relação encontra apoio no princípio da igualdade proclamado nos arts. 16 e 75, inc. 23, da Constituição, e em outro princípio surgido da reforma constitucional de 1994, alusivo ao dever do Estado aprovisionar "a la defensa de la competencia contra toda forma de distorsión de los mercados[19]".

A Argentina é um país-piloto da MTF – *Marrakech Task Force*[20] para CPS – Compras Públicas Sustentáveis – desde 2006. Por essa metodologia, foi concretizada uma avaliação com relação à situação das compras no país, tendo o marco legal sobre Compras Públicas analisado e avaliado.

Nesse cenário, foram identificadas diversas oportunidades para agrupar critérios de sustentabilidade em se tratando do processo de compras e contratações argentino[21].

A Argentina participa de forma veemente do Projeto "Difusão e Desenvolvimento de Capacidades em CPS nos Países Integrantes do Mercosul", desenvolvido pelo PNUMA, desde o ano de 2008.

Os objetivos desse projeto são levantar e analisar de forma comparativa os Sistemas Normativo e Institucional de Compras Públicas em países integrantes do Mercosul propondo critérios de sustentabilidade para as compras públicas nos países do Mercosul[22].

No ano de 2008, o IADS[23] disseminou o manual "Compras Públicas Sustentáveis no Mercosul", trazendo subsídios para elaborar políticas de CPS nesta região.

O governo federal argentino trabalha na incorporação de princípios e critérios de sustentabilidade perante o novo marco legal de compras públicas[24].

---

la importación de capitales extranjeros y la exploración de los ríos inferiores, por leyes, proctetoras de estos fines y por concesiones temporales de privilegios y recompensas de estímulo.

(17) FERREYRA, Raúl Gustavo. *Fundamentos constitucionales*. Buenos Aires: Ediar, 2013. p. 360.

(18) "De esta manera, el ámbito del principio de libre contratación queda limitado – en líneas generales – a los supuestos en que no resulta viable ni conveniente la concurrencia (ej.: caso de un fabricante único o exclusivo) y a los casos de extinción o fracaso de una licitación pública." (CASSAGNE, Juan Carlos. *El Contrato Administrativo*. Abeledo-Perrot, 1999. p. 43.)

(19) Art. 42, segunda parte, Constituição Argentina.

(20) Com a ajuda de seus membros, o MTF (*Marrakech Task Force*) em CPS desenvolveu uma metodologia para a implementação de compras sustentáveis (chamada Abordagem MTF para CPS) em países desenvolvidos e em desenvolvimento. O apoio técnico foi fornecido parcialmente pela Divisão de Compras e Contratos do Defra (Departamento de Meio Ambiente, Alimentação e Assuntos Rurais) do Reino Unido. O governo suíço e o PNUMA estabeleceram uma parceria para implementar a metodologia MTF em até 14 países. O projeto intitulado "Capacitação para Compras Públicas Sustentáveis em Países em Desenvolvimento" foi formulado e tem o apoio da Comissão Europeia, de várias organizações financiadoras e de países-piloto; foi lançado pelo governo suíço em 2005, na segunda reunião internacional de especialistas sobre produção e consumo sustentável na Costa Rica. Os países-piloto da abordagem do MTF para CPS são: Argentina, Costa Rica, Ilhas Maurício, México, Nova Zelândia, Tunísia e Uruguai, com Chile e Gana a serem incluídos em breve.

(21) Las compras públicas son el proceso por el cual las distintas administraciones adquieren bienes, servicios u obras donde los poderes adjudicadores, en tanto entidades públicas financiadas con el dinero de los contribuyentes, deben prestar especial atención a la adjudicación de los contratos.

(22) VALENTE, L. et al. *Compras Públicas Sustentáveis. Teoria e prática em construções sustentáveis no Brasil – projeto CCPS*. ICLEI, 2014.

(23) Instituto Argentina para o Desenvolvimento Sustentável.

(24) Las compras públicas sustentables en la Argentina se enmarcan en las políticas de inclusión social del Gobierno nacional, que buscan insertar a los sectores más carenciados de nuestra población en el mercado laboral activo, recuperar el trabajo y, a través de éste, la dignidad. A nivel internacional, el proceso de las compras públicas sustentables tuvo su inicio en su forma más concreta en los años 90, cuando los Estados comenzaron a utilizar la incidencia que tiene su gran capacidad de compra para lograr sociedades laboralmente más justas y una forma de intercambio comercial que preserve y no dane nuestro planeta. En la Argentina, en el afán de efectuar una verdadera transformación desde el área de las compras públicas, hemos comenzado a realizar acciones que demuestran nuestro compromiso con los valores que creemos deben ser los rectores de una acción de gobierno

Em nível municipal, Buenos Aires desenvolve o Projeto "Compras Públicas Sustentáveis na Cidade de Buenos Aires", baseados no IADS e no o ICLEI[25].

Destaca-se que esse projeto objetiva desenvolver concretas propostas de critérios sustentáveis a serem concretizados nas compras e nas contratações de ao menos quatro produtos ou serviços considerados de alto impacto nas compras públicas da administração[26]-[27].

O processo de compras públicas na Argentina tem a tendência de promover o desenvolvimento local uma vez que dá preferência sempre à compra de produtos de origem nacional.

Assim, a Argentina outorgou, por meio da Lei n. 25.551, de 2001, preferência aos provedores de bens de origem nacional, no instante em que os preços forem iguais ou inferiores aos produtos estrangeiros, sempre acrescidos de 7% em ofertas oferecidas por micro e pequenas empresas e 5% para demais empresas.

Percebe-se que as compras públicas no cenário argentino voltam-se para uma tentativa de desenvolvimento local destacando a importância de usar as compras públicas como forma de política de desenvolvimento local e interno.

Conforme Abinader[28]:

"Las compras públicas son las operaciones de contratación y adquisición de bienes y servicios realizadas por el Estado, para cumplir con los objetivos que la sociedad le ha encomendado. El objeto de estas operaciones es diverso, cubriendo desde construcción de infraestructura vial hasta adquisición de equipos de salud o telecomunicaciones. Su grueso es también significativo, estimado entre el 10% y 15% del producto interno bruto mundial. Es por esos motivos que estas operaciones tienden a estar reguladas por leyes específicas, con el propósito de garantizar el buen funcionamiento del sector público, y en especial, la transparencia y la rendición de cuentas. La promoción de la innovación es uno de los objetivos prioritarios de los Estados. El desarrollo y difusión de nuevos productos o servicios tiende a enfrentar cuellos de botellas en el mercado. Entre ellos: las asimetrías de información (p. ej., productores que no conocen las preferencias de los usuarios, usuarios que no están al tanto de nuevos desarrollos); falta de interacción entre el usuario y el productor; falta de voluntad para cambiar de tecnologías (debido a los costos, p. ej.); dependencias de senderos tecnológicos; y la falta de conciencia y articulación de políticas públicas".

Desse modo, é notório que a preocupação do governo argentino não está somente em efetivar de forma eficiente as devidas compras necessárias para o bom funcionamento de seus departamentos públicos, mas também promover a sustentabilidade e o desenvolvimento[29].

É possível notar que tanto no Direito Argentino quanto no Direito Brasileiro quando o tema são os gastos e compras públicas são cada vez mais mencionados e legislados, levando em consideração os

---

comprometida con la ciudadanía, tanto con el trabajador como con el consumidor y con todos aquellos que conforman el tejido social de nuestro país. Desde el Gobierno nacional, en este sentido, la política es clara: incluir socialmente.

Desde la ONC, alineados con esta política de Estado y en el afán de alcanzar tal objetivo, nos abrimos hacia otras entidades y organizaciones para hacerlo posible, desarrollando capacidades de manera conjunta con los diversos actores de cada una de ellas. JGM. GUÍA DE COMPRAS PÚBLICAS SUSTENTABLES. Disponível em: <file:///C:/Users/User/Downloads/VERI4.pdf.>.

(25) Governos Locais pela Sustentabilidade.

(26) VALENTE, L. et al. Compras Públicas Sustentáveis. Teoria e prática em construções sustentáveis no Brasil – projeto CCPS. ICLEI, 2014.

(27) Produtos de informática (impressoras, monitores, computadores), papel, luminárias e serviço de limpeza.

(28) ABINADER, L. Compras Públicas e Innovación: Coordinación y Competencia. Cátedra OMC FLACSO, Argentina, 2014.

(29) "Las políticas públicas, estructuradas en diseños institucionales adecuados, precisamente, pueden enfrentar estos obstáculos. El empuje estatal, mediante su sistema de compras gubernamentales, es en este contexto una herramienta indispensable. El sector público puede actuar como un primer solicitante, asumiendo parte del riesgo y la incertidumbre que implica innovar. Los contratos gubernamentales ejercen un efecto palanca sobre las firmas con nuevas soluciones pero poco capital o potencial de entrar en aversión al riesgo. Las compras gubernamentales pueden así sentar una plataforma de escala, impulsando productos y servicios que no han logrado difusión en el mercado, pero que pueden representar una herramienta importante de desarrollo para los sectores público y privado." (ABINADER, L. Compras Públicas e Innovación: Coordinación y Competencia. Cátedra OMC FLACSO, Argentina, 2014.)

princípios de qualidade, menor custo e desenvolvimento com sustentabilidade, priorizando pequenas e microempresas, produtos de origem interna como forma de políticas públicas de desenvolvimento.

Assim, em ambos os países, vemos que o Estado existe para o atendimento das necessidades de sua população, mas apenas alcançará seus objetivos pela prestação de serviços e compra de produtos, não priorizando lucros, mas sim o desenvolvimento local e melhor servir a população.

4. METODOLOGIA

O estudo pretende angariar o maior tipo de informações que permitam o caminhar pelo tema possibilitando o incremento do debate já existente, a criação de novos pontos de discussão e, se possível auxiliando na minimização de arestas ou respondendo questões.

A pesquisa se limitará à busca bibliográfica, documental e legislativa mais recente possível, priorizando textos mais recentes que tratem do tema de forma dinâmica e flexível. Serão levantados os materiais possíveis que serão um a um fichados depois de leitura cuidadosa, compondo um conjunto de informações que serão selecionadas e classificadas de acordo com os subtemas que já são predefinidos e que direcionam o estudo.

O método de procedimento se define, portanto, como monográfico por tratar de tema específico, atual e baseado na literatura existente que será a base para todas as discussões durante o estudo.

5. CONSIDERAÇÕES FINAIS

De forma sucinta, foi possível destacar a importância do tema compras públicas a nível nacional, Brasil e a nível internacional Argentina.

Concluiu-se que o Direito Constitucional tanto na Argentina quanto no Brasil é por demais amplo, abrangendo muitos temas, institutos e destacando uma importância para o tema em questão de forma que se propõe sempre a transparência, a efetividade, o dinamismo e o melhor emprego possível do instituto de licitação pelo qual se executam as compras públicas.

No Direito Constitucional Argentino, foi possível verificar que com relação às compras públicas destaca-se que uma tentativa de manter sempre qualidade no que for adquirido pelo Estado sem deixar de lado a igualdade de possibilidade no tocante aos fornecedores para as compras públicas.

Já, no Direito Constitucional Brasileiro, ficou evidente que a Constituição de 1988 representou um notável progresso na institucionalização e democratização da Administração Pública. Apesar dos textos constitucionais anteriores contemplarem dispositivos relacionados ao acesso à função pública e ao regime do funcionalismo estatal, a verdadeira constitucionalização da Administração Pública somente foi levada a efeito pela Carta de 1988, a partir da qual, a licitação recebeu *status* de princípio constitucional, de observância obrigatória pela Administração Pública direta e indireta de todos os poderes da União, Estados, Distrito Federal e Municípios.

O art. 37, XXI, da Constituição Federal do Brasil, foi regulamentado pela Lei n. 8.666, de 21.06.1993 (alterada pelas Leis ns. 8.883/1994, 9.648/1998 e 9.854/1999), em vigor atualmente, que disciplina as licitações e os contratos da Administração Pública. Esta Lei estabelece cinco modalidades licitatórias: concorrência, tomada de preços, convite, leilão e concurso. Essas modalidades estão definidas no art. 22 da Lei Federal n. 8.666/1993. E a evolução em relação às licitações continua, como acontece em toda norma jurídica, adequando-se e modificando-se de acordo com os novos princípios sociais, culturais e econômicos.

Em ambos os cenários jurídicos acima citados, concluiu-se que ao contrário da ampla liberdade concedida aos particulares, o Poder Público, quando figurante num dos polos da negociação, necessariamente, deverá adotar procedimento específico rigorosamente determinado e preestabelecido na conformidade da lei para que, por meio dele, seja travada, de maneira igualitária, uma forma de competição entre os que preencham os atributos e aptidões imprescindíveis ao bom cumprimento das obrigações que se propõem a assumir.

BIBLIOGRAFIA

ABINADER, L. *Compras Públicas e Innovación:* Coordinación y Competencia. Argentina: Cátedra OMC FLACSO, 2014.

BERÇAITZ, Miguel Angel. *Teoría General de los Contratos Administrativos.* Buenos Aires: Depalma, 1980.

BRAVO LIRA, Bernardino. *El Estado Constitucional en Hispanoamérica 1811-1991.* México. Escuela Libre de Derecho. 1992.

CARPIZO, Jorge. *Derecho Constitucional Latinoamericano y Comparado,* en Boletín de Derecho Comparado. Número

114. México. IIJ-UNAM. 2005. (Disponible en la Biblioteca Jurídica Digital del Instituto de Investigaciones Jurídicas de la UNAM. Disponível em: <http://biblio.juridicas.unam.mx/revista/DerechoComparado/numero/114/art/art1.htm>. Acesso em: 2014.

CASSAGNE, Juan Carlos. *El Contrato Administrativo*. Abeledo-Perrot, 1999.

COLOMER VIADEL, Antonio. *Introducción al Constitucionalismo Iberoamericano*. México. Editorial Trillas. 2009.

FERREYRA, Raúl Gustavo. *Fundamentos constitucionales*. Buenos Aires: Ediar, 2013.

_____. *La Constitución de la Ciudad Autónoma de Buenos Aires* (estudio de la Ley Fundamental porteña), prólogo de Germán J. Bidart Campos. Buenos Aires: Depalma, agosto de 1997.

_____. *Notas sobre Derecho Constitucional y garantías*. Prólogo de Germán J. Bidart Campos. Buenos Aires: Ediar, julio de 2001.

_____. *Reforma constitucional y control de constitucionalidad. Límites a la judiciabilidad de la enmienda*. Buenos Aires: Ediar, 2007.

FIX-ZAMUDIO, Héctor; CARMONA, Salvador Valencia, *Derecho Constitucional Mexicano y Comparado*. México: Editorial Porrúa. 2012.

GARCÍA, Ricardo Alonso. *Sistema Jurídico de la Unión Europea*. 3. ed. Madrid. Thomson-Civitas. 2012.

GERMÁN J. BIDART CAMPOS y WALTER F. Carnota. *Derecho Constitucional Comparado*. 2 Tomos. Buenos Aires: Editorial Ediar. 2001.

JGM. GUÍA DE COMPRAS PÚBLICAS SUSTENTABLES. Disponível em: <file:///C:/Users/User/Downloads/VERI4.pdf.>.

MARQUARDT, Brend. *Los dos siglos del Estado Constitucional en América Latina* (1810-2010). História Constitucional Comparada. 2 tomos. Bogotá: Universidad Nacional de Colombia. 2011.

MILESKI, Helio Saul. *O Controle da Gestão Pública*. São Paulo: RT, 2003.

RABINOVICH-BERKMAN, Ricardo. *Principios generales del derecho latinoamericano*. Buenos Aires: Editorial Astrea. 2006.

REGO, Sílvio Roberto Seixas. *Processo licitatório*: contraditório e ampla defesa: doutrina e jurisprudência. São Paulo: Edipro, 2003

SALOMONI, Jorge Luís. *Contratos Administrativos y Mercosur*, AeDP n. 9, Ed. AD-HOC, janeiro/abril de 1999.

VALENTE, L. et al. *Compras Públicas Sustentáveis. Teoria e prática em construções sustentáveis no Brasil – projeto CCPS*. ICLEI, 2014.